Fazhi Chengshi Jianshe de Lilun Yu Shijian

法治城市建设的理论与实践

傅伦博　著

人民出版社

自序：一名法治工作者的职业生涯记录

我是 1977 年恢复高考进入大学法律专业学习的。党的十一届三中全会提出了发扬民主和健全法制的任务，邓小平同志强调，"为了保障人民民主，必须加强法制。必须使民主制度化、法律化，使这种制度和法律不因领导人的改变而改变，不因领导人的看法和注意力的改变而改变"①。这使我这个法律学子很振奋，立志学好法律课程，为法治建设贡献力量。

1982 年初大学毕业后，我先后在武汉市司法局、武汉市公安局、武汉市人大法制委员会、深圳市人大常委会办公厅、深圳市依法治市工作领导小组办公室、深圳市人大内务司法委员会等单位工作，一直从事法治方面的工作。党的十八届四中全会于 2014 年 10 月 23 日通过的《中共中央关于全面推进依法治国若干重大问题的决定》（以下简称《中央全面依法治国决定》）提出，加快建设中国特色社会主义法治体系，推进科学立法、严格执法、公正司法、全民守法进程，建设社会主义法治国家。全面推进依法治国，标志着我国的法治建设进入了一个新的历史时期。《中央全面依法治国决定》要求："加强法治工作队伍建设，加强立法队伍、行政执法队伍、司法队伍建设。"我的职业生涯中，在行政机关做过行政执法工作，在人大机关做过立法和执法司法监督工作，算是法治工作队伍的一员，是一名法治工作者。作为一名法治工作者，我亲身感受了党的十一届三中全会以来我国法治建设的发展和进步，亲身参与了立法、行政执法、执法司法监督和依法治市工作组织协调等法治工作实践，同时结合法治工作实践，三十多年来未间断地做了

---

① 《邓小平文选》第二卷，人民出版社 1994 年版，第 146 页。

一些法治理论研究，撰写发表了一些法治建设方面的文章，为法治建设鼓与呼，建言献策，还赶上了全面推进依法治国这一新的历史时期，深感欣慰！

1983 年，我从武汉市司法局调入武汉市人大法制委员会工作，在武汉市人大法制委员会工作了近十个年头（其间在武汉市公安局基层派出所挂职两年），参与了若干法规的调研起草审议修改及人大监督工作。结合人大工作实践，对人大立法、监督工作作了初步的研究，发表了《立法是健全社会主义法制的前提》、《地方性法规与行政规章制定范围的探讨》、《关于完善人民陪审员制度立法的思考》、《试论完善地方国家权力机关的决策职能》、《地方国家权力机关监督本级司法机关执法问题的探讨》等文章。

《地方国家权力机关监督本级司法机关执法问题的探讨》一文，在 1984 年召开的全国地方政权建设理论研讨会上获好评，荣获"武汉市社会科学优秀研究成果奖"、"湖北省法学研究优秀成果奖"。该文建议完善执法检查、质询、特定问题调查、撤职罢免案审议决定等人大监督形式和程序，并建议全国人大常委会制定《中华人民共和国监督法》。经过十多年的起草研究论证，全国人大常委会于 2006 年 8 月通过了《中华人民共和国各级人民代表大会常务委员会监督法》，对执法检查、询问与质询、特定问题调查、撤职案审议决定等监督形式予以规范。

1985 年撰写发表的《计划单列城市需要有制定地方性法规的权限》一文（作者参加 1985 年在西安召开的全国青年法学工作者学术讨论会并作大会发言，该文收入《全国青年法学工作者学术论文集》），建议全国人大常委会根据武汉、广州、西安等当时的计划单列市、省会城市的实际需要，赋予其制定地方性法规的权限。同时作为武汉市人大法制委员会工作人员，也积极向前来调研的全国人大法工委、研究室的同志提出建议。1986 年 12 月 2 日，全国人大常委会将《中华人民共和国地方各级人民代表大会和地方各级人民政府组织法》有关条文修改为："省、自治区的人民政府所在地的市和经国务院批准的较大的市的人民代表大会常务委员会，根据本市的具体情况和实际需要，在不同宪法、法律、行政法规和本省、自治区的地方性法规相抵触的前提下，可以制定地方性法规，报省、自治区的人民代表大会常务委员会批准后施行。"国家立法赋予了这些城市制定地方性法规的权限。2015

年3月，全国人民代表大会修改的《中华人民共和国立法法》，根据地方实际需要，赋予所有设区的市制定地方性法规的权限。

1987年，武汉市提出加强依法治市工作，我按组织安排起草了武汉市人大常委会《关于加强依法治市工作的决定（草案）》。依法治市的决定通过后，我所在的武汉市人大法制委员会的一项重要任务，是推进依法治市工作。当时全国提出依法治市的只有辽宁本溪、湖北武汉等极少数城市（党中央在1997年党的十五大报告中提出依法治国、建设社会主义法治国家），怎样推进依法治市，缺乏研究。我于1988年初发表了《试论依法治市》一文，对依法治市的概念、依法治市的必要性、指导思想、目标要求及怎样实行依法治市进行了论述。武汉市直一些单位和区县将该文翻印参考。该文提出，"法制宣传教育是依法治市的基础"，"加强法律法规的实施和执法监督，是依法治市的中心环节"，"依法治市，领导机关和领导干部处于关键地位"。这与2014年《中央全面依法治国决定》中强调"坚持把全民普法和守法作为依法治国的长期基础性工作，深入开展法治宣传教育"，"法律的生命力和权威在于实施，坚持严格执法，加大执法力度，加强执法监督，严格执法责任"，"坚持把领导干部带头学法、模范守法作为树立法治意识的关键，党政主要负责人要履行推进法治建设第一责任人职责"的精神是一致的。该文获"武汉市法学研究优秀成果奖"。在此期间，还发表了《法制建设必须贯穿于改革的全过程》、《涉外经济法律法规实施中的问题及对策》、《努力建设社会主义民主政治》、《武汉市依法治市工作回顾与展望》等文章，宣传和推进依法治市工作。

1992年，深圳经济特区面向全国公开招聘100名法律干部，我报名参加考试于1993年初调入深圳市人大常委会机关工作。1993年底，广东省委、省人大常委会决定将深圳市作为全省依法治市的试点城市。中共深圳市委提出的依法治市的目标，是建设现代化国际化法治城市。我于1994年调入深圳市委依法治市工作领导小组办公室工作，任办公室主任，负责依法治市工作的组织协调，参与起草了《深圳市依法治市工作方案》、起草市委主要领导同志在全市依法治市工作动员大会上的讲话和全市依法行政工作动员会上的讲话，组织起草了1995年至2005年每年的深圳市依法治市工作要点（经市委常委会议或市依法治市领导小组会议审议通过后印发实施）。依法治市、建设法治城市是依法治国、建设法治国家的重要组成部分。依法治市的组织协调，主要包括推进政府机关依法行政、推进行政审批制度改革和城管综合执法、推进法制宣传教育、推进基层依法治理以及立法、司法方面的协调工作。在依法治市工作组织协调和推进过程中，结合工作实际，在《深圳特区报》、《特区理论与实践》等报刊发表了《依法执政的重要途径：使党委的主张经过法定程序成为国家意志》、《发挥人大在依法治市中的主导作用》、《建设国际化城市与政府依法行政》、《坚持依法行政，推进审批制度改革》、《法治是国际性城市的基石》、《法治社会呼唤科学理性精神》、《政府依法行政是依法治市的中心环节》、《审批是责任而非施舍》等多篇文章，受到市领导和有关部门重视，发挥了参考作用，推进了依法治市工作。

1997 年发表的《坚持依法行政，推进审批制度改革》一文提出，"推进审批制度改革，重要的是根据依法行政要求，转变政府职能，转变政府行政管理方式，尽可能减少审批事项，简化审批环节；依照法律规定，属于企业自主权或属于企业行为的，应还权于企业，政府部门不要审批，只应依法监督，加强服务"。这与 2013 年《中共中央关于全面深化改革若干重大问题的决定》中提出"企业投资项目，除关系国家安全和生态安全、涉及全国重大生产力布局、战略性资源开发和重大公共利益等项目外，一律由企业依法依规自主决策，政府不再审批。市场机制能有效调节的经济活动，一律取消审批，对保留的行政审批事项要规范管理、提高效率"的精神是一致的。

2003 年发表的《建设国际化城市与政府依法行政》一文提出，建设国际化城市，要树立新的法治理念，对政府来说，要实行政府行为法定化，"法无授权即禁止"；对公民和企业而言，"法无禁止即自由"；要创造更少管制、更多服务、更多自由竞争、鼓励创新、宽容失败的社会氛围和创业发展环境。这与 2014 年《中央全面依法治国决定》中提出"建设权责法定的法治政府"、"推行政府权力清单制度"和国务院提出的"负面清单制度"的精神是一致的。也即法定权力清单以外的事，政府不能做；负面清单以外的事，企业和公民都可以做。该文提出的在法治理念上要实现从法律治民、治事向法律治权、治官转变，依法治国、依法治市，重点是治权、治官，与决定中的精神相一致。该文内容，作者多次在深圳市委党校举办的局处级干部依法行政培训班上作过讲授，对宣传推进依法治市起到积极作用。该文获"深圳市第四届社会科学优秀论文奖"。

2004 年发表的《审批是责任而非施舍》一文提出："企业和公民取得行政许可（即通常说的'行政审批'）从事生产经营活动是一种权利，行政机关的审批是一种责任，不是对老百姓的'恩惠'和'施舍'，而是提供服务、提供保障的责任。政府审批工作人员应当增强服务意识，便民高效"；"推进政府管理方式创新，减少企业注册中过多的部门前置审批，优化营商环境"。这与 2013 年《中共中央关于全面深化改革若干重大问题的决定》中提出的"创新行政管理方式，建设法治政府和服务型政府"，"推进工商注册制度便利化，由先证（部门许可证）后照改为先照后证，建设法治化营商环境"的精神是一致的。

2005 年发表的《依法执政的重要途径：使党委的主张经过法定程序成为国家意志》一文提出，地方党委依法执政的基本途径：一是党委提出立法建议，把改革和发展的重大决策同立法结合起来，经过法定程序，使党委有关立法的主张成为国家意志；二是党委提出的有关国家事务等重大决策，经过法定程序，变成国家意志，推进决策科学化民主化；三是党委推荐的重要干部，经过法定程序，使党委推荐的人选成为国家政权机关的领导人员；四是党委通过法定程序，监督行政、司法机关及其领导人员依法行政、公正司法，从法律和制度上保证党委大政方针的贯彻实施。这与 2012 年党的十八大报告提出"要善于使党的主张通过法定程序成为国家意志，支持人大依法行使立法、监督、决定、任免等职权"的精神是一致的。该文获"广东省人大制度研究优秀论文奖"。

在推进依法治市过程中，1997 年，根据邓小平同志关于"法制教育要从娃娃抓起"的精神和深圳依法治市基础工作的实际需要，我还主编出版了当时全国第一套比较系统的《中小学法制教育读本》（小学版、初中版、高中版 3 册，广东教育出版社 1997 年版），1998 年在深圳全市中小学全面推开法制教育课程，这是法治城市建设一项重要的基础工程。收录到本文集的《没有规矩，不成方圆》、《学法与做人》、《自由与法制》，是我为《中小学法制教育读本》小学版、初中版、高中版分别写的代序（也是第一课）。这套读本的出版、发行、教学，受到社会关注，受到中央有关部门的肯定，被评为"深圳市第三届社会科学优秀科普著作奖"。2014年10月《中央全面依法治国决定》提出："把法治教育纳入国民教育体系，从青少年抓起，在中小学设立法治知识课程。"深圳市的中小学法制教育走在前面，探索试验，符合中央精神，我们感到做了一件有意义的事情。

在推进依法治市工作过程中，根据实际工作需要，我还主持编写出版了《干部法制教育读本》（主编）、《外来工学法用法读本》（副主编）、《建设社会主义法治城市——深圳依法治市的探索和实践》（主编）等书籍，推进深圳市干部和务工人员法制教育工作，推进依法治市进程。

2005年12月，我被任命为深圳市人大常委会内务司法委员会主任，从依法治市组织协调工作岗位到了人大立法、执法监督的工作岗位。市人大内务司法委员会对口市中级法院、检察院、公安局、司法局、人力资源和社会保障局、民政局、监察局等十多个部门，主要负责内务司法方面的立法和监督工作，包括司法监督。人大的立法和监督，是依法治市、建设法治城市的重要组成部分。法律是治国之重器，良法是善治之前提。依法治国，必须坚持立法先行，发挥立法的引领和推动作用。同时，法律的生命力在于实施，法律的权威也在于实施，依法治国必须加强对法律实施的监督，健全法律实施和监督制度，包括人大监督制度。因此，人大的立法和监督，对于依法治国、依法治市和建设法治国家、法治城市具有重要意义。

在主持深圳市人大内务司法委员会工作十多年间，根据市人大常委会工作计划，我主持调研起草《深圳经济特区道路交通安全管理条例》、《深圳经济特区道路交通安全违法行为处罚条例》、《深圳经济特区和谐劳动关系促进条例》、《深圳经济特区居住证条例》、《深圳市人大常委会关于人民法院民事执行工作若干问题的决定》等十多部比较有影响的经济特区法规，组织论证修改深圳经济特区社会养老保险条例、《失业保险条例》、《最低工资条例》、《工资支付条例》、《法律援助条例》、《性别平等促进条例》、《残疾人无障碍设施建设条例》、《行业协会条例》、《社会救助条例》等二十多部法规。在立法工作中，我们坚持科学立法、民主立法，注意尊重和体现客观规律，广泛征求人民群众的意见，体现人民的意志；注重立法的针对性、有效性，立法力求管用，能解决实际问题。同时组织执法检查、听取审议"一府两院"有关执法司法方面的专项工作报告等监督事项五十多项，促进法律法规的遵守和执行。

"执行难"是困扰法院多年的一个突出问题，影响法律权威和司法权威，影响社会公平正义。2007 年，为推动解决法院执行难问题，我主持起草了深圳市人大常委会《关于加强人民法院民事执行工作若干问题的决定》，主要规定了执行威慑、执行协助、执行监督三大机制，包括被执行人财产申报、限制出境、被执行人信息录入信用征信系统、限制高消费等措施。全国人大常委会后来修改《中华人民共和国民事诉讼法》时，吸收了深圳执行立法中财产申报、限制出境、信用征信、信息曝光等条文，限制高消费措施被最高人民法院于 2013 年在全国推开。深圳经济特区解决执行难的立法，为国家完善相关立法起到了探索试验作用。深圳市人大常委会内务司法委员会多次组织对法院执行工作的执法检查，促进解决执行难的工作取得重大进展，深圳法院判决裁定自动履行率 2014 年达到 57.6%（2006 年最低时自动履行率仅 12.5%）。最高人民法院在深圳召开执行工作现场会，认为深圳法院执行工作走在了全国前列。2016 年 1 月，中国社会科学院召开《深圳市中级人民法院基本解决执行难评估报告》发布会，认为深圳法院为全国法院基本解决执行难提供了可推广的经验。结合执行工作立法实践，我撰写发表了《深圳解决执行难的立法探索和司法实践》一文。

交通安全关系到人民生命财产安全，是社会高度关注的重大问题，是社会治理的重要方面。2010 年，我在主持调研起草《深圳经济特区道路交通安全管理条例》过程中，借鉴现代交通安全管理的国际经验，坚持交通安全系统治理、综合治理、源头治理的理念，坚持公交优先、行人优先、以人为本的理念，坚持依法严管、注重治本的理念，对城市交通规划设计科学合理、建立交通影响评价制度、加强交通安全设施建设管理、预防和治理交通拥堵、交通违法行为与保险费率挂钩及信用征信制度等涉及交通安全的一些系统性、综合性、源头性的问题作出规范，针对问题立法，力求立法解决问题。这一立法和管理思路，符合党的十八届四中全会发布的《中央全面依法治国决定》中提出的"坚持系统治理、依法治理、综合治理、源头治理,提高社会治理法治化水平"的要求。2008 年,我主持调研起草了《深圳经济特区道路交通违法行为处罚条例》,针对严重影响交通安全的机动车闯红灯行为,借鉴欧洲累进加罚制度,规定一年内第二次闯红灯,从第二次起,每次加倍罚款,记 6 分,使深圳市机动车闯红灯行为得到较好遏制,因闯红灯引发的交通伤亡事故大幅减少。针对群众反映强烈的严重影响交通安全的泥头车(城市运送余泥渣土的载重汽车)超速超载问题,借鉴国外治理经验,从源头治理抓起,规定泥头车超速超载的,处罚工地、车主(运输企业)、司机,"一超三罚",使泥头车超速超载行为得到较好遏制,泥头车超速超载引发的交通伤亡事故大幅减少。深圳市人大内务司法委员会对两个交通条例实施情况组织了多次执法检查监督。两个条例实施以来,深圳城市交通拥堵可控,机动车逐年增加(2015 年达 330 万辆),道路交通安全事故和万车死亡率逐年下降,至 2015 年基本接近香港的交通安全水平,同时机动车在无信号灯路口减速或停车让行人逐步形成习惯,行人闯红灯得到较好遏制,交通安全管理坚持系统治理、依法治理、综合治理、源头治理的成效日益显现。深圳经济特区交通安全管理立法创新,为国家完善相关立法起到了探索试验作用,得到全国人大内务司法委员会和公安部有关部门的肯定。结合交通安全立法和执法监督的实践,我撰写发表了《国际化城市视野下的交通安全管理》、《深圳交通安全违法行为处罚条例立法的几个问题》等文章,受到关注,深圳市公安局、交通运输委员会和部分市人大代表在网上转发宣传。《国际化城市视野下的交通安全管理》一文,得到 2016 年 4 月到深圳市调研检查《道路交通安全法》实施情况的全国人大内务司法委员会和公安部等部门有关领导同志的重视,他们将该文带回研究,作为修改完善《中华人民共和国道路交通安全法》的参考。

在深圳市工作生活的非户籍人口有 1000 多万人,人口管理服务是社会关注的重大问题,2013 年,我主持调研起草了《深圳经济特区居住证条例》,这是根据党中央、国务院提出的"在推进新型城镇化过程中全面推进居住证制度"的要求而制定的一部条例,是在国家居住证立法尚未出台的情况下,探索制定的全国第一部有关居住证的地方性法规。推进居住证制度的目的，主要是以居住证为载体，建立健全与居住年限和参加社保年限等挂钩的基本公共服务提供机制，解决那些已经在城市就业居住但未落户的农业转移人口及其他常住人口在教育、就业、医疗、住房保障等方面的实际困难和需要，同时也是创新人口管理的需要。该条例主要规范了居住登记、居住证办理条件、持证人权益保障三大问题。深圳市人大内务司法委员会对条例实施情况进行了检查。该条例实施，推进了基本公共服务均等化。2015 年，持居住证的非深圳户籍务工人员随迁子女申请就读公办义务教育小学一年级学位的有 72903 人，占小学一年级学位申请总数的 61.6%；申请就读初中一年级学位的有 36436 人，占初一学位申请总数的 58.6%。60% 左右的公办学位给了持居住证的非深圳市户籍人员随迁子女，体现了基本公共服务均等化的精神；深圳市教育局依照条例精神对符合居住、社保、学籍等条件的 3800 多名居住证持有人的随迁子女参加高考作出了安排。通过积分转入深圳市户籍的居住证持有人 2014 年达 81771 人，2015 年达 52562 人。《深圳经济特区居住证条例》的制定实施，为国家制定居住证法规发挥了探索试验作用。结合居住证立法和实施情况，我撰写发表了《以法治思维创新人口管理——特大城市依法实施居住证制度的思考》一文，该文获"深圳市社会科学第六届学术年会特等奖"。

构建和谐劳动关系，是社会关注的重大问题。2008 年，我主持调研起草了《深圳经济特区和谐劳动关系促进条例》，主要规范了用人单位和劳动者的权利和义务、劳动关系中的集体协商、劳动关系协调服务与监督、劳动争议处理与救助等内容。该条例是全国第一部规范和谐劳动关系的立法。深圳市人大内务司法委员会多次检查条例实施情况。该条例实施促进了和谐劳动关系依法构建。至 2015 年，深圳市企业达 100 多万家，非户籍劳动者 1000 多万人，劳动关系多年来总体保持和谐稳定。结合劳动关系立法和实施情况，我撰写发表了《和谐劳动关系立法研究》、《依法构建和谐劳动关系》等文章。

结合人大立法工作实践，我还撰写发表了《健全人大主导立法工作的体制机制》（获广东省"人大制度 60 周年回顾与思考"征文一等奖）、《深圳经济特区立法的指导思想和基本原则》、《深圳经济特区立法创新的实践与思考》、《改革决策怎样与立法决策结合》等多篇文章。

　　结合人大监督工作实践，特别是人大司法监督实践，我撰写了《推进司法改革，维护司法公正》、《地方人大内务司法监督工作的实践与思考》、《坚持法治思维，深化司法改革》、《坚持人民法院的人民性》、《在改革中增强司法能力》等文章。2007 年发表的《推进司法改革　维护司法公正》一文和 2008 年撰写的《借鉴新加坡、中国香港等世界先进城市法治建设经验，推进深圳法治城市建设》一文，分别呼吁推进法官检察官职业化改革，促进司法公正。这符合 2014 年《中央全面依法治国决定》的精神。2014 年，深圳市率先推出了法官检察官职业化改革方案，2015 年 9 月 15 日，中央全面深化改革领导小组会议通过了《法官检察官单独职务序列改革试点方案》、《法官检察官工资制度改革试点方案》，这是促进法官检察官职业化建设的重要举措。此外，结合深圳市人大内务司法委员会检查监督司法机关惩治危害食品安全犯罪这个老百姓关注的重大问题，我撰写了《惩治危害食品安全犯罪，加强民生司法保护》一文。结合深圳市人大内务司法委员会检查社会治安防控这个老百姓关注的重大问题，我撰写发表了《治安秩序是建设国际化城市重要条件》、《构建社会治安防控体系的思考》等文章。

　　我撰写发表的《健全人大主导立法工作的体制机制》、《以法治思维创新人口管理——特大城市实施居住证制度的思考》、《地方人大内务司法监督工作的实践与思考》、《建设国际化城市与政府依法行政》、《推进基层社会治理法治化的思考》等文章，分别被中共深圳市委研究室《决策参考》印发市委、市人大、市政府、市政协领导班子和各区委区政府、市直各部门负责人参考，对推动立法、监督、依法行政、基层依法治理工作发挥积极作用。

　　2010 年 8 月，深圳经济特区成立 30 周年时，深圳市委宣传部、市依法治市办公室等部门组织评选"深圳经济特区建立 30 周年十大法治事件"，经市民投票、市委批准，我主持起草的解决法院执行难立法、和谐劳动关系立法及主编的《中小学法制教育读本》（小学版、初中版、高中版）3 件获评入选"深圳经济特区建立 30 周年十大法治事件"，受到表彰。我主持起草的深圳经济特区居住证条例，经市民投票、市委批准，获评"深圳市 2014 年十大法治事件"。

多年来，我所参与的立法监督和依法治市工作，为深圳这个城市的发展做了一些有意义的事情，为老百姓做了一些有意义的事情，为促进社会公平正义、建设法治城市做了一些有意义的事情，得到社会认可，得到老百姓认可，我为此感到欣慰！

光阴荏苒，日月如梭。弹指一挥间，我大学毕业后从事法治工作已经35个年头。近年来，一些朋友、同事鼓励我将多年发表的散见在各个报刊的一些文章整理编成一个文集，我有些犹豫不安。一些朋友和同事鼓励说，在这样一个浮躁的社会，能多年坚持利用业余时间研究问题、写文章，不容易，结集出版有意义。后来就着手整理了。在整理这些文稿时，一个突出的感觉是，自己这三十多年没有虚度，不论是在武汉还是在深圳工作，不论在哪个岗位，都在认真负责地做事，力求做到最好，为法治建设贡献了一份力量；同时结合法治工作实践，不断地思考问题，三十多年没有间断地做了一些法治理论研究，发表了一百多篇文章，对法治工作实践发挥过积极作用；还赶上了全面推进依法治国这个法治建设最好的历史时期。《钢铁是怎样炼成的》一书的主人公保尔·柯察金说过："人的一生应当这样度过：当回忆往事的时候，他不会因为虚度年华而悔恨，也不会因为碌碌无为而羞愧。"我的职业生涯中，为所在城市的发展进步、为老百姓、为社会公平正义做了一些有意义的事情，还结合工作实践写了一些文章，没有虚度，比较充实，无怨无悔，感到欣慰！这本文集，可以说是一名法治工作者职业生涯的一个记录，也可以说是我人生的一个记录。

本文集分为法治城市建设论略、科学立法与人大监督、严格执法与依法行政、司法改革与公正司法、法治教育与全民守法、基层依法治理与法治社会建设、境外城市法治建设思考与借鉴七大部分，内容符合党的十八大报告和《中央全面依法治国决定》关于"推进科学立法、严格执法、公正司法、全民守法进程，建设社会主义法治国家"的精神。文集中有的文稿写于20世纪80年代、90年代，由于历史的局限性及当时个人的认知水平，现在看来显得有些粗浅，但作为历史记录，这次整理文稿时除个别文字校正外，基本上保持了原貌。不妥之处，敬请读者批评指正。

　　感谢人民出版社对这本法治文集的重视，感谢人民出版社方国根主任和段海宝编辑为文集出版付出的心血！感谢深圳市人大内务司法委员会办公室杨朔、李秦川、李骏、王旭光、张京同志协助整理文稿付出的辛勤劳动！

傅伦博

2016 年 6 月 26 日于深圳

目　录

一、法治城市建设论略

二、科学立法与人大监督

三、严格执法与依法行政

四、司法改革与公正司法

五、法治教育与全民守法

六、基层依法治理与法治社会建设

七、境外城市法治建设的思考与借鉴

一、法治城市建设论略

依法执政的重要途径：使党委的主张经过法定程序成为国家意志

　　坚持依法执政，不断提高依法执政的能力，是党的十六大对改革和完善党的领导方式和执政方式提出的明确要求。党的十六届四中全会通过的《中共中央关于加强党的执政能力建设的决定》强调："依法执政是新的历史条件下党执政的一个基本方式。"依法执政对于发展社会主义民主政治，建设社会主义政治文明，具有全局性作用。胡锦涛同志在中央政治局集体学习时指出，要加强学习和研究，不断解决依法治国、依法执政实践中的新情况新问题，努力从理论和实践的结合上回答推进依法治国、依法执政提出的重大理论和现实问题，大力加强党的执政理论建设。[1] 怎样提高党依法执政的能力？其基本途径是什么？依法执政实践中要解决哪些问题？这些都是需要从理论和实践的结合上回答的重大理论和现实问题。对此作一些研究探讨，是有重要意义的。

一、依法执政的基本途径

　　现代政治是政党政治，政党政治的核心问题是政权问题。中国共产党是我们国家的执政党，提出依法执政，是我们党对执政历史经验和执政规律科学认识基础上作出的理性选择，是发展社会主义民主政治的基本要求。

---

① 参见《人民日报》2004 年 4 月 28 日。

　　中国共产党执政的本质是什么？"共产党执政就是领导和支持人民当家做主，最广泛地动员和组织人民群众依法管理国家和社会事务，管理经济和文化事业，维护和实现人民群众的根本利益。"①党怎样依法执政，或者说党依法执政，领导和支持人民当家做主，发展社会主义民主政治，主要通过什么形式和途径来实现呢？《中华人民共和国宪法》规定："中华人民共和国的一切权力属于人民。人民行使国家权力的机关是全国人民代表大会和地方各级人民代表大会。"人民代表大会制度作为我国的根本政治制度，"是中国人民当家做主的重要途径和最高实现形式，是中国社会主义政治文明的重要制度载体"②。坚持和完善人民代表大会制度，对于实现人民民主具有决定意义。③党的十六大报告在谈到改革和完善党的领导方式和执政方式时，其中重要的一条，就是"支持人大依法履行国家权力机关的职能，经过法定程序，使党的主张成为国家意志，使党组织推荐的人选成为国家政权机关的领导人员，并对他们进行监督"。《中共中央关于加强党的执政能力建设的决定》强调："支持人民通过人民代表大会行使国家权力"，"善于使党的主张经过法定程序成为国家意志，从制度上、法律上保证党的路线方针政策的贯彻实施"。因此，党依法执政、领导人民当家做主的基本的途径，就是向国家权力机关提出建议，经过法定程序，使党的主张获得国家权力机关认同，确定为法律、法规或者决定、决议，使其成为国家和全体人民的意志。这也是党的一个主要的基本的执政方式。"这样做，有利于把党的主张与人民的意志统一起来，有利于把党的决策和决策的贯彻执行统一起来，有利于国家政权机关及其领导人员把对党负责与对人民负责统一起来，保证我们党始终站在时代前列带领人民前进。"④

---

①　江泽民：《全面建设小康社会，开创中国特色社会主义事业新局面——在中国共产党第十六次全国代表大会上的报告》，《求是》2002 年第 22 期。

②　胡锦涛：《在首都各界纪念全国人民代表大会成立 50 周年大会上的讲话》，《人民日报》2004 年 9 月 16 日。

③　参见江泽民：《高举邓小平理论伟大旗帜，把建设有中国特色社会主义事业全面推向二十一世纪——在中国共产党第十五次全国代表大会上的报告》，《求是》1997 年第 18 期。

④　胡锦涛：《在首都各界纪念全国人民代表大会成立 50 周年大会上的讲话》，《人民日报》2004 年 9 月 16 日。

　　根据党的十六大和十六届四中全会提出的改革和完善党的领导方式和执政方式的思路，就地方来说，经过法定程序，使党委的主张成为国家意志，坚持依法执政，其基本途径，主要表现在以下几个方面：

　　1. 党委提出立法建议，把改革和发展的重大决策同立法结合起来，经过法定程序，使党委有关立法的主张成为国家意志。向国家权力机关提出立法建议，是党的领导方式和执政方式的一个重要体现。① 党的十一届三中全会以来，中共中央先后 4 次向全国人大常委会提出修改宪法部分内容的建议，为地方党委作出了示范。

　　近些年来，一些地方党委也注意通过立法建议，运用法律手段推动本地区政治、经济和社会发展。例如，20 世纪 90 年代初期，深圳市委根据深圳市场经济的需要，向市人大常委会提出了尽快建立和完善经济特区市场主体、市场秩序方面的法规规范的意见和主张。深圳市委 1999 年《关于加强依法治市工作加快建设社会主义法治城市的决定》，提出了"实行政府行为九个法定化"的立法任务。深圳市委为落实其提出的建设国际化城市、生态城市、发展高新技术产业等重大决策，还曾明确向市人大常委会提出制定城市市容环境管理条例、禁食野生动物规定（2003 年抗击"非典"期间）、高新技术产业园区条例等立法项目建议。深圳市人大常委会根据市委意见和主张，制定了相应的法规，规范和促进了深圳经济、政治和社会的发展。这样，把党委有关改革和发展的重大决策同立法结合起来②，使党委的立法主张成为国家意志，有利于党委意志的实现。

　　2. 党委提出的有关国家事务的大政方针或重大决策，经过法定程序，变成国家意志，推进决策科学化民主化。江泽民同志在谈到改进党的领导方式和执政方式时指出："人大是国家权力机关，……党中央关于国家事务的重大决策，凡是应该由全国人大决定的事项，都要提交全国人大经过法定程序变成国家意志。地方也应如此"；"党的路线、方针、政策是体现人民利益

---

① 参见江泽民：《全面建设小康社会，开创中国特色社会主义事业新局面——在中国共产党第十六次全国代表大会上的报告》，《求是》2002 年第 22 期。

② 参见江泽民：《高举邓小平理论伟大旗帜，把建设有中国特色社会主义事业全面推向二十一世纪——在中国共产党第十五次全国代表大会上的报告》，《求是》1997 年第 18 期。

的，应该通过法定程序和法律形式，把党的主张变成国家意志"。① 胡锦涛同志《在首都各界纪念全国人民代表大会成立 50 周年大会上的讲话》中指出："党关于国家事务的重要主张，属于全国人民代表大会职权范围内的、需要全体人民一体遵行的，要作为建议向全国人民代表大会提出，使之经过法定程序成为国家意志。"国家意志的形成、确认和表达是由国家权力机关来实现的。而国家意志的基本内容之一，就是对法定的重大事项作出决定。

地方党委就地方国家事务制定大政方针和作出决策，要按照党的十六大和十六届四中全会的要求，必须坚持按照客观规律和科学规律办事，必须正确认识和处理各种社会矛盾，善于协调不同利益关系，必须增强法制观念，完善重大决策的规则和程序，坚持依法办事，按规定的程序办事，推进决策科学化民主化，保证正确决策。

地方党委要按照法律、法规的规定和中央的要求，有关地方国家事务的重要主张和重大决策，属于人大职权范围内的、需要全体人民一体遵行的，都要提交人大审议决定，或向政府、法院、检察院提出建议，由政府、法院、检察院形成议案提交人大经过法定程序作出决定，变成国家意志，保证人大的"决策更好地体现人民的意志"②，以便动员全体人民去遵守和执行。各级党委和党员要带头贯彻执行体现党委主张的人大及其常务委员会的决定和决议。

3.党委推荐重要干部，经过法定程序，使党委有关干部任免的主张成为国家意志，使党委推荐的人选成为国家政权机关的领导人员，推进干部人事工作的科学化民主化制度化。执政党执政不是抽象的，而是具体的，执政首先意味着通过一定的方式和程序进入政权组织，成为国家政权机关的领导党。政党只有到国家政体中去执掌政权，这样的党才能成为执政党。依照法定程序向国家政权机关"推荐重要干部"，是党的十六大确定的我们党重要的领导方式和执政方式之一。这是中国共产党依法进入国家政权组织的重要环节。

---

① 《江泽民论有中国特色社会主义》（专题摘编），中央文献出版社 2002 年版，第 305、307 页。

② 江泽民：《全面建设小康社会，开创中国特色社会主义事业新局面——在中国共产党第十六次全国代表大会上的报告》，《求是》2002 年第 22 期。

　　地方党委向人大推荐重要干部，要严格按照有关法律和《党政领导干部选拔任用工作条例》规定的民主程序办事。地方各级人大及其常委会经过法定程序，使党委有关干部任免的主张成为国家意志，使党委推荐的人选依法进入国家政权组织，成为国家政权机关的领导人员，依法执掌政权。地方人大及其常委会的党组织和人大常委会组成人员及人大代表中的党员，要理解和贯彻党委的推荐意见，带头依法办事，正确履行职责，使党委有关干部任免主张得以实现。

　　实践中，地方党委推荐的干部，有的地方有个别人选在人民代表大会落选或者在人大常委会任命未获通过。这需要正确看待。执政的共产党的成员要经受新时期执政的考验，在宪政体制下，重要的考验之一，就是人民通过民主选举所进行的选择考验，法律上的体现就是法定的民主选举任命程序。

　　地方党委在推荐重要干部过程中，"要坚持党管理干部的原则，同时支持人大及其常委会依法履行人事任免权"①。实践中，一些地方如深圳、武汉、珠海等市人大常委会，对拟任命人员进行任前法律知识考试；深圳市人大常委会对部分拟任命人员进行任前公示；深圳市、珠海市人大常委会要求拟任政府部门领导人员和法院检察院有关人员在人大常委会会议上作"任前发言"，向人民作出公开承诺等等，都得到党委的支持，取得比较好的效果。

　　4.党委通过法定程序，监督行政、司法机关及其领导人员依法行政、公正司法，从法律和制度上保证党委的大政方针的贯彻实施。宪法赋予了人大监督"一府两院"的权力，并有严格的法律程序规定，在宪法意义上是最高层次的监督。地方党委发现本级政府的某个决定和命令，违背了党委的大政方针，不适当，党委不宜直接发文撤销政府不适当的决定和命令，可以建议和通过人大"依法撤销"。正如毛泽东同志所说："国民党直接向政府下命令的错误办法，是要避免的。"②

　　财政问题是政党政治的核心问题之一。地方党委作为执政的中国共产

────────────

① 《江泽民论有中国特色社会主义》（专题摘编），中央文献出版社 2002 年版，第 305 页。
② 《毛泽东选集》第一卷，人民出版社 1991 年版，第 73 页。

党的地方组织，当然要对财政权进行掌控和监督。比较有效的途径，也是通过人大对政府预算、决算进行审查和监督。执政党通过议会掌控和监督财政预算、决算，是世界各主要国家宪法中的通例。《中共中央关于完善社会主义市场经济体制若干问题的决定》中强调，要加强各级人民代表大会及其常务委员会对本级政府预算的审查和监督。广东省委要求人大加强对财政预决算的监督，要求省财政厅的电脑同省人大财经委员会联网，使财政的每一笔收支状况，人大都能及时了解掌握，并按法定程序进行监督。深圳市委支持市人大常委会听取和审议财政资金使用的绩效审计报告，要求将审计结果通过新闻媒体向社会公开，接受人民群众的监督，并要求对审计查出的问题依法处理。这都是党委通过人大的法定程序对财政进行监督的体现。

至于地方党委对司法机关的监督，比较有效的途径也是通过人大法定监督形式和监督程序，监督司法机关依法办案，公正司法。最重要的就是从制度上保证审判机关和检察机关依法独立公正地行使审判权和检察权，保障在全社会实现公平和正义。①

党委还要督促、支持人大以促进依法行政、公正司法为主要内容，进一步健全监督机制，完善监督制度，增强对行政机关、审判机关、检察机关工作监督的针对性和实效性，支持和督促行政、审判、检察机关严格按照法定的权限和程序办事，确保行政权和司法权得到正确行使，确保公民、法人和其他组织的合法权益得到尊重和维护。

5. 党委支持政府履行法定职能，依法行政，依法管理经济、文化和社会事务。这也是党委依法执政的表现形式之一。宪法规定，县级以上的地方各级人民政府依照法律规定的权限，管理本行政区域内的经济、教育科学文化卫生事业、城乡建设事业和财政、民政、公安、民族事务、司法行政、监察、计划生育等行政工作，发布决定和命令。政府是法定机构，地方党委有关地方国家和社会事务的主张，属于政府法定职权范围内的，也需要通过向

---

① 参见江泽民：《全面建设小康社会，开创中国特色社会主义事业新局面——在中国共产党第十六次全国代表大会上的报告》，《求是》2002 年第 22 期。

政府提出建议的形式，支持政府履行法定职能，依法行政，以实现党委的意图和主张。正如毛泽东同志所说："党的主张办法，除宣传外，执行的时候必须通过政府的组织。"①

二、依法执政实践中需要解决的问题

我们认为，在提高依法执政能力的实践中，需要研究解决的主要有以下几个问题：

第一，各级党委和领导干部要增强依法执政意识，增强依法执政的自觉性和坚定性，不断提高发展社会民主政治的能力和依法执政的能力，在全党全社会营造依法执政的良好氛围。

坚持依法执政，首先要求各级党委和领导干部增强依法执政意识，增强依法执政的自觉性和坚定性。这是依法执政的基础性工程，是依法执政首先需要解决的问题。依法执政意识就是依照法定权限和法定程序进行执政活动的自觉意识。这种自觉意识主要是一种守法意识。最重要的就是党的十六大和十六届四中全会谈到加强执政能力建设时强调的，"必须增强法制观念，善于把坚持党的领导、人民当家做主和依法治国统一起来，不断提高依法执政能力"，坚持执政为民的执政理念。

实践中，有的地方的党委和领导干部，缺乏法制观念，缺乏依法执政意识，执政失误，给党的事业造成不良影响。国务院要求严肃处理的湖南省"嘉禾强拆事件"，可谓是一个基层党委、政府执政失误或错误的"标本"。实践中，有的地方往往以事情紧急、特事特办为由，规避法律规定和法定程序。一强调"严打"，有些措施就突破法律规定；一强调加快城市建设，城市规划法和有关条例就处于被忽视地位，"规划跟着领导走"，拆迁不顾群众利益；一强调抢抓机遇，加快发展，就无视土地管理法、环境保护法而乱"圈地"、乱立项目（据国土资源部提供的数字，仅 2000 年至 2002 年，全国共立案查处土地违法案件 40 多万件，其中乡级以上地方政府违法案件 1.3

---

① 《毛泽东选集》第一卷，人民出版社 1991 年版，第 73 页。

万件）。① 胡锦涛同志在中央政治局第十二次集体学习时的讲话，切中时弊："越是工作重要，越是事情紧急，越是矛盾突出，越要坚持依法办事。要善于运用法律手段促进经济的全面发展和社会的全面进步，管理经济和社会事务，妥善处理人民内部矛盾和其他社会矛盾，切实维护广大人民群众的利益。"② 上海市在筹办世博会中提出，严格依照法律和程序办事，世博会所有重大项目都要实行公开、公平、公正的招投标制度，决不能以"办博"的名义搞所谓的"特事特办"，是符合依法执政、依法办事要求的。

各级党委和领导干部要深刻认识到，依法执政，是新形势新任务对我们党领导人民更好地治国理政提出的基本要求，也是提高执政能力的重要方面。全党同志特别是各级领导干部都要切实增强法制观念，带头学法守法，努力提高依法执政、依法办事的能力，自觉地在宪法和法律的范围内活动，在全党全社会营造依法执政、依法办事的良好氛围。

第二，注重依法执政方面的制度建设，促进依法执政能力的提高，促进执政方式法治化。

坚持依法执政，关键是要抓住制度建设这个重要环节。一是完善党委与人大、政府、政协以及人民团体关系的制度规范。要按照党的十六大提出的党总揽全局、协调各方的原则，规范党委与人大、政府、政协以及人民团体的关系，既保证党委始终发挥总揽全局、协调各方的领导核心作用，又支持和保证人大依法履行国家权力机关的职能，支持政府履行法定职能，依法行政等等。二是完善人大决定重大事项的法律规范。需要在总结经验基础上，从实际出发，对现行法律有关重大事项的原则规定具体化，便于操作，并用法律的形式固定下来。三是完善党委通过法定程序推荐任用干部的制度，实行干部人事工作的民主化法制化。四是完善党委通过人大及法定程序对行政、司法机关进行监督的制度，及其他相关制度建设。五是建立和完善依法执政责任制度，对执政失误或者错误应当承担的政治责任和法律责任作出明确规范。

---

① 参见《人民日报》2004 年 4 月 23 日第 5 版。
② 《人民日报》2004 年 4 月 28 日第 1 版。

　　加强依法执政方面的制度建设，需要借鉴人类政治文明的有益成果，研究和借鉴世界上其他政党执政的一些做法和措施，以开阔眼界，打开思路，更好地从世界政治经济发展的大格局中把握我们党执政的规律，并使之规范化、制度化。通过加强依法执政方面的制度建设及制度的贯彻执行，促进依法执政能力的提高，促进执政方式法治化。

　　第三，加强对依法执政情况的检查监督，强化执政责任，完善对执政权力的制约监督机制。

　　《中国共产党党内监督条例》（试行），把"遵守宪法、法律，坚持依法执政的情况"，作为党内监督的重点内容之一，作出了明确规定。《中国共产党纪律处分条例》也明确规定，党组织和党员违反国家法律法规的行为，必须受到追究。两个条例还对监督职责、监督制度（巡视、询问和质询、罢免或撤换及处理等）、监督保障、纪律处分等作了明确规定。各级党委和党的纪律检查委员会需要认真贯彻落实这些规定，加强对依法执政情况的检查监督，强化执政的政治责任和法律责任。现代民主政治是责任政治。嘉禾县委书记、县长被撤职，可视为对执政失误责任的追究，即承担政治责任。同时，还要把党内监督、人大监督、群众监督和舆论监督紧密结合起来，强化对执政权力制约监督的有效性，保证依法执政的有效实施。"嘉禾强拆事件"，是央视等新闻媒体克服阻力细探根由，才使事件真相浮出水面。而在这一关系人民群众切身利益的重大事件中，一些监督机构在事件被媒体曝光之前却显得监督乏力，未能发挥应有的作用。我们要按照党的十六大报告的要求，建立和完善对执政权力的制约和监督机制，保证把人民赋予的权力真正用来为人民谋利益，为人民执好政、掌好权，为全面建设小康社会，不断开创中国特色社会主义事业新局面提供有力的保证。

　　　　　　　　　（原载《依法执政的理论与实践》，广东人民出版社 2005 年版；原题《依法执政的基本途径：使党的主张经过法定程序成为国家意志》）

试论依法治市

依法治市，是近年来健全社会主义法制和改革实践中提出的一个新课题。这个课题颇具吸引力，使人为之振奋，但又有一系列问题尚需研究。本文试图就其中几个主要问题作些初步探讨。

一、依法治市的概念

为了研究依法治市的概念，有必要先说明法治的概念。所谓法治就是严格依法治理国家的一种主张和原则。早在我国战国中后期的法家就给"法治"下过这样的定义："有生法，有守法，有法于法。夫生法者君也，守法者臣也，法于法者民也。君臣上下贵贱皆从法，此谓大治。"① 这是典型的封建法治概念。古希腊思想家亚里士多德在《政治学》一书中说："法治应当优于一人之治"，"法治应包含两重意义：已成立的法律获得普遍的服从，而大家所服从的法律又应该本身是制定的良好的法律。"在资产阶级革命中，法治原则更是被广泛强调。我国现在所强调的法治，就是国家要有比较完备的法律和制度，依法进行治理，任何国家机关、政党、团体和公民个人，包括各级领导人，都要遵守法律，严格依法办事，而不是依照个人意志办事，也不能具有超越于法律之上的特权。这是法治这一概念的最基本含义，也是与人治的根本区别。

依法治市的概念，从逻辑学的角度来说，与法治概念是一种从属关系，

---

① 《管子》，中华书局 2009 年版，第 241 页。

包含在法治概念的外延之中。由此可知，依法治市就是严格依据法律、法规管理或治理城市，核心也是严格依法办事。这里要着重说明的是，我们研究的依法治市，并非仅仅作为一般指导原则，而是在加强城市法治建设中的一项具有整体性、全方位、多层次的社会系统工程，是城市法治中的一项带有根本性的建设。党的十三大报告中指出："国家的政治生活、经济生活、社会生活的各个方面，民主与专政的各个环节，都应做到有法可依，有法必依，执法必严和违法必究。"这是社会主义法治的内涵和外延的科学表述。以此为指导，依法治市具有丰富的内涵，其外延也是相当广泛的：（1）从所依据的法律、法规来看，包含着宪法和与城市（含市辖县、乡、镇）有关的所有法律、法规，还包含为贯彻这些法律和行政法规而制定的地方性法规和规章；（2）从法律、法规的实施来看，包含着法制宣传教育、有关组织建设、建章建制、严格执法以及对执法的监督等一系列工作；（3）从所涉及的领域来看，包括政治、经济、社会生活各个方面，各行各业，与政治、经济体制改革的关系密切；（4）从城市区域来看，包括依法治市、治区、治街、治县、治乡、治镇、治村；（5）从城市组织来看，包括党组织在宪法、法律的范围内活动，人大及其常委会依法行使职权；政府机关依法进行各项行政管理，司法机关依法独立行使职权；依法办理刑事、民事、经济、行政等各类案件，企事业组织依法管理企业和各项事业，群众团体和居民委员会、村民委员会等基层群众自治组织依法办理自己的事务；（6）从社会成员来看，包括全市公民知法、守法、维护法律权威，运用法律保护自身的合法权益。上述各方面往往是交织在一起的，各个方面都按照依法治市的要求，严格依法办事，将绘成一副色彩缤纷、蔚为壮观的依法治市的图景。

二、依法治市的必要性及其条件

由于全面实行依法治市实践不足，全国而言，本溪市率先实行，武汉等城市才刚刚开始，尚无一个完整的范例。因此，其必要性和可行性如何，人们认识不一，需要认真研究，提高认识。否则，依法治市难以推行。

依法治市的必要性何在，我们认为可以从以下几个方面来认识：

第一，从根本上说，这是由"我国还处在社会主义的初级阶段"这一基本国情决定的。社会主义初级阶段最根本的经济特征就是生产力落后，商品经济不发达，所以，以经济建设为中心，发展生产力就成为社会主义初级阶段的根本任务。要建设，要发展生产力，没有法制的保障，是不可能达到预期的目标的。历史证明，发达的经济总是伴随着较为完备的法治，不发达的经济在其起步和发展过程中，同样需要比较健全的法制来予以调整和指导。否则，经济的发展就只能在无序的状态下缓慢趋行，甚至出现破坏生产力的现象，我国"文革"十年动乱就是明显的例证。法制属于上层建筑，必须为经济基础服务，保护和促进经济基础和生产力的发展。党的十一届三中全会以来，党和国家之所以把建设有中国特色社会主义法制作为一项伟大的历史任务，党的十三大报告之所以强调"必须一手抓建设和改革，一手抓法制"，其理论依据和必要性就在这里。城市经济是整个国民经济的中坚力量，城市生产力的发展，离开了法制的保障，同样是十分困难的。因此，在社会主义初级阶段，要促进城市生产力的发展，必须要加强法制，实行依法治市。

第二，城市改革在急切呼唤"依法治市"，加强城市法制建设。这是提出依法治市的重要的、直接的实践依据。事实上，中外历史上的每一次重大变革都提出了对法制的要求。在中国悠久的历史发展过程中，经历了许多次的改制（包括经济和政治体制）与变法，商鞅变法致秦国富强，即是著名范例。因为改革需要法制来推动，并巩固其成果。党的十三大以后，城市的经济体制改革将进一步加快和深化，政治体制改革已经逐步开展，与此相适应，法制建设必须按照十三大的要求，贯穿于改革的全过程。现行改革对法制的需求是十分明显的。从城市经济体制改革来看，它涉及所有制结构的变化，所有权与经营权的分离，横向经济联合的加强，对外更加开放，社会主义市场体系的建立和培育，宏观调节体系的逐步健全，多种分配方式的出现等等。所有这些改革，都需要运用必要的法律手段来确立和调整，否则就容易产生混乱。例如，实行所有权与经营权分离，必然会出现承包、租赁等多种形式的经营责任制，而无论实行哪种经营责任制，都要运用法律手段，以契约（合同）形式确定企业所有者与经营者之间的责权利关系，各自依法行使权利、履行义务，并受法律保护。发展商品经济，建设社会主义市场体系，也必然要求健全以间接管理为主的宏观经济调节体系，法律手段在宏观调节中具有重要作用。因为开放、搞活，必然带来竞争，就需要加强经济司法，严格执行市场管理法规，保护正当竞争，制止不正当竞争和各种违法行为，形成正常的市场秩序。竞争可能会使有的经营不善的企业破产，就需要依法实行破产制度，等等。可见深化城市经济体制改革，不能不借助于法制这一有力武器。

从城市政治体制改革看，改革中实行党政职能分开，党委、人大、政府都要各自依法办事，党委的主张需经过法定程序变成国家意志。下放权力，转变政府职能，众多企业依法进行生产经营活动，政府的责任主要是按照法规政策对企业服务并进行监督。改革干部人事制度的重点，就是要改革用人缺乏法治的状况，实现干部人事的依法管理和公开监督。完善社会主义民主政治的若干制度，核心是支持人民当家做主，依法行使各项民主权利，而民主与法制不可分离。彭真同志说过，依法办事就是改革。政治体制改革的目标之一就是"法制完备"，城市政治体制改革当然要朝着这个目标迈进，而要实现这个目标，依法治市则是直接的、不可替代的最有效的措施。

当前，城市改革发展迅速，而城市的法制建设远不能适应改革的需要，面对蓬勃发展的改革形势，我们所能选择的，只能是加快步伐，实行依法治市。

第三，实行依法治市，是由我国法制建设的现状和城市法制建设的地位决定的。党的十一届三中全会以来，我国的法制建设特别是立法工作取得了重大进展。但是法律、法规的贯彻实施，却存在严重缺陷，不少法律、法规远未能得到普遍遵行。据某省（重点是城市）最近对法律执行情况的调查表明，执行得好的和比较好的只占30%，执行得稍有成效，但难度较大的占50%，执行差的占20%，财政、税收、物价和城市管理方面的法律、法规，执行起来阻力更大。另外一个省1987下半年曾对10多个法律、法规执行情况进行了为期5个月的检查，查出违法案件达123000多起。国家审计系统1986年至1987年上半年，审计了全国1/3的全民所有制企业，查出

依照法规和有关规定应当上缴而不上缴的金额达 40 亿元。北京市交通民警
1987 年一年纠正违反交通法规的行为达 455 万起。武汉市的违章建筑已达
100 多万平方米。这些数字是惊人的。正如全国人大常委会的一份工作报告
中说的:"近几年来,我国立法工作取得显著进展。但是,已经制定的法律
没有得到充分的遵守,有法不依、执法不严的问题相当突出,引起了群众的
不满",也影响了改革和建设的顺利进行。而上述有法不依、执法不严的情
况,又大都集中于城市。执法的严峻现实,值得城市的人们首先是领导者深
思。"城市是我国经济、政治、科学技术、文化教育的中心,是现代工业和
工人阶级集中的地方,在社会主义现代化建设中起着主导作用。"① 城市改革
应当走在前列,城市的法制建设同样也应当走在前列。而城市法制建设的状
况与城市改革的要求很不适应。基于我国法制建设的现状和城市法制建设在
整个法制建设中的地位,为了有效地改变城市中这种有法不依、执法不严的
状况,武汉等一些城市提出并实行依法治市,是十分必要的。通过实施依法
治市,必将有力地加速城市的法制建设,进而推动整个国家的法制建设更好
更快地发展。

　　第四,当前城市中全民普及法律常识教育的深入开展,要求将干部、
群众学法用法的热情和经验,集中起来,推广开去,形成广泛的学法用法、
依法治市的洪流。普法教育在城市普遍开展有两年多了,取得了显著成效,
干部群众的法律意识正在逐步增强,法的作用引起了广泛重视。更可喜的
是,一些单位、地区和部门学法、用法,开始实行依法管理,把工作纳入法
治轨道,如依法管理经济合同,依法治税,依法治厂、治店、治乡、治村
等。这一些新生事物,方兴未艾,随着党的十三大精神的贯彻,普法教育的
深化,必将有更大的发展。在这样的大好形势面前,城市领导者,坚持从群
众中来,到群众中去的方法,集中群众学法用法的经验和健全法制的愿望,
因势利导,及时作出决定,实行依法治市,这是必要的,也是明智的,是普
法教育发展的必然趋势。依法治市的先行城市本溪和决定实行依法治市并以
此作为基本市策之一的武汉,都是在普法的基础上提出并实行依法治市的,

---

① 《中共中央关于经济体制改革的决定》,《经济体制改革》1984 年第 5 期。

普法教育为依法治市创造了条件，依法治市又将巩固发展普法成果，把普法引向深入。

第五，城市政府加强行政管理，转变政府职能，迫切要求政府健全法制，依法进行治理。实践将会证明，依法行政可以使政府工作获得更加良好的宏观效应。政府的管理工作主要是运用经济手段、法律手段和必要的行政手段。将这三种手段略作比较，即可明了法律手段的重要地位和作用。其一，三种手段不可分割，经济手段和行政手段均需依法运用，以法保证。大量的经济法规和行政法规，保证经济杠杆部门发挥调节作用，保证行政机关依法行使职权。不能想象，无法可依而可以去进行城市管理；没有国家税收法规的规定，而可以去征收某种税款，等等。其二，一个城市政府，若能系统地依法进行治理可收到标本兼治的效果。多年来的实践证明，由于城市管理涉及面广而又复杂，一般行政措施和个别行为固有一定成效，但常常只能治标，不能治本，即个别地或一时地解决某些问题，一松即"旧病复发"。而依法治市作为系统工程，本着治建结合的原则，从宣传教育、组织建设、制度建设、严格执法等方面进行系统治理和建设，并持之以恒，则不仅可以治标，而且相对地来说，还可以治本，才有可能改变城市执法的现状。其三，依法治理，可以收到事半功倍之利，提高行政效能。效能是行政机关改革的重要目标之一。长期以来，人治和单纯行政手段，使行政领导陷入忙乱的事务之中。若能实行依法治理，则可使这种状况得到改变，至少得到缓解。实践证明，一条（部）法律、法规若能有力贯彻实施，常可有效解决它所调整范围内的问题，起到抓一法，治一面的作用。比如，有的城市前些年在商品经济交往中，为解决大量的经济合同纠纷，不知耗费多少人力、财力。但近年来，由于在学法用法中依法加强了经济合同管理，其结果是合同履约率大大提高，经济纠纷大大减少。又如城市众多单位的内部治安问题，过去有关部门费了很大力气，很多问题仍难解决。武汉市 1985 年制定了机关、团体、学校、企业、事业单位治安保卫工作条例（经省人大批准），经过大力贯彻，使全市各单位内部治安工作发生了重大变化。这些经验说明，善治者须以法治。而且随着行政诉讼制度的逐步实施，政府执法部门依法行事，不服行政处罚者，诉诸法院裁决，不用再找政府领导人说情、扯皮。政府领导人可免于陷入这类行政纠纷之中，执法部门也能更加大胆执法。法本身就是一种科学严密的规范体系，城市政府实行法治，就是一种科学的管理方法。而系统地实行依法治市，则是加速推行法治的有效途径。当然这决不是说政府工作仅执法而已，只是说明运用法治能有效推进政府工作。

以上各点，说明了依法治市的必要性和紧迫性。但是，依法治市的可行性如何，条件是否具备？这也是一些同志所疑虑的。他们担心的主要有三点：一是部分干部群众思想认识不足，法律意识不强，需要有一个思想准备过程；二是某些执法队伍量少质弱，难以担当起严格执法的任务；三是现在严格依法办事，难度很大，要依法治市，谈何容易。这些担心是有一定道理的。但我们认为，第一，从总体上来说，依法治市的条件是基本具备的：（1）党的十一届三中全会以来，党中央一直把加强法制建设作为坚定不移的方针，党的十三大又进一步强调必须加强法制建设，健全法制已成为历史的潮流，这对于依法治市，健全城市法制，有着重要的指导和推动作用；（2）我国的社会主义法律体系日趋完备，党的十一届三中全会以来，全国人大及其常委会制定了近120件法律和有关法律的决定、决议，国务院制定了500多件行政法规，地方制定了1000多件地方性法规，还有大量的行政规章，我们在主要的基本的方面已经有法可依；（3）全民普及法律常识教育为依法治市打下了较好的基础；（4）有长期积累的执法经验和具备一定规模的执法队伍，而且随着政治体制改革，政法机关和行政执法机关将进一步充实和加强；（5）随着国家加速民主与法制建设的进程，以及党的十三大精神的贯彻，领导机关和领导干部正日益重视法制建设。本溪市委、人大、政府大力抓依法治市工作，武汉市委将依法治市作为基本市策之一就是例证。第二，开展依法治市工作，正可以促进人们担心的那些问题的解决。存在决定意识。法治意识，需要在强化法治过程中逐步增强。实践证明，"执法难"不可能在等待和沿袭老的做法中得到解决。依法治市正是要求干部群众知法、守法，支持和监督执法部门，强化执法措施。所以，我们认为依法治市的目标，经过努力是可以实现的。

三、依法治市的指导思想、原则和目标、要求

依法治市必须以社会主义初级阶段理论和党的路线、方针为指导。在当前就是要依照党的十三大精神来开展依法治市工作。在社会主义初级阶段，党和国家把发展生产力作为全部工作的中心，把坚持四项基本原则和坚持改革开放作为两个基本点。是否有利于生产力的发展成为考虑一切问题的出发点和检验一切工作的根本标准。毫无疑问，依法治市工作应当把是否有利于生产力的发展，是否有利于改革和建设，作为出发点和根本标准，坚持为改革和两个文明建设服务。

1. 依法治市要遵循社会主义民主原则。依法治市的重要任务之一就在于保障人民民主，保障人民群众依照法律规定并通过人民代表机关管理国家事务，通过职工代表大会管理企业，通过基层自治组织和各种群众性组织管理社会事务，以调动人民群众的积极性，促进法治的实施，促进生产力的发展。同时，依法治市是一项全社会的工作，需要依靠人民群众的积极支持和共同努力。群众监督是一种伟大的力量，群众知法、懂法，自觉守法，积极监督执法，依法治市才能实现。因此，依法治市不是以法管人，也不是少数人的活动，而是要把法律交给人民群众，使法制建设成为广大人民的实践活动。

2. 依法治市必须坚持社会主义法制统一原则。依法，就是依据国家统一的法律、法规行事；同时，城市制定的地方性法规、行政规章，众多的规章制度、村规民约、居民公约等，都不得与宪法、法律、行政法规相抵触，否则就可能"法"出多门，出现破坏法制的现象。

3. 依法治市的目标和要求是什么，需要逐步探索。根据党的十三大报告关于加强法制建设的要求和城市的实际情况，我们认为依法治市的根本目标是要达到：城市的政治生活、经济生活、社会生活的各个方面，民主与专政的各个环节，做到有法可依，有法必依，执法必严，违法必究。为了实现这一目标，依法治市的近期要求大致应有以下几个方面：(1) 努力提高市民的法律意识，使全体市民首先是干部，做到知法、懂法，树立法制观念，并

逐步学会运用法律；(2) 城市区域内的国家机关，各政党和社会团体，各企业事业单位和其他基层组织逐步做到严格遵守宪法、法律和法规，严格依法办事，依法管理城市，依法管理经济，依法管理各项事业，按照依法治市要求把各个层次、各个方面的工作逐步纳入法治轨道；(3) 改善执法活动，健全有效的执法组织和各级法制机构，形成网络，有得力的执法措施，逐步健全执法检查监督制度，并保障司法机关独立行使职权，行政执法机关依法进行管理；(4) 政治体制改革、经济体制改革能顺利进行，不遭受非法行为干扰破坏，民主政治制度的实行能依法得到保证；(5) 城市的经济秩序、社会秩序有明显的改观，执法中的"老大难"问题取得有效突破，有一个良好的社会环境；(6) 有能适应建设、改革和各项管理需要的地方性法规、行政规章和规章制度，有促进群众自治的村规民约、居民公约等等；(7) 形成多种形式的群众监督、舆论监督，并逐步健全必要的制度和组织措施加以保证。

四、怎样实行依法治市

依法治市，任务艰巨复杂，而又缺乏经验，如何实施，需要认真研究。这方面本溪市的做法值得借鉴。为了实施依法治市，自然需有一个好的方案，进行全面规划。在制定和实施依法治市方案中，除须有明确的指导思想和奋斗目标外，我们认为以下几个问题是需要明确的：

第一，依法治市是一项全方位、多层次的社会系统工程，体现综合治理的特点。可以设想依法治市的两种模式。一种只是把依法治市作为一个口号，一般性地强调依法办事，并采取某些措施，如开展法制宣传教育，强调执法检查，强调领导带头等等。这样的做法无明确的奋斗目标和实施的步骤方法，实行起来可能会取得某些成效，但不可能达到健全城市法制，把城市各项工作纳入法治轨道的目的，改变不了城市执法现状。另一种模式，则是把依法治市作为一项系统工程，有强有力的组织领导，较充分的宣传发动，有具体实施的步骤和措施，使各项法律、法规，得到全面系统地贯彻实施，一步一步地落到实处，先打下良好的依法治市基础，然后长期坚持下去。这样的做法，才能达到既定的目标。

　　第二，依法治市具有长期性，又有阶段性和层次性。我们是在社会主义初级阶段实行依法治市，现阶段的经济、政治和文化状况，决定了依法治市是一个长期的渐进的发展过程，不能指望一蹴而就。但是事物发展又是具有阶段性的。当前改革和建设的实践以及法制建设的现状，也要求我们有一个相对集中的阶段，以便集中力量，取得突破性进展，为依法治市工作的深化打下良好的基础。否则，所谓长期性，就会变成遥遥无期。正如法制宣传教育一样，它是一项长期的任务，但是集中五年时间开展普法教育，做好基础工作，也是极为必要的，实践中已取得明显效果。依法治市，集中阶段需要多长时间，尚无经验。本溪市计划用五年并把五年分为三个阶段进行，即准备阶段（包括思想发动、制定规划、健全组织领导机构等）、实施阶段（对政治、经济、社会生活的主要方面进行依法管理，每年抓几个重点，探索依法治理的有效办法）、完善阶段（从组织上、制度上、方法上基本上形成依法治市的工程体系，以适应下一阶段依法治市工作的需要），并提出边治理、边设计的方针，看来是比较适宜的。但各城市情况不一，实施的结果各异，有的可能需要较长一些时间。

　　依法治市还具有多层次的特点，比如武汉市就将依法治市大体分为五个层次：一是领导机关，二是各职能部门，三是企事业单位，四是乡村、街道基层组织，五是全体市民。作这样的层次分析，是为了确定对各个层次的不同要求以及相应的步骤和方法。

　　对各层次如何要求呢？共同的要求是，都须学习宣传，认真进行思想发动，都应有得力的组织领导和明确的实施方案，都需要认真进行普法教育，开展学法用法活动，都要求健全规章制度和严格依法办事。对各层次还应有不同的要求：(1) 各级领导机关主要是对依法治市（治区、治县等）实行统一领导，必须有明确的负责人分管，设置或健全相应的办事机构，协调各部门的执法活动，深入检查督促，落实实施方案，等等。(2) 各个部门。司法机关主要是严格依法行使审判权和检察权，充分发挥职能作用，并把检察、审判活动与依法治市紧密联系起来进行。工商、税务、物价管理、城管、审计、卫生检疫、劳动监察等行政执法部门承担着大量的执法任务，是实行依法治市的重点部门。对这些部门应有特殊的要求。一是深入系统地宣传与本部门业务有关的法律、法规；二是有计划地培训执法队伍，切实提高政治业务素质，建立并严格执行执法纪律；三是对负责执行的主要法律、法规，有计划地深入贯彻实施，严格执法，建立起一套有效的监督制度，开展经常性的执法检查；四是帮助有关单位和人员加强组织建设和制度建设，保证法律、法规的执行；五是做好群众监督和舆论监督的组织工作。企业事业主管部门要负责抓好与本部门有关的法律、法规的宣传贯彻和所属单位的法制建设。(3) 企业。乔石同志在 1988 年 1 月召开的全国企业法制宣传教育会议上指出，依法管理企业，是现代化企业发展的必由之路，也是发展社会主义商品经济的客观要求。企业要顺应这个规律，认真贯彻执行有关法律、法规，依法调节生产经营活动，逐步将企业管理、民主管理纳入法制轨道。

第三，法制宣传教育是依法治市的基础。邓小平同志指出："加强法制重要的是要进行教育，根本问题是教育人。"[1] 当前必须深入开展普及法律常识教育，干部始终是学法用法的重点。同时以多种形式开展经常性的法制宣传教育，并把学法用法结合起来。

第四，大力组织法律、法规的有效贯彻实施，加强执法监督。这是依法治市的中心环节。需要强调的是，对于那些涉及面广，执法难度大的法律、法规，根据本溪和其他法制建设先进城市的经验，要采取重点突破的方法，波浪式地推进。对于其他的法律、法规，则由有关主管部门负责，按照要求有组织地、系统地贯彻实施。无论何种法律、法规的实施，都必须加强经常性的检查监督，并做到严格执法。列宁曾说过："究竟用什么来保证法令的执行呢？第一，对法令的执行加以监督。第二，对不执行法令加以惩罚。"[2] 这就是执法必严，违法必究。同时，还需建立对执法部门的执法情况进行监督的体系和相应的制度。

第五，依法治市，当然首先是依照国家宪法、法律、行政法规，但地方性法规、规章的作用不可忽视。城市特别是大城市，对于应兴应革的事情，国家一时还难以制定通行的法律和行政法规的，可以根据法律规定的

---

[1]　邓小平：《建设有中国特色的社会主义》（增订本），人民出版社 1987 年版，第 136 页。
[2]　《列宁全集》第二卷，人民出版社 2013 年版，第 360 页。

权限，积极制定地方性法规和行政规章，以及时解决这方面用什么来治的问题。

第六，依法治市，领导机关和领导干部处于关键地位。这不仅因为这项工作事关全局，任务繁重艰巨，而且厉行法治，历来是阻力重重，在今天也会触及许多单位和个人的所谓利益。加上人治习惯，以权代法等因素的存在，所以依法治市一定要有领导机关和领导干部的高度重视，进行强有力的组织领导，和对正确执法的坚决支持，方能有力推行。同时，还需要领导人以身作则，带头依法办事，起示范作用。若能如此，依法治市目标必将逐步实现。

（原载《中南政法学院学报》1988 年第 3 期，另一位作者：刘定国）

法治社会呼唤科学理性精神

在当今崇尚法治、强调法治的时代，有一种精神不可忽视，这就是科学理性精神。这种精神对深圳率先建立民主公正的法治环境十分重要。

一、科学理性精神与法治有什么内在联系

首先，法律规范本身就是科学理性的产物，"法治"这一治理国家、治理城市的原则和方式本身就是科学理性的选择。科学反映的是现实世界各种现象的本质和规律，法律则是在了解社情，集中民意，对社会生活现象的本质和规律有科学理性认识的基础上制定出来的行为规范。法治也是人类社会通过对国家、社会治理本质和规律的理性思考而作出的科学理性的选择，尽管有它的缺陷，但应该说它是迄今为止，人类社会所寻找到的最理想、最理性的治国手段。我们要坚持科学理性精神，在促进科学理性精神成长的同时，促进法治社会的形成。

其次，法律意识和法治观念是科学理性精神的重要体现和重要内容。法律意识、法治观念，是重视法律、自觉遵守和执行法律、维护法治的思想意识，缺少这种思想意识，很难谈得上是科学理性精神。

再次，作为法治社会重要标志的良好社会秩序，需要在理性精神指导下建立。一个有序的社会首先是一个理性的社会，新加坡正是这样的一个社会。深圳与之相比，差距不少，这都与理性精神欠缺有关，与作为科学理性精神重要体现的法律意识、法治观念不足有关。

二、怎样以科学理性精神，建立民主公正的法治环境

第一，按照科学理性精神，培养一种新的法治理念。"科学精神"主张自由探索，鼓励创新。要形成这样一种法治理念：对公民和企事业组织而言，凡法律未禁止的都是允许的，即"法无明文不为过"，它赋予了公民和组织更广泛的自由，鼓励创新，不担心"秋后算账"；对于行政司法机关而言，凡法律未允许的都是禁止的，行政司法机关只能做法律明文许可的事，否则是非理性的，被视为违法。这对政府依法行政、司法机关依法公正司法很有必要。这是发达国家、法治国家通行的法治理念，深圳需要在科学理性精神指导下逐步形成这种法治理念。

第二，按照科学理性精神，坚持不懈地加强宣传教育，培养和增强人们的法律意识和法治观念。法律意识和法治观念是建立一个法治社会的重要基础，需要坚持培养，从娃娃抓起。深圳的中小学法治教育走在了全国的前面，需要坚持不懈地抓下去。社会公众特别是外来务工人员的法治教育，也要加强。除此之外，还可以借鉴新加坡的做法，在深圳的机场、客运码头、车站、特区检查站等外来人员过往较多的地方，派发或提供免费取阅的有关法律资料，营造一种法治氛围。新加坡就有这种氛围，还没有到达那里，就有人提醒你不能乱扔乱吐，不能乱过马路，不然罚得很重。外来游客在那里都不敢乱来。

第三，按照科学理性精神，制定相应的程序，促进决策民主化和科学化。"理性选择"作为解释决策现象的一种政治分析理论，要求按照健全的决策程序，实行决策的民主化和科学化，用最佳方式达到既定目标。不按程序办事，随意决策，是非理性的。要逐步形成充分反映民意、广泛集中民智的决策机制，建立重大决策出台前征询公众意见的制度，推进社会主义民主政治建设。

第四，按照科学理性精神，促进城市管理和社会管理法规的进一步严密和完善，并严格遵守和执行。在深圳加快率先基本实现社会主义现代化和建设现代化国际化城市的背景下，需要借鉴发达国家和地区的经验，使我们

的法规进一步严密和完善。在欧美一些国家，盖房要留出多大面积种花种草，都有明确规定；瑞士法律规定，任何人砍一棵树（包括自家院）必须向政府申请，有正当理由并先种活5棵树后，才能砍伐。我们需要借鉴这些做法。为促进依法行政，需要加快完善有关立法，实行政府行为法定化，通过行为法定，规范政府行为。已经制定的法律法规，要加大执法力度，使法律法规得到严格遵守和执行。

（原载《深圳特区报》2002 年 6 月 4 日）

建设国际化城市与政府依法行政

世界上公认的现代化国际化城市，比如纽约、伦敦、巴黎、法兰克福、东京、悉尼、新加坡、中国香港等，同时也都是法治城市。作为法治城市首先要求有一个法治政府，法治政府的核心是依法行政。政府依法行政，是深圳建设国际化城市的重要内容和重要条件，是城市具有国际竞争力、综合实力的重要表现。

1. 按照建设国际化城市的要求，树立新的法治理念，以人为本，坚持执法为民，坚持法治精神。深圳建设国际化城市，需要树立世界上发达国家及国际化城市通行的法治理念。发达国家及国际化城市通行的法治理念，包括两个重要方面：其一，对公民和企业而言，凡法律未禁止的，都是允许的，都可以做。"法无明文不为过"，"法无禁止即自由"。意在赋予公民和企业更广泛的自由，鼓励创新。其二，对行政机关而言，凡法律未允许的，都是禁止的。"法无授权即禁止"。行政机关只能做法律明文规定许可的事，否则就被视为违法。法治政府最基本的表征就是把自身的权力自觉限制在法律授权范围内，以防止权力被滥用。这是世界上发达国家、国际化城市通行的法治理念。

党的十六届三中全会通过的《中共中央关于完善社会主义市场经济体制若干问题的决定》提出，允许非公有资本进入法律法规未禁入的基础设施、公用事业及其他行业和领域。这种创新改革就体现了这种"法治理念"。

在法治理念上，应当实现从法律治民、治事向法律治"官"、治权的转变。依法治国、依法治市，重点是治权（重点是行政权受约束）、治官。法治政府基本的精义在于，"治国者先受治于法"。那种认为法是用来"管"老百姓的，用来"治"老百姓的观点是错误的，是不符合现代意识和现代法治理念的，也是不符合世界历史发展潮流的。

在法治理念上，要特别注重以人为本，尊重和保障人权。深圳市委三届八次全会提出树立以人为本的科学发展观，提出要尊重人、关心人，受到社会广泛好评。我们在今后的建设和发展中，需要以此作为重要的指导思想。

树立新的法治理念，对行政机关来说，最重要的就是变革执法观念，更新执法观念，牢固树立执法为民的思想观念。

在树立新的法治理念的同时，还要坚持法治精神。法治精神，核心是法律面前人人平等，谁都要依法办事。香港作为一个国际化城市，其经济社会发展有四大支柱：法治精神、自由经济政策、廉洁政府、公开的资讯。首要支柱是"法治精神"。在香港，不论是什么人（境内外），遇到问题，都寻求一套统一的规则去解决，而这套规则是公开透明的。这就是香港的依法办事原则，这就是香港的法治精神。这种法治精神也是值得我们借鉴的。

2. 坚持制度创新，实行政府行为法定化，实现政府城市管理规范化、国际化。一个现代化国际化城市，政府行为应当是法定化的，政府城市管理包括城市规划建设管理、环境保护等等，应当是按照国际化城市的标准来规范和要求的。党的十六大报告要求经济特区在制度创新方面走在前列，深圳要向国际化城市迈进，重要的是要有国际化城市的制度安排。按照前面提到的"法治理念"的要求，参照国际化城市的标准，实行政府行为法定化，实现政府城市管理标准化、规范化、国际化，这是深圳制度创新的重要内容。

在改革中推进制度创新，实行政府行为法定化，需要进一步推进深圳的经济体制改革和政治体制改革，并将改革的成果法定化，努力创造更少管制、更多服务、更多自由竞争、鼓励创新、容忍失败、民主宽松、能吸引各方投资和各方面人才的社会氛围和创业发展环境。深圳需要借鉴国外国际化城市的经验，建立和完善这样一套"游戏规则"，在为投资和创业服务中消除体制性障碍和官僚主义障碍。

在制度创新方面，我们还需要"借鉴人类政治文明的有益成果"（党的十六大报告语），借鉴国外国际化城市的标准和经验，完善深圳的城市管理、社会管理方面的行政立法，推进城市管理标准的规范化、国际化。在城市管理、社会管理方面，我们仍然存在法规和规范缺失的现象。深圳在建设国际化城市条件下，政府的城市管理不能粗放式，一定要严格严密精细，形成严格的管理规范和标准，并依照国际化城市标准来评价。

3. 实行政务公开，改革和完善决策机制，实现决策的科学化、民主化和程序化。公开原则，是行政法的基本原则，也是依法行政的基本要求之一。一个现代化国际化城市的政府，应当是公开透明的政府，应当是民主科学决策、理性决策的政府。政府透明运作，公开办事程序，可以大大降低百姓、社会组织同政府打交道的成本，提高行政效率，同时通过社会监督，减少权力寻租的机会，防止腐败。

政务公开的重要目的是实行决策的民主化、科学化。国外城市政府听证的经验值得我们借鉴。深圳近年来就一些事项举行了听证会，如停车场管理、咪表设置、特区禁行摩托车等，但有一些应该举行听证的重大事项没有举行听证，如干部职工住房制度改革方案、交通秩序整治规划及方案等等，群众有些好的意见和建议没有途径表达出来，政府决策的公众参与程度还远不够。我们应当按照党的十六届三中全会关于改革和完善决策机制的要求，借鉴国外城市的经验，建立深入了解民情、充分反映民意、广泛集中民智、切实珍惜民力的决策机制，完善重大决策的规则和程序，建立和完善与群众利益密切相关的重大事项社会公示制度和社会听证制度，扩大公民有序的政治参与，增强决策透明度和公众参与度，完善专家咨询制度，实行决策的论证制和责任制，防止决策的随意性，增强决策理性，实现决策的科学化、民主化和程序化，创造公平和可预期的法治环境。

4. 推进行政体制改革，建立有限政府、服务政府及信用政府。一个现代化国际化城市的政府，应当是职能规范的政府，应当是一个有限政府、服务政府、高效政府及信用政府。一个民主的、规范的、有能力和有效率的政府公共管理体系，是一个国家或一个城市政治稳定、经济发展、社会进步的重要保障和必要条件。

行政体制改革的重点是转变政府职能，提高公共服务质量，提高政府绩效。我们讲转变政府职能好多年了，但仍然很不到位。转变政府职能很重要的，一是实现从"全能政府"向"有限政府"的转变，坚决实行政企分开。政府不是全能的，凡是市场能做的都应由市场去做，尊重市场规律，发挥市场在资源配置中的基础性作用。政府的责任是调整和修正市场的缺陷和不足，维护市场秩序。凡是基层群众自治组织能管理的事情，由群众"自我管理"，自我服务。相信老百姓有能力依法管理好自己的事情。这体现的是有限政府的现代政府理念。二是实现从"管理型政府"向"公共服务型政府"的转变。《中共中央关于完善社会主义市场体制若干问题的决定》，明确要求"切实把政府经济管理职能转到主要为市场主体服务和创造良好发展环境上来"。深圳市政府提出为大企业"直通车"服务，为金融业服务，体现的就是向服务型政府的转变。深圳要建设国际化城市，政府部门的服务规范和流程要靠近国际化水准，以社会需求为导向，使在深圳外国企业、外国专家、外籍管理人员公认我们提供的服务水平是国际一流的。

政府的职能是宏观调节、市场监督、社会管理、公共服务。重要的是创造良好的发展环境。政府在行使管理职能、创造发展环境时，要依法行政，规范高效。效率原则本身就是行政法的基本原则，是依法行政的基本要求。如果我们的行政机关办事效率低、门难进、脸难看、事难办，必然会增加投资者的隐性成本。不讲绩效的政府是很难有竞争力的。我们需要借鉴发达国家和国际化城市有关政府绩效立法的经验（美国有专门的《政府绩效法》和《政府服务美国民众的标准》），从立法和制度上规范政府绩效，提高行政管理效能，提高政府服务质量。政府在行使管理职能时还要守信用，社会信用包括政府信用、企业信用、个人信用，政府在信用建设方面要起示范作用。

5. 加大行政执法力度，提高违法成本，维护良好的社会秩序，建立文明、信用、法治环境。政府市场监督、社会管理的目的，就是要维护良好的市场秩序和社会秩序。秩序，是法治的重要标志，也是一个社会、一个城市文明的重要标志。深圳要建设现代化国际化城市，其重要标志，就是有序。一位在深圳投资的跨国公司的总裁在一次座谈会上说，深圳提出建设现代化国际化城市的目标，这很好；什么时候交通有序了，深圳就同现代化国际化城市搭边了。这从一个侧面反映人们对深圳建设国际化城市的看法。从深圳现实情况来看，市场秩序、城管秩序、交通秩序、治安秩序等仍存在较多的问题，无序的状况时有发生，离国际化城市还有较大差距。所以深圳市政府提出"净畅宁"工程，着力整治城管秩序、交通秩序，受到社会各界广泛欢迎。

新加坡是个国际化城市，到过新加坡的人都感到新加坡整洁美丽，井然有序。有序的背后是以法治作支撑的。新加坡从李光耀政府开始就厉行法治。纽约、伦敦是著名的国际化城市，街道马路不一定有深圳宽阔、漂亮，车比深圳多，但很少塞车。华人朋友说，警察太厉害，寻常看不见，你一犯事他就出来了。严格执法下，极少有心存侥幸、贪图省事而违规者。香港路况没深圳好，交通秩序比深圳好，因为香港管理水平比我们高，执法力度比我们大。

纽约、伦敦、新加坡、中国香港等国际化城市的经验，值得我们思考和借鉴。相比之下，我们执法的力度还远远不够，执法的威慑力远远不够。市场秩序中的违法行为及乱吐乱丢、乱张贴、践踏花草、行人车辆交通违例没受到查处的很多。在一个社会、一个城市里，如果不守秩序的人（包括不守信用的）占便宜，守秩序的人吃亏，如果违法比守法能获得更大利益，就很难奢望大家信守秩序、信守法律。因此，深圳要建设成为国际化城市，必须采取切实有效措施，包括充分发挥巡逻警察的作用，严格执法，加大执法力度，提高违法者（包括不守秩序、不守信用者）的成本。对危害城市秩序的行为依法严惩，这对其他人可起警示作用，以儆效尤，以维护良好的秩序。

6. 加大执法监督力度，完善行政责任追究机制，建立责任政府。一个现代化国际化城市的政府，应当是一个责任政府。香港政府就实行问责制。现代法治社会，要求政府从"权力政府"向"责任政府"转变。深圳市委三届八次全会提出要"建立服务型的责任政府"，对有令不行、有禁不止的，要坚决追究领导责任，体现了建立责任政府的决心。

建立责任政府，要建立和严格实行执法责任制。违法行政、滥用职权、越权执法等行为要严格追究责任。实践中，执法责任制的落实远没到位。政府部门都制定了执法责任制、过错追究制，但真正依法追究责任的很少，一些事件大事化小（找客观理由）、小事化了。这需要认真改进，那种有令不行，有禁不止，还追究不到责任人的状况必须纠正。

行政机关违法行政、执法过错的，要依法进行国家赔偿。建立责任政府，要依法追究严重违法行政的刑事责任。我国刑法对国家行政机关工作人员的 21 种严重违法行政行为，规定要追究刑事责任。深圳在推进依法行政、建立责任政府过程中，要严格执行刑法的有关规定，发挥刑法的威慑作用。

只要我们按照建设国际化城市的要求，坚持全面推进依法行政，深圳市政府一定能建设成规范高效的政府，深圳建设现代化国际化城市的目标一定能实现。

（原载《特区理论与实践》2003 年第 12 期）

法治是国际性城市的基石

深圳提出城市管理要"高起点规划、高标准建设、高效能管理，努力建设国际性城市"。要实现这一目标，必须走依法治市这条路。巴黎、中国香港等现代化国际性城市，一切活动都是以法治为基础的，深圳与这些国际性城市的差距恰好就在这里。深圳市委提出：深圳经济特区的任务特别繁重，工作特别忙，一定要特别注意依法办事，规范办事，依法管理，规范管理。不然，许多事情不好办，也干不好。深圳增创新优势，要在依法办事、规范管理上下工夫。

法治是建设现代化国际性城市的基石。如何增创依法治市新优势，推进现代化国际性城市建设，需要做好以下几个方面的工作：

第一，城市管理要抓好依法办事、规范管理。要加快城市管理、城市规划方面的立法工作，尽快出台《城管监察条例》、《城市规划条例》等法规；制定规划时要学习香港经验，尽可能征询市民意见，规划一旦制定下来，就不能随意更改，更改必须依照法定程序来进行。此外，还要加强土地管理方面的立法。

第二，要加大城市管理执法力度。尽管深圳市已制定了一系列地方性城管法规，国家有关法规也不少，但目前深圳市违章建筑、乱张贴、乱摆卖等问题屡禁不止；水资源污染、水土流失仍比较严重；机动车乱闯红灯、行人乱过马路等现象较为突出。这些问题都说明我们的执法力度不够，已有的法律没有得到严格遵守、执行。加大执法力度，有许多方面要学香港。如对交通违例的处罚，在香港，若机动车辆两年内有6次违例，就要吊销违法者驾驶执照3个月，还要罚款。

第三，在加大执法力度时，要规范执法。有关部门要公开办事制度，透明办事规则，简化办事手续，还要改革审批制度，尽可能减少审批程序，该批的要尽快批，不该批的坚决不批。

第四，执法部门要实行票款分离。目前社会上反映少数执法人员乱罚款，影响很坏。这方面要特别注意将票款分离作为政府行为来规范，要坚决杜绝任何形式的罚款返还，严格实行收支两条线。

第五，要逐步建立综合执法体系，将多个部门的执法权限相对集中由一支队伍来行使。这一点北京市宣武区就搞得很好，深圳也将在罗湖区进行试点。综合执法将是今后深圳市行政执法体制改革的方向。

第六，要建立政府执法责任制。对违法行政单位要追究主管领导的责任，这样政府行为就会逐步比较规范。

（原载《深圳特区报》1998 年 4 月 29 日）

构建国际化城市的法治环境

深圳提出了建设国际化城市的目标，法治是国际化城市的重要标志。努力构建国际化城市的法治环境，需要抓好以下工作：

第一，加强立法工作，巩固制度创新成果。重点加强行政体制改革、文化体制改革、国有资产管理体制改革、产权制度改革，以及城市规划建设管理、经济与环境协调发展等方面的立法工作。要把立法同解决经济社会发展和城市管理中的突出问题紧密结合起来，把立法决策同改革与发展决策紧密结合起来，坚持立法创新，运用立法手段巩固制度创新的成果，引导、推进和保障我市改革和建设事业的发展。完善立法程序，完善专家起草法规草案的做法和立法听证制度，推进立法的科学化、民主化，提高立法质量。认真遵循法规和规范性文件的制定规则和制定程序，坚决防止和纠正部门利益法制化倾向。

第二，严格实施《中华人民共和国行政许可法》，全面推进依法行政。《中华人民共和国行政许可法》（以下简称《行政许可法》）是一部十分重要的法律，贯彻实施《行政许可法》，推进行政审批制度改革，是贯彻依法治国基本方略、推进依法行政的基本要求，是深圳 2004 年乃至今后一个时期依法治市的重要任务。这对于保护公民、法人和其他组织的合法权益，进一步推进整个行政管理体制改革，促进深圳建设国际化城市的进程，都具有十分重要的意义。当前的重要任务是按照《行政许可法》的规定，认真清理行政许可事项，包括清理与《行政许可法》规定不一致的地方性法规和规章规定的事项，大幅度减少行政许可事项。凡是公民、法人或其他组织能够自主决定的，市场竞争机制能够有效调节的，行业组织或中介组织能够自律管理的，行政机关采取事后监督等其他管理方式能够解决的，都可以不设行政许可事项。清理工作完成后，要向社会公布清理结果。凡与《行政许可法》不一致的有关行政许可的规定，自《行政许可法》施行之日起一律停止执行。要以贯彻实施《行政许可法》为契机，严格规范行政许可行为，转变政府职能，推进政府管理方式创新，推进行政管理体制改革，建立"行为规范、运转协调、公正透明、廉洁高效"的行政管理体制，建设服务型政府。市人大常委会将听取市政府关于贯彻实施《行政许可法》和审批制度改革情况的报告，监督《行政许可法》的实施。

第三，加快司法体制改革，促进司法公正。从群众反映强烈的问题和制约司法公正的关键环节入手，把方便群众诉讼、从制度上保证司法机关依法独立行使职权和加强司法监督、确保司法公正等作为司法改革的重点，遏制司法腐败，改善司法环境，不断增强司法机关和司法队伍的公信力。落实增加司法编制工作，加强司法物资保障，加快法官和检察官职业化建设，努力建设一支政治坚定、业务精通、作风优良、执法公正的司法队伍。

第四，加大执法力度，维护良好的城市管理秩序。有关行政执法部门要切实履行职责，加强依法治理，严格执法，加强监管力度，并努力建立管理和执法的长效机制。对于人民群众关注的"净畅宁工程"（推动城市洁净、道路畅通、社会安宁）的热点、难点问题，认真调查研究，制定治理方案，限期依法治理。建立健全实施"净畅宁工程"的责任机制、考核机制和督办机制。对工作不落实、措施不得力、执法不到位、成效不明显或搞形式主义的部门领导，要追究其责任。建立健全各种预警和应急机制，提高政府应对突发事件和风险的能力。认真贯彻《中华人民共和国传染病防治法》和《深圳特区禁食野生动物规定》，使"非典"及高致病性禽流感等传染性疾病的防治工作走上依法规范、有序运作的轨道。

第五，加强执法监督，增强监督实效。加强对行政权和司法权的监督。健全对本级财政预决算和政府投资重点项目的监督程序、重大事项决定程序，进一步完善执法检查、个案监督、工作评议、述职评议、代表视察和质询、特定问题调查委员会等工作制度，增强监督实效。加强财政资金使用绩效审计。逐步扩大绩效审计面，拓宽审计范围，推进绩效审计经常化、规范化、制度化。绩效审计结果予以公示，对造成严重后果的要依法追究责任。

加强行政监察，特别是要加强对行政机关实施行政许可行为的监督检查。严格落实行政过错责任追究制度，依法治理行政过错行为。

第六，进一步推进基层依法治理。依法推进宝安、龙岗两区城市化工作。严厉禁止在城市化进程中以各种手段侵吞国家和集体资产、违法调度资金、转移资产、私分钱物和公款旅游以及违法占地、违规批地、非法转让土地和违章抢种、抢建等行为；镇、村未经批准不得私自进行借款、担保等新的举债。抓紧实施依法撤镇设立街道办事处的试点工作，认真开展居委会民主选举和建章立制工作，使居委会真正成为居民自我管理、自我教育、自我服务的基层群众性自治组织。认真做好调研工作，适应两区城市化后加强基层依法治理的需要。

第七，加强信用建设，依法整顿和治理市场秩序。开展诚实守信的教育，营造诚实守信的社会文化环境。完善以道德为支撑、以产权为基础、以法律为保障的社会信用制度。抓紧制定个人征信管理条例、企业征信条例、政府公共信息公开条例等法规，办好已开通的个人信用网、企业信用网，健全信用信息公开制度。建立覆盖全社会的信用监督、奖惩制度，研究和完善失信惩罚机制。大力培育信用市场，鼓励信用中介组织的发展，逐步开放信用市场。继续集中整治与群众利益密切的房地产市场，加大查处违法建筑力度。严厉查处和打击制假售假、合同欺诈等扰乱市场秩序行为，整顿价格收费秩序。规范完善有形建筑市场、产权交易市场和政府采购市场的运作。

第八，加强法制宣传教育，促进全市公民正确认识法治、尊重法治、践行法治。建立党委统一领导、主管部门指导规划、职能部门组织实施、人大进行监督、全社会积极参与的齐抓共管的大普法格局。重点加强对领导干部、司法和行政执法人员、企业经营管理人员、务工人员、青少年学生、街道社区基层干部的法制宣传教育。严格领导干部任职法律考试制度，完善法律讲座制度，规范公职人员法律考试制度。认真组织好深圳市中小学法制读本的教学工作。继续深入开展法律宣传教育进社区活动。加快普法立法，探索法制宣传教育工作规范化、制度化、法制化的新途径。

（原载《深圳商报》2004 年 3 月 22 日）

创建文明法治环境

　　法治是社会文明进步的重要标志。率先创建文明法治环境，是深圳率先基本实现社会主义现代化的重要任务，而且具有决定性意义。我们要清醒地看到深圳在文明法治环境方面的差距和薄弱环节，进一步加大工作力度，努力创建文明法治环境，促进深圳现代化建设。主要抓好以下五个方面的工作：

　　第一，进一步加强宣传教育，提高全社会的文明意识、法律意识和法治观念。实现现代化，重要的是人的现代化，人的素质的提高。文明意识和法律意识是现代社会大众需要具备的重要素质，这是深圳创建文明法治环境，建设文明法治城市的重要基础。文明意识、法律意识的培养，特别要重视从中小学生抓起，也就是邓小平同志讲的"法制教育要从娃娃抓起"，把法制教育与道德教育结合起来。一些发达国家和国际性城市都很重视这个问题，这是一项跨世纪的文明法治基础工程，具有战略意义。还可以在深圳的机场、客运码头、车站、特区检查站等外来人员较多的地方，加强精神文明和法制宣传，营造良好的文明法治氛围。新加坡就有这种氛围，人还没到达那里，就有人提醒你不能乱丢乱吐，不然罚得很重。外国游客在那里都不敢乱来。

　　第二，完善适应市场经济和城市管理社会管理需要的法规。这也是建立文明法治环境的重要基础。当前重点需要研究适应我国加入WTO后的形势，制定、修改、完善相关法规，以适应国际惯例和国际经济贸易规则；抓紧制定和完善促进深圳高新技术、物流业、服务业三大支柱产业发展的法规，以改善深圳的投资环境和企业经营环境及市场秩序。城市管理及社会管理的立法需要进一步严密和完善。在新加坡，连上洗手间不冲水都要受处罚，都有法律规定；在欧美一些国家，盖房要留出多大的面积种花种草，钓鱼时不够规定尺寸的鱼应该放生等等，都有明确的法律规定。我们需要借鉴。

第三，实行政府行为法定化，全面推进依法行政和公正司法。政府依法行政对建立文明法治环境，具有决定性的意义。1999年初，深圳市委提出了政府机构和行政行为等九个法定化的要求，这个任务远没有完成。需要采取措施，加快政府机构编制法定化、行政程序法定化、行政综合执法法定化、行政收费法定化、行政执法责任法定化、政府内部管理法定化的步伐，全面推进依法行政，建立廉洁高效政府。全面实施审判公开、检务公开、警务公开，认真实施办案责任制及错案追究制，促进公正司法。

第四，依法加强城镇规划建设和环境管理，创造良好的生态生活环境。加大实施可持续发展战略，把人口、资源和环境的规划和管理纳入规范化、法制化轨道。依法加强管理，依法加大环境保护力度，依法查处违法建筑，依法查处乱摆卖、乱张贴、乱吐乱丢等不文明行为，创造良好的方便舒适的生态生活环境。

第五，把文明城市建设同依法治市紧密结合起来，依法推进精神文明建设。精神文明建设需要法制保障。精神文明建设，一靠教育，二靠法治。这是新加坡等国家和地区的成功经验。走规范化、法制化的道路，也是深圳精神文明建设的一个重要特色。今后在加强社会主义道德教育、民主法制教育和纪律教育的同时，要进一步依法加大对不文明行为的查处力度，进一步加强社会治安的综合治理，严肃查处"黄、赌、毒"，遏制社会丑恶现象，确保社会稳定和人民生活平安。

（原载《深圳商报》2000年11月3日）

建立法治化国际化市场环境

　　坚持社会主义市场经济的改革方向，对深圳来讲最核心的就是率先建立法治化、国际化的市场环境。在这方面，我们与世界上先进国家和地区仍有差距，当前应该推进三个领域的建设。

　　第一，要进一步推进政务公开，规范行政行为，建立公开透明可预期的市场环境。当前，一些"潜规则"的存在，使得企业办事不可预期，要靠人情和关系办事，这样就导致权力"寻租"，扭曲市场经济，导致"劣币驱逐良币"。我们要建立法治化、国际化的市场环境，就要进一步减少审批事项、公开审批程序和办事环节，规范行政行为，保障规则公平、机会公平和权利公平，促进市场经济健康发展。

　　第二，要加强市场监督，加大执法力度，提高违法成本。要通过加大执法力度，提高执法的威慑力，建立公平公正的市场环境。当前，我们还存在重审批轻监管，执法力度不够等问题。多年打假，为何越打越多，重要原因就是违法成本太低。我们应加大执法力度，让一些人不敢以身试法，这样才有助于建立公平公开和有序竞争的市场环境。

　　第三，要加强社会信用体系建设，这是建立法治化、国际化市场环境的基础和灵魂。当前，我们的信用体系建设还不到位，今后要加强包括政务诚信、商务诚信、社会诚信和司法公信在内的社会信用体系建设，为建立法治化、国际化市场环境打下坚实基础。

（原载《深圳特区报》2012 年 5 月 16 日）

法制建设必须贯穿于改革的全过程

党的十三大报告中指出："我们必须一手抓建设和改革，一手抓法制。法制建设必须贯穿于改革的全过程。"（凡下引文未注明出处的均见党的十三大报告）这是对党的十一届三中全会以来我国社会主义建设和改革及法制建设实践经验的科学总结，是一个具有十分重要战略意义的科学论断。认真学习和贯彻这一战略思想，努力加强以宪法为根本的社会主义法制建设，我们的建设和改革事业必将顺利地推向前进。

一、法制建设为什么必须贯穿于改革的全过程

改革是振兴中国的唯一出路。我国的经济体制改革将进一步加快和深化，政治体制改革已经提上全党工作日程，与此相适应，法制建设必须贯穿于经济体制改革和政治体制改革的全过程。这是因为：

第一，加强社会主义法制建设，是加快和深化经济体制改革的重要保障。我国的经济体制改革已经取得了重大成就。深化经济体制改革的主要任务，十三大报告中提出了六项，所有这些改革任务，无一例外地与法制建设有着密切的关系，需要法制来保障其实现。比如，实行所有权与经营权分离，把经营权真正交给企业，搞活全民所有制企业，使企业真正成为自主经营、自负盈亏的经济实体，这就需要依照《中华人民共和国民法通则》，真正建立企业法人制度；需要通过《中华人民共和国全民所有制工业企业法》，理顺企业所有者、经营者和生产者的关系，切实保护企业的合法权益。实行所有权与经营权分离，必然要求实行多种形式的经营责任制，而"无论实行

哪种经营责任制，都要运用法律手段，以契约形式确定国家与企业之间、企业所有者与企业经营者之间的责权利关系"。企业活力的源泉在于企业职工的积极性、智慧和创造力，要搞活企业，必然要求完善职工代表大会制度，完善企业民主管理制度，维护职工的合法权益，真正做到职工当家做主。又如，建立社会主义市场体系，搞活企业，必然要求逐步健全以间接管理为主的宏观经济调节体系。而间接管理，则主要是"国家运用经济手段、法律手段和必要的行政手段，调节市场供求关系，创造适宜的经济和社会环境，以此引导企业正确地经营决策"。法律手段的运用，在宏观经济调控中具有重要作用，因为搞活市场、搞活企业必然带来竞争，这就需要加强工商行政管理，加强司法，严肃执法，对企业、市场和各经济部门实行必要的监督管理，保护正当的竞争，制止不正当的竞争，形成正常的市场秩序，以维护国家的全局利益，维护消费者和生产者的合法权益。竞争可能使有的企业破产，需要依法实行破产制度，依法进行破产整顿。再如，继续发展多种所有制经济，特别是私营经济，就必须要尽快制定有关私营经济的政策和法律，保护它们的合法利益，加强对它们的引导、监督和管理。实行多种分配方式，也需要制定多种法律和法规，规定哪些收入是合法的而应当允许，哪些收入是非法的而不允许；对过高的个人收入，还要采取有效措施（税收法规等）进行调节，对以非法手段牟取暴利的，要依法严厉制裁。总之，要保障经济体制改革的成果和经济体制改革的深入进行，就必须加强社会主义法制建设。

第二，加强社会主义法制建设，是政治体制改革顺利进行，进而实现政治体制改革目标的根本保障。政治体制改革的任务，党的十三大报告提出了七个主要的方面。着手进行政治体制的各项改革，迫切要求法制建设同步进行。从实行党政分开来看，党政职能分开，要求"党应当在宪法和法律的范围内活动"，"党要管党内纪律的问题，法律范围的问题应该由国家和政府管"。① 党对国家事务实行政治领导的主要方式之一，是使党的主张经过法定程序变成国家意志。党的主张如何经过法律规定的程序变成国家意志，变

---

① 邓小平：《建设有中国特色的社会主义》（增订本），人民出版社 1987 年版，第 135 页。

成全体人民的自觉行动，这是党政分开中需要认真解决的问题。从进一步下放权力和改革政府工作机构来看，总的原则是凡是适于下面办的事情，都应由下面决定和执行，这样，中央同地方的关系，地方同基层的关系，政府同企业的关系，都需要通过法律和法规的形式予以规定，各自都按法律、法规去办，"政府的责任是按照法规政策对企业服务并进行监督"。政府机构改革中，为了避免走过去"精简——膨胀——再精简——再膨胀"的老路，需要加强行政立法，为行政活动提供基本规范和程序。从改革干部人事制度来看，现行干部人事制度的主要缺陷之一是管理制度不健全，用人缺乏法治。当前改革干部人事制度的重点，就是要改变缺乏民主法制的现状，通过制定法律和规章，实行干部人事的依法管理和公开监督。从建立社会协商对话制度、完善社会主义民主政治的若干制度来看，社会协商对话制度、人民代表大会制度、选举制度、基层民主制度、民族区域自治制度等，都还存在不完善的地方，需要在政治体制改革中，通过制定或修改法律、法规等措施予以完善。只有加强社会主义法制建设，才能保证政治体制各项改革的顺利进行，巩固改革的成果，这样才能促进政治体制改革的近期目标和长远目标的逐步实现。离开了法制建设，"高度民主、法制完备、富有效率、充满活力"的政治体制是难以建立的。

总之，经济体制改革和政治体制改革的客观实际，要求法制建设必须贯穿于改革的全过程，保障和促进改革。

二、法制建设怎样贯穿于改革的全过程

法制建设贯穿于改革的全过程，主要有以下几方面的工作要努力去做：

第一，进一步加强立法工作。首先，要加强民主制度和民主建设方面的立法。宪法有关民主制度和民主建设的原则规定需要用法律的形式作出明确和具体的规定。人民代表大会的选举制度、监督制度、会议制度、工作制度等需要通过立法予以完善。公民的民主自由权利，也需要通过加强立法予以保障。现在需要抓紧制定新闻出版、结社、集会、游行等法律，使宪法规定的公民的权利和自由得到保障，同时依法制止滥用权利和自由的行为。还

要制定劳动保护、职工休假、社会救济等法律和法规，保证宪法规定的公民的劳动权、休息权、生活保障权、物质帮助权等权利的实现。《城市居民委员会组织条例》、《中华人民共和国工会法》也需要抓紧制定和修订。《全民所有制企业职工代表大会条例》，也需要完善后上升为法律，以保障企业职工的民主管理权利，促进经济管理的民主化。

其次，要加强行政立法。为了促进政府工作机构改革和干部人事制度改革，要抓紧制定和完善行政机关组织法、行政机关编制法、国家公务员法等法律、法规，形成一套干部考核、录用、奖惩、淘汰、退休、退职的办法，严格按照制度和法律办事。要抓紧制定行政诉讼法，加强对行政工作和行政人员的监察，追究行政人员的失职、渎职和其他违法违纪行为。

再次，要加强经济立法。为了进一步深化经济体制改革，明确企业的法律地位、权利、义务和生产经营活动的基本原则，需要抓紧制定全民所有制工业企业法、乡镇企业法、商业法、公司法等法律、法规；为巩固和完善企业的各种经济责任制，促进企业的横向联合，完善行业管理制度等，需要抓紧制定企业承包经营责任制条例、促进横向联合的规定、行业管理条例等法规。为促进计划管理体制改革、投资体制改革、加强财政收支管理等，需要抓紧制定有关的法律、法规。

改革中的立法工作，要按照党的十三大报告中的要求，对"应兴应革的事情，要尽可能用法律或制度的形式加以明确。这样才能形成政治、经济和社会生活的新规范"，使改革的成果得以巩固。在加强国家立法的同时，要加强地方性法规的制定工作。"有的法规地方可以先试搞，然后经过总结提高，制定全国通行的法律。"①

第二，坚持不懈地进行以宪法为核心的法制宣传教育，"提高公民的法律意识"。这是加强社会主义法制建设的基础。邓小平同志指出："加强法制重要的是要进行教育，根本问题是教育人。"②《中共中央关于社会主义精神文明建设指导方针的决议》中也指出："加强社会主义民主与法制建设，根

---

① 《邓小平文选》第二卷，人民出版社 1994 年版，第 146 页。

② 邓小平：《建设有中国特色的社会主义》（增订本），人民出版社 1987 年版，第 136 页。

本的问题是教育人。"近年来，全国出现了一个工、农、商、学、兵、政、党、干部和群众积极学法的生动局面。现在的问题是普法工作在一些地方、一些单位和部门开展得不够扎实。因此，"普及法律常识的工作，要在认真总结经验的基础上加强具体指导，使之进行得更扎实、更有成效"。随着经济体制改革和政治体制改革的深入开展，需要进一步加强宪法和社会主义民主方面的法律的宣传教育，大力加强经济、行政法律、法规的宣传教育，提高机关、团体、企业单位和全体公民遵守法律、依法办事的自觉性，促进社会主义民主政治的建设，促进生产力的发展。

第三，改善执法活动，保障建设和改革的秩序。主要做好以下几个方面的工作：(1) 各级党组织带头遵守和执行宪法和法律，保证法律生效。(2) 各级人民政府切实转变职能，注意运用法律手段进行各项行政管理的工作。大力组织贯彻执行国家的法律、法规。工商、税务、审计、监察等行政执法部门切实依法严格进行管理和监督，保证有关法律、法规得到遵守和执行。(3) 司法机关严格依法惩治刑事、经济犯罪，依法处理好民事、经济、行政纠纷，维护正常的社会秩序和经济秩序。改善司法机关的执法活动，很重要的一个方面，是要保障司法机关依法独立行使职权，法律、法规有明文规定的，应由司法机关依法处理，其他单位和个人，不得违反法律规定乱加干预。(4) 各企业、事业组织，认真执行国家的法律、法规，依法管理企业，依法调节生产经营活动，维护国家利益，维护生产者和消费者的合法权益。

改善执法活动，还需要加强对法律执行情况的检查监督。这是改善执法活动，保证法律得以认真执行的重要环节。以往，法律、法规在一些地区、部门和单位未能认真执行，一个重要原因，就是缺乏严格的监督检查制度。列宁说过："究竟用什么来保证法令的执行呢？第一，对法令的执行加以监督。第二，对不执行法令加以惩罚。"① 人民政府、人民法院、人民检察院需要认真履行监督执法的职责，对于认真执法、成绩显著的予以表彰；对于有法不依、执法不严、违法不究以及执法违法的严肃对待，依法追究有关责任人和领导人的责任。各级人大及其常委会按照宪法规定，负有在本行政

---

① 《列宁全集》第二卷，人民出版社 2013 年版，第 360 页。

区域内保证宪法、法律和行政法规遵守和执行的职责，要加强对宪法、法律执行情况的检查，经常听取和审议人民政府、人民法院、人民检察院执法情况的报告，督促国家机关严格执法；对有关国家机关及其工作人员严重违宪违法的，应提出意见，予以纠正，并可依照法律规定对有关国家机关提出质询，必要时还可以依法组织特定问题调查委员会进行调查；对有关国家机关不符合宪法、法律、法规的决定和命令，依法予以撤销；对严重违宪违法的国家机关工作人员，可依法撤销其职务。

改善执法活动，还需要建立、健全执法工作机构，大力加强执法队伍建设。政治体制改革有一项任务是精简机构，但并不是所有的机构都精简，而是有的要精简，有的要充实。1987 年 5 月，中央书记处和国务院决定，调整干部分布结构，充实加强政治和经济监督调节部门。这里的经济监督调节部门指的主要是工商、税务、审计等行政执法部门。在健全和充实执法机构的同时，需要大力加强执法队伍建设。现在执法不力，除了前面提到的缺乏监督检查制度外，另一个重要原因就是执法队伍素质不高。邓小平同志曾指出："一般资本主义国家考法官、考警察，条件很严格，我们更应该严格，除了必须通晓各项法律、政策、条例、程序、案例和有关的社会知识外，特别要求大公无私、作风正派。"① 行政执法部门和司法机关，需要下大气力提高执法队伍的政治业务素质和执法水平。今后凡进入执法队伍的，应当通过法定考试，对他们的岗位职责有明确规范，对他们的考核按法定的标准和程序进行，实行依法管理，公开监督。凡利用职权谋私利、或不依法履行职责的，要给予必要的处分；徇私枉法的，依法追究其法律责任。这样，通过努力，建设一支政治业务素质较高的执法队伍，有利于法律、法规的正确有效实施。

（原载《中南政法学院学报》1988 年增刊）

---

① 《邓小平文选》第二卷，人民出版社 1994 年版，第 250 页。

涉外经济法律法规实施中的问题及对策

党的十一届三中全会以来，我国制定和颁布了 400 多部涉外经济法律和法规，它们对于改善我国对外开放的法制环境，促进对外开放的顺利发展，发挥了重要作用。但是，这些法律法规实施中仍然存在不少问题，需要引起高度重视。本文根据调查和有关资料提供的情况，拟就涉外经济法律法规实施中的问题及对策，做一些概略而粗浅的阐述，以就教于大家。

一

涉外经济法律法规实施中存在的问题很多，近年来反映比较突出，需要认真对待的，主要有以下几个方面。

（一）涉外经济合同的签订和履行问题

我国大量的涉外经济贸易活动，都是通过涉外经济合同实现的，因此，涉外经济合同的签订和履行就成为一个十分重要的问题。这方面存在的问题主要表现在：

1. 订立的涉外合同不完善，影响履行。《中华人民共和国涉外经济合同法》对涉外经济合同的签订规定了严格的要求，但不少企业对合同的重要性、严肃性认识不足，往往以不完善的合同来维系中外合资、合作关系。沿海 A 市部分企业在签订的合营合同中原定外商要负责一定比例的产品外销，但没有订立达不到外销比例的违约责任，投产后即使外方不予外销中方也无法制约。有一玩具有限公司原定外销产品占 70%，因未规定违约责任，结果外销不足 20%，港方提出若要提高外销比例就退股，企业毫无办法。有的合同未定明外销产品货款汇回的期限，不少外商拖欠货款，有的甚至将货款存入银行生息或做投机生意。有的合同上只写由外方提供生产线一条，结果外商运来一条七拼八凑的生产线，缺乏应有的辅助、配套设备，安装不起来，外商后又零星补来一些配套的东西，美其名曰"赠送"。一些地方在订立"三来一补"合同时，也由于没有订立违约责任、争议仲裁、纠纷调解和索赔的条款，合同缺乏约束力，履约率较低。沿海 A 市 1979—1987 年共签订"三来一补"合同 1207 项，履约率仅 22%；沿海 B 市 1988 年签订"三来一补"合同 188 份，实际执行的还不到 20%。

2. 出口商品质量差和合同履约率低。近年来，出口商品质量和履约率明显下降，损害了我国的外贸形象，成了一个不容忽视的问题。一些外贸企业和供货单位忽视商品质量、不重合同、不守信用的现象屡有出现。仅 1989 年上半年，经商检部门查出的不合格的出口商品就有 15671 批，比 1988 年同期上升 0.8%，甚至出现了出口商品掺杂作假、欺骗客户的严重问题，国外反映强烈。对外签订的出口合同，不按期履约，甚至单方面撕毁合同的情况也时有发生。出口商品质量和履约方面的种种问题，已经直接影响到我国外贸出口持续稳定的发展，不仅许多外商向我方提出索赔和申诉，有的问题甚至提到两国政府层面来交涉。

3. 外商投资企业不按合同规定如期如数出资的现象较为普遍。据有关部门统计，近年来，在已登记的合营企业中，约有 40%—50% 的外商不按期出资或出资不足。沿海某市对 229 家合营合作企业进行调查发现，外商出资不足的占 75%。有的外方不按合同规定期限出资，中方不按法律规定办事，随意同意修改合同，使我方蒙受经济损失。有一中外合营宾馆，按合同规定外方应于 1986 年 2 月 26 日汇入资本，外方未按合同执行，中方便同意修改合同，合同修改后的缴付日期为 1987 年 7 月 30 日，由于外方国家的货币汇率上升，外方实际汇入的资本比原合同规定汇入大大减少，使中方蒙受 87 万美元的经济损失。对外商不按期出资或出资不足问题，我们往往没有认真对待，或予以迁就，执法不严，追究不力。有不少合同则是因为没有规定投资交款期限，外商签订了合同后长期拖欠投资，也不好追究责任。

（二）外商投资企业的经营管理自主权问题

这方面的问题主要是法律规定的外商投资企业的经营管理自主权在一些方面得不到很好的尊重，受到干预。一是有的主管部门不经董事会同意，随意撤换经理人员，甚至撤换董事长，有的主管部门在董事会之上设立"中方领导小组"，干预董事会行使权力。二是有些部门不是按照合资法及实施条例规定的"指导、帮助、监督"的原则和《国务院关于鼓励外商投资的规定》中关于"各级人民政府和有关主管部门应当支持外商投资企业按照国际上先进的科学方法管理国内企业"的要求开展工作，而较多地是按管理国内企业的方式管理外商投资企业。有的行政管理部门往往以考核国营企业的指标硬往外商投资企业上套，如统计报表、工资基金、劳保福利、计生卫检等都要求因事设人，统一模式；有的主管部门三天两头到外商投资企业视察、检查工作，企业都得安排宴请，接迎陪送，既增加了企业的费用，又浪费了企业领导人的时间。外商投资企业自行确定职工工资标准和根据生产经营需要辞退职工的自主权在一些地方难以落实，外商投资企业给企业职工补助饭费的标准，本属于企业内部事务，但有的劳动部门硬性规定每人每天不得超过 1.2 元，外方对此很不理解。一些合营企业反映，如果合营企业每走一步都要和国内企业一样对待，那么合营企业是难办好的。三是有的部门无偿平调合营企业的物资，一些部门对外商投资企业摊派各种名目的费用。四是政府的计委、经委、外经委、财政、税务、工商、海关、银行等部门，往往只从各自的业务角度来看待合资、合作企业所遇到的问题，缺乏统一、协调配合，经常形成"都管又都不管"的局面。有时一件小事，要跑十几个部门去盖章，缺一个章也办不成事。这些问题往往直接或间接地影响外商投资企业按经济效益的原则办事，损害外商投资企业的经济效益，挫伤外商投资的积极性。

（三）各自为"法"、以言代法问题

最近一段时间，一些地方为了吸引外资，竞相公布本地区的优惠办法，"开价"一个比一个低，发布的一些优惠征税的政策，明显违背国家涉外税收法律法规的规定。有的领导人接见外商或某个讲话中，随便许诺某种优惠待遇，比如说"土地使用费就免了吧"，以致有的外商据此不执行我国法律法规规定，向我国有关主管部门要求免税、减税或退还已缴税款。有的领导人口头许诺某外方人员在我国境内所得可免个人所得税，因与税法抵触，税务局难办，后经干预只好宣布以特案免税。别的外方人员也要求援例，造成被动。这类各自为"法"、以言代法问题，有损我国法律的尊严和信誉。各地自行其是，竞相优惠，加上有的领导人以言代法，往往使外商感到无所适从，产生怀疑和烦躁情绪，有的把投资转移到他处。事实上，国家已有的鼓励外商投资的规定和优惠办法，有些未能很好执行，外商早就颇有微词。如前述外商投资企业的自主权问题，又如《中华人民共和国中外合资经营企业法实施条例》规定，合营企业在国内购买物资和所需服务，除金、银、铂、石油、煤炭、木材六种原料和外贸公司经营的进出口商品外，其价格和费用，都应与国营企业同等待遇，以人民币支付等。各地近乎"贱卖"竞赛似的一些做法，外商怎能不持怀疑态度呢？

（四）有关工作人员的素质问题

与涉外经济贸易活动有关的管理人员、业务人员、执法人员中的少数人以权谋私、索贿受贿、白拿白用，有的甚至要求合资企业提供出国名额。有的外商投资企业反映，企业想办点事，不给"好处"就受刁难，不搞分肥、回扣、行贿，生意就做不成。地方上有些经济部门的执法人员缺乏训练，对涉外经济法律法规不熟悉，遇到问题，不知如何处理，就用国内的办法乱套。这类问题，损害我国工作人员的形象，影响涉外经济法律法规的有效实施，也直接或间接地给我国对外经济贸易工作造成损失。

二

上述涉外经济法律法规实施中的问题，很值得我们认真思考。涉外经济法律法规的制定和执行，是构成对外开放法制环境的两个最基本的要素。无法可依固然使外商担心，有法不依、执法不严，则更令他们忧虑。在我国已初步形成一个比较适宜的涉外经济法律体系的基础上，这些法律法规的有效实施就显得尤为重要。为了创造良好的法制环境，保证党的十三届四中全会提出的进一步扩大对外开放方针的贯彻落实，我们需要针对涉外经济法律法规实施中存在的问题，研究和采取有效的对策，努力改善执法活动。

（一）大力加强涉外经济法律法规的宣传

涉外经济法律法规实施中的问题，除了一些企业（包括中方、外方）和个人明知故犯、有意规避外，一定程度上还在于对涉外经济法律不太熟悉，我方的一些人员则较多地是法制观念不强，对中方、外方不执行合同等情况，不当一回事。因此需要大力加强涉外经济法律法规的宣传，帮助和促进外方熟悉和遵守我国法律，促进我方人员增强依法办事、严格执法的观念。一是及时编发涉外经济法律法规的英（外）文本，加强对外宣传。全国人大常委会和国务院有关工作部门已经在着手这方面的工作。一些外国人士建议，法律文本可由中国各驻外机构统一发行，国内由外商投资管理机构发行，有些可以浓缩其要点印成小册子，供有兴趣的外商免费索取。这是可以考虑的。二是在地方政府和主管部门举行的各种对外经济技术合作信息发布会、洽谈会及其他经济贸易活动中，理直气壮地宣传我国宪法和法律关于在中国境内的外商投资企业必须遵守中国的法律以及它们的合法权益受中国法律保护的规定。三是各有关管理部门把涉外经济法律法规的宣传贯穿到管理工作中去，作为促进监督管理工作的重要方法。1988 年 3 月，九龙海关组成宣讲团，到管辖范围内的 10 个市县的许多涉外企业宣讲涉外经济法律法规，参加听讲的地方干部、企业管理人员达 5400 多人次。近年来该海关还经常举办培训班，培训有关企业负责人及业务人员 1 万余人次，均收到良好效果。九龙海关的做法值得借鉴。

（二）严格执行已经公布的涉外经济法律法规，维护法制权威

首先，加强对涉外经济法律法规实施的领导。需要有一个权威性的综合部门，统一领导解决涉外经济法律法规实施中的问题。加强领导，需要强调领导机关和领导干部带头执行法律、法规，严格依法办事，不以言代法，同时大力支持严格执法。在从人治向法治转变的过程中，制定了明确的法

律、法规之后，领导者对违法行为持什么态度，在很长时期内对法治建设都会有很大的影响。执法机关能否严格执法，关键还在于领导机关是否严格依法办事，是否对执法机关的工作予以大力支持。

其次，花大力气，重点解决涉外经济法律法规实施中的几个重要问题：

1. 切实加强涉外经济合同管理，重合同、守信用。一是严格把好签约关。《中华人民共和国中外合资经营企业法实施条例》对合营企业合同应当包括的主要内容规定了 14 项（合作企业合同参照），签订合同时应当严格按规定执行，特别注意违约责任条款（一些合同履行时发生问题与此有较大关系）。尽可能邀请律师参与草拟、审查合同，帮助把关。合营、合作企业合同条款不完善的，审批机关责成限期修改，补充完善。以往有些不完善的合营、合作企业合同经批准后，履约中出现问题，不能不说与审批机关把关不严有关。出口商品合同也要把好签约关，对不合格的产品，宁肯不出口，也不能签约收购。二是对履行合同严格监督，对不履行合同义务的，依法追究责任，维护合同的严肃性。该条例规定："合营各方应按合同规定的期限缴清各自的出资额。逾期未缴或未缴清的，应按合同规定支付迟延利息或赔偿损失。"该条例规定："中外合作者应当……如期履行缴足投资、提供合作条件的义务。逾期不履行的，由工商行政管理机关限期履行；限期届满仍未履行的，由审批机关和工商行政管理机关依照国家有关规定处理。"严格执行这些规定（尽管还不够完善），有利于维护合同的严肃性。对合营、合作合同中约定外商负责一定比例的产品外销的，也要严格执行。一些外国人士针对这方面的问题提出建议，中国人在法律执行中，应当建立一个庄严的形象。对那些在合同中承诺一定比例出口的外国合资者，应要求他们遵守合同；如因外方原因未能履约，中国方面不应以开放国内市场等方法给予协助，倒掉几家合资企业没关系，重要的问题是要保证中国法律的严肃性。这个意见很值得我们思考。对我方企业不履行合同义务的，也应严肃追究。

2. 切实维护外商投资企业的经营管理自主权。一是进一步更新观念，明确外商投资企业是独立的法人，不是行政部门的附属物。二是各级政府和有关主管部门应当依法保障外商投资企业的自主权，支持外商投资企业按照国际上先进的科学方法管理企业。外商投资企业在批准的合同范围内，自行

制订生产经营计划，筹措、运用资金，采购生产资料，销售产品，自行确定
工资标准、工资形式和奖励、津贴制度；外商投资企业根据生产经营需要，
自行确定其机构设置和人员编制，聘用或者辞退高级经营管理人员，增加或
者辞退职工，这是法律法规规定的外商投资企业权利范围内的事情，有关部
门不能干涉。有关管理部门要认识外商投资企业的特殊性，不能以管理国内
企业的办法套用。有关部门的管理是必要的，但要管在点子上，不能事事处
处都插手，重要的是依法指导和帮助，依法监督。三是各级政府和有关主管
部门应当加强协调工作，提高办事效率，及时审批外商投资企业申报的需要
批复和解决的事宜。四是严格查禁向外商投资企业乱摊派、乱收费的现象。
外商投资企业遇有不合理收费的情况可以拒交，也可以向当地经济（计划）
委员会直至国家计划委员会申诉，经济（计划）委员会应当认真受理，依法
查处。

3. 维护国家法制特别是涉外税法的统一。在 1988 年和 1989 年的全国税
务工作会议上，国务院强调，涉外税法要统一，各地不能自立章法，竞相制
定优惠政策，自行减免涉外税收。应当看到，我国法律、法规给予外国投资
者的待遇，在国际上属于优惠之列，外商一般是满意的，用不着动不动就减
免税。外商最担心的是税法不稳定、不统一。如果各地都自立章法，竞相制
定优惠政策，只能给外商造成一种不稳定感，使他们感到中国法律混乱，从
而影响他们来华投资的积极性。需要积极去做的是认真执行国家已经规定的
优惠办法，为外商投资企业提供优质服务，帮助企业解决生产经营中存在的
困难和问题。

对涉外经济法律法规实施中存在的其他问题，也需要通过严格执法来
求得有效的解决。比如，对于外商投资企业违反规定，不在中国境内设置账
簿的，财政税务机关可以依法处以罚款，工商行政管理机关可以责令停止营
业或者吊销营业执照。

再次，加强涉外经济法律法规实施的检查和司法管辖。要通过加强执
法检查，追究违法行为，严格依法办事，在国内外树立起我国涉外经济法制
的良好形象。随着对外开放的进一步发展，涉外经济纠纷案件将会逐步增
多，法院加强这方面案件的司法管辖，也是保证涉外经济法律法规实施的一

个比较重要的途径。上海法院近 3 年审理涉外经济纠纷案件 80 件，广东各级法院 1987 年和 l988 年分别审理涉外经济纠纷案件 195 件、241 件，涉及 20 多个国家和地区。在审理这些案件中，他们对中外当事人一视同仁，在国际上获得信誉和好评。国外当事人对上海、广东法院的判决一般都感到合理合法，因而愿意承担责任。对中外当事人一视同仁，这一点很重要。需要切实克服国内经济案件审理中的地方保护主义倾向，切实公正执法。

（三）进一步完善涉外经济立法

涉外经济法律法规实施中的问题，与我国涉外经济法律法规尚不很完备也有一定关系。一是有的法律本身不够完善，需要修改或补充。比如颁布于 1979 年的《中华人民共和国中外合资经营企业法》，因当时我国的改革开放刚刚起步，对如何吸引外资合办企业缺乏实践经验，某些规定现在看来不够完善。如前述外商不按期出资或出资不足问题，就与建立合营企业的程序有关。该法规定的程序是审批、登记注册，然后开始筹建、生产或经营。实践表明，有些外商在登记取得合法地位后，不按合同规定如数、如期交付资金，中方对此没有办法。按照公司法的一般原理，股东缴付股份后，要经过会计师验证，即所谓验资，然后申请注册，才成为法人，以公司名义申请贷款，并进行其他业务活动。因此，为了防止上述情况发生，保证合同出资条款的实施，有必要对原定程序适当修改。可考虑在登记注册前增加验资程序。又如合营企业的经营管理自主权问题，主管部门的职权范围以及合营企业与主管部门的关系问题等，需要作出明确规定。二是加速制定法律法规。如针对进出口贸易中的问题，需要抓紧制定外贸法；为解决外商投资企业职工因退休或辞退而带来的一系列社会问题，需要尽快制定劳动保险法，促进发展社会保险事业；还有如公司法、外商投资企业破产法及《中华人民共和国中外合作经营企业法》、《中华人民共和国外资企业法》、《中华人民共和国涉外经济合同法》实施条例等等，也需要抓紧制定。再就是外商反映颇多的"内部规定"问题，需要尽量将其上升成法规，对外公布，提高透明度，消除外国投资者的疑虑。有些外方人士反映，某些"内部规定"往往需要向中方有关方面询问才能得到"口头告知"，既然能够"口头告知"的东西，为何又不能正式公布呢？三是立法时需要给予外国人士对法律草案提供意见的机会。现在全国人大常委会和国务院有关机构在制定或修订有关涉外经济法律时已经开始这样做了。如果这种做法能够经常化、制度化，使用公开的程序，使外国人士能对拟议中的法律和条例适当提供意见，不仅能提高立法质量，而且还能在国外产生一种信念，即中国决心为外国商界创造一个合理公平的环境，这样最能解除外国投资者的疑虑。

（四）大力提高有关工作人员的素质

重要的是两条，一是坚持不懈地对与涉外事宜有关的工作人员进行法制教育、职业道德教育和业务培训。涉外法律法规应当成为涉外人员的起码知识。涉外经济合同经办、管理人员及其他涉外业务人员，需要通过严格培训，提高业务素质。为适应我国对外开放的需要，各经济执法部门尽快训练培养出一支政治思想好、业务技术熟练的涉外经济执法队伍，是一项迫切的任务。二是严肃惩处违法违纪者。对涉外人员搞以权谋私、索贿受贿等行为，不容宽贷。此外，还需要从对外开放的长远战略着眼，重视和大力发展国际经济法和国际私法等专业的建设，为我国对外开放培养得力的专门人才。

（原载中国社科院《法学研究》1990 年第 1 期）

宪法对改革开放的保障作用

我国社会主义事业发展新时期最鲜明的特点是改革开放。1982年颁布的《中华人民共和国宪法》（以下简称《宪法》），以根本法的形式将改革开放的政策确定下来，为实行改革开放提供了根本的法律保障，对改革开放成果的巩固和发展起到了重要的保障和促进作用。主要表现在以下几个方面：

1.《宪法》关于所有制结构的规定，保障和促进了以公有制经济为主体的多种经济成分的共同发展。《宪法》规定：中华人民共和国的社会主义经济制度的基础是生产资料的社会主义公有制，即全民所有制和劳动群众集体所有制；国营经济是国民经济的主导力量，国家保障国营经济的巩固和发展；国家保护城乡集体经济组织的合法权益，鼓励、指导和帮助集体经济发展；在法律规定范围内的城乡劳动者个体经济，是社会主义公有制经济的补充，国家保护个体经济的合法权益。为适应改革的新形势，1988年4月，七届人大一次会议通过的《宪法（修正案）》，增加规定："国家允许私营经济在法律规定的范围内存在和发展。私营经济是社会主义公有制经济的补充。国家保护私营经济的合法权益，对私营经济实行引导、监督和管理。"《宪法》实施10年来，随着改革的深入，以公有制为主体的多种经济成分得到了共同发展。国营经济在国民经济发展中占主导地位，我国的国有资产总额达22700多亿元（1990年底），占全国工业企业总数2.5%的国营大中型企业，所创造的工业产值占全国工业总产值的45.6%，上缴国家的利税占60%以上。城乡集体所有制经济得到蓬勃发展，乡镇企业已成为整个国民经济的重要组成部分。城乡个体经济和私营经济也得到较快发展，至1991

年底，全国个体工商户发展到 1416 万户，从业人员 2258 万人；私营企业达 10.8 万户，从业人员为 183.9 万人。1991 年，全国个体工商户和私营企业向国家缴纳税金 179 亿元，占税收总额的 6%，成为社会主义公有制经济的有益补充。

2.《宪法》关于经济体制改革和企业改革的规定，保障和促进了经济体制改革和企业改革的深入发展。《宪法》规定，国营企业在法律规定的范围内，有经营管理的自主权；集体经济组织在遵守有关法律的前提下，有独立进行经济活动的自主权；国家通过完善经济管理体制和企业经营管理制度，实行各种形式的社会主义责任制，不断提高劳动生产率和经济效益，发展社会生产力。《宪法》关于企业改革的基本精神，就是要求通过落实企业自主权，完善经营形式，发展生产力。为了保证宪法规定的实施，国家先后制定了企业法和企业转换经营机制条例等一系列法律、法规。《宪法》实施以来，以企业改革为重点的经济体制改革不断深入。按照《宪法》和《中华人民共和国全民所有制企业法》的规定，企业经营自主权进一步得到扩大，并开始建立和健全约束机制。党的十四大确定我国经济体制改革的目标是建立社会主义市场经济体制，丰富和发展了《宪法》有关经济体制改革的内容，必将有力地推进我国经济体制改革。

3.《宪法》关于土地使用权可以依法转让的规定，保障和促进了土地使用制度改革的发展。《宪法》规定，城市土地属于国家所有，农村和城市郊区的土地，除由法律规定属于国家所有的以外，属于集体所有。1988 年的《宪法（修正案）》将"任何组织或者个人不得侵占、买卖或者以其他形式非法转让土地"，修改为"任何组织或者个人，不得侵占、买卖或者以其他形式非法转让土地。土地的使用权可以依照法律的规定转让"。随后，《中华人民共和国土地管理法》作了相应修改，国务院发布行政法规，对国有土地使用权出让和外资开发经营成片土地作了明确规定。"土地的使用权可以依照法律的规定转让"的《宪法（修正案）》公布后，国有土地使用权的转让和出租第一次载入了人民共和国的土地史。截至 1992 年 4 月，全国开展土地使用权依法有偿转让试点的省、自治区、直辖市有 20 多个，土地使用权出让 1500 多起。土地使用制度的改革，使土地这笔巨大的财富的作用得以显现出来。

4.《宪法》关于引进外资、对外开放的规定，保障和促进了引进外资和对外开放的发展。《宪法》规定，中华人民共和国允许外国的企业和其他经济组织或者个人依照中国法律的规定在中国投资，同中国的企业或者其他经济组织进行各种形式的经济合作；在中国境内的外国企业和其他经济组织以及中外合资经营企业，都必须遵守中国的法律，它们的合法权益受中国法律的保护。为了保证《宪法》规定的实施，国家先后制定了中外合资经营企业法、外资企业法、中外合作经营企业法、关于鼓励外商投资的规定等一系列涉外法律、法规，使外商投资领域得到规范，外商投资的信心和安全感得到增强。至 1992 年上半年，全国的外商投资企业已达 5 万多家，外商投资金额达 600 多亿美元。

在我国改革开放和现代化建设进入新的阶段以后，我们要根据《宪法》的原则精神，加强立法工作，特别是抓紧制定与完善保障改革开放和社会主义市场经济建设的法律和法规，以保障改革开放和现代化建设的顺利进行。

（原载《长江日报》1992 年 12 月 25 日）

努力建设社会主义民主政治

全国人大常委会《关于加强法制教育维护安定团结的决定》指出："我们在发展社会主义民主，健全社会主义法制的过程中，还存在着这样那样的缺点和失误，已经确立的制度和已经制定的法律还没有得到普遍的严格遵守"，"这种现象必须加以改变"。在政治体制改革中，如何努力建设社会主义民主政治呢？根据党的十三大报告的精神，主要有以下几个方面：

第一，加强宪法的宣传教育，增强人民群众的民主意识。使人民群众深刻理解宪法关于"中华人民共和国的一切权力属于人民"的规定，增强主人翁的责任感；全面理解公民的权利和义务，认真行使权利，自觉履行义务。

第二，加强民主建设和民主制度方面的立法工作，使宪法有关民主方面的一些原则规定法律化和制度化。人民代表大会的监督制度、工作程序，人民申诉制度，公民的言论、出版、集会、结社、游行示威的自由等，都需要制定或修订法律予以明确规定。村民委员会组织法、城市居民委员会组织条例，工会法、职工代表大会条例，也需要通过制定或修订法律予以明确和完善，以促进经济管理的民主化和整个社会生活的民主化。

第三，加强各级人大及其常委会的建设。人民代表大会制度是我国的根本政治制度，各级人大的建设，对于我国社会主义民主政治的建设具有十分重要的意义。因此，应当继续完善人大的各项职能，加强人大的监督工作，使人大能够依照宪法和法律的规定，更好地代表人民管理国家，成为真正有权威的人民权力机关。

第四，完善选举制度。完善选举制度的关键，是严格按照宪法和法律的规定，更充分地尊重选举人的意志，保证选举人有选择的余地。为此，要健全候选人的提名制度。建立介绍候选人的制度，继续坚持完善差额选举制度，不得以任何方式改变合法选举的结果而使选举流于形式。

第五，建立协商对话制度。重大情况让人民知道，重大问题经人民讨论。

第六，加强企业民主管理和基层民主建设。要切实按照宪法规定保障职工管理企业事业的权利，使职工真正成为企业的主人。要切实加强城市居民委员会和农村村民委员会等基层群众自治组织的建设，支持基层组织积极开展工作，依法管理社会公共事务。这是社会主义民主政治建设的基础。

（原载《武汉法制报》1987 年 12 月 18 日）

加强地方政权建设，保障经济体制改革进行

——地方政权建设理论讨论会综述

由武汉市人民代表大会常务委员会和武汉市社会科学联合会发起并组织的地方政权建设理论讨论会，于1984年12月上旬在武汉举行。来自全国各地的法学、政治学界的学者和实际工作者160多人参加了会议。会议收到论文80多篇，全国人大法律委员会副主任委员、中国法学会会长、中国政治学会会长张友渔同志，向会议发了贺信，与会者以宪法和十二届三中全会精神作指导，理论联系实际，就在经济体制改革中如何加强地方政权建设的问题展开了热烈的讨论。

与会者认为，在当前经济体制改革迅速发展的形势下，加强地方政权建设十分必要。以城市为重点的经济体制改革，给地方政权，特别是城市政权提出了新的要求。有计划、有步骤地对地方政权中不适应生产力发展的部分实行改革，进而加强地方政权建设，才能使地方政权机关更好地担负起领导、支持、推动、保障经济改革的重任。地方政权机关的改革和建设，不仅关系到地方各方面建设事业的成败，也关系到整个国家社会主义建设事业的成败。因此，必须加强这方面的工作。

在地方政权机构中，地方人民代表大会及其常务委员会居于首要地位，因此，地方人民代表大会及其常务委员会在地方政权建设中的地位、作用，以及如何切实行使宪法和法律赋予的职权问题，成为这次讨论会的中心议题。大家认为，健全人民代表大会制度，加强人民代表大会及其常务委员会的建设，是国家政治制度改革的首要问题。目前地方人民代表大会及其常务委员会建设中存在不少问题，影响着职权的行使，需要加以改进：(1) 权力

机关行使职权与党的领导之间的关系问题。讨论中认为，现在一些同志混淆了党的领导作用与国家政权职能的界限，不习惯于或不善于把党的意志和人民的意志统一起来，重大事项党委说了算，不善于经过国家形式这一必要途径。这是一种不正常的现象，党是中国人民的领导核心，但它和国家政权不是而且不能是一个东西。党必须领导国家机关，但不能以党代政，党对国家生活的领导，最本质的内容，就是组织和支持人民当家做主。党也必须在宪法和法律范围内活动。宪法和法律规定应由人民代表大会及其常委会决定的重大事项，党委应支持人民代表大会及其常委会行使职权，作出决定。(2) 不断完善有关法律和制度的问题。与会者认为，要使地方人民代表大会及其常务委员会能切实行使职权，除了继续纠正一些错误认识外，还必须完善有关法律和制度。如关于地方国家权力机关行使决定权、任免权和监督权问题，在法律中规定的还不够明确。质询是权力机关行使监督职能的一种重要形式，但由于缺乏程序、效力方面的明确规定，运用起来问题也较多。因此，需要加强立法工作，使地方国家权力机关的建设和工作逐步走向法律化、制度化，这是加强地方国家权力机关建设的重要环节。(3) 权力机关自身建设的问题。大家认为，权力机关的组织形式必须适应社会主义现代化特别是当前经济体制改革的需要。代表、委员的活动是人民代表大会及其常务委员会的工作基础，他们的素质如何，直接关系到权力机关的工作质量、效率和威信。不能把代表、委员仅仅作为一种荣誉称号，必须把能否有效地行使代表、委员的各项权利作为衡量代表、委员资格的必要条件。另外，人民代表大会及其常务委员会必须不断总结经验，研究在新的历史条件下如何开展工作，使人民代表大会及其常务委员会的工作能够适应社会发展的需要。

会议还讨论了有关地方性法规的一些问题。多数与会同志认为，在经济体制改革中，随着以城市为依托的经济区的逐步形成和不断扩大，由于省内外、国内外之间的经济活动的频繁进行，急需用法律手段调整各方面的关系，因此，相应地赋予省、自治区人民政府所在地的市和经国务院批准的较大的市制定地方性法规的权限，对于促进经济建设发展是很必要的。有的同志认为，地方性法规中的绝大部分都是行政管理法规，特别是经济行政管理法规，因而提出，集中精力及时制定和颁布以经济行政管理法规为主体的各种地方行政管理法规，是中心城市法制建设面临的一项重要任务。

此外，关于城市政府的职责问题，有的同志认为，城市政府的主要职责是集中力量抓好城市规划、建设和管理。抓好这一工作，必须加强城市的法制建设。关于完善政府管理经济职能的问题，有的同志提出，应区别"三观"，划分"三权"，即宏观经济控制权、中观经济管理权（归中间层级领导机关）、微观经济经营权（归工农商经济实体），使各级政权组织和经济实体各司其职，各负其责。

会上有的同志还倡议开展市政学研究，得到了与会者的赞同。会议就成立"城市政权建设研究会"通过了倡议书，组建了筹备组。

（原载《人民日报》1984 年 12 月 24 日）

二、科学立法与人大监督

健全人大主导立法工作的体制机制

党的十八届四中全会通过的《中共中央关于全面推进依法治国若干重大问题的决定》（以下简称党的十八届四中全会《决定》）提出，健全有立法权的人大主导立法工作的体制机制，发挥人大及其常委会在立法工作中的主导作用。充分发挥人大在立法工作中的主导作用，对于促进解决有的法律法规未能全面反映客观规律和人民意愿，针对性、可操作性不强，立法工作中部门化倾向、争权诿责现象较为突出的问题①，具有重要意义。本文拟就怎样健全人大主导立法工作的体制机制，发挥人大在立法工作中的主导作用，谈几点认识。

一、完善人大立法规划计划制订和
实施机制，加强重点领域立法

立法规划计划的制订和实施，是人大主导立法的重要基础，也是科学立法的重要基础。从以往的立法实践看，有的列入立法规划计划的重要立法项目迟迟提不到人大审议，有时又出现没有经过深入研究论证、匆忙提出立法项目上会的现象，既影响立法进程，导致急需的法规制度不能及时制定，又影响立法质量的进一步提高，需要根据党的十八届四中全会《决定》精神研究改进。

---

① 参见《中共中央关于全面推进依法治国若干重大问题的决定》，《人民日报》2014 年 10 月 29 日。

人大立法项目的确定，是人大主导立法工作的启动环节，它对于积极谋划和推动立法工作，充分发挥立法对改革发展的引领和推动作用，十分重要。人大要把握立法规划计划的主导权，围绕党和国家的重大战略决策部署，围绕经济社会发展大局，从全面深化改革的现实需要出发，在广泛听取各方面意见的基础上，按照突出重点、统筹兼顾、立改废释并举的要求，完善立法项目征集和论证制度，科学确定立法项目，"增强法律法规的及时性、系统性、针对性、有效性"①。

按照党的十八届四中全会《决定》要求，人大在主导立法规划计划制订和实施过程中，要加强重点领域立法。加快完善体现权利公平、机会公平、规则公平的法律制度，实现公民权利保障法治化；完善社会主义市场经济法律制度，健全产权保护制度，加强企业社会责任立法等，促进市场经济法治化；完善社会主义民主政治法律制度，促进民主政治建设制度化、规范化、程序化；健全文化法律制度，制定公共文化服务保障、文化产业促进等方面的法律法规，加强互联网领域立法，促进先进文化建设；加快社会治理体制创新法律制度建设，促进社会建设；加快建立生态文明建设法律制度，促进生态文明建设。

要健全立法规划和计划编制及实施制度，立法规划和计划要有前瞻性、战略性，坚持需求导向和问题导向，与经济社会发展规划和计划衔接，统筹确定立法项目责任单位；要加强人大对立法工作的组织协调，做好立法规划计划实施的协调和督促指导，加强与法案起草单位的沟通联系，及时了解掌握进展情况，督促和推动法案起草单位按立法计划提请人大审议，促进一些重要法律法规及时出台。

二、健全立法和改革决策相衔接机制，发挥　　立法对改革的引领和推动作用

人大在主导立法过程中，十分重要的一个方面，是要按照党的十八届

---

① 《中共中央关于全面推进依法治国若干重大问题的决定》，《人民日报》2014 年 10 月 29 日。

四中全会《决定》要求，"实现立法和改革决策相衔接，做到重大改革于法有据、立法主动适应改革和经济社会发展需要"，充分发挥立法在引领、推动和保障改革发展方面的重要作用。

一是有些改革决策需要人大立法保障的，及时列入人大立法计划，并通过立法使改革决策进一步完善。如深圳市委 2012 年初提出了推进商事登记制度改革、激发社会创业活力的改革决策意见，市人大常委会将制定《深圳经济特区商事登记若干规定》列入 2012 年度立法计划，把立法决策同改革决策结合起来。2012 年 10 月通过的《深圳经济特区商事登记若干规定》，确立了商事主体登记与经营资格相分离①、注册资本认缴制等制度②，符合党的十八届三中全会《决定》关于工商注册制度改革要求，大大降低了市场准入门槛，激发了社会创业活力，催生了一大批中小微企业。《深圳经济特区商事登记若干规定》2013 年 3 月 1 日实施以来至 2014 年 9 月，深圳新登记商事主体 70 万户，呈井喷式增长态势，全市累计实有商业主体 165 万户（立法实施一年半，新登记注册的商事主体，占深圳经济特区成立 34 年来实有商事主体总数的 42%），深圳常住人口每千人拥有商事主体 108 户，全国领先，受到中央和国家有关部门肯定。又如深圳市委 2014 年初提出了创新人口管理、加快推进居住证制度改革的决策意见，市人大常委会将《深圳经济特区居住证条例》列入 2014 年度立法计划，组织调研起草居住证条例草案，其中对居住登记、居住证办理条件和程序、持证人享受公共服务等做了明确规定，对保障非深户籍常住人口的合法权益、推进基本公共服务均等化、促进经济社会协调发展，具有重要意义。在主导立法中，人大还要对一些经实践证明行之有效的改革举措，及时上升为法律法规。

二是有些改革决策需要人大立法授权的，人大按法定程序作出授权。如全国人大常委会关于授权国务院在广东省暂时调整部分法律规定的行政审批的决定，关于授权最高人民法院、最高人民检察院在部分地区开展刑

---

① 由先许可证后营业执照改为先照后证，商事主体领取营业执照后，依法开展经营活动；经营范围中属于法律法规规定应当经批准的项目，取得许可审批文件后方可开展相关经营活动。

② 只登记股东认缴的注册资本，无须登记实收资本，无须提交验资证明。

事案件速裁程序改革试点的决定，使这些改革于法有据，在法治的框架内进行。又如深圳市人大常委会于 2013 年 12 月审议市政府议案，授权市政府对于需要暂停实施、变更主体、改进方式的本市法规设定的行政审批，及时提出具体调整事项，由人大及时作出决定，以适应审批制度改革的需要。

三是对不适应改革要求的法律法规，人大要及时修改或者废止。2013 年 6 月的十二届全国人大常委会第三次会议和 2014 年 8 月的十二届全国人大常委会第十次会议，分别通过了修改 12 部法律、7 部法律的决定，以适应行政审批制度改革、减少审批事项的需要。全国人大常委会就废除劳教制度、实行"单独二胎"作出决定，对预算法的修改，也是落实党的十八届三中全会通过的《中共中央关于全面深化改革若干重大问题的决定》提出的有关改革任务，实现了立法与改革决策相衔接。深圳市人大常委会 2013 年为适应商事登记制度改革的需要，废止了不适应改革要求的 1999 年制定的商事条例。

人大在主导立法过程中，要重视研究党和国家及地方党委的重大改革决策，按照党的十八大报告要求，善于把党的主张通过法定程序变成国家意志，通过立法保障党的政策和党委决策有效实施，促进国家治理体系和治理能力的现代化。

三、建立人大主导起草有关重要法律法规的体制机制

党的十八届四中全会《决定》提出，建立人大相关专门委员会、工作委员会组织有关部门参与起草综合性、全局性、基础性等重要法律法规草案的制度，从体制机制和工作程序上有效防止部门利益和地方保护主义法律化。我们认为，从地方来看，有些重要的、涉及多个部门的、涉及面较广的法规，也可以由人大的专门委员会主导起草。良法是善治之前提，防止部门利益法律化是良法应有之义。以往立法实践中，法律法规草案大多由主管行政部门起草，存在着部门利益和公众利益的博弈。行政部门在起草法律法规草案时，难免会从本部门立场出发，将部门管理思维习惯、部门利益带入法

律法规草案中，有的部门借助立法扩张部门权力，减轻甚至规避部门责任，正如党的十八届四中全会《决定》指出的"立法工作中部门化倾向、争权诿责现象较为突出"。因此，需要加大人大主导起草重要法律法规的力度，提高人大主导起草法律法规的比例。

人大主导起草有关重要法律法规草案，这是发挥人大在立法工作中的主导作用的重要方面，有利于提高立法质量，有利于避免部门利益法律化。《深圳经济特区道路交通安全管理条例》涉及公安、交通运输等多个部门，《深圳经济特区和谐劳动关系促进条例》涉及人力资源和社会保障、经济贸易、总工会等多个部门，市人大内务司法委员会牵头组织有关部门起草，站在全市经济社会发展的角度，深入调查研究交通安全及劳动关系方面的客观规律和人民意愿，避免部门利益，实施效果好，受到社会广泛好评。《深圳经济特区居住证条例》涉及公安、发改委、财政、教育、卫生、民政、人力资源社会保障、住建等多个部门，涉及对 1000 多万外来务工人员的服务管理，市委决定由市人大主导起草，人大确定由内务司法委员会组织起草。起草过程中，我们力求站在全市经济社会协调发展的角度，站在维护社会公平正义的角度，把握立法的价值取向，把握"服务管理并重，便民利民为先，维护公平正义"这个基本思路，避免部门利益，条例通过后受到社会各界肯定。对政府部门起草的重要法规，人大的专门委员会可以提前介入，提出意见建议，防止部门利益法律化，同时为人大审议做好准备。

四、健全立法机关主导、社会各方有序参与立法的机制

党的十八届四中全会《决定》提出，要恪守立法为民理念，健全立法机关主导、社会各方有序参与立法的途径和方式，拓宽公民有序参与立法途径。健全立法机关主导、社会各方有序参与立法的机制，"开门立法"，这也是防止部门利益法律化的科学途径，对于保证立法能够符合实际，符合民意，增强立法的针对性、有效性，提高立法质量，具有重要意义。民主立法是科学立法、提高立法质量的重要基础。新形势下，人民群众对立法的期盼，已经不是有没有法，而是法立得好不好、管不管用、能不能解决实际问

题。人大在主导立法的过程中，除了组织重要法规起草、完善法规审议制度、创新法规审议方式（增加联组审议、重要条款可以单独表决、推进立法精细化）、尊重立法规律、坚守法治底线外，很重要的一个方面是要把公开原则贯穿于立法全过程，认真组织各方参与立法，以问题为导向，加强调查研究，建立基层立法联系点制度，深入了解实际情况，针对需要解决的问题立法。广泛听取社会各界意见，健全法律法规草案和公众意见采纳情况反馈机制①，回应社会关切，回应人民群众对立法的期盼，广泛凝聚社会共识，全面反映客观规律和人民意愿，立良善之法，立管用之法，通过立法解决好人民群众普遍关心的问题。这样，我们的立法才能达到党的十八届四中全会《决定》提出的"使每一项立法都符合宪法精神、反映人民意志、得到人民拥护"的要求。

深圳市人大常委会于 2013 年制定行业协会条例时，公开向社会征求意见，征集到 3000 多条意见。这些意见建议对完善行业协会的服务功能、行业自律机制、监管机制等法律规范起到了很好的作用。2014 年制定居住证条例时，公开征集到 5000 多条意见，许多市民阅读条例草案全文，提出意见建议，有的还到市人大内务司法委员会办公室约谈，反映意见建议。市人大居住证条例草案征求意见时，针对群众反映比较集中的合理设置居住证办理条件、简化办证及申请公共服务的程序等 10 个方面的意见建议，市人大研究修改、吸收采纳，并通过媒体向社会作出反馈。社会反映好，认为人大征求意见、民主立法是搞真的，群众意见得到重视和采纳，人民意志得到反映，立法的质量也得到保证。

五、建立人大立法过程与法治宣传教育相结合机制，为法律法规实施营造好的环境

法律法规的有效实施、法律法规的权威源自人民的真心拥护和真诚信

---

① 参见《中共中央关于全面推进依法治国若干重大问题的决定》，《人民日报》2014 年 10 月 29 日。

仰。人大在主导立法过程中，要将立法与法治宣传教育结合起来，引导社会公众参与立法，使公众参与立法的过程成为法治宣传教育的过程，增强全民守法的积极性和主动性，为法律法规实施营造良好环境。深圳市人大常委会制定《道路交通处罚条例》公开征求意见时，对于机动车闯红灯处罚条款，社会各界争议较大。许多市人大代表和市民群众通过媒体发表意见，要求对社会危害性较大的机动车闯红灯行为严管重罚，另外一种反对的意见认为罚得太重。《道路交通处罚条例》按多数人意见，坚持对机动车闯红灯严管重罚的规定，并要求严格记分。因为立法时公众积极参与，社会各界充分讨论，《道路交通处罚条例》的立法过程成为一次法治宣传教育的过程，所以《道路交通处罚条例》实施后效果好。立法前，深圳机动车数量为100万辆左右时，每年机动车闯红灯150多万起，引发很多伤亡事故。因严管重罚，2013年机动车数量达260多万辆时，闯红灯行为大幅减少到10多万起；交通事故致人死亡的人数，由立法前机动车数量100万辆左右时年死亡1200多人，大幅下降到2013年机动车数量260多万辆车时年死亡470多人，万车死亡率接近香港水平。

六、加强立法工作队伍建设，增强责任心，提高立法工作水平

发挥人大在立法工作中的主导作用，必须加强立法队伍建设。法律法规的质量，一定意义上讲是立法人的质量，立法的人没有质量，法律法规难有质量。立法队伍是国家法治工作者队伍的重要组成部分，有立法权的人大机关，要按照党的十八届四中全会《决定》关于加强法治工作队伍建设的要求，进一步提升人大常委会和各专门委员会组成人员的专业化、职业化水平，增加有法治实践经验的专职常委比例。制定有关工作制度，保证人大常委会和各专门委员会中的非专职组成人员更多地开展立法调研、参与立法工作。要进一步发挥人大代表在立法工作中的作用，组织人大代表参与立法调研，增加人大代表列席人大常委会会议人数，更多发挥人大代表参与起草和修改法律法规的作用。人大机关立法工作人员是立法队伍的重要组成部分，

要推进立法工作人员队伍的专业化、职业化建设，建立从符合条件的律师、法学专家中招录立法工作者的制度。要大力提高立法工作队伍的思想政治水平、业务工作能力、职业道德水准，增强立法工作人员责任心，提高立法水平，提高立法质量。

（原载《深圳特区报》2015 年 3 月 17 日）

经济特区立法的指导思想和基本原则

　　加快改革开放，发展社会主义市场经济，建立社会主义市场经济体制及宏观调控体系，迫切需要加快经济立法。作为我国改革开放和市场经济建设"窗口"的经济特区，更应先行一步，成为经济立法工作的试验区。在这个过程中，明确经济特区立法的指导思想和基本原则，对做好经济特区立法工作具有重要意义。1992年7月，全国人大常委会授予深圳市人大及其常委会制定法规的权力后，深圳市人大及其常委会积极开展了特区立法工作。本文拟结合深圳经济特区近年来的立法实践，就经济特区立法的指导思想和基本原则谈一些粗浅的看法。

一、经济特区立法的指导思想

　　经济特区立法是我国社会主义法制建设的重要组成部分。因此，作为整个国家根本指导思想的马列主义、毛泽东思想和邓小平建设有中国特色社会主义理论，以及党在社会主义初级阶段的基本路线，也就理所当然地成为经济特区立法的指导思想。坚持这一指导思想，必须善于运用它的立场、观点与方法指导立法活动。当前和今后一个时期，经济特区立法如何坚持这一指导思想，我们认为，需要把握以下三个方面：

　　1. 经济特区立法要有利于发展社会主义社会的生产力。经济特区立法应当积极为经济建设这个中心服务，为改革开放服务，着眼于促进特区生产力的发展，进而促进富强、民主、文明的社会主义现代化国家的建设。社会主义的本质是解放和发展生产力，各项工作都应当服从和服务于这个中心。

"判断各方面工作的是非得失，归根到底，要以是否有利于发展社会主义社会的生产力，是否有利于增强社会主义国家的综合国力，是否有利于提高人民的生活水平为标准。"这三个"是否有利于"自然也应当成为检验经济特区立法工作的根本标准。

2.经济特区立法要从国家和人民的整体利益出发。起草和制定经济特区法规，必须从全局出发，从维护国家和人民的根本利益出发，避免不适当地强调局部的利益和权力。部门之间互相扯皮，就会贻误法规出台，阻碍统一开放市场的形成。发展市场经济，必然要打破行政权力划分的传统格局。立法，要有利于促进政府转变职能，建立适应市场经济发展的新的管理体制。例如，《深圳经济特区房屋租赁条例》、《深圳经济特区房地产登记条例》、《深圳经济特区房地产转让条例》制定时，就注意避免了房地产管理上规划、土地、房地产三个部门都有权益、互相争执的情况，实行了房产、地产合二为一的管理体制，规定房屋租赁、房地产登记及转让，由一个部门主管，这有利于统一开放的房地产市场的形成。又如，《深圳经济特区股份有限公司条例》和《深圳经济特区有限责任公司条例》对内联企业在深圳设立的公司与深圳自己的公司规定了同样的权利义务；《深圳经济特区劳务工条例》对全国各地来深圳做工的百万劳务工的合法权益作了全面的保障规定，等等，都是从国家整体利益考虑的，体现了"全国支援深圳，深圳服务全国"的思想。

3.经济特区立法要同改革开放进程相适应。经济特区立法，要总结改革开放的经验，把实践证明是正确的东西用法规的形式肯定下来，使改革开放的成果得以巩固。但仅仅这样做还不够，还必须充分认识法律、法规对社会经济发展的引导作用。立法不只是被动地反映和确认改革，还有能动地引导现实发展、社会变革的重要功能。我们应当通过加快立法来规范和引导改革开放的发展，推动社会主义市场经济体制的建立，力求避免立法工作滞后于改革开放和经济发展需要的现象。在这个过程中，需要有积极探索的精神。我们不能片面地强调实践经验，有些方面，实践不充分，我们可以大胆探索，对实践的发展作出科学的预测，还可以借鉴国外和中国香港等地的立法经验。我们要深刻领会邓小平同志讲的法律法规有比没有好，快搞比慢搞好，有的法规地方可以先试搞的精神，一些应兴应革的事情，要尽可能先制定法规后行动，为国家制定法律提供经验。近年来，深圳市人大及其常委会制定的深圳经济特区股份有限公司条例、有限责任公司条例、房地产登记条例、房屋租赁条例、房地产转让条例、财产拍卖条例、劳务工条例等，就是在上述问题国家尚无统一立法的情况下，本着改革和探索的精神而积极制定的，适应了深圳经济特区改革开放和经济发展进程的需要，也可以为国家制定有关法律提供一定的经验。

二、经济特区立法的基本原则

立法的基本原则是立法的指导思想在立法实践中的重要体现。根据特区立法的实践，我们认为，特区立法的基本原则主要有以下几个方面：

1. 遵循宪法的规定以及法律和行政法规的基本原则。《全国人民代表大会常务委员会关于授权深圳市人民代表大会及其常务委员会和深圳市人民政府分别制定法规和规章在深圳经济特区实施的决定》中规定："授权深圳市人民代表大会及其常务委员会根据具体情况和实际需要，遵循宪法的规定以及法律和行政法规的基本原则，制定法规，在深圳经济特区实施。"全国人大及其常委会授权广东、福建、海南省人大及其常委会制定有关经济特区法规的决议中也有类似的规定。这就是说，经济特区制定法规，必须遵循宪法的规定以及法律和行政法规的基本原则。例如，《深圳经济特区股份有限公司条例》和《深圳经济特区有限责任公司条例》根据宪法的规定和有关法律的基本原则，对保障国家对国有资产的所有权以及保障国有资产的安全和增值，实行民主管理和员工参与制，公司自主经营等，都作了明确的规定。《深圳经济特区劳务工条例》对外来劳务工的劳动时间、工资、加班加点工资、社会保险、劳动保护、劳动保健等方面作了较为具体的规定，并规定与有特区户口的劳务工一视同仁，不得歧视，充分体现了宪法有关公民权利义务的规定和宪法、法律的有关原则。又如，制定《深圳经济特区房地产登记条例》时，对原草案中当事人提出的异议成立或不成立，以"登记机关的裁定为终局裁定"的规定，人大审议修改为：当事人对登记机关的决定不服的，可向市政府行政复议机构申请复议，或向人民法院起诉，以使法规的规定符合法律关于保障当事人诉讼权利的原则。制定《深圳经济特区房屋租赁条例》时，对原草案"房屋租赁，当事人应使用主管机关提供的统一合同格式"的规定，人大审议时增加规定："当事人对租赁合同条款的内容可作增删"，以体现《民法通则》中"民事活动应当遵循自愿、公平、等价有偿、诚实信用的原则"的规定。

2. 从经济特区的实际需要和具体情况出发的原则。马克思说过："法律应该是社会共同的、由一定物质生产方式所产生的利益和需要的表现"①，"无论是政治的或市民的立法，都只是表明和记载经济关系的要求而已"②。我们不能关在房子里主观臆想制定什么法规，而只能根据经济特区社会经济发展的实际需要去积极制定法规。以制定《深圳经济特区股份有限公司条例》和《深圳经济特区有限责任公司条例》为例，深圳经济特区自创办以来，随着社会主义市场经济的迅速发展，各种公司大量涌现，这些公司对进一步促进生产、搞活流通、繁荣经济起到了积极作用。但是，在公司的发展中由于无法可依，也出现了一些消极现象，如出现了一些没有资金、没有经营场所、没有组织机构和管理人员的"三无"公司；一些公司非法经营、投机诈骗；一些公司超范围、超比例发行内部职工股，造成"内部股公众化，法人股个人化"，妨碍了企业股份制改革的健康发展；一些承担政府行政职能的"行政性公司"，政企不分，既不利于政府职能的转变，又不利于企业经营机制的转换；此外还存在公司的设立层层审批，程序烦琐等问题。这些现象都是与发展社会主义市场经济的要求相背离的。因此，深圳经济特区市场经济的发展，迫切要求制定经济特区公司法规，确立股份有限公司、有限责任公司等各类公司的法律地位，规范公司的组织和行为，建立规范化的特区公司制度，以保障公司及其股东和债权人的合法权益，维护社会主义市场经济秩序，促进特区经济的健康发展。

经济特区立法在考虑特区实际需要的同时，要充分研究特区的具体情

---

① 《马克思恩格斯全集》第 6 卷，人民出版社 1961 年版，第 292 页。
② 《马克思恩格斯全集》第 4 卷，人民出版社 1958 年版，第 121 页。

况。这就需要对客观实际情况进行深入调查研究，对法规所要调整的社会经济关系有全面深刻的了解。只有通过深入的调查研究，广泛征求意见和科学论证，才能搞清楚法规所要解决的主要问题，通过制定法规加以解决，用以规范组织和个人的行为。正是在这个意义上，"立法者应该把自己看作一个自然科学家。他不是在创造法律，不是在发明法律，而仅仅是在表述法律，他用有意识的实在法把精神关系的内在规律表现出来。如果一个立法者用自己的臆想来代替事情的本质，那么人们就应该责备他极端任性"①。建立在对法规所要调整事项的本质和发展规律的深刻认识和科学预测的基础之上，制定的法规才能正确反映客观事物的本来面貌，这样的法规才准确可行。深圳市人大常委会和市政府及有关部门，在起草和制定法规中，深入基层做了大量的调查研究工作，并将有关法规草案登报公布，广泛听取社会各界的意见，反复论证，对法规所要调整事项的具体情况及发展规律有了比较深刻的认识，使制定的法规比较符合特区实际。如 1992 年制定的深圳经济特区股份有限公司条例关于公司发起人问题，根据调查研究所反映的特区实际情况，考虑到我国的股份制改革仍在试验阶段，实行股份制改革，主要是为了搞活国有企业，而且我国公民投资风险意识不够强，如在认为成立股份公司就可获利的心理作用下，盲目而起，成千上万个自然人以发起方式去设立股份公司，这将会对整个社会经济生活造成不良影响，因此规定："发起人以法人为限。但国家法律、法规另有规定的除外。"至于待股份制改革和整个投资市场成熟，人们的风险意识普遍增强以后，再把发起人扩大到自然人也是可以的。我们认为，这样的规定是符合客观实际的。

3. 有利于建立和完善社会主义市场经济体制的原则。党的十四大报告明确提出："我国经济体制改革的目标是建立社会主义市场经济体制，以利于进一步解放和发展生产力。"《中华人民共和国宪法修正案》第七条规定："国家实行社会主义市场经济"；"国家加强经济立法，完善宏观调控"。作为按市场经济模式运作较早的经济特区，应当为建立和逐步完善社会主义市场经济体制作出贡献。因此，我们有必要把有利于建立和完善社会主义市场经

---

① 《马克思恩格斯全集》第 1 卷，人民出版社 1995 年版，第 347 页。

济体制作为经济特区立法需要遵循的一个基本原则。特区立法过程中，需要深入研究、探讨我国市场经济发展的特点和规律，使我们制定的法规尽可能符合市场经济发展的客观要求。例如，《深圳经济特区股份有限公司条例》和《深圳经济特区有限责任公司条例》在公司设立程序问题上，为适应市场经济发展的客观要求，未迁就有关部门坚持的公司设立要报部门审批的要求，规定实行严格的"准则主义"原则，即由法规明确规定公司的设立条件，符合法定条件的，即可以向登记机关申请登记成立公司，取消了沿袭多年的"审批制"和"审批注册制"。在股份公司设立方式问题上，取消了与市场经济所要求的公开、公平、公正原则不相符的业已存在的"定向募集"做法，以适应深圳经济特区深化改革和建立社会主义市场经济体制的需要。又如，《深圳经济特区财产拍卖条例》关于企业产权、知识产权拍卖的规定，适应了企业改革和市场经济发展的需要。该条例原草案中有关专卖、专营物品由政府指定一家拍卖机构拍卖的规定，行政色彩较浓，人大审议时取消了"指定性"的规定，这也有利于市场经济竞争机制作用的发挥。我们认为，这些规定，对于促进社会主义市场经济体制的建立和完善将发挥积极作用。

4. 借鉴发达国家或地区的法律、法规和有益经验的原则。列宁早在1922 年谈到制定苏俄民法典时就明确指出："西欧各国文献中和经验中所有保护劳动人民利益的东西一定要吸收进来。"[①] 党的十四大报告中指出：建设有中国特色的社会主义理论强调，实行对外开放是改革和建设必不可少的，应当吸收和利用世界各国包括资本主义发达国家所创造的一切先进文明成果来发展社会主义。市场经济的发展，尽管在不同的社会制度下会有一些不同特点，但它运行的基本规律，如价值规律、供求规律是相同的，竞争机制、资源配置原则也是相同的。因此经济特区立法既要立足于中国国情和特区实际，同时又要大胆吸收和借鉴国外和中国香港等地的有益经验。深圳制定两个公司条例时，就查阅了国外和中国香港公司立法的大量资料，并到香港征询有关人士的意见，以使特区的公司立法尽量同国际惯例相衔接。如取消"定向募集"设立公司的做法，规定公司设立程序实行"准则登记制"的做

---

① 《列宁全集》第 42 卷，人民出版社 1986 年版，第 444 页。

法，就符合公司立法的国际惯例。又如，制定财产拍卖条例时，采用了国际上通行的现状拍卖原则；制定房地产转让条例时，对房地产预售（俗称买卖楼花）这种风险较大、较复杂的转让方式，借鉴了国外和中国香港的做法，对转让程序、监管制度及当事人的责任都作了较严格、详细的规定。我们认为，大胆吸收和借鉴国外和中国香港等地的立法经验，不仅会加快特区市场经济立法的步伐，而且还有利于特区经济与国际经济的接轨，进而参与国际经济竞争，促进特区乃至整个国家社会经济的发展。

（原载《新形势下的地方人大工作》，
广东人民出版社 1994 年版）

深圳经济特区立法创新的实践与思考

　　1992 年 7 月 1 日，全国人大常委会授予深圳经济特区人大及其常委会立法权。18 年来，适应深圳改革发展的实际需要，深圳市人大及其常委会以改革创新精神，积极推进特区立法的理念创新和制度创新，截至 2010 年 11 月，共制定法规 195 项，其中特区法规 155 项，较大市法规 40 项，深圳成为国内地方立法最多的城市。这些法规特别是特区法规的制定和实施，为深圳的改革开放、市场经济发展、市场秩序建立和社会进步提供了有力的法制保障，也为国家立法的完善提供了不少可供借鉴的经验，发挥了经济特区"立法试验田"的作用。在深圳经济特区建立 30 周年和深圳市人大及其常委会成立 20 周年这个节点上，对经济特区立法创新实践作一些回顾与思考，是有意义的。

　　深圳经济特区立法创新，重在理念创新和制度创新，主要表现在以下几个方面：

一、坚持经济特区立法先行先试

　　先行先试是经济特区立法权的本质要求，也是用好经济特区立法权的前提。深圳的改革开放起步较早，经济社会发展走在全国前列，经常会遇到许多新情况、新问题，往往在上位法层面没有相应的法律规范可以依照，这就要求我们深圳的立法机关必须从经济特区的实际情况出发，充分发挥经济特区立法权先行先试的功能，以立法创新推动体制创新、机制创新。在深圳制定的经济特区法规中，大致有 1/3 的法规是在国家相关法律法规尚未出台的情况下先行先试的，有不少法规在我国立法发展史上写下了重要一笔。

在规范市场主体方面，1993 年初在国家公司法尚未出台的情况下，深圳根据经济特区公司企业发展很快又缺乏规范的迫切需要，在全国率先制定《深圳经济特区股份有限公司条例》和《深圳经济特区有限责任公司条例》，确立公司法人治理结构，规范公司行为，为后来《中华人民共和国公司法》的制定积累了宝贵的立法经验；根据经济特区经济发展需要，在全国率先制定了《深圳经济特区合伙条例》、《深圳经济特区股份合作公司条例》、《深圳经济特区商事条例》、《深圳经济特区经纪人管理条例》；为规范国有独资公司经营，率先制定了《深圳经济特区国有独资有限公司条例》；针对经济特区企业优胜劣汰、破产清算的需要，1993 年和 1995 年率先制定了《深圳经济特区企业破产条例》、《深圳经济特区企业清算条例》，为国家后来制定破产法提供了参考经验。这些条例的制定，确立了市场主体的法律地位，规范了市场主体行为，推动了现代企业制度的建立，促进了市场经济的发展。

在规范要素市场、维护市场秩序方面，20 世纪 90 年代初期，为规范迅速发展的深圳房地产市场和建筑市场，在国家有关房地产和建筑市场法律法规不健全的情况下，于 1992 年至 1995 年率先制定了《深圳经济特区房地产登记条例》、《深圳经济特区房屋租赁条例》、《深圳经济特区房地产转让条例》、《深圳经济特区土地使用权出让条例》、《深圳经济特区房地产行业管理条例》、《深圳经济特区建设工程施工招标投标条例》、《深圳经济特区建设监理条例》，促进了深圳房地产市场和建筑市场的健康发展，为国家后来完善房地产和建筑方面的法律法规提供了参考经验。

为适应经济特区劳动力市场快速发展，众多外来劳务工的权益需要保护的实际需要，1993 年至 1994 年，深圳率先制定了《深圳经济特区劳务工条例》、《深圳经济特区劳动合同条例》、《深圳经济特区工伤保险条例》、《深圳经济特区最低工资条例》等，维护劳动者合法权益，为后来制定《中华人民共和国劳动法》、《中华人民共和国劳动合同法》提供了参考经验。2008年初，在金融危机影响下，一些企业经营发生困难，企业劳资纠纷大量增加，影响劳动关系和谐。面对深圳劳动关系领域出现的新情况、新问题，深圳大胆创新，在国内率先制定出台了《深圳经济特区和谐劳动关系促进条例》。针对深圳劳动关系中存在的突出问题，该条例主要规定了用人单位和劳动者的权利义务、劳动关系中的集体协商、劳动关系协调服务与监管、劳动争议处理与救助等内容。该条例颁布实施后，维护了劳动者的合法权益，促进了企业健康发展，劳资纠纷案件大幅下降，尤其是群体性劳动争议事件，2009 年同比下降 6 成，2010 年上半年同比下降 3 成，促进了劳动关系和谐，受到企业和员工欢迎，受到全国人大领导同志和国家人力资源保障部、全国总工会的肯定。

在规范政府行为、促进社会进步方面，深圳特区立法的先行先试也发挥了积极作用。如 1994 年率先制定的《深圳经济特区行政监察工作规定》，1998 年率先制定的《深圳经济特区政府采购条例》，规范了政府行为，为后来制定《中华人民共和国监察法》、《中华人民共和国政府采购法》提供了参考经验。1995 年制定的国内第一部《深圳经济特区公民无偿献血及血液管理条例》，建立无偿献血、免费用血的医疗用血制度，开创了我国无偿献血之先河，在全国引起很大反响，也使深圳改变了缺乏医疗用血的困境，全市医疗用血全部由无偿献血提供。还有率先制定的《深圳经济特区人体器官捐献移植条例》、《深圳经济特区义工服务条例》、《深圳经济特区奖励和保护见义勇为人员条例》、《深圳经济特区捐赠公益事业管理条例》等，对促进社会的文明进步也发挥了积极作用。

二、坚持以人为本的立法理念

科学发展观的核心是以人为本。坚持以人为本，注重维护广大人民群众的根本利益，是深圳经济特区立法的一个重要理念和指导思想。1996 年，针对一些企业特别是劳动密集型加工企业拖欠职工工资、企业主欠薪逃匿现象比较严重且引发较多群体性事件的情况，为保护劳动者的合法权益，深圳市人大常委会以"以人为本"的精神，制定了《深圳经济特区企业欠薪保障条例》，规定政府筹集设立欠薪保障基金，在企业破产倒闭和企业主欠薪逃匿时，先行垫付职工工资，保障职工生活需要，然后再向欠薪企业追偿。这是我国第一部有关处理企业欠薪问题的专门法规，对保障职工合法权益、维护社会和谐稳定发挥了重要作用。

2008 年，我们在制定《深圳经济特区和谐劳动关系促进条例》时，从维护劳动者合法权益的角度创新设置了一系列条款，如该条例规定，企业被宣告破产后，破产财产应当优先支付劳动者工伤医疗费用和破产宣告前 3 个月内的劳动报酬。这对国家企业破产法的规定作了适当变通，以保障员工的生命健康权和基本生活条件。该条例规定劳动者工资在经济特区最低工资两倍以下的劳动争议，法律援助机构应当为该劳动者提供法律援助。近两年劳动者提起劳动争议仲裁和诉讼申请法律援助的，法律援助机构依法指派律师为劳动者提供了法律帮助，有利于保护劳动者的合法权益。

《深圳经济特区道路交通安全违法行为处罚条例》规定，在无信号灯控制的人行路口，机动车未减速或停车避让行人的，处以较高罚款，以保障"行人优先"；规定行人因违章而选择协助维持交通秩序的可免于罚款处罚；规定因交通信号灯故障或被障碍物遮挡，交通信号灯、交通标志标线不符合标准影响驾驶人识别造成交通违章的，经申请查证属实，应当撤销违法纪录免予处罚。

这些涉及劳动者或交通参与人的规定，都体现了以人为本的理念。此外，我们制定的《深圳市无障碍环境建设条例》、《深圳市法律援助条例》及前面提到的《深圳经济特区公民无偿献血及血液管理条例》、《深圳经济特区人体器官捐献移植条例》、《深圳经济特区工伤保险条例》、《深圳经济特区最低工资条例》和《深圳市员工工资支付条例》等，也体现了以人为本的理念。

三、坚持严管城市、注重治本的理念

深圳发展目标是建设现代化国际化先进城市。现代化国际化城市的一个重要标志就是有序。做到有序的一个重要手段就是依法严管。邓小平同志在 1992 年"南方谈话"中指出："新加坡的社会秩序是好的，他们管得严。我们应当借鉴他们的经验，而且比他们管得更好。"新加坡依法严管，表现在立法和执法上的严明、严密。2010 年，深圳市第五次党代会的报告中提出："要树立严管城市理念，出台严管城市措施。"坚持严管城市理念，要求我们在立法工作中，注重治本，注重城市管理和社会管理中的源头性、根本性、基础性问题的依法治理，注重立法的针对性和有效性，立法要管用。

深圳泥头车超载、车辆闯红灯、无牌证上路、轻微碰擦引发交通拥堵等交通违法行为的有效治理，体现了深圳经济特区立法坚持严管、注重治本理念的积极作用。

诚信是中国建立法治社会的重要精神基石，信用建设是维护良好经济社会秩序的治本举措。中国的信用建设与发达国家相比有较大差距，有很长的路要走，但我们要积极推进。近年来，深圳经济特区立法关注并重视信用制度建设，推动信用惩戒这一治本机制的建立。法院执行难是长期困扰人民法院执行工作的突出问题。深圳2007年初制定解决执行难的立法时，突出强调信用建设，规定所有不履行法院判决裁定的案件信息，都应当录入企业信用网和个人信用网，实行信用征信。一些不履行法院判决的债务人因不良信用纪录影响贷款、影响签合同等经济社会生活，主动找到法院要求履行债务，请求能否摘下网上"黑名单"。这就是信用惩戒机制的作用。深圳立法这一破解执行难的治本的规定，连同被执行人财产申报、未履行法院判决将限制出境等4项规定，被后来全国人大常委会修改民事诉讼法执行部分时吸收采纳。

《深圳经济特区道路交通安全违法行为处罚条例》将信用惩戒机制引入到道路交通管理制度中，规定交警部门应当将驾驶人的严重交通违法行为信息录入个人或者企业信用征信系统，并定期抄送有关车辆商业保险机构，加大交通违法成本。深圳市保险同业公会根据条例规定精神，已研究制定车险浮动费率改革方案，将保费与交通违法记录、理赔款记录挂钩，实行浮动费率。新方案将于2011年1月开始实施，这符合国际惯例，对于约束驾驶人的行为，形成良好的出行习惯，将会产生积极影响。

《深圳经济特区和谐劳动关系促进条例》也明文规定：建立劳动关系信用征信制度；劳动行政部门应当自作出行政处罚之日起七日内，将有关处罚的信息通知相关机构录入企业信用征信系统；信用信息可以查询。还规定对恶意欠薪、欠薪逃匿、发生重大安全事故和职业病危害等严重违反劳动法律法规的用人单位，政府及有关部门五年内不得受理其在经营方面的评优评先申请，不得授予其相关荣誉称号；不允许其承接政府投资项目，不允许其参加政府采购；不得给予其享受本市有关优惠政策，正在享受的优惠政策，应当予以终止；不允许其法定代表人或者负责人五年内在特区注册新的企业。这些治本性质的规定，对于约束企业用工行为，改善用工环境，构建和谐劳动关系具有重要意义。

四、坚持教育与处罚相结合

坚持教育与处罚相结合，是深圳经济特区立法一直坚持的一个重要理念和指导思想。在制定《深圳经济特区道路交通安全违法行为处罚条例》过程中，我们在坚持对泥头车超载越速、机动车闯红灯、机动车套牌遮挡车牌及无牌上路等严重交通违法行为严管的同时，坚持教育与处罚相结合，充分发挥法律规范的教育和引导功能，在条例中设立了一系列较为人性化的规定。在规定累积记分制度的同时，借鉴香港的经验，给违法行为人一个学习补救的机会，规定驾驶人可以申请参加公安交警部门组织的道路交通安全法律法规和相关知识学习，每次学习时间不少于 6 小时，经考核合格后可以减少适当的记分，但一个记分周期内减分不得超过 6 分；对被处暂扣驾照 3 个月以上的，还应到指定地点接受 6 小时的道路交通安全教育；对于被处暂扣驾驶证处罚的驾驶人，规定其可以申请参加社会服务，提供社会服务一小时折抵暂扣驾驶证一天，但折抵最长不得超过被处扣证期限的 2/3；为了鼓励驾驶人自觉遵守交通法律法规，条例规定对两年内无交通违法记录且该违法行为的处罚在 500 元以下，经查证属实的，可以免除一次交通违法行为的罚款处罚，等等。这些都体现了教育与处罚相结合的原则，受到公众好评。

五、坚持国际化城市视野下的学习借鉴和制度创新

借鉴吸收创新，也是我们经济特区立法的一个重要理念。胡锦涛总书记 2010 年 12 月 4 日在中央政治局举办的"从上海世博会看世界发展的新趋

势新理念问题"集体学习会上指出，我们要实现我国发展的战略目标，就必须树立世界眼光，以更加开放的姿态面向世界，以更加虚心的态度借鉴和吸收人类文明成果，研究和学习各国发展有益经验。建设现代化国际化城市是深圳发展的战略目标，这就要求我们在立法工作中进一步解放思想，树立世界眼光，以新加坡、中国香港等世界先进城市为标杆，从实际出发，虚心学习借鉴世界先进城市法治建设的经验，利用深圳经济特区立法权的优势，实行经济特区立法制度创新。深圳经济特区获得立法权以来，有相当数量的法规学习借鉴了发达国家和中国香港、新加坡等世界先进城市的立法经验。如深圳市场主体、房地产市场和人力资源等要素市场立法，借鉴吸收了香港相关立法经验，城市规划法定图则及公示制度，借鉴了香港的相关规定。《深圳经济特区和谐劳动关系促进条例》，吸收了法国民法典的有关破产财产优先支付职工工资的规定；借鉴吸收美国劳工法和中国香港有关法律的规定，在该条例中规定了劳动争议行动的冷静期制度，完善了劳动关系协调机制。欠薪保障条例移植借鉴了香港欠薪保障立法的规定。集体协商立法，借鉴吸收了法国、加拿大等发达国家处理集体协商僵局的有关规定。道路交通处罚立法借鉴了香港对监控设施记录的违法行为处罚并记分的规定；借鉴了澳门道路交通立法的经验，对于夜间违规开大灯行驶如何认定和处罚作了详细规定。消防立法借鉴中国香港、新加坡有关消防安全的经验，规定了消防安全认证制度、既有建筑限制使用令制度（规定深圳"城中村"的房屋限制开设人员密集的娱乐场所）、消防执法检查令制度以及消防安全大使制度等，完善了深圳消防安全制度。

根据深圳加快建设现代化国际化城市要求，我们对世界上国际化城市立法理念及相关条文的借鉴吸收、制度创新，对于促进深圳经济社会健康发展，推动城市管理的进步，起到了积极的作用。

六、坚持立法的公众参与，推进特区立法的民主化和科学化

坚持立法的公众参与，也是我们的一个重要的工作理念和工作方法。

经济特区立法的发展历程，也是逐步实践民主立法、科学立法的过程。我们在立法工作中坚持走群众路线，拓展人民群众参与立法的途径和形式，推进经济特区立法的民主化和科学化。实践证明，坚持立法的公众参与，可以使立法工作更好地集中民智、反映民意，使立法真正体现人民的意志和利益，也有利于立法规范科学，符合实际，便于执行。

制定《深圳经济特区和谐劳动关系促进条例》时，条例草案广泛征求了各相关方面的意见，重点是基层企业和一线员工的意见。条例草案公开向社会征求意见后，共收集到 2600 多条意见和建议。条例 72 个条文中 2/3 的内容，都是根据公开征求意见的情况而草拟或改写的。《深圳经济特区集体协商条例》修改草案的 69 个条文，有 62 个条文是根据公开征求中社会各界的意见而重新拟订或修改的。

《深圳经济特区道路交通安全违法行为处罚条例》的制定过程也是民主立法、科学立法的过程。该条例征求意见稿在《深圳特区报》等媒体公布后，社会各界反响强烈。共收集到各界意见和建议 1 万多条。条例 68 个实质性条文，有 55 条是根据公开征求意见的情况草拟或改写的。条例公布实施后，社会各界反映这是一部好法，针对性强，宽严相济，管用。许多人都感受到深圳交通处罚条例管得严了，对法规有了一定的敬畏，开始约束自己的出行行为。应该说，《深圳经济特区道路交通安全违法行为处罚条例》的民主立法、科学立法过程，充分证明了发扬民主、坚持公众参与，是提高立法质量、保证立法切实可行的根本途径。

未来深圳经济特区的立法，要继续坚持先行先试、以人为本、注重治本、借鉴创新等立法理念，推进转变经济发展方式、社会体制改革和社会建设、国际化城市建设管理等方面的制度创新，为深圳当好科学发展、社会和谐排头兵和加快建设现代化国际化先进城市提供法制保障。

（原载《深圳特区报》2010 年 12 月 21 日，原题：《深圳经济特区立法创新的回顾与思考》）

改革决策怎样与立法决策结合

　　深圳市委提出深圳市经济体制改革的总体要求，即以建立现代企业制度为重点，全面推进各项配套改革，使我市市场经济体制建设逐步走上规范化和法制化的轨道。为了实现这一总体要求，应当按照《中共中央关于建立社会主义市场经济体制若干问题的决定》的要求，"改革决策要与立法决策紧密结合"，在改革措施推行的同时，法规制定工作紧紧跟上，用法规引导、推进和保障改革顺利进行。

　　围绕深化企业改革，建立现代企业制度，抓紧制定深圳经济特区有关国有资产管理、国有资产经营方面的条例，规范国有资产管理和经营运作。我市企业无行政主管部门的改革，以及1994年现代企业制度试点中推出的涉及产权制度、领导体制、分配制度、约束机制等十多个规定和办法，也要在试点的基础上上升为法规。

　　围绕建立市场体系、发展市场中介组织的改革，加快市场中介组织的立法。当前需要抓紧制定《深圳经济特区律师条例》、《深圳经济特区注册会计师条例》、《深圳经济特区无形资产评估管理办法》、《深圳经济特区经纪人管理条例》；还要制定《深圳经济特区行业协会条例》，使中介组织资格依法通过认定，建立自律性运行机制，承担相应的法律和经济责任，并接受政府有关部门的管理和监督。

　　围绕完善宏观经济体制改革，健全宏观经济调控体系，加快立法。结合分税制改革，制定深圳经济特区有关预算外资金管理、基金管理方面的条例，建立新的预算外资金管理体制；制定深圳经济特区税收征管方面的条例，建立纳税申报、税务代理、税务稽查的新体制。结合金融体制改革，制定深圳经济特区商业银行条例、信贷条例、信托条例、外汇交易条例等法规，规范银行及非银行金融机构的发展。结合外贸体制改革，抓紧制定深圳经济特区实施《中华人民共和国对外贸易法》实施办法或细则，建立适应国际经济通行规则的外贸运行机制。结合计划体制、投资体制改革，制定深圳经济特区投资促进、管理方面的法规条例，强化法人投资和银行信贷的风险责任，实行投资项目登记备案制，完善政府投资审计跟踪制。

围绕社会保障制度改革，在已制定《深圳经济特区工伤保险条例》、《深圳经济特区最低工资条例》的基础上，抓紧制定《深圳经济特区就业促进条例》、《深圳经济特区养老保险条例》、《深圳经济特区医疗保险条例》、《深圳经济特区失业保险条例》、《深圳经济特区破产欠薪保障条例》，及社会保障管理和保障基金管理方面的条例，建立起新的社会共济与自我保障相结合的社会保障制度，实行社会保障管理的法制化。

（原载《深圳特区报》1994 年 12 月 28 日）

从"有法可依"迈向"良法善治"

——全面推进依法治国及实施新修订《中华人民共和国立法法》形势下地方立法工作的几个问题

2014年10月,党的十八届四中全会通过的《中共中央关于全面推进依法治国若干重大问题的决定》(以下简称党的十八届四中全会《决定》)指出:"法律是治国之重器,良法是善治之前提。建设中国特色社会主义法治体系,必须坚持立法先行,发挥立法的引领和推动作用。"2015年3月的十二届全国人大三次会议,根据中央全面推进依法治国的要求和实际工作需要,对《中华人民共和国立法法》(以下简称《立法法》)作了较大修改,其中对地方影响较大的,是赋予设区的市地方立法权。地方立法权扩大到所有"设区的市",既是机遇也是挑战。现在媒体舆论有个担心,这么多城市一起上,立法质量能不能保证?立法权会不会被滥用?在全面推进依法治国及实施新修订《立法法》新形势下,怎样用好地方立法权,怎样保证立法质量,怎样以良法促进善治、推进地方治理体系和治理能力现代化,是需要高度重视和认真研究的问题。

一、地方立法应当遵循的基本原则

新形势下的地方立法,要从"有法可依"迈向"良法善治",要通过科学立法、制定良法,推进国家治理体系和治理能力现代化。新修订的《立法法》对立法应当遵循的基本原则作了明确规定,体现了法治、科学、民主精神。地方立法要实行科学立法，制定良法，提高立法质量，必须遵循这些基本原则。这是科学立法、制定良法的重要思想基础和保障。

1. 遵循宪法的原则。《立法法》第三条规定，立法应当遵循宪法的基本原则。一是立法应当以经济建设为中心，为大局服务。二是立法应当坚持四项基本原则，包括坚持党的领导。三是立法应当坚持改革开放，坚持改革创新。这三个方面，宪法和《立法法》都有规定。关于坚持党的领导，党的十八届四中全会《决定》强调，必须坚持党领导立法、保证执法、支持司法、带头守法。2015 年初的《立法法》修改，中央政治局常委会会议专门听取了全国人大党组的汇报，提出意见和建议。地方比如深圳市人大常委会每年的立法计划、重要法规表决前的草案报市委，听取意见，体现了党委对地方立法工作的领导。

2. 维护社会主义法制的统一和尊严。一是一切法律、行政法规、地方性法规都不得同宪法相抵触。二是地方性法规不得同宪法、法律、行政法规相抵触，设区的市制定的法规还不得同本省、自治区的地方性法规相抵触。三是自治州、自治县自治条例和单行条例、经济特区法规报送备案时，应当说明对法律、行政法规、地方性法规变通的情况。

3. 坚持立法公开、民主立法，立法应当体现人民的意志。"坚持立法公开"，是 2015 年 3 月十二届全国人大三次会议审议《立法法》修正案时，根据代表审议意见增加的重要规定。党的十八届四中全会《决定》指出，有的法律法规未能全面反映人民意志，要把公正、公平、公开原则贯穿于立法全过程，使每一项立法都能反映人民意志、得到人民拥护。立法公开，有助于民主立法，体现人民意志，使立法得到人民拥护。

4. 坚持从实际出发，科学立法。坚持科学立法，一是立法应当从实际出发，适应经济社会发展和全面深化改革的要求。经济社会实践是法律的基础，法律是实践经验的总结和升华。立法从实际出发，最根本的是从中国国情出发，从地方（城市）实际出发，深入实际调查研究，全面把握客观规律，深入分析立法需求，区分轻重缓急，突出立法重点。全面深化改革，必然要求加强立法工作，充分发挥立法在引领、推动和保障改革方面的重要作用，把改革决策和立法决策结合起来。

二是立法要全面反映客观规律，科学合理地规定公民、法人和其他组织的权利与义务、国家机关的权力与责任。立法在设定公民权利义务时，一定要把握公民权利义务相统一的原则。这次修改的《立法法》规定，没有法律、行政法规、地方性法规的依据，地方政府规章不得设定减损公民、法人和其他组织权利或者增加其义务的规范。也就是媒体解读的，地方政府没有法律依据情况下，不能随意发布限购、限行的通告等等。立法在设定国家机关权力时，要同时考虑国家机关应承担的责任，坚持国家机关权力与责任相统一原则。

立法要全面反映客观规律，从实际出发，科学合理地规定公民的权利和义务、国家机关的权力和责任，立法不能任性。正是在这个意义上，"立法者应该把自己看作一个自然科学家。他不是在发明规律，而仅仅是在表述法律，他把精神关系的内在规律表现在有意识的现行法律之中。如果一个立法者用自己的臆想来代替事情的本质，那么人们就应该责备他极端任性。"①

2014 年，深圳市有关部门为限制机动车使用频率，缓解交通拥堵，拟收取停车场停车调节费，提请市人大常委会就停车收费范围和标准作出规定，初拟方案是上班时间车辆开出后停车按小时收费，不同区域有区别。社会公众对此反映比较强烈，主要意见是，路上跑的车不收费，停在停车场的车收停车调节费，不科学、不合理，达不到缓解交通拥堵的目的。市人大常委会审议时认为，应当科学合理地规定公民的权利和义务，有关部门就停车场停车调节费收费范围和标准作出规定的意见没有被市人大采纳。2014 年，深圳市人大常委会制定居住证条例时，根据社会各界有关简化办事程序、便民利民的呼声，科学合理地规定公民的权利和义务，规范和保障公民权益，条例规定非深圳户籍人员申领居住证和申请相关公共服务，可以通过网络等方式进行（让老百姓少跑冤枉路），有关部门和单位在受理相关申请和提供公共服务时，市公共信息资源库已有相关信息的，不得要求申请人重复提供。这个规定体现了科学合理地规定公民权利和义务的原则要求，受到社会好评。

---

① 《马克思恩格斯全集》第 1 卷，人民出版社 1995 年版，第 347 页。

北方某市供热用热条例草案规定：用户未在规定时间内缴纳用热费用，被供热单位停止供热，或者用户主动要求暂停用热的，应当根据市政府规定向供热单位缴纳热能损耗补偿费。这一规定草案经媒体报道后，社会上反映比较强烈。主要意见包括："停供收费"是否合理、"热能损耗费"是否经过科学测算和论证、"停供收费"是否剥夺了居民采暖方式的选择权等等。这涉及《立法法》规定的科学合理地规定公民权利和义务这一立法的基本原则。该市人大常委会经组织各界代表听证，根据多数人意见，最终通过的供热条例取消了草案的前述规定条文。这也体现了立法要科学合理地规定公民权利和义务的要求。

从实际出发，科学立法，从地方来说，还有一个重要方面，就是立法要有地方特色。修订后的《立法法》增加规定，设区的市可以对城乡建设管理、环境保护、历史文化保护等方面的事项制定地方性法规。设区的市立法时，要从地方实际需要出发，就需要解决的突出问题立法，不宜为立法而立法，不宜面面俱到，要有地方特色。近些年地方立法存在的问题之一，是有些立法地方特色不明显，重复上位法的内容较多。这次《立法法》修改，专门增加一条规定："制定地方性法规，对上位法已经明确规定的内容，一般不作重复性规定。"这对于促进地方立法的地方特色，有重要意义。

二、怎样发挥人大在立法工作中的主导作用

党的十八届四中全会《决定》提出，健全人大主导立法工作的体制机制，发挥人大及其常委会在立法工作中的主导作用。这次《立法法》修改，专门增加一条，人大及其常委会加强对立法工作的组织协调，发挥在立法工作中的主导作用。发挥人大在立法工作中的主导作用，是防止部门利益法律化、提高立法质量、制定良法的关键环节。怎样发挥人大在立法工作中的主导作用？

一是完善人大立法规划计划制订和实施机制。立法规划计划的制订和实施，是人大主导立法的重要基础，也是科学立法的重要基础。从以往的立法实践看，有的列入立法规划计划的重要立法项目迟迟提不到人大审议，有

时又出现没有经过深入研究论证、匆忙提出立法项目上会的现象，既影响立法进程，导致急需的法规制度不能及时制定，又影响立法质量的进一步提高。这需要根据党的十八届四中全会《决定》精神研究改进。

要健全立法规划和计划编制及实施制度，立法规划和计划要有前瞻性、战略性，坚持需求导向和问题导向，与经济社会发展规划和计划衔接，统筹确定立法项目责任单位；要加强人大对立法工作的组织协调，做好立法规划计划实施的协调和督促指导，加强与法案起草单位的沟通联系，及时了解掌握进展情况，督促和推动法案起草单位按立法计划提请人大审议，促进一些重要法律法规及时出台。

二是健全立法和改革决策相衔接机制，发挥立法对改革的引领和推动作用。人大主导立法过程中，十分重要的一个方面，是要按照党的十八届四中全会《决定》要求，"实现立法和改革决策相衔接，做到重大改革于法有据、立法主动适应改革和经济社会发展需要"，充分发挥立法在引领、推动和保障改革发展方面的重要作用。

有些改革决策需要人大立法保障，及时列入人大立法计划，并通过立法使改革决策进一步完善，使改革于法有据。

对政府有关体制改革的举措拟上升为法规时，要注意于法有据。2014年5月21日，广东省政府发布了《关于印发广东省电梯安全监督体制改革方案的通知》，其中"当电梯事故或故障造成损失时，使用管理权者对受害方承担第一赔付责任"，即"物管先陪"，被视为改革亮点。《广东省电梯使用安全条例》（草案）将此列入条文，在社会上引起很大反响、争议。经请示全国人大常委会法工委，法工委认为，"物管先陪"属于民事责任范畴，不属于地方立法权限范围，应按《中华人民共和国特种设备安全法》规定，"各单位在法定范围内对特种设备承担安全管理的责任"，维护国家法制的统一。《广东省电梯使用安全条例》（草案）三审时删除了"物管先陪"条款，改为"电梯使用管理人作为电梯使用首负责任人，履行相应的安全管理和救助义务"。

有些改革决策需要人大立法授权的，对不适应改革要求的法律法规，人大要及时修改或者废止。

人大主导立法过程中，要善于把党的主张通过法定程序变成国家意志，通过立法保障党的政策和党委决策有效实施，促进国家治理体系和治理能力现代化。

三是建立人大主导起草有关重要法律法规的体制机制，防止部门利益法律化。需要加大人大主导起草重要法律法规的力度，提高人大主导起草法律法规的比例。人大在主导立法中，要敢于担当，坚持原则，坚持公共利益，从大局出发，防止被部门利益"绑架"。

人大主导起草重要法规，包括人大审议修改法规，需要按党的十八届四中全会《决定》要求，建立一支较高素质的、专业化的立法工作队伍。这是发挥人大在立法工作中主导作用的重要基础。

三、怎样增强立法的针对性、有效性和可执行性，使立法能管用

增强立法的针对性、有效性和可执行性，使立法能管用，是提高立法质量的基本要求，也是制定良法的基本要求。

习近平同志谈到立法工作时说，新形势下，人民群众对立法的期盼，不是有没有的问题，而是法立得好不好、管不管用、能不能解决实际问题。党的十八届四中全会《决定》讲到立法工作中存在的问题时指出，有的法律法规针对性、可操作性不强。新修改的《立法法》增加规定："法律规范应当明确、具体，具有针对性和可执行性。"

怎样增强立法的针对性、有效性和可执行性？

一是加强调查研究，研究客观规律。立法项目确定后，要深入调查研究，找准立法需要解决的突出问题，研究存在问题的客观规律，研究事物的本质，研究立法怎样全面反映客观规律，研究解决这些问题需要怎样进行法律规范，增强立法的针对性、有效性，力求使立法能解决实际问题。比如，2008 年深圳市人大对交通安全立法时，经过调研，研究历年交通事故、交通违章情况，发现影响交通安全、交通秩序的突出问题，主要是载重"泥头车"超载超速（造成众多伤亡事故），机动车闯红灯（每年 150 万起），套

牌、无牌、恶意遮挡车牌上路行驶，争道抢行、随意变线造成轻微碰撞而形成交通拥堵，监控设施记录的交通违法行为没有作记分处理等等。针对这些突出问题，有针对性地规定了相应的比较严厉的处罚条文，促进了这些问题逐步解决，深圳交通安全状况有较大改善。深圳 2007 年机动车数量为100 万辆时，交通事故致人死亡 1200 多人；随着执法力度加大，交通安全逐年改善，2014 年深圳市机动车数量达 315 万辆，交通事故致人死亡 459 人，万车死亡率（国际上衡量交通安全的重要指标）接近香港。

深圳市人大对和谐劳动关系立法时，根据调研发现的问题，立法有针对性地重点解决劳动者因企业未缴社会保险而要求解除劳动合同继而引发劳动争议问题、加班费计算基数不明确引发的劳动争议问题、工资集体协商及正常增长机制问题，使劳动争议大幅下降，劳动关系总体和谐稳定。《深圳经济特区和谐劳动关系促进条例》被评为深圳经济特区成立 30 年"十大法治事件"。

深圳市人大在解决法院执行难立法时，根据调研情况，重点解决执行威慑机制、执行协助机制和执行监督机制，促进法院判决裁定自动履行率大幅上升，执行案件下降，法院解决执行难的工作走上良性循环轨道，最高人民法院在深圳召开现场会推广深圳法院解决执行难的经验。深圳市人大解决法院执行难立法也被评为深圳经济特区成立 30 年"十大法治事件"。

二是法规草案要认真地公开向社会征求意见。深圳市人大交通安全立法征集意见 1 万多条，行业协会条例草案征集 3000 多条意见，居住证条例草案征集到 5000 多条意见。深圳市人大内司委认真研究公众意见，采纳情况向社会反馈。智慧在基层、智慧在民间。广大群众的意见建议，对我们完善法规草案，增强立法的针对性和有效性，发挥了十分重要的作用。

有的地方开门立法遇冷，法规草案挂在网上没什么反映。这需要引起重视。如何调动公众参与立法积极性？第一，宣传要做好。发布重要法规草案征求意见时，不仅在市人大网、深圳新闻网、政府在线等主要网站发布，还要在《深圳特区报》、《深圳商报》等深圳主要平面媒体上摘要或者全文刊发，同时刊发征求意见的报道，引起公众关注。第二，解读要到位。法律法规与市民生活息息相关，但是法规专业性较强，在公布法规草案的同时，邀请媒体记者采访，解读法规草案的亮点、热点，引导群众发表意见。第三，"开门"渠道多。不能图省事，仅在人大网站上挂挂，还要有针对性地走出去，倾听更多意见。比如，在制定《深圳经济特区行业协会条例》时，除了在网上征求意见外，还召开了10多场调研座谈会，听取了部分人大代表和政协委员、100多家行业协会和会员单位以及20多位专家学者的意见建议，并实地走访了部分行业协会，上门听取和收集意见。第四，充分吸收民意。对收集到的意见和建议认真研究，能吸收的尽量吸收，并通过媒体向社会作出回应，让市民觉得"提了不白提"。比如，《深圳经济特区居住证条例（草案）》征求意见后，对社会各界提出的"办个居住证不能跑断腿"等10个方面主要意见建议进行研究吸收，提出草案修改意见，向社会作出回应，受到社会各界好评。

三是法律规范应当明确具体、可执行。法律条文尽可能明确具体、可操作，少一些文件式、宣示性的条文。条文设置时，要考虑它的可执行性。某省义务植树条例草案规定，公民每人每年植树三至五棵；不履行义务的补缴绿化费，逾期不补缴的予以罚款。这个条文，愿望是好的。但植树是否属于强制性义务？年幼者、年迈者是否都有植树义务？植树义务和权利怎样平衡？政府是否有能力对全体公民植树进行监督管理？这样的条文显然缺乏可执行性。因争议很大，这个条文后来被取消。

在法律法规的明确具体、精细化方面，我们要学习新加坡立法的经验。新加坡为倡导"家庭为根"的价值观，立法规定子女与年迈父母同住，可享受一定的免税额度；有意和父母就近居住的，政府拨专款资助买房；子女探望父母，免去小区停车费。法律规定如此细致、可操作，足见立法者用心之深、设计之精。

四是建立人大立法过程与法治宣传教育相结合机制，为法律法规实施打下良好的基础。法律法规的有效实施、法律法规的权威源自人民的真心拥护和真诚信仰。人大在主导立法过程中，要将立法与法治宣传教育结合起来，引导社会公众参与立法，使公众参与立法的过程成为法治宣传教育的过程，增强全民守法的积极性和主动性，为法律法规实施打下良好的基础。深圳市人大常委会围绕制定《深圳经济特区道路交通违法行为处罚条例》公开征求意见时，对机动车闯红灯处罚条款，社会各届争议较大。许多市人大代表和市民群众通过媒体发表意见，要求对社会危害性较大的机动车闯红灯行为严管重罚，另外一种反对的意见认为罚得重了。条例按多数人意见，坚持对机动车闯红灯严管重罚的规定，并要求严格记分。因为立法时公众积极参与，社会各届充分讨论，交通处罚条例的立法过程成为一次法治宣传教育的过程，所以条例实施后效果好。

（2015 年 4 月）

立法是健全社会主义法制的前提

党的十二大报告，把"继续健全社会主义民主和法制"作为全面开创新局面的一项重要任务，这是十分正确和必要的。在我国，要健全社会主义法制，首先就要加强立法工作。这是健全社会主义法制的前提和基础。党的十一届三中全会以来，我们抓紧了立法工作，在短期内颁布了一系列法律，这对我国胜利实现历史性的转变无疑起了重大的作用。

为了完成全面开创社会主义现代化建设新局面的伟大任务，必须充分发扬民主。而要做到这一点，就必须加强立法工作，把人民应当享有的民主权利，明确地、完备地用法律加以具体规定，并对如何确保这些民主权利的实现，也作出相应的规定。即将提交全国人民代表大会审议通过的新宪法草案，对民主问题作出了许多具有重大意义的新规定。但人民民主权利仅仅得到宪法的确认还是不够的，还必须通过国家日常的立法活动，逐步地使宪法的各项原则规定具体化。因此，我们还要抓紧制定其他一些法规，使国家在民主方面的制度和法律逐步健全和完善，以保证人民民主权利的真正实现。

当前，还迫切需要加强经济立法的工作。以往，由于极"左"路线的干扰破坏，经济立法被忽视，使我们的经济法规很不完备。从打击经济犯罪的斗争中反映的情况来看，许多犯罪分子往往是利用我们经济法规不健全、管理制度不完善的漏洞而进行犯罪活动的。忽视经济立法，就会给经济工作带来损害。我们现在要抓紧制定和完善各种经济法规，包括计划法、财政法、企业法、专利法等等，以适应四个现代化建设的需要。

现在有一种议论，法律不能被很好执行，立法又有什么用。这种议论是片面的。不能否认，有法不依、执法不严的现象在某些方面仍有存在，但这毕竟不是占主导方面的现象，而且这种状况正在加以改变。党的十二大报告中强调，今后，党要领导人民继续制定和完备各种法律，加强党对政法工作的领导，从各方面保证严格执行法律。完全可以相信，经过努力，有法不依、执法不严的现象是能够改变的。所以，我们不能因为社会上存在着有法不依、执法不严的现象，就认为立法没有必要，没有用处。列宁在强调社会主义立法的重要性时曾指出："法令，这是号召群众实际行动的指令"，"但假使我们拒绝用法令指明道路，那我们就会是社会主义的叛徒"。[①] 列宁的这些意见，对于我们今天加强立法工作，加强社会主义法制建设，是有重要指导意义的。

（原载《武汉法制报》1982 年 11 月 10 日）

---

① 《列宁选集》第 3 卷，人民出版社 1995 年版，第 783 页。

以法治思维创新人口管理

——特大城市依法实施居住证制度的思考

党的十八届三中全会通过的《中共中央关于全面深化改革若干重大问题的决定》(以下简称党的十八届三中全会《决定》)提出了"创新人口管理,加快户籍制度改革,推进基本公共服务均等化"的改革决策意见,《国务院关于进一步推进户籍制度改革的意见》(2014 年 7 月公布,以下简称《户改意见》)将"全面实施居住证制度"作为户籍制度改革的一项重要内容。党的十八届四中全会通过的《中共中央关于全面推进依法治国若干重大问题的决定》(以下简称党的十八届四中全会《决定》)要求:"实现立法和改革决策相衔接,做到重大改革于法有据。"全面实施居住证制度,是一项重大的改革举措,需要于法有据,依法推进。党中央和国务院要求严格控制人口规模的北京、上海、广州、深圳等特大城市,实施居住证制度,与其他设区的市有一定区别。特大城市推进居住证制度立法,依法实施居住证制度,对于实现立法和改革决策相衔接,发挥立法在引领、推进居住证制度改革方面的作用,促进城市人口与经济社会、环境资源协调发展,同时为国家建立和实施居住证制度探索经验,具有重要意义。

笔者主持了《深圳经济特区居住证条例》(2014 年 10 月通过,以下简称深圳《条例》)的调研起草工作,拟就特大城市居住证立法及实施问题谈一些看法,以就教于大家。

一、为什么要建立居住证制度

居住证是公民离开常住户口所在地到其他设区的市级以上城市居住就业、享受相应公共服务、参与经济社会事务管理的凭证。为什么要实施居住证制度？实施居住证制度的目的，主要有以下三个方面：

一是以居住证为载体，建立健全与居住年限和参加社会保险年限等相挂钩的基本公共服务提供机制，解决那些已经在城市就业居住但未落户的农业转移人口及其他常住人口在教育、就业、医疗、养老、住房保障等方面的实际困难和需要。通过推进基本公共服务均等化，保障这些在城市就业居住人口的合法权益，增强他们对城市的认同感，增强城市的凝聚力，有利于推进新型城镇化建设。

二是居住证制度是户籍制度改革的一个重要内容，持有居住证是申请登记居住地常住户口的必要条件，符合居住年限、参加社会保险年限等条件的居住证持有人，可以在居住地申请登记常住人口。实行居住证制度，有利于促进有能力在城市稳定就业和生活的常住人口有序实现市民化。

三是创新人口管理的需要。中央要求"创新人口管理"。怎样创新人口管理？建立居住证制度，是以法治思维和法治方式创新人口管理的重要体现。居住证制度是一项法律制度，通过实施居住证制度，建立健全实际居住人口登记制度，有利于促进实际居住人口有效管理，维护良好的社会秩序。

二、特大城市建立居住证制度的基本内容

特大城市建立居住证制度包括哪些主要内容，怎样依法进行规范，是需要认真研究的问题。深圳《条例》针对未落户的农业转移人口及其他常住人口服务管理的需要和城市的实际情况，根据党的十八届四中全会《决定》关于增强立法的针对性、有效性的要求，主要研究规定了居住登记制度、居住证办理、居住证持有人权益和公共服务等内容。

1.建立居住登记制度。设区以上城市特别是特大城市常住人口，除了

户籍人口外，还有大量的居住半年以上的非户籍人口。根据北京、上海、广州、深圳 4 个特大城市 2013 年国民经济和社会发展统计公报，2013 年末，北京市常住人口 2114.8 万人，其中非户籍常住人口 802.7 万人，占常住人口的比重 38%；上海市常住人口 2415.15 万人，其中非户籍常住人口 990.01 万人，占常住人口的比重 41%；广州市常住人口 1292.68 万人，其中非户籍常住人口 460.37 万人，占常住人口的比重 36%；深圳市常住人口 1062.89 万人，其中非户籍常住人口 752.42 万人，占常住人口比重 70.8%。《户改意见》提出："建立健全实际居住人口登记制度。"需要登记的实际居住人口，主要指的是非户籍居住人口，包括农业转移人口和其他常住人口。建立城市非户籍实际居住人口登记制度，是"创新人口管理"的基础，是建立居住证制度的前提和基础（办理居住证的条件之一是居住时间或年限，需要通过居住登记来核实），也是建立与居住年限等相挂钩的基本公共服务提供机制的基础。居住登记对经济社会秩序管理具有重要意义，可以为制定城市经济社会发展政策提供人口信息支持，为人口服务和管理提供信息支持。为贯彻中央关于"创新人口管理"的精神，加强居住登记管理，重点是出租屋人口登记管理，深圳《条例》主要有以下规定：

一是居住登记实行住所提供人申报制度。"来深必登记。"为非深圳户籍人员提供住所的单位或者个人为申报义务人，重点是出租屋业主。《中华人民共和国治安管理处罚法》规定："房屋出租人将房屋出租给无身份证件的人居住的，或者不按规定登记承租人姓名、身份证件种类和号码的，处二百元以上五百元以下罚款。"依照法律规定，出租人有登记申报承租人信息的义务。深圳《条例》规定，出租屋业主等申报义务人应当在非深圳户籍人员入住、搬离之日起七日内，向公安机关申报居住登记信息，未按规定申报居住登记信息的，由公安机关依法处罚。这有利于通过居住登记掌握人口信息，有利于城市管理。

二是申报义务人发现其申报登记人员利用居所从事非法经营等违法犯罪活动应当及时报告。据深圳市公安局调研反映，相当数量的来深圳滞留人员无合法稳定职业，利用出租屋非法从事食品加工、制造销售假冒伪劣商品及其他非法经营等违法犯罪活动，影响城市正常的社会秩序和经济秩序。居住证立法调研征求群众意见时，基层群众对此反映强烈，要求完善立法和加强执法，促进这一问题的解决。

针对这一问题，深圳《条例》根据《中华人民共和国治安管理处罚法》有关"房屋出租人明知承租人利用出租屋进行犯罪活动，不向公安机关报告的，处二百元以上五百元以下罚款；情节严重的，处五日以下拘留，可以并处五百元以下罚款"的规定精神，规定申报义务人发现其申报登记居住人员及其同住人利用居所从事违法犯罪活动的，应当向公安机关或者政府相关部门报告，违者将处以罚款，情节严重的，依法予以拘留；利用居所从事非法经营等违法犯罪活动，不符合消防安全规定的，公安机关除对违法行为人依法处罚外，应当责令申报义务人限期整改；拒不整改或者无法整改的，由公安机关发出限制使用令，限制房屋出租、经营等使用功能，或者依法查封、责令停止使用。

深圳《条例》立法调研时有人提出，对房屋出租人的要求是否过高。我们研究认为，出租人在收取利益的同时，应当履行法律规定的义务。这有利于改变长期存在的一些出租人只收租金，不履行社会责任的现象。我们希望通过居住登记管理，维护非深圳户籍人员的合法权益，惩治非法经营等违法犯罪活动，维护良好的社会秩序、经济秩序和治安秩序。

2. 设置必要条件，规范居住证办理。办理居住证，是否需要设置必要的条件，怎样设置条件，是立法中有争议的问题。《户改意见》提出，公民离开常住户口所在地到其他设区的市级以上城市居住半年以上的，在居住地申领居住证。这是就全国所有设区的市级以上城市而言的。我们研究认为，根据党的十八届四中全会《决定》提出的立法要从实际出发的原则，特大城市可以根据自身实际，设置必要的办证条件，规范居住证办理。

深圳《条例》设置了居住证办理"两个合法稳定"的条件：一是在特区有合法稳定住所（含租赁），并在申领之日前一年按照规定办理居住登记满12个月；二是在特区有合法稳定就业，并在申领之日前一年依法参加本市社会保险满12个月。大城市近年来社保已基本覆盖，参加社会保险满一年是合法稳定就业的重要体现。深圳《条例》对居住证办理条件的规定，主要是基于以下考虑：

一是将居住证的申领条件规定为"两个合法稳定"，符合《户改意见》提出的"促进有能力在城镇稳定就业和生活的常住人口有序实现市民化"的原则和要求，也符合中共中央、国务院印发的《国家新型城镇化规划（2014—2020年）》提出的以合法稳定住所和合法稳定就业等为前置条件，推行流动人口居住证制度的要求。

二是"两个合法稳定"的居住证申领条件，考虑了特大城市综合承载力，符合特大城市实际情况和实际需要。《户改意见》提出，各地要坚持因地制宜、区别对待，充分考虑当地经济社会发展水平、城市综合承载力和提供公共服务的能力。特大城市人口结构有其特殊性，"两个合法稳定"的居住证申领条件，考虑了特大城市的综合承载力。

三是"两个合法稳定"的居住证申领条件，符合中央关于严格控制特大城市人口规模的要求。从各国人口发展规律看，在城镇化快速推进过程中，特大城市人口增长的压力长期存在。党的十八届三中全会《决定》、中共中央和国务院印发的《国家新型城镇化规划（2014—2020年）》、《户改意见》都提出要严格控制城区人口500万以上特大城市人口规模。特大城市人口规模，包括户籍人口，也包括非户籍常住人口。严控特大城市人口规模，要严控户籍人口规模，也要控制非户籍常住人口规模。《国家新型城镇化规划（2014—2020年）》提出："居住证作为申请登记居住地常住户口的重要依据"，同时也是控制人口规模的重要手段。特大城市需要适当提高居住证的申领条件，努力实现中央严格控制特大城市人口规模的要求。

四是"两个合法稳定"的居住证申领条件，符合居住证立法调研征求意见时社会公众和基层的意见。深圳居住证立法调研和公开征求意见时，公安、基层单位、街道、社区和许多市民群众都希望通过推进居住证制度，适当提高居住证办证门槛，把有就业能力、对城市建设发展有贡献的人留下来，为他们提供相应的公共服务，增强他们对城市的认同感和城市的凝聚力。深圳《条例（草案）》公开征求意见时，网上有30多万人次点击关注，社会公众对其中设定的"两个合法稳定"的居住证申领条件，普遍表示赞同。网友"winon"认为："认真读了条例草案全文，草案很好地体现了中央严格控制特大城市人口规模的政策，条例草案规定的居住证办理条件并不高，是比较容易达到的要求。"

符合居住证办理条件的农业转移人口和其他常住人口，可以向公安机关申领居住证。对于提供虚假材料，或者伪造变造居住证，泄露、买卖、违法使用非户籍人员信息的，依法追究责任。

3. 持证人权益和公共服务：推进基本公共服务均等化。根据党的十八届三中全会《决定》关于"推进基本公共服务均等化"的精神和《户改意见》要求，特大城市对居住证持有人需要通过立法建立健全与居住年限和参加社会保险年限等相挂钩的梯度化的基本公共服务提供机制。大体分为三个层次：

一是居住证持有人享有与当地户籍人口同等的劳动就业、基本公共教育、基本医疗卫生服务、计划生育服务、公共文化服务、证照办理服务等权利。

二是以连续居住年限和参加社会保险年限等为条件，使居住证持有人逐步享有与当地户籍人口同等的中等职业教育资助、就业扶持、住房保障、养老服务、社会福利、社会救助等权利，同时结合随迁子女在当地连续就学年限等情况，逐步享有随迁子女在当地参加中考和高考的权利。同时还要积极创造条件，不断扩大向居住证持有人提供公共服务的范围。

三是申请入户服务。根据《户改意见》，特大城市要建立完善积分落户制度，根据综合承载力和经济社会发展需要，以具有合法稳定就业和合法稳定住所（含租赁）、参加城镇社保年限、连续居住年限等为主要指标，合理设置积分分值。按照总量控制、公开透明、有序办理、公平公正的原则，达到规定分值的居住证持有人及其共同居住生活的配偶、未成年子女、父母等，可以在当地申请登记常住户口。现阶段，不应以退出土地承包权、宅基地使用权、集体收益分配权作为农民进城落户的条件。申请入户也需要按照中央精神，"优先解决存量，有序引导增量"。要优先解决好进城时间长、就业能力强、可以适应城市和市场竞争环境的人员，使他们及其家庭在城市扎根落户。

按照公平正义原则，上述提供公共服务和申请入户在计算居住年限时，城镇流动人口暂住证持有年限应当累计进居住证。

三、依法推进居住证制度全面实施

特大城市依法推进居住证制度全面实施，主要需要做好以下几项工作：

第一，加快推进居住证地方立法。在国家尚未出台居住证法律制度之前，特大城市可以按照国家推进户籍制度改革、建立居住证制度的指导思想和基本原则，结合城市实际情况，加快推进居住证地方立法，使推进居住证制度于法有据。待国家出台居住证法律制度后，修改完善或制定实施办法。

第二，将居住证服务管理等纳入城市经济社会发展规划和计划。市、区政府应当将居住登记和居住证服务管理工作纳入国民经济和社会发展规划及年度计划，列入社会治理目标管理体系，建立考核评价机制，保障非户籍人员服务管理工作所需经费，推进基本公共服务均等化。

第三，加大居住证制度宣传力度。公安机关和有关部门要广泛深入地宣传居住证制度中有关居住登记、居住证办理条件和程序、持证人权益和公共服务事项等有关规定，让群众知晓权利和义务，依法申请居住登记和公共服务，履行法律义务。

第四，居住登记、居住证办理、申请公共服务，有关部门应当简化办事程序、便民高效、优化服务。深圳市人大在居住证立法公开征求意见时，市民群众比较集中的一个意见，是希望在居住登记、居住证办理和提供公共服务方面，尽可能简化办理程序，便民高效。

针对市民群众提出的意见，根据党的十八大报告关于"建立服务型政府"的要求，同时鉴于深圳的社会保险信息共享服务系统已于 2014 年 4 月投入使用，全市机关企事业单位可共享社会保险信息，参保人和参保单位信息可在线打印、查询、验证和比对，市政府也建立了全市统一的公共信息资源库，深圳《条例》中明确规定，居住登记、居住证办理和凭证享受公共服务，都可以通过网络等便捷方式申请办理，也可以就近到派出所、街道社区服务管理机构申请办理。同时规定尽量简化办理程序，公安机关收到非深圳户籍人员有关居住证办理申请后，按规定条件在网络后台核实申请人居住登记记录和社会保险记录，符合条件的，即予办理；非深圳户籍人员向相关部门申请公共服务时，相关部门查验居住证或者网上核实居住证信息后，即按照国家和经济特区有关规定提供相应的公共服务。有关部门和单位在受理居住证相关申请和提供公共服务时，市公共信息资源库已有证照等相关信息的，不得要求申请人再提供证照等相关证明材料，做到信息共享，互联互通，便民利民。市民群众对涉及居住登记或者居住证管理服务的具体行政行为不服的，还可以依法申请行政复议或者向人民法院提起行政诉讼。政府有关部门在办理居住登记、居住证服务管理有关事项时，应当服务管理并重，依法简化办事程序，便民高效，优化服务。

（原载《深圳特区报》2014 年 12 月 16 日；原题：《以法治思维创新人口管理模式——特大城市依法实施居住证制度的思考》）

避免行业协会"红顶中介"、"二政府"现象

——关于深圳行业协会立法的思考

党的十八届三中全会通过的《中共中央关于全面深化改革若干重大问题的决定》（以下简称《决定》）提出了限期实现行业协会商会与行政机关真正脱钩，重点培育和优先发展行业协会等社会组织，严格依法管理的任务。怎样真正实现行业协会与行政机关脱钩，避免行业协会"红顶中介"、"二政府"现象，促进行业协会健康发展，重要的是立法进行规范，"发挥立法的引领和推动作用"。① 在国家层面的"行业协会法"尚未制定的情况下，深圳市人大常委会探索制定行业协会条例，先行先试，具有重要意义。行业协会立法主要需要规范以下若干重要问题。

一、行业协会的宗旨问题

行业协会立法目的，主要是为了培育和发展行业协会，规范行业协会的组织和行为，促进行业协会成为依法设立、自主办会、服务为本、治理规范、行为自律的行业组织，发挥行业协会在经济社会发展中的作用。

行业协会的宗旨，《深圳经济特区行业协会条例》（2013 年制定，以下简称《协会条例》）规定，主要是为会员提供服务，反映会员要求，规范会员行为，强化行业自律，维护会员、行业的合法权益和社会公共利益，促进

---

① 参见《中共中央关于全面推进依法治国若干重大问题的决定》，《人民日报》2014 年 10 月 29 日。

行业和企业的公平竞争、有序发展，发挥其在经济社会发展中的积极作用。

二、行业协会"去行政化"、"去垄断化"问题

1. 行业协会与行政机关脱钩、"去行政化"问题。一些行业协会政会不分、管办一体，广受社会诟病，被称为"二政府"。要按照行业协会等社会组织管理体制改革的要求，按照去行政化的要求，厘清行政机关与行业协会的职能边界，切断行政机关和行业协会之间的利益链条，坚决避免"红顶中介"、"二政府"现象，建立新型管理体制和运行机制，促进行业协会依法设立、自主运行、有序竞争、优化发展。

《协会条例》规定，行业协会发展应当遵循政会分开，培育发展与规范管理并重的原则；行业协会实行依法自治，民主管理，依照法律、法规和章程的规定独立开展活动和管理内部事务。《协会条例》还规定，行业协会的机构、人事和财务应当与行政机关、事业单位分开，不得与行政机关、事业单位合署办公。国家机关工作人员、按照有关规定不得担任社会团体领导职务的人员，不得在行业协会任职。

《协会条例》的规定，符合党的十八届三中全会《决定》和中共中央办公厅、国务院办公厅 2015 年 7 月印发的《行业协会商会与行政机关脱钩总体方案》的精神。要按照《协会条例》的规定，取消行政机关（包括下属单位）与行业协会的主办、主管、联系和挂靠关系。行业协会依法直接登记和独立运行。行政机关依据职能对行业协会提供服务并依法监督。

要依法厘清行政机关与行业协会的职能，剥离行业协会现有的行政职能，行政机关对适合由行业协会承担的职能，制定清单目录，按程序移交行业协会承担，并制定监管措施、履行监管责任。行业协会应执行民间非营利组织会计制度，在财务上与行政机关分开，单独建账、独立核算。没有独立账号、与行政机关会计合账、财务由行政机关代管或集中管理的行业协会，要设立独立账号，单独核算，实行独立财务管理。行业协会具有人事自主权，在人员管理上与原主办、主管、联系和挂靠单位脱钩，依法依规建立规范用人制度，实行依章程自主选人用人。行政机关不得推荐、安排在职和退

（离）休公务员到行业协会任职兼职。现职和不担任现职但未办理退（离）休手续的党政领导干部及在职工作人员，不得在行业协会兼任职务。行业协会全面实行劳动合同制度，与工作人员签订劳动合同，依法保障工作人员合法权益。工作人员的工资，由行业协会按照国家有关法律、法规和政策确定。行业协会及其工作人员按规定参加基本养老、基本医疗等社会保险和缴存住房公积金。

只有摘下行业协会的"红顶"，切断行政机关与行业协会之间的利益链条和身份依附，才能让行业协会在市场搏击中强身健体，走向服务为本、治理规范、行为自律的良性发展之路。

2."一业多会"、"去垄断化"问题。以往行业协会基本上都是"一业一会"。《协会条例》草案规定，行业协会设立条件之一是"相同行业协会少于三家"，也就是说一个行业可以成立三家行业协会，实行"一业多会"。立法征求意见时，有的行业协会不赞成"一业多会"。我们研究认为，《协会条例》草案这样规定是合适的。理由：一是党中央要求"探索一业多会，引入竞争机制"，深圳经济特区行业协会改革发展走在前列，需要继续作出探索，市委市政府明确要求深化行业协会"去垄断化"改革，增强竞争优势；二是"一业多会"可以为政府部门转移委托事项、购买服务时从优选择创造条件；三是港澳台地区行业协会设立均适用"一地一业多会"原则，可以借鉴。征求意见时，许多行业协会和会员单位普遍支持这一规定。一些同志说，一会独大，可能变成"二级政府"。深圳市人大常委会最后通过的《协会条例》维持了"一业多会"的规定。

三、完善行业协会法人治理结构问题

党中央在要求改革社会组织管理制度时，特别强调完善社会组织法人治理结构。这是行业协会发展十分重要的问题。行业协会要按照建立社会组织要求，建立和完善产权清晰、权责明确、运转协调、制衡有效的法人治理结构。完善行业协会法人治理结构的目的，主要是促进行业自律，规范行为，规范运作。《协会条例》对此作了一些规定：

1. 会员代表大会。《协会条例》规定，行业协会会员或者会员代表大会每年至少召开一次。立法征求意见时，一些会员单位反映，有的行业协会几年不开会员大会，少数人说了算，要求通过立法予以明确规范。

2. 会长、副会长任职条件、任职年限、差额选举、任职回避。立法征求意见时，一些行业协会和会员单位提出，会长应当是行业领袖，对行业协会及行业发展很重要，综合素质要求很高，任职条件要完善；会长、副会长实行差额选举，差额选举才能建立责任感，建设有竞争力的代表行业利益的组织（深圳市钟表协会等行业协会会长、副会长、常务理事实行差额选举，完善内部治理结构，效果很好）；会长连任不得超过两届，会长、副会长不得来自于同一企业；协会职员不得与会长、副会长、秘书长有近亲属关系，会长、副会长、秘书长也不得有近亲属关系；会长任职年龄要有限制。根据征求意见时社会各界反映的这些意见，《条例》对此作出了规定。

3. 行业协会经费使用问题。这是立法征求意见中反映比较集中的问题。参照欧美和中国香港行业协会惯例，行业协会年度预算应当"量入为出"，收支基本平衡，财务公开，接受第三方审计。《协会条例》规定，行业协会应当严格执行国家有关非营利性组织会计制度，建立财务管理制度和监管制度，设立独立的财务和银行账户，接受财政审计部门监督；行业协会的会计凭证、会计账簿、会计报表和其他会计资料，按国家规定保管；市财政、税务部门应当加强行业协会的票据管理，指导行业协会依法使用票据；行业协会经费使用情况，每年至少向会员公布一次。这是行业协会内部治理的重要内容。有些行业协会会员反映，有的协会几年未公布过经费使用情况，不知道收的会费用到哪儿去了。所以，行业协会经费使用情况应当向会员公布。

美国大豆协会，是一个比较有影响的非营利性组织，每年经费"量入为出"，收支平衡，财务公开。他们提出，收入经费是为完成特定工作，工作完成，经费资源应消耗完毕，不能将剩余经费资源分配给会员单位或者行业协会领导人。

此外，一些行业协会和会员单位反映，有的行业协会私人化、家族化了，不是为服务会员，而是为牟取私利，建议增加相关规定，防止行业协会成为个别单位或者个人牟取私利的工具，并在法律责任章节中规定相应的法律责任。《协会条例》对此作出相应的规定。

四、行业协会的服务职能问题

服务职能是行业协会基本的、最重要的职能。欧美国家一些行业协会提出"以服务为中心、以非营利为目的"。行业协会立法需要进一步强化行业协会"服务职能",切实提高行业协会的服务意识和质量。立法征求意见时一些行业协会会员反映,有的行业协会只收费,一年都不搞一次活动,因为不提供什么服务,会费都收不齐。有的协会收不到会费就拉上某个行政事业单位捆绑收费。行业协会只有坚持服务为本、提供优质服务,才有凝聚力和生命力。

为增强行业协会的服务职能,《协会条例》规定,行业协会应当根据需要向会员提供下列服务:(1)帮助会员改善经营管理;(2)协助会员制定、实施企业标准;(3)开展会员培训,提供咨询服务;(4)推动行业技术进步和技术创新;(5)组织会员间的交流活动;(6)开展市场评估,收集、发布行业信息,推广行业产品或者服务;(7)组织行业会展、招商,开展国内外经济技术合作交流;(8)章程规定的其他服务。

行业协会可以就下列事项开展协调沟通,反映行业相关诉求:(1)协调会员之间、会员与非会员之间、会员与消费者之间在生产经营活动中产生的争议;(2)协调本协会与其他行业协会或者组织的关系;(3)沟通本协会会员与市、区政府有关部门之间的联系,协助市、区政府有关部门开展工作;(4)在价格行政管理部门的指导下,监督行业内产品或者服务定价,协调会员之间的价格争议,维护公平竞争;(5)开展行业统计、调查,参与涉及行业发展的行政管理决策的论证,向市、区政府及有关部门反映涉及行业利益的事项,提出相关立法以及有关技术规范、行业发展规划制定等方面的意见和建议;(6)代表本行业会员提出涉及本行业利益的意见和建议;(7)代表本行业会员依法提起反倾销、反补贴、反垄断调查或者采取保障措施申请,协助市、区政府及有关部门开展反倾销、反补贴、反垄断调查,参与反倾销应诉活动;(8)依法参与集体协商,签订行业性、区域性集体合同。

《协会条例》还规定，行业协会应当协调会员企业与员工的关系，化解劳资纠纷。行业协会不同于工会，它不仅代表企业的利益，也应代表员工的利益。当二者发生冲突时，行业协会应站在公平公正的角度给予协调，做好服务，化解矛盾，推动构建和谐劳动关系。欧美、中国港澳行业协会重要职能之一是"协调劳资纠纷"。

五、政府向行业协会购买公共服务及政府扶持问题

政府向社会组织购买公共服务，这是中央要求转变政府职能的重要方面，也是政府扶持促进行业协会发展的重要方面。在欧美国家、日本及中国香港，政府将购买公共服务作为资助行业协会发展的主要方式。

李克强总理在 2013 年 3 月国务院机构改革和职能转变动员大会上的讲话中指出：政府要创新公共服务提供方式。在非基本的公共服务领域，要更多更好地发挥市场和社会的作用。即使是基本公共服务，也要更多地利用社会力量，加大购买基本公共服务的力度，要加快制定出台政府向社会组织购买服务的指导意见，凡适合市场、社会组织承担的，都可以通过委托、承包、采购等方式交给市场和社会组织承担。在公共服务领域引入市场机制的同时，政府也要加强监管、搞好服务。国务院常务会议 2013 年 7 月也专门研究了政府向社会组织购买公共服务的意见。立法征求意见时，行业协会对政府向行业协会等社会组织购买公共服务的问题反映比较集中，要求完善规定。《协会条例》对政府向行业协会购买公共服务予以规范，扶持和促进行业协会发展。

一是市、区政府应当编制向行业协会等社会组织购买公共服务目录，明确政府购买服务的种类、性质和内容，并向社会公布。

二是政府可以通过委托、承包、采购等方式向行业协会购买公共服务。购买公共服务应当按照公开、公平、公正原则，严格程序，竞争择优，确定承接主体，并禁止转包。

三是规范政府购买公共服务资金管理，在既有预算中统筹安排，以事定费，规范透明，强化审计。

四是建立监督评价机制，全面公开购买服务的信息，建立由购买主体、服务对象及第三方组成的评审机制，评价结果向社会公布，防止利益输送。

五是对购买服务项目进行动态调整，对承接主体进行优胜劣汰，使群众享受到优质高效的公共服务。

六、行业协会监管和行业自律问题

立法征求意见时，有的行业协会提出，不必规定政府有关职能部门在各自职责范围内对行业协会进行业务指导和监督管理。我们研究认为，根据中央提出"建立统一登记、各司其职、协调配合、分级负责、依法监督的社会组织管理体制"的要求，以及行业协会运作的实际，政府有关职能部门协同监管、促进行业自律是十分必要的。征求专家学者和部分市人大代表、市政协委员意见时，普遍要求对政府职能部门监管责任作出具体规定，在监管的同时加强服务。

国家工商总局2013年8月通报了查处的12起垄断案例，其中有9起案件是行业协会组织本行业经营者达成垄断协议，垄断协议涉及保险、黄金饰品、旅游等与民生相关的行业。通报指出，这在一定程度上反映了当前行业协会涉及垄断协议问题比较突出，要防止行业协会成为垄断行为的"推手"和组织者。一些行业协会组织达成垄断协议，主要是行业协会自律机制缺失和外部监管缺失两大因素造成的。除了规范行业协会职能定位，强化行业自律外，重要的是要按中央要求，对行业协会严格依法监管，促进行业自律。这样才能使行业协会在经济社会发展中发挥积极作用。深圳目前尚未发现行业协会组织达成垄断协议问题，但也要引起高度重视，加强监管，强化行业自律。

《协会条例》根据加强监管、行业自律的要求，规定行业协会不得实施妨碍公平竞争等行为：（1）通过制定行业规则、协议或者其他方式谋求垄断市场，妨碍公平竞争，损害消费者、非会员的合法权益或者社会公共利益；（2）采取维持价格、限制产量、市场分割等方式，限制会员开展正当的经营活动或者其他社会活动；（3）强制入会或者在会员之间实施歧视性待遇，限制会员加入其他行业协会；（4）违反法律、法规和章程规定，向会员收费或者摊派；（5）通过设立企业或者向会员投资等方式从事与会员业务相同或者近似，构成或者可能构成与会员直接或者间接的竞争关系的经营活动；（6）通过举办评比、表彰活动向会员收取费用或者变相收取费用；（7）法律、法规及章程禁止的其他行为。违反规定的应当通报，依法处理，直至吊销登记证书；涉嫌犯罪的，依法移送司法机关处理。

为加强对行业协会管理，《协会条例》规定，登记管理机关应当建立行业协会信息平台，公示下列事项：（1）行业协会登记信息；（2）行业协会年度报告信息；（3）行业协会等级评估信息；（4）行业协会活动异常名录和活动异常永久名录；（5）撤销登记、行政处罚信息及其他监督管理信息。行业协会可以通过信息平台提交年度报告、公布会员惩戒信息。

实行行业协会年度报告制度。登记管理机关对行业协会报送的年度报告应当进行监督抽查。

实行行业协会活动异常名录制度。行业协会有下列情形之一的，由登记管理机关载入活动异常名录，并纳入信用监管体系：（1）不按规定报送年度报告的；（2）上年度未召开会员（会员代表）大会、理事会、监事会的；（3）未依照章程规定进行换届选举的；（4）会员少于规定数量的；（5）通过登记的住所无法联系的。对行业协会载入活动异常名录负有直接责任的会长、副会长、理事、监事、秘书长的信息纳入信用监管体系。

行业协会被载入活动异常名录后3年内，载入活动异常名录事由消失的，可以申请移出活动异常名录；登记管理机关审查核实后，应当将其从活动异常名录中移出。

当事人及利害关系人对登记管理机关作出的具体行政行为不服，可以依法申请行政复议或者提起行政诉讼。

《协会条例》2014年实施，促进了深圳市行业协会发展。2014年新成立行业协会55家（截至2014年12月，全市共有行业协会517家），都按照《协会条例》的规定，以无记名投票的方式选举出了理事会，差额选举了行业协会会长、副会长。全市行业协会都依照《协会条例》规定与行政机关脱钩，增强了服务职能，众多行业协会还按照《协会条例》的要求，开展了行业自律体系建设，市零售商业协会、市连锁经营协会等行业协会制定了行业标准和从业规范，为推动行业自律奠定了基础。市民政局根据《协会条例》规定，加强对行业协会的监管，制定了《深圳市社会组织抽查监督办法》。2014年，随机抽查38家行业协会，发现违法违规行为的，责令整改，并将深圳市汽车行业协会等17家未按规定向社会公布年度报告的市级行业协会，列入活动异常名录，处理结果向社会公布。《协会条例》的贯彻实施，对促进深圳行业协会健康有序发展发挥了积极作用。

（2015年7月）

和谐劳动关系立法研究

——以《深圳经济特区和谐劳动关系促进条例》为例

劳动关系是生产关系的重要组成部分，是最基本、最重要的社会关系之一。劳动关系是否和谐，事关广大职工和企业的切身利益，事关经济发展与社会和谐。党的十八大明确提出构建和谐劳动关系。2015 年 4 月发布的《中共中央国务院关于构建和谐劳动关系的意见》提出，健全调整劳动关系的法律制度，坚持依法构建和谐劳动关系。

党和国家及各级党委政府历来高度重视构建和谐劳动关系，我国劳动关系总体保持和谐稳定。我国目前正处于经济社会转型时期，在经济体制深刻变革、社会活力显著增强的同时，社会结构、社会组织形式、社会利益格局发生深刻变化；劳动关系的主体及其利益诉求越来越多元化，劳动关系矛盾已进入凸显期和多发期，劳动争议案件居高不下，有的地方拖欠农民工工资等损害职工利益的现象仍较突出，集体停工和群体性事件时有发生，构建和谐劳动关系的任务艰巨繁重。和谐劳动关系必须依法构建，完善和谐劳动关系立法，对于依法构建和谐劳动关系具有重要意义。

《深圳经济特区和谐劳动关系促进条例》（2008 年 9 月制定实施，以下简称《劳动关系促进条例》）制定时，从深圳经济特区的具体情况和实际需要出发，研究借鉴发达国家及新加坡、中国香港等世界先进城市劳动关系发展规律和立法经验，注重适当的前瞻性，把握深圳劳动关系中的几个基本要素，主要规定了构建和谐劳动关系的原则、用人单位和劳动者的权利义务、劳动关系中的集体协商、劳动关系协调服务与监管、劳动争议处理与救助等方面的内容。我们研究认为，这是构建和谐劳动关系需要解决的几个重要问题，也是完善和谐劳动关系立法需要研究规范的几个重要问题。

一、构建和谐劳动关系的原则

构建和谐劳动关系的原则是贯穿和谐劳动关系立法的一条主线，也是构建和谐劳动关系中各方的行为准则。《劳动关系促进条例》根据劳动关系发展规律，结合深圳经济社会发展实际和劳动关系面临的新形势、新问题，针对劳动关系主体的行为规范，明确了构建和谐劳动关系的原则。《劳动关系促进条例》规定，构建和谐劳动关系，应当坚持以人为本，用人单位和劳动者守法自律、平等协商、诚实信用、共生双赢，维护公平正义的原则。"共生双赢"，是借鉴新加坡构建和谐劳动关系的经验而提出的。具体包括以下几个方面：

具体来说，一是坚持以人为本。把解决广大职工最关心、最直接、最现实的利益问题，切实维护其根本权益，作为构建和谐劳动关系的出发点和落脚点。

二是坚持依法构建。推进用人单位和劳动者守法自律，增强企业依法用工意识，提高职工依法维权能力，加强劳动保障执法监督和劳动纠纷调处，依法处理劳动关系矛盾，把劳动关系的建立、运行、监督、调处的全过程纳入法治化轨道，维护公平正义。

三是坚持共建共享。处理好促进企业发展和维护职工权益的关系，调动劳动关系主体双方的积极性、主动性，推动企业和职工平等协商、诚实信用、效益共创、利益共享、共生双赢。

二、用人单位和劳动者的权利义务

用人单位和劳动者是构建和谐劳动关系的主体，明确用人单位和劳动者的权利义务，促进用人单位和劳动者自律，对于构建和谐劳动关系，促进企业可持续发展具有重要意义。

《劳动关系促进条例》规定，用人单位依法享有制定规章制度、录用和管理劳动者、参加集体协商等权利，应当依法履行维护劳动者人格尊严、及时足额支付劳动报酬、保障劳动者休息和休假、执行劳动安全卫生规定、参加社会保险等义务。《劳动关系促进条例》同时规定，劳动者依法享有平等就业和选择职业、取得劳动报酬、休息和休假、获得劳动安全卫生保护、接受职业技能培训、参加和组织工会、参与集体协商、提请劳动争议处理等权利，应当依法履行勤勉工作、完成劳动任务、遵守用人单位依法制定的规章制度、执行劳动安全卫生规定、遵守职业道德、通过合法途径表达诉求维护权益等义务。

为保障用人单位和劳动者享有权利、履行义务，《劳动关系促进条例》还对相关的若干重要问题作出了规范。

1. 关于用人单位规章制度。用人单位的规章制度是用人单位制定的组织劳动和进行劳动管理的规则和制度的总和，也称为企业内部劳动规则。规章制度涉及用人单位经营管理的各个方面，其大多数内容与职工的权益密切相关，让广大职工参与规章制度的制定和修改，可以有效防止用人单位独断专行，防止用人单位利用规章制度侵犯职工的合法权益，是实现企业民主管理的重要途径。为此，《劳动关系促进条例》规定，用人单位在制定、修改或者决定有关劳动报酬、工作时间、休息和休假、劳动安全卫生、保险福利、职工培训、劳动纪律以及劳动定额管理等直接涉及劳动者切身利益的规章制度和重大事项时，应当经职工代表大会或者全体职工讨论，提出方案和意见，与工会或者职工代表平等协商确定。单位的规章制度要让职工遵守执行，就应当让单位的职工知晓。为此，《劳动关系促进条例》规定，用人单位应当将直接涉及劳动者切身利益的规章制度公示或者告知劳动者，并向劳动者提供书面文本。

2. 关于缴纳社会保险费。根据《中华人民共和国劳动法》和《中华人民共和国社会保险法》的规定，用人单位和劳动者应当依法参加社会保险，缴纳社会保险费。用人单位应当依照法律、法规的规定，负责缴纳各项社会保险费用，并负有代扣、代缴本单位劳动者社会保险费的义务。如果用人单位未依法为劳动者缴纳社会保险费，劳动者可以依据《中华人民共和国劳动合同法》的规定，与用人单位解除劳动合同，并要求用人单位支付经济补偿。我国的社会保险制度有一个逐步建立、完善的过程，由于历史原因，很多用人单位用工尚不规范，未按时足额缴纳社会保险费的现象较多。2008年，《中华人民共和国劳动合同法》颁布实施后，由于用人单位未按时足额缴纳社会保险费，引发劳动者解除合同、要求补偿的劳资纠纷激增。为了缓解劳资矛盾，预防和减少这方面的劳资纠纷，《劳动关系促进条例》规定，用人单位未依法为劳动者缴纳社会保险费的，劳动者应当依法要求用人单位缴纳；用人单位未在一个月内按规定缴纳的，劳动者可以解除劳动合同，用人单位应当依法支付经济补偿。这样"一个月缓冲期"的规定，建立了一个劳动者与用人单位通过内部协商解决社保纠纷的缓冲机制。《劳动关系促进条例》这一规定实施后，许多有关社会保险的纠纷得以在企业内部协商解决，避免了大量的社保劳动争议案件诉讼到法院，也节省了司法资源。

3. 关于加班时间。休息权是宪法赋予劳动者的基本权利。在立法调研征求意见过程中，劳动者反映较多的问题之一就是加班时间过长，休息时间得不到保障。一些企业利用法律规定的模糊，在较多的休息日安排劳动者加班。针对这种现象，《劳动关系促进条例》借鉴香港、澳门等地区的经验，规定用人单位应当遵守国家关于劳动者工作时间的规定，保障劳动者休息和休假的权利，并保证劳动者每周至少有一次 24 小时不间断的休息时间。用人单位由于生产经营需要，经与工会和劳动者协商后可以依法延长工作时间，但应当保障劳动者身体健康。这样规定，既保护劳动者身心健康，又考虑企业生产经营的实际需要，受到劳动者的欢迎和企业的认同。

4. 关于加班工资计算基数。《劳动关系促进条例》调研起草过程中，对加班工资计算基数问题一直有争议，各方分歧较大。统计数据显示，《劳动关系促进条例》制定实施前两三年，法院和劳动仲裁机构受理的劳动争议70% 左右是由加班费争议引起的。加班工资计算基数问题是涉及劳资双方利益的一个核心问题，也是影响劳动关系和谐的一个重要问题。《中华人民共和国劳动法》和《中华人民共和国劳动合同法》没有要求当事人约定正常工作时间内的工资。实践中，劳资双方在劳动合同中对劳动报酬包括加班费的约定五花八门，导致对加班工资计算的困难，引发较多劳动争议。经广泛征求意见，反复权衡，从维护劳动者和企业合法权益、减少和化解劳动争议的角度出发，《劳动关系促进条例》规定，劳动者加班工资计算基数为劳动合同约定的正常工作时间内的工资；劳动合同约定的正常工作时间内的工资，不得低于市政府公布的最低工资标准。这样规定，使劳资双方关注的加班工资计算基数得以明确，有利于减少劳动争议。劳动者如果认为"劳动合同约定的正常工作时间内的工资"不符合自己的要求，可以不签劳动合同。这一规定实施后，因加班费计算基数引发的劳动争议案件大幅减少。

5. 关于用人单位对劳动者的经济处分。用人单位能否对劳动者实施经济处分，也是一个在立法过程中存在争议的问题。从实际情况来看，较多地存在企业对员工给予经济处分的现象，如扣工资、奖金等。有的处分还很重，当月累计可能达到甚至超过劳动者月工资收入。但是目前并没有法律、行政法规禁止或者限制用人单位这一做法。从实际情况来看，如果用人单位对劳动者违反规章制度只有解除合同一个手段，这样对劳资双方都不利，保留经济处分这一管理手段对用人单位还是必要的，但应当予以严格限制。据此，《劳动关系促进条例》规定，用人单位依照规章制度对劳动者实施经济处分的，单项和当月累计处分金额不得超过该劳动者当月工资的30%，且对同一违纪行为不得重复处分。实施处分后的劳动者月工资不得低于市政府公布的最低工资标准。这样规定，考虑了用人单位和劳动者双方的权益，有利于劳动关系和谐。

三、劳动关系中的集体协商

党的十八大报告明确提出了"推行企业工资集体协商制度，保护劳动所得"的意见，党的十八届三中全会通过的《中共中央关于全面深化改革若干重大问题的决定》，提出了"健全工资决定和正常增长机制，完善企业工资集体协商制度"的要求。集体协商对于在企业内部化解矛盾、促进劳动关系和谐稳定、保护劳动者合法权益、优化企业发展环境、促进企业健康发展，具有重要意义。

遵循宪法的规定以及国家有关劳动法律、行政法规的基本原则，从深圳经济特区的实际出发，借鉴发达国家和地区集体协商的立法经验，针对目前集体协商中存在的主要问题，《劳动关系促进条例》专门设立了"劳动关系中的集体协商"一章，主要规定了集体协商的内容、集体协商的程序、集体协商的保障、工资集体协商等方面的内容，既注意对劳动者合法权益的保护，又注意考虑企业的实际情况，促进企业健康发展、科学发展，力求平衡劳资双方的利益，从法律制度上构建符合深圳实际、具有可操作性和一定前瞻性的劳资纠纷处理长效机制。

工资是广大职工最关心、最直接、最现实的利益问题之一。工资集体协商是集体协商的一个核心问题，也是构建和谐劳动关系的重要内容。近年来，由于企业薪酬制度不够合理，未建立起工资集体协商制度和正常工资调整机制，引发较多劳动争议，也成为引发重大劳动争议事件的主要因素之一。立法调研时，企业员工对此反映比较强烈，不少员工说，什么都涨，就是工资不涨。深圳乃至广东近年来用工短缺，原因很多，其中重要的一条是工资缺乏吸引力。建立工资集体协商制度和正常的工资调整机制，是和谐劳动关系立法需要规范的一个十分重要的问题。根据中央精神，结合深圳具体情况和实际需要，《劳动关系促进条例》规定，建立劳动者工资正常调整机制。用人单位应当就工资调整事项与工会或者劳动者代表进行集体协商，每年至少协商一次。协商结果和理由应当向职工公布。市政府应当采取措施，逐步提高劳动报酬在初次分配中的比重，合理调整最低工资标准。市劳动行政部门应当会同有关部门，根据经济社会发展、消费者物价指数及行业发展状况，提出行业工资增长指导线，并在每年的第一季度公布。用人单位与工会或者职工代表可以结合用人单位的经营情况，以公布的行业工资增长指导线作为集体协商、签订集体合同、确定工资调整的参考数据。《劳动关系促进条例》规定的实施，促进了深圳经济特区集体协商制度的建立和发展，因工资问题引发的劳动争议案件大幅减少。

四、劳动关系协调服务与监管

加强劳动关系的协调服务与监管，是构建和谐劳动关系的重要保障。围绕政府部门对劳动关系协调服务与监管问题，《劳动关系促进条例》设立了一系列制度规范。

1. 关于建立健全劳动关系三方协调机制。根据国际劳工组织《三方协商促进国际劳工标准公约》的规定，三方机制是指政府、雇主组织和工会通过一定的组织机构和运作规则，共同协商处理涉及劳动关系重大问题的机制。三方协商劳动关系的机制，是市场经济国家的通行做法。随着我国改革开放的深入和社会主义市场经济的不断发展，劳动关系正在发生深刻变化。在新形势下，协调劳动关系已不仅仅是政府的事情，通过政府、工会、企业组织建立三方协调机制，已成为市场经济条件下，促进劳动关系和谐稳定的必然选择。2001 年修订的《中华人民共和国工会法》规定，各级人民政府劳动行政部门应当会同同级工会和企业方面代表，建立劳动关系三方协商机制，共同研究解决劳动关系方面的重大问题。2008 年出台的《中华人民共和国劳动合同法》规定，县级以上人民政府劳动行政部门会同工会和企业方面代表，建立健全协调劳动关系三方机制，共同研究解决有关劳动关系的重大问题。

根据《中华人民共和国工会法》和《中华人民共和国劳动合同法》的相关规定，结合深圳劳动关系发展的实际情况，《劳动关系促进条例》对建立健全劳动关系三方协调机制进行了明确和细化，规定市、区政府应当建立、健全协调劳动关系三方机制，成立市、区劳动关系协调委员会，协调处理劳动关系的重大问题。劳动关系协调委员会由市、区劳动行政部门会同工会和企业联合会、总商会、外商投资企业协会等用人单位组织的代表组成。劳动关系协调委员会应当定期召开会议，研究劳动关系现状、发展趋势及突出问题，就法律、法规、规章和政策中涉及劳动关系的内容提出意见和建议，研究重大劳动争议中的重要问题并提出指导意见或者建议，研究推进集体协商和集体合同制度，发布集体合同示范文本等事项。《劳动关系促进条例》还规定，行业协会、商会等社会组织应当指导和督促会员单位遵守劳动法律、法规，根据行业特点制定用人单位规章制度指引或者示范文本，对严重违反劳动法律、法规的，应当根据章程采取通报批评、公开谴责等惩戒措施。引导行业协会、商会等社会组织及企业履行社会责任，有利于促进劳动关系和谐。

2. 关于强化劳动保障服务与监管。构建和谐劳动关系，需要各方面的共同努力，尤其是政府行政主管部门应当为劳动者提供更多更好劳动关系方面的公共服务，同时加强劳动监察，督促、指导用人单位严格执行劳动法律、法规。在劳动关系公共服务方面，《劳动关系促进条例》规定，市、区劳动行政部门在市、区政府领导下提供就业服务和就业援助，职业技能培训，制定和推广劳动合同示范文本，指导用人单位依法订立、履行劳动合同，开展劳动法制宣传教育工作等公共服务。《劳动关系促进条例》在国家有关劳动监察规定基础上，作了补充和细化，规定市、区政府应当根据实际需要加强劳动保障监察力量，组织有关部门定期对本行政区域内执行劳动法律、法规的情况进行检查，并将检查情况向社会公布。劳动行政部门应当建立健全劳动保障监察管理制度，推进劳动保障监察网格化、信息化建设，加强分类监管。劳动者合法权益受到侵害的，有权要求劳动行政部门依法处理。劳动行政部门应当在规定的期限内作出处理，并将处理结果答复当事人。用人单位违反劳动法律、法规规定的，任何组织和个人有权向劳动行政部门举报。劳动行政部门应当按照有关规定及时受理、调查核实、依法处理。举报人要求答复的，劳动行政部门应当将处理结果答复举报人。

3. 关于建立劳动关系信用征信制度。建立劳动关系信用征信制度和信用惩戒机制，是构建和谐劳动关系治本的措施之一。借鉴国外信用制度建设的经验，《劳动关系促进条例》规定，建立劳动关系信用征信制度，对恶意欠薪、欠薪逃匿、发生重大安全事故和职业病危害事故等严重违反劳动法律、法规的用人单位，有关行政部门应当依法处罚；劳动行政部门将有关行政处罚信息录入或者通知相关机构录入企业信用征信系统；信用信息可以查询。政府及有关部门对录入征信系统的违法用人单位，5 年内不得受理其在经营方面的评优评先申请，不得授予其相关荣誉称号；不允许其承接政府投资项目，不允许其参加政府采购；不得给予其享受本市有关优惠政策，正在享受的优惠政策，应当予以终止；其法定代表人或者负责人 5 年内不得在本市注册新的企业。建立劳动关系信用征信制度，让违法、失信者付出代价，有利于构建和谐劳动关系。

4. 关于建立建筑行业工资保证金制度。建筑行业是劳动争议，特别是群体性劳动争议多发的一个行业，而欠薪又是引发该行业劳动争议的主要原因。为此，《劳动关系促进条例》专门设立了建筑行业工资保证金制度，规定建设单位应当在申请施工许可证时，从预付给施工单位的工程款中提取一定比例的资金存入银行专户，作为工资支付保证金。保证金由建设行政部门负责管理，劳动行政部门负责监督。工资支付保证金专门用于支付施工单位拖欠劳动者的工资。建设工程完工后，经劳动行政部门审核后未发现拖欠劳动者工资的，建设单位可办理销户。有欠薪行为的施工单位，经劳动行政部门责令改正拒不改正的，5年内不得入选政府建设工程承包商名录，已经入选的，应当予以除名。《劳动关系促进条例》还规定，探索建立劳动密集型用人单位工资支付监控预警制度。鼓励劳动密集型用人单位通过银行发放劳动者工资。劳动行政部门对工资发放情况进行监督。这些规定有利于防止因欠薪引发的劳动争议，促进劳动关系和谐。

五、劳动争议的处理与救助

劳动争议的处理与救助，对构建和谐劳动关系具有重要意义。《劳动关系促进条例》围绕劳动争议处理与救助机制，针对劳动者反映较多的劳动争议问题，设立了一系列制度规范，以降低劳动者维权成本，加大对劳动者的保护力度。

1. 关于劳动争议"大调解"机制。调解是解决劳动争议的重要途径之一。基层组织人民调解与行政调解、司法调解有机衔接的工作机制（俗称"大调解"），是一项经实践证明行之有效、具有深圳特色的处理社会矛盾纠纷的工作机制。《劳动关系促进条例》在对深圳"大调解"工作经验进行总结的基础上，对劳动争议人民调解、行政调解、司法调解衔接工作机制作了具体规定。《劳动关系促进条例》规定，建立和完善劳动争议人民调解、行政调解、司法调解衔接工作机制。市司法行政部门应当指导各级人民调解组织建立和完善劳动争议的受理、转移、委托、信息反馈、调解等各项工作制度，规范调解文书和工作流程。各相关部门应当建立联合调解、劳动争议调解转移和委托等制度，实现多种劳动争议调解形式的衔接。发生有重大影响的劳动争议，市、区劳动关系协调委员会可以组织调解。调解达成协议，经劳动争议仲裁机构确认的，制作仲裁调解书。一方不履行仲裁调解书的，另一方可以申请人民法院强制执行。

2. 关于优先保护劳动者的生命健康权。劳动报酬是劳动者的生存之本，工伤医疗费是劳动者生命健康权的重要保障。根据《中华人民共和国宪法》的精神，借鉴法国《民法典》、《工资支付法》中有关工资特别优先权的规定，《劳动关系促进条例》规定，用人单位被宣告破产后，除已支付的破产费用和共益债务外，破产财产应当优先支付工伤医疗费用和月工资在本市上年度在岗职工人均月工资以下的劳动者在用人单位破产宣告前3个月内的劳动报酬。这一条对《中华人民共和国企业破产法》的相关规定作了适当变通，以优先保障劳动者的生命健康权。该规定得到全国人大法工委、人力资源和社会保障部及全国总工会的认可，体现了尊重和保障人权的宪法精神。

3. 关于冷静期制度。因群体性劳动争议而导致损害公共利益、损害正常的经济和生活秩序，是近年来劳动争议中的一个比较突出的问题。由政府发布恢复秩序的命令，是国际上一些国家处理国内突发事件和突出问题的基本措施之一。我们立法时认真研究了美国《劳资关系法》和中国香港《劳资关系条例》中有关"冷静期"的规定，即政府认为，一项筹划或深化的劳资纠纷方面的工业行动，包括罢工、闭厂等，可能严重影响货品的供应或服务的提供，以致会损害经济发展，或损害公共利益等严重危险时，政府可以发布命令，实行"冷静期"，在规定的期限内中止或推迟该项工业行动，由有关方面介入谈判、调解、仲裁，以就该宗劳资纠纷达成和解；违反政府命令作出的任何行动，即比照藐视法庭罪处理。《中华人民共和国突发事件应对法》对此也有规定。提供公共服务等企业，如果因劳资矛盾发生集体停工、怠工、闭厂事件，已经或者可能危害公共安全和秩序的，可以通过特区立法授权政府参照《中华人民共和国突发事件应对法》的有关规定处理。至于在实践中如何运用这一法律手段，可以由政府根据实际需要掌握，可以用，可以不用，可以备而不用。中国香港《劳资关系条例》有关冷静期的制度是1975年立法确定的，实践中也没有使用过，但之后该条例经过五次修订都保留了这一条规定，香港立法会解释说，香港劳资关系总体上比较和谐，但立法上需要给政府一个备用的法律手段。我们认为，劳动关系立法，为政府处理因劳资纠纷引起的突发事件提供一个法律手段是有意义的。

根据国家相关法律的规定，借鉴美国、中国香港等地的经验，《劳动关系促进条例》设立了停工事件"冷静期"和"恢复秩序令"制度，规定供水、供电、供气、公共运输等用人单位因劳动争议出现集体停工、怠工、闭厂等情形，导致危害公共安全、损害正常的社会经济秩序和市民生活秩序等情形的，市、区政府可以发布命令，要求用人单位或者劳动者恢复正常秩序，并在30日内实行冷静期，用人单位和劳动者在此期限内不得采取激化矛盾的行为。劳动行政部门、工会组织和相关行业协会应当在此期限内组织谈判、调解，促成用人单位和劳动者达成和解。

4. 关于劳动争议案件代理与救助。为规范劳动争议案件代理，《劳动关系促进条例》从三个方面作了具体规定。一是要求市司法行政部门应当制定劳动争议案件律师收费标准，律师代理劳动争议案件应当按标准收费；二是针对有的律师采用风险代理造成劳动者合法权益受到损害的问题，规定律师不得采用风险代理的方式代理劳动者劳动争议案件；三是对未取得律师执业证书的公民代理劳动争议案件的问题，作了必要的限制，规定公民代理法律援助范围内的劳动争议案件，应当取得劳动争议仲裁机构或者人民法院的同意；鼓励劳动者通过申请支付令、先予执行及法律援助等法律途径进行维权。对于违反上述规定的，《劳动关系促进条例》规定了相应的法律责任，由市、区司法行政部门责令改正，并退还向劳动者多收的费用。

此外，《劳动关系促进条例》为维护劳动者合法权益，还作出了三项特别规定：一是规定发生劳动争议前6个月平均月工资在市政府公布的特区最低工资标准两倍以下的劳动者，因追讨劳动报酬和工伤医疗费申请法律援助的，法律援助机构应当为其提供法律援助。二是规定，劳动争议仲裁和诉讼案件，劳动者胜诉的，劳动者支付的律师代理费用由用人单位承担，但最高不超过5000元；超过5000元的部分，由劳动者承担。三是劳动者在劳动争议仲裁、诉讼期间，生活困难需要救助的，由民政部门参照有关规定给予救助。这些规定，可以减轻劳动者维权的经济负担，维护劳动者的合法权益。

　　《深圳经济特区和谐劳动关系促进条例》2008 年实施以来，在构建和谐劳动关系过程中，发挥了"立法引领和推动作用"。至 2015 年 6 月，深圳企业达 90 多万家，非深圳户籍劳动者达 1000 多万人，劳动关系多年来总体保持和谐稳定。

（2015 年 8 月）

《深圳经济特区道路交通安全违法行为处罚条例》立法的几个问题

《深圳经济特区道路交通安全违法行为处罚条例》（以下简称《交通违法处罚条例》），是与深圳市经济社会发展密切相关，与人民群众的生命财产密切相关的一部十分重要的法规。认真理解《交通违法处罚条例》的精神，贯彻实施好《交通违法处罚条例》，对于维护交通安全具有重要意义。

一、《交通违法处罚条例》草案公开征求意见情况及制定过程

2009 年 9 月，市四届人大常委会第三十三次会议第一次审议了市政府提请审议的《交通违法处罚条例（草案）》。一审后，市人大内务司法委员会同市公安交警局对市政府提出的草案进行了修改，形成了《交通违法处罚条例（草案征求意见稿)》，并公开向社会征求意见，社会各界反响热烈。公开征求意见的时间近 20 天，市人大内务司法委员会办公室共接到市民电话 300 多人次，收到电子邮件 210 多件，传真 30 多份，市民在"深圳新闻网"论坛上发表意见 3000 多人次，收集到的市民意见和建议达 1 万多条。中央电视台、中央广播电台、凤凰卫视、深圳电视台，《深圳特区报》、《深圳商报》、《南方都市报》、《晶报》、《深圳晚报》、《广州日报》，"新华网"、"人民网"、"新浪网"、"搜狐网"、"南方网"等各类媒体都对这次征求意见的情况进行了广泛报道。谷歌网上有关《交通违法处罚条例（草案）》的搜索信息达 61 万多条，百度网上搜索信息达 42 万多条。可见社会公众对这个条例的

关注程度。

社会公众对深圳市人大常委会这次公开征求《交通违法处罚条例（草案）》意见，广泛听取民意的做法予以肯定，认为这有助于制定出一部符合深圳实际、有利于改善深圳交通秩序和安全的交通法规，是人大民主立法、科学立法的体现。社会公众的大多数认为，对一些严重的交通违法行为加大处罚力度是十分必要的，尤其赞成对套牌、假牌、无牌、遮挡车牌、闯红灯、泥头车超载超速、非法改装飙车、醉酒驾车等严重违法行为实行严管重罚；认为借鉴发达国家和中国香港的做法，对多次违法行为实行"累进加罚"及引入"社区服务令"制度等，符合深圳建设国际化城市的要求。许多市民还对完善立法提出了很好的建议，有的市民将书面材料送到市人大，有的市民还专程到市人大谈意见建议，使我们很受感动。

市人大在接听收集市民意见的过程中感到，交通安全涉及千家万户，从普通市民到执业律师，社会公众对交通安全违法行为的处罚立法给予很大的关注，积极发表意见和建议，这是一件好事情，任何意见都可以提出来。公开征求意见，可以帮助我们的立法比较好地反映民意，比较好地体现人民的意志。

公开征求意见的过程，也是一次交通法制宣传教育的过程。社会公众除对法规草案提出意见外，对执法、守法也纷纷发表意见。网友"看海"在网上贴出了《文明驾车道德公约》："不闯红灯，变线打转向灯，夜间会车时变换远光灯，直行不在右转弯道上等红灯，不从右侧超车……"，号召有车族们多读一读，并说："真要让深圳交通秩序好起来，需要每位司机共同努力，遵守交通规则和行车道德，这样深圳的交通明天会更好"。这个帖子得到众多网友积极响应。

我们对市民意见认真做了研究，合理的意见能吸收的尽量作了吸收，包括一些市民提出的文字意见，也吸收了。提请市人大常委会第二次会议审议的《交通违法处罚条例（修改稿）》涉及行为规范的60多个条文，有40多个条文吸收了公开征求意见时市民提出的意见和建议。修改后的条文受到各方面好评。

2010年1月19日，深圳市第四届人大常委会第三十五次会议通过了

《交通违法处罚条例》，于 2010 年 8 月 1 日开始实施。根据《交通违法处罚条例》的规定，《交通违法处罚条例》的适用范围是深圳经济特区，经国务院 2010 年 6 月批准，自 2010 年 7 月 1 日起，将深圳经济特区的范围扩大至全市，所以《交通违法处罚条例》实施的范围也将扩大至宝安、龙岗及光明、坪山新区，也就是说《交通违法处罚条例》将在全市范围内实施。

二、《交通违法处罚条例》立法的指导思想

《交通违法处罚条例》立法时把握的指导思想，主要有以下四个要点：

一是严格管理、严格处罚。在常委会审议过程中，绝大多数常委会组成人员都赞成对交通违法行为要严格管理、严格处罚。这一指导思想符合市五次党代会报告中提出的"树立严管城市理念，出台严管城市措施"的要求。我们要通过严格执法，增强《交通违法处罚条例》的威慑力，增强交通参与者对交通安全法律法规的敬畏和自觉遵守意识。

二是注重源头治理，注重治本。《交通违法处罚条例》通过对交通监控记录违法行为严格记分、交通安全学习培训、临时车牌发放管理等措施，强调认真抓好交通违法的源头治理，注重治本。这一指导思想也符合市五次党代会报告中提出的"努力解决社会管理的源头性、根本性、基础性问题"的要求。

三是坚持教育与处罚相结合。《交通违法处罚条例》在规定加强宣传教育的同时，对严重交通安全违法行为规定严管严罚。借鉴新加坡、中国香港交通管理的经验，严管严罚也是一种有效的教育措施。交警局严管重罚酒后驾驶，取得很好的教育效果。

四是大胆借鉴，制度创新。适应深圳建设国际化现代化先进城市的要求，《交通违法处罚条例》大胆借鉴中国香港、新加坡等世界先进城市在交通安全管理方面的成功经验，结合深圳的实际情况，大胆地进行了一系列制度创新。

三、严格执行《交通违法处罚条例》的规定，
重点整治影响交通安全的若干突出问题

《交通违法处罚条例》从深圳实际出发，对严重影响道路交通安全的违法行为提高了罚款额度、增加了处罚措施，为交警执法提供了有力的法律武器。《交通违法处罚条例》明确规定，要求重点依法整治的交通安全方面的突出问题，主要有以下几个方面：

1. 闯红灯问题。闯红灯罚款问题，是公开征求意见时议论最多的问题。有两种不同意见：一种意见认为闯红灯罚款重了，有的闯红灯是客观因素造成的。另一种意见认为，闯红灯是影响交通安全、引发交通事故、危害生命安全的严重违法行为，重罚才能起到威慑和教育作用。

对这两种意见，我们进行了认真研究。据市交警部门统计，在深圳市影响交通安全的违法行为中，最突出的就是闯红灯。2007 年、2008 年市交警部门查处的机动车闯红灯违法行为达 179 万多起，分别占查处交通违法行为总数的 27.6% 和 31.1%，占近 1/3。2008 年和 2009 年 1 月至 10 月，因闯红灯引发的交通事故，共造成了 117 人死伤。闯红灯违法行为的数量很大，造成的死伤也很严重。这与交通设施不完善等客观因素有一定联系，但闯红灯行为的主要原因还是在于一些驾驶人员的法制意识淡薄，闯红灯的违法成本较低。在中国香港，多次闯红灯，闯红灯造成交通事故，就会被认定为"危险驾驶"，驾驶人将面临最高 25000 元罚款和最长 3 年监禁的严厉处罚。在香港黄灯亮时抢过去，也算闯红灯，对闯红灯每次记 5 分，二年内记满 15 分，即行吊证。香港对行人闯红灯的，会处以最高 2000 元的罚款。在香港，一般不敢闯红灯。澳门对闯红灯认为是"危险驾驶"，罚款 1000 元至 5000 元，重犯累进加倍处罚，并处禁止驾驶两个月至六个月。参考香港、澳门的做法，针对深圳市的实际情况，经综合考虑，《交通违法处罚条例》规定，对驾驶人闯红灯的，处 500 元罚款；一年内闯红灯三次以上的，从第三次起每次处 1000 元罚款。要通过严管重罚，坚决遏制闯红灯现象，这是交通法治、交通文明的底线。

2. 套牌、假牌、无牌、恶意遮挡车牌上路行驶问题。在公开征求社会意见时，市民普遍要求对套牌、假牌、无牌、恶意遮挡车牌上路行驶这种严重危害道路交通安全的违法行为，要加大处罚力度。2008 年，深圳市查获的一辆套牌车一年多闯红灯 103 次；2009 年 8 月一个月，拍摄无牌、遮挡车牌闯红灯等违法行为 37618 起。针对这类严重违法行为，《交通违法处罚条例》规定，套牌、假牌、无牌、恶意遮挡车牌上路行驶的，依法扣车，处较高罚款：套牌罚款 3 万元，不按规定安装悬挂车牌的罚款 6000 元，恶意遮挡车牌的罚款 6000 元，并暂扣驾驶证。

同时，针对一些市人大代表和一些市民反映比较强烈的未上牌新车上路行驶、闯红灯时有发生的问题，《交通违法处罚条例》规定，尚未注册登记的机动车，应当申领临时通行牌证，未申领而上路行驶的视为无牌行驶，依照有关规定处罚；申领了临时通行牌证的机动车上道路行驶的，应当按规定在前、后挡风玻璃粘贴临时通行牌证，否则视为不按规定安装、悬挂号牌，依照有关规定处罚。前后挡风玻璃粘贴临时牌，要严格规范，放大至正式牌号大小，要能监控拍摄得到。

3. 泥头车超载、超速问题。泥头车超载、超速、逆行等严重违法现象，屡禁不止。这类违法行为严重危害交通安全，深圳市曾发生多起泥头车超载侧翻、超速撞人，致多人死亡的恶性案件。市人大内务司法委员会在南山调研座谈时，一些代表还很担心泥头车超载引发立交桥安全重大事故。市民对泥头车超载问题反映强烈，要求严厉整治。香港对泥头车、货车超载规定了严厉的处罚措施，超载 50% 的，予以拘捕，另处高额罚款。对泥头车超载，我们以往查获后一般只处罚司机，但车主、使用车辆的工地仍然要司机多拉快跑。借鉴日本等国家对超载实行"一超三罚（罚货主、罚运输企业、罚司机）"的经验和中国香港的做法，《交通违法处罚条例》规定，对泥头车超载，首先扣车至违法状态消除，再实行"一超四罚"，对超载车辆驾驶人予以罚款、扣证、记分，还对车辆所有人、车辆使用单位（工地）予以重罚，一年内超载三次以上的，从第三次起加倍处罚，并对车辆所属和使用单位直接负责的主管人员予以罚款处罚。对泥头车超速的，加倍处罚，并处吊销机动车驾驶证。

泥头车超载超速，在全国一些大中城市有普遍性，深圳要通过贯彻《交通违法处罚条例》，争取较好地解决这一问题，发挥经济特区的示范作用，关键是完善认定超载超速的设施，严格执法，严格执行"一超四罚"的规定。市公安局实施方案中专门有一句话："对交警在整治泥头车超载过程中徇私枉法的，严肃查处。"市局这个要求是有针对性的，以往有这方面的投诉，要高度重视和监管。

4. 不按规定让行、争道抢行等妨碍交通安全的问题。在交通事故影响交通安全、造成伤亡的违法行为中，机动车不按规定让行、争道抢行的违法行为比较突出（2008 年，深圳市因这类行为引发的伤亡交通事故 777 起，致人死亡 256 人，致伤 854 人，分别占交通事故总数的 31.2%、死亡总数的 35.6%、受伤人数的 29%，比例较高）。征求意见时，一些市民表示，对争道抢行这类行为很反感，早晨一上路，一天的好心情都没了。针对这类违法行为，《交通违法处罚条例》规定，转弯车不让直行车或者其他不按规定让行，遇有停车排队等候或者缓慢行驶时强行超车或者占用对向车道，遇有前方交叉路口交通阻塞时未依法等候强行进入等，处 300 元罚款；一年内三次以上的，从第三次起每次处 500 元罚款；驾驶机动车行经无交通信号灯控制的人行横道，未减速行驶或者遇行人正在通过时未停车避让的，处 500 元罚款。

5. 非法飙车及非法改装车辆问题。在深圳，非法飙车的情况也时有发生，对城市的交通安全构成重大隐患，还引发噪音污染，市民对这一现象都很反感。但是对非法飙车的规制存在界定难、取证难等困难。澳大利亚法律对这类行为规定扣车；新西兰规定最高罚款 20000 元，监禁 5 年；中国香港是罚款 1 万元。我们研究后考虑，从超速行驶的角度对这种行为加以规制。《交通违法处罚条例》规定，驾车超过规定时速 50% 以上未超过 100% 的，处 2000 元罚款；超速 100% 以上的，处 3000 元罚款，并处吊销机动车驾驶证。

非法飙车的车辆很多都经过了非法改装、加装，车辆装置不符合国家安全技术标准，存在很大的交通隐患。针对非法改装车辆的行为，《交通违法处罚条例》规定了扣车，责令消除违法状态并收缴违法装置的措施，同时对车辆所有人处 2000 元罚款，对非法改装的单位或者个人处 1 万元罚款。非法飙车、非法改装，要从源头从严治理。

6. 造成交通事故后逃逸问题。造成交通事故后逃逸是社会关注的问题，也是影响交通安全的一个突出问题。2008 年，深圳市共发生交通肇事逃逸案件 523 起（其中死亡事故 160 起，伤人事故 358 起）；2009 年 1 月至 10 月，共发生交通肇事逃逸案件 405 起（其中死亡事故 87 起，伤人事故 298 起），交警部门要花费大量的人力物力侦查追捕。针对这种严重的交通安全违法犯罪行为，《交通违法处罚条例》规定了多种措施，予以严厉打击：造成交通事故后逃逸，尚未构成犯罪的，处罚款并依法暂扣驾驶证、拘留；构成犯罪的，依法追究其刑事责任，且终身禁驾。同时还规定，市公安交警部门应当将终身禁驾人员名单定期通过新闻媒体向社会公布，发挥威慑和警示作用。

7. 不按规定使用远光灯问题。不按规定使用远光灯，夜间行车违规开大灯，也是造成交通事故的突出隐患之一，《交通违法处罚条例（草案）》征求意见时，人大代表和广大市民群众对不按规定使用远光灯，夜间行车违规开大灯都很反感，强烈要求对这一现象予以治理。香港、澳门等地区对远光灯的使用都有严格而详细的规定，借鉴他们的做法，《交通违法处罚条例》规定，四种情形下使用远光灯的：机动车在照明状况良好的路段，与对向行驶的车辆或者行人交会时，在桥梁、隧道以及高架道路上行驶时，在停车或者中止行车时违规使用远光灯的，处 300 元罚款。我在这里要专门提一下，我们有的同志在查处违规使用远光灯的问题上有一个误区，认为有的进口车辆的车灯本来就亮，所以对这类车辆不好查处。我们研究认为，判定违规使用远光灯主要是看驾驶人是否按规定在远光灯与近光灯之间进行了正确的切换，如果在《交通违法处罚条例》规定不允许使用远光灯的四种情形下使用了远光灯，就属于违规，就要查处，这跟车辆灯光配置本身没有多大关系。我们要通过严格执法，促进更多的人养成良好的驾驶习惯。

8. 高速公路安全隐患问题。深圳市高速公路的安全隐患，主要表现在乘客以站立为主的大巴车上高速路、在高速路上下客、非法占用应急路肩车道、安全监控设施不配套等等。针对高速公路存在的安全隐患问题，《交通违法处罚条例》规定，驾车在城市快速干道、高速公路行驶时，逆行、倒行、慢行，非法占用应急车道等，罚款 500 元至 1000 元，一年内违反三次以上的，除罚款外，从第三次起每次并处暂扣驾驶证 3 个月。机动车在高速公路上下客的，对驾驶人处 1000 元罚款，并处暂扣驾驶证 3 个月；对违反规定上下车的乘车人处 100 元罚款。营运机动车在高速公路上下客的，除依照前款规定处罚外，对车辆所属经营单位处 1 万元罚款。

9. 发生轻微碰擦时未按规定及时撤离造成交通堵塞问题。发生轻微碰撞交通事故后，当事人不及时处理，长时间占用车道，造成交通拥堵的情况时有发生，影响了道路的通行效率，损害了大多数交通参与人的权益。为此，市公安交通管理部门新推出了轻微擦碰事故"快处快赔"机制，受到市民好评。《交通违法处罚条例》对公安交通管理部门的这一创新处理机制，在法律上确认和规范。《交通违法处罚条例》规定，在道路上或者停车场发生交通事故，仅造成轻微财产损失，基本事实清楚的，当事人应当在确保安全的情况下，对现场拍照或者标画车辆位置后，将车辆移至不妨碍交通的安全地点，自行协商处理或者等候处理。未按前款规定撤离现场，造成交通阻塞的，处 500 元罚款。

四、《交通违法处罚条例》规定的交通安全综合治理的若干制度措施

根据市人大常委会组成人员审议意见和征求意见时市民提出的意见，借鉴发达国家及中国香港、澳门交通立法管理的经验，《交通违法处罚条例》在法律范围内，规定了罚款、记分、扣车、扣证、吊证、拘留以及安全教育、社会服务、信用征信等多项交通安全综合治理措施，促进解决影响交通安全的若干突出问题，促使更多的人养成良好的驾驶习惯和出行习惯，维护交通秩序和交通安全。

1. 交通违法行为记分措施。在香港考察时，香港警方及有关社会人士告诉我们，香港在交通安全管理处罚方面成功经验之一，就是实行严格的交通安全违法行为记分制度，任何人被记分达 8 分的，警方会告诫他 2 年内记

分达 15 分将被吊销驾证的法律后果；记分满 15 分，即被吊证；香港对每一起交通违法行为包括电子监控拍摄的，都要发出告票，要求接受处理，并予记分。在公开征求意见时，一些市民来信来函建议学习借鉴香港的记分管理制度。国家有关法律和公安部的记分规则对记分有规定，但是制度设计上不完善，在现实中执行得也不够好，特别是电子监控记录的违法行为，网上查阅后交罚款，基本没有记分，没能发挥记分制度应有的作用和效果。为了发挥记分这一有力的管理处罚措施的作用，借鉴香港经验，《交通违法处罚条例》规定，对交通安全违法行为，除了依法给予行政处罚外，还要严格实行记分制度；特别要强调的是，所有监控设施记录的交通违法行为，处罚的同时，应当严格记分。

对交通监控设备记录的道路交通安全违法行为，借鉴香港经验，《交通违法处罚条例》规定，公安交通管理部门应当予以记分。机动车所有人能够提供实施道路交通安全违法行为的驾驶人姓名和驾驶证的，对该驾驶人按照记分的相关规定处理。机动车所有人不能提供其他违法行为人的，对该机动车所有人按照记分的相关规定处理。

2. 安全教育措施。借鉴香港驾驶改进课程的做法，结合深圳的实际，《交通违法处罚条例》规定，机动车驾驶人在一个记分周期内道路交通安全违法行为累积记分达到 12 分的，公安交通管理部门应当扣留其机动车驾驶证，对其进行为期 7 天的道路交通安全法律、法规和相关知识教育，经考试合格后，发还其机动车驾驶证。机动车驾驶人在一个记分周期内一次记 12 分两次以上或者累积记分达到 30 分以上的，应当重新接受驾驶技能培训，经考试合格后，发还其机动车驾驶证。《交通违法处罚条例》还规定，机动车驾驶人违反道路交通安全法律、法规被处暂扣 3 个月以上机动车驾驶证处罚的，除依法处罚外，应当到公安交通管理部门指定的地点接受 6 小时的道路交通安全教育。驾驶人还可以申请参加公安机关交通管理部门组织的道路交通安全法律、法规和相关知识的学习，经考核合格后可以减少相应的记分，但一个记分周期内的减分不得超过 6 分。这里需要强调，安全教育、科目一、科目三考试，要严格规范进行，要检查考核，真正发挥记分制度和安全教育制度的作用。希望通过安全教育措施，来提高违规人员的交通安全意识，减少交通违规和交通事故。

3.社会服务措施。在《交通违法处罚条例》公开征求意见时，市民对引入香港"社区服务令"的做法普遍表示肯定，认为这样可以让法规更有人情味，让交通违法者参加社会服务，使不同社会阶层之间得到沟通和交流，让一些人了解和感受弱势群体的生存状态，增强社会责任感，提升其对法律的敬畏和对他人生命的尊重。根据市民的意见，借鉴香港的经验，《交通违法处罚条例》规定，机动车驾驶人违反道路交通安全法律、法规被处暂扣机动车驾驶证处罚的，可以申请参加有关部门安排的社会服务，提供社会服务1个小时折抵暂扣机动车驾驶证1天，但最长不得超过被处暂扣机动车驾驶证期限的2/3。

4.信用征信措施。在欧美发达国家，除了严格的交通执法，交通违法行为对驾驶员个人信用等级的影响也使得人们一般不敢轻易违反交通法规。借鉴欧美发达国家在交通违规信用征信方面的经验，《交通违法处罚条例》规定，个人违反交通安全法律法规，被并处拘留、吊销或者暂扣机动车驾驶证3个月以上的；发生道路交通事故致人重伤或者死亡且负有事故责任的；一年内违反道路交通安全法律、法规，受到5次以上罚款处罚的；运输企业车辆平均违法率较高或者发生死亡交通事故负主要以上责任的，公安交通管理部门应当定期将个人和企业的道路交通安全违法行为信息通知信用征信机构录入个人或者企业信用征信系统，供有关单位和个人依照有关规定查询。同时，市公安交通管理部门可以根据从事机动车保险业务的保险机构的要求，定期将交通违法行为人的信息抄送相关保险机构，供保险公司研究保费时参考。

5.交警执法现场记录措施。对驾驶机动车时乱鸣喇叭、违规使用灯光、拨打或者接听手机、行人和非机动车驾驶人违规等难以固定证据的交通违法行为，《交通违法处罚条例》借鉴香港、澳门的经验，规定可以以执勤交通警察现场记录作为处罚依据，同时规定执勤交通警察的现场记录应当具体、规范。在香港和澳门，法庭总体上都采信交警的现场记录，违规鸣喇叭、夜间违规使用远光灯的现象比较少见。

6.交警路面巡查措施。香港、澳门交通安全管理的一个成功经验，就是加强交通警察的路面巡查。香港港岛警区，每天安排40名交通警察骑摩托车巡逻，上午7：00至晚上10：30，分为两班巡逻，另还有一个特别巡逻队，发现交通违例，发现无牌，叫他靠边，能现场处罚的现场处罚，同时疏导交通。澳门交通警察骑摩托车巡逻，根据澳门的实际情况，编成5组分5班昼夜巡逻，纠正违章，维护交通秩序。两位内地驻香港公司的负责人跟我们讲，香港管理交通就两条，一是交通警察骑电单车巡逻执法，发现违章，让你靠边处理，二是对于监控拍摄的违章，每单都发告票，让你说明情况，记分处罚，所以香港人不敢轻易违法。借鉴香港、澳门成功经验，《交通违法处罚条例》专门规定，公安交通管理部门应当加强交通执法管理。除电子监控外，还应当加强路面巡查执法处罚。建立交通警察路面巡查制度，安排适当警力每天轮班上路巡逻，纠正道路交通安全违法行为，维护交通秩序，保障交通畅通。市公安交通管理部门应当采取考勤记录、检查考核等措施，加强路面巡查执法监管。

7. 对驾驶机动车造成交通事故负主要责任人员的加倍处罚措施。征求意见时，一些市民反映，现在机动车基本都购买了车辆保险，司机驾车争道抢行、随意变线，造成碰撞等交通事故，就通知保险公司来理赔，肇事司机往往置身事外，后面堵多长跟他没什么关系，时间一长，会造成一些驾驶人员交通安全意识淡薄，养成不良驾驶习惯，可能引发更多的交通事故，造成更多的交通拥堵。针对市民反映的这个问题，《交通违法处罚条例》专门规定，驾驶机动车造成交通事故负全部责任或者主要责任的，除了按规定理赔外，还要按其造成交通事故违法行为应处罚款数额的两倍处罚，并按规定暂扣驾驶证。通过适当提高违法成本，引导驾驶员谨慎驾驶，减少路面碰撞和交通拥堵。

8. 免责救济措施。公开征求意见时，一些市民反映，现在交通设施不完善，部分地方的交通标志标线指示不清、设置不规范，导致驾驶人在无意识的情况下违规等等。对市民反映的意见，我们作了认真研究，根据多数市人大常委会组成人员的意见，在《交通违法处罚条例》专门设置了一个条文，规定在交通信号灯因故障或者被障碍物遮挡而影响驾驶人识别，交通信号灯、交通标志标线设置不符合标准影响驾驶人识别，服从交通警察指挥等情形下，被交通技术监控设施记录有违法行为的，当事人可以向市公安交通管理部门申请核查，经查证属实的，公安交通管理部门应当撤销该违法记录。市人大常委会组成人员希望通过这一规定，促进交通设施的规范和完善。

（2010 年 6 月 22 日）

关于深圳交通安全管理立法
需要研究把握的几个问题

根据深圳交通安全管理的实际需要，市领导层决策，将《深圳经济特区道路交通安全违法行为处罚条例》和《深圳经济特区道路交通安全管理条例》分开来立法，这在全国尚属首例。《深圳经济特区道路交通安全违法行为处罚条例》于 2010 年 8 月 1 日实施后，社会反响好，法规实施取得了成效。我们研究起草《深圳经济特区道路交通安全管理条例》（以下简称《交通安全管理条例》）也要像制定《深圳经济特区道路交通安全违法行为处罚条例》（以下简称《交通违法处罚条例》）那样，"不做则已，要做就力求做得最好"。

一、《交通安全管理条例》立法的重要意义

《交通安全管理条例》的制定符合深圳的发展目标。深圳的发展目标是建设现代化国际化先进城市，这给我们的交通安全管理提出了新的更高要求。交通是城市经济社会发展的重要命脉，交通的安全、有序、畅通，是国际化城市的重要标志，也是科学发展、社会和谐的重要标志。上海世博会的主题是"城市让生活更美好"，如果城市交通不安全、无序、拥堵，生活更美好就会打折扣。交通安全条例的制定及今后的实施，将对实现深圳的发展目标发挥积极作用。

交通安全管理立法与深圳 1000 多万市民息息相关。交通安全管好了，出行方便了，事故减少，交通事故伤亡就可以减少了，"救人一命，胜造七

级浮屠"。交通安全管理立法是事关深圳千百万市民切身利益的大事，我们
要把这件事情做好。

《交通安全管理条例》更带有治本的性质。相对于此前的《交通违法处
罚条例》，《交通安全管理条例》更带有治本的性质。我们要抓住影响交通安
全的一些源头性、根本性、基础性的问题，作出条例规范，依法治理，这对
深圳交通的安全、有序、畅通，对深圳经济社会发展具有重要意义。

二、交通安全管理立法面临的形势

交通安全管理是一个系统工程，涉及人、车、路以及经济特区内外一
体化、执法环境等因素，现状不容乐观。人的方面，深圳1000多万人都是
交通参与者，现在相当多的人（包括司机和行人）缺乏交通规则意识，交通
安全意识不强，没有良好的出行习惯，乱来的人很多；车的方面，机动车高
增长、高密度（2010年机动车密度全国最高）、高使用率、低效率（大多坐
1人）；路的方面，现在深圳道路基本上处于饱和的状态，深圳的高速公路、
快速干道近似于市政道路一样繁忙；特区一体化对我们交通管理提出了更高
的要求，交通安全管理的重点难点在原特区外；交通管理执法环境也有待进
一步改善。这是交通安全管理立法面临的形势。

深圳市人大内务司法委员会进行交通安全管理立法调研时，许多同志
发言时都谈到深圳交通管理形势仍很严峻。突出的表现，一是争道抢行、事
故频发、伤亡严重；二是交通拥堵。交通拥堵这个"城市病"原来是发生在
西方国家的城市，现在到中国了。交通专家讲，中国的交通拥堵，刚刚开
始，北京一环到五环基本上都在拥堵，全国主要城市3至5年内将进入全面
拥堵时代。一些城市解决拥堵的办法，一是修路，不断地修新路，有交通专
家认为，不断地修路，结果是带来新的更大规模的拥堵，北京的道路已经修
到六环了，但更堵了；二是行人、非机动车给机动车让道，这样非机动车、
行人可走的路少了。解决交通拥堵，最根本的还是公交战略，现在大体已形
成共识。

立法调研时，一些同志讲，交通安全管理不能只顾眼前，"头痛医头、

脚痛医脚"，要着眼于长远。这个意见是对的。所以，我们要进一步认识深圳交通安全立法面临的形势，要按照系统工程来系统思考、统筹规划、系统治理、依法治理、源头治理、综合治理。交通安全立法要坚持这个思路。

交通安全管理立法不是只管一年、两年的事情，我们要把交通安全管理条例立法和"十二五交通规划"的编制、实施结合起来，同深圳建设现代化国际化先进城市对交通安全的要求结合起来。

三、交通安全管理立法的几点要求

交通安全管理立法的目的，简单地讲就是"三促进"，即促进交通安全、促进交通有序、促进交通畅通。交通安全管理立法要围绕"安全、有序、畅通"6个字做文章。交通安全立法特别要在预防和减少交通事故、保护人身安全、疏解交通拥堵方面下工夫。

1. 注重交通安全的源头性、根本性、基础性问题的治理，重在治本。加强城市管理要注重源头性、根本性、基础性问题的治理。这个要求也完全适用交通安全管理立法。比如严重交通违章与保险费挂钩，这是国际惯例；驾校培养的学员肇事多，或者将学员拉到外地培训变相"卖证"的，要对驾校进行资质审查直至吊扣许可证；违章多、事故多的，信用征信网上给他留下不良记录，想当司机，人家不招你，其他求职也不招你，等等。这些都是源头管理问题，带有治本性质。世界上一些国际化城市就是这样管的。深圳交通安全管理立法要研究借鉴。

2. 注重国际化城市视野下的制度创新、学习借鉴。交通安全管理立法要有国际化视野。我们要学习借鉴欧美等西方国家交通安全管理立法的先进经验，学习借鉴新加坡、中国香港和澳门交通安全管理立法的先进经验，实行制度创新。

3. 注重《交通安全管理条例》的针对性和适当的前瞻性。交通安全管理立法要有针对性，要管用。深圳交通处罚条例，市领导的评价是有针对性、管用，现在制定《交通安全管理条例》，也要达到这个要求。《交通安全管理条例》要管今后一个时期，所以要有前瞻性，要有适当的超前意识。

4. 条例在突出重点的同时，要注重条文规范的严密、严明和广覆盖。中国香港、新加坡交通立法的一个特点是严密、严明，我们这次的立法条文，要尽可能细化、好操作。我们需要解决的一些突出问题，尽可能在章节条文中体现出来，如果内容覆盖不广、不到位，条例通过后再要修改、补充，程序就复杂了。

四、交通安全管理立法需要研究规范的一些重点问题

交通安全立法调研时社会各界反映的一些突出问题，需要重点规范，针对问题立法，以立法促进问题解决。

1. 道路交通安全责任。研究确定政府交通安全协调机制，比如建立"交通安全委员会"之类的协调机制，明确职责；还包括怎样齐抓共管，重点是企业交通安全监管、运输行业安全监管责任等。

2. 道路交通规划设计以及标志、标线、信号灯设置的科学化、规范化、人性化和公众参与问题。这是治本的重要内容，在立法中要把这部分内容专门作出规范。与人方便，给人安全，这是交通规划设计建设的首要目标，道路交通规划设计以及标志标线设置的科学、规范，直接涉及交通安全和交通便捷通畅。这次立法调研中反映较多的以下几个具体问题，需要在条文中体现：

（1）城市规划与交通规划的互动、反馈和衔接机制；

（2）交通节点设计，现在不少人反映，一些交通拥堵点，是因为交通节点设计上不合理造成的；

（3）市公安交通管理部门怎样参与道路交通规划设计，这次调研中对道路开挖、开路口的安全问题反映较多，市交通运输委员会、市公安交通管理部门两家的目标是一致的，怎样协调配合好，协商配合的效果应该是 1＋1＞2；

（4）公交站台、的士站点的设置怎样安全、方便，方便公交车靠站，方便市民乘车，要在条例中体现；

（5）道路规划设计、标志标线信号灯设置怎样科学、规范、合理，怎

样征求群众意见，真正让公众参与，标志标线信号灯设置怎样根据实际需要适时调整，要有条文规范；

（6）"十二五交通规划"提出要建135公里自行车道，深圳非机动车道的出路在哪里，怎样在条文中体现；

（7）隧道的设计和灯光设施合理化问题；

（8）人行横道、过街天桥设计怎样科学规范安全，条例要体现，杜绝行人因过街等候时间长、距离远，他就跨栏杆翻隔离墩现象；

（9）欧美高速公路应急车道有沟槽类阻碍设计，防止社会车辆开上路肩，可研究借鉴，用条文规范；荷兰等国家路牙斜面设计，减少重大交通事故，可以研究。

3.建设项目交通影响评价制度。调研时，不少同志要求加强这方面的评估，可以单独写成一章，建设项目经过交通安全影响评估，这是一个创新。还有交通效率评估，交通接驳方便，让守规矩的人付出尽可能低的成本。

4.完善道路交通安全管理措施和公共服务。机动车和非机动车、驾驶人和行人交通安全管理，是条例需要规范的重点内容，要在《中华人民共和国道路交通安全法》基础上，根据深圳实际，借鉴国外、中国香港先进经验，规范得更加严密。公共服务包括及时发布交通通行及交通安全信息、交通安全报告等，为市民安全出行提供便利，要有条文规范。

这次调研中反映比较多的几个交通安全管理问题，立法时要重点研究、规范管理：一是电动自行车管理问题。电动自行车引发的交通伤亡事故占较高比例，要认真研究怎样管理。要实行"三限"，限时、限路、限载，违反规定载客载物要重罚。"三限"以外作代步工具的，怎样合法行驶、走什么路都要明确。二是驾校管理、外地驾照转入（每年的新增驾照有近半是外地转入）管理问题。现在的"马路杀手"，使用"真的假驾照"，驾照是花钱买来的，而不是考来的。对于外地驾照转入问题，条例要有针对性条文。三是新司机上路严管问题。澳大利亚交通立法对新司机管理有比较好的经验，对新司机3年内违章列入记分管理，达到一定分数暂停驾驶，比对老司机要求更严，要学习借鉴，这也是约束一些人到外地买证的措施之一，是制度创新。四是泥头车、校巴、大巴、的士驾驶员信息记录管理。五是道路施工单位安全管理，如果施工单位只管道路施工，不顾交通安全，如何处罚。六是加大肇事逃逸查缉力度及举报奖励制度，条例要有体现。七是行人闯红灯处罚，在处罚条例基础上，要加重处罚，可以罚100元（香港行人闯红灯罚款2000元），站岗2—3小时可免缴罚款。有人说行人罚不到，这个说法不成立，罚不到是因为没有人认真执法，认真严格执法，会影响更多的人遵章守法。从依法整治行人闯红灯着手，治理"小恶"顽疾。

5. 控制车辆高速增长、缓解拥堵问题。这是要高度重视的问题。我们这次立法要涉及，留下伏笔、留下空间。有限的道路无法承载无限增加的汽车。条例要有干预措施，可以授权政府适时采取调控机动车增量、征收交通拥堵费等措施，遏制车辆快速增长。交通拥堵的预防和处置，要作为这次立法的一个重点问题来研究规范。我们的条例还可以规定鼓励多人共乘。政府有关部门可以借鉴研究一些城市的做法，研究设置"共（合）乘车道"。社会上反映的"潮汐车道"问题，怎样充分利用道路资源，也可研究规范。

6. 交通违法信用征信，提高违法成本。世界上国际化城市管理交通，最有效、最有威慑的一条是信用征信，有交通不良记录会带来一系列的麻烦，驾车人不敢轻易违法。我们的立法要很好地借鉴，提高交通违法成本。

7. 交通安全执法保障和执法监督。执法保障和执法监督，是一个重要问题，要研究规范到位。

（2010年11月10日）

深圳经济特区消防安全立法的几个问题

《深圳经济特区消防条例》（以下简称《消防条例》），是与深圳经济社会发展密切相关，与人民群众的生命财产密切相关的一部十分重要的法规。《消防条例》的出台，体现了市委、市人大、市政府对消防安全的高度重视，对于保障经济社会发展、维护人民群众的生命财产安全具有重要意义。

一、《消防条例（草案）》公开征求意见情况和立法过程

针对 2008 年深圳市南山区和龙岗区两场重大火灾暴露出来的问题，及全市消防工作的实际情况，2008 年下半年，市委、市人大、市政府决定全面修订《消防条例》。市政府起草了《深圳经济特区消防条例（草案）》［以下简称《消防条例（草案）》］，提请市人大常委会审议。2009 年 5 月，市四届人大常委会第二十八次会议审议了《消防条例（草案）》。一审后，市人大内务司法委员会会同市消防局、市法制办对市政府提出的草案进行了修改，形成了《消防条例（草案征求意见稿）》。消防安全关系深圳经济社会发展全局，关系千家万户利益，需要征求广大群众的意见。2009 年 6 月初，市人大内务司法委员会将《消防条例（草案征求意见稿）》在《深圳特区报》、《深圳商报》和市人大网站、政府在线、深圳新闻网等媒体上公布，公开征求社会各界的意见。6 月中旬，市人大内务司法委员会分别组织召开了 3 次不同类型的征求意见座谈会，听取了建设单位、消防安全重点单位以及娱乐场所、酒店、交通运输企业、物业服务企业等行业的代表对《消防条例》修改的意见，还深入几个区召开基层单位座谈会，专门听取街道办事处、公安

派出所、业主委员会、社区工作站、居民委员会等基层组织和群众代表的意见。在公开征求意见过程中，社会各界对《消防条例》的全面修订工作高度关注，对人大公开征求意见，实行开门立法的做法给予肯定，提出了很多很好的意见和建议。

同时，市人大内务司法委员会还广泛收集研究了新加坡、中国香港等世界先进城市和欧美一些国家有关消防立法的资料，为《消防条例》修改提供借鉴。

2009年9月24日，市四届人大常委会第三十三次会议审议并表决通过了《消防条例》，于2010年1月1日开始实施。根据《消防条例》的规定，其适用范围是深圳经济特区。经国务院2010年6月批准，自2010年7月1日起，将深圳经济特区的范围扩大至全市，所以，《消防条例》实施的范围扩大至原特区外的宝安、龙岗及光明、坪山新区，也就是说《消防条例》在全市范围内实施。

二、《消防条例》立法的指导思想

《消防条例》立法时把握的指导思想，主要有以下四个要点：

一是严格管理、严格执法。在市人大常委会审议过程中，绝大多数常委会组成人员都赞成对消防违法行为要严格管理、严格执法。这一指导思想符合市五次党代会报告中提出的"树立严管城市理念，出台严管城市措施"的要求。新加坡、中国香港就是实行"严管城市理念"。我们要通过严格执法，增强《消防条例》的威慑力，增强消防参与者对消防安全法律法规的敬畏和自觉遵守意识。

二是注重源头治理，注重治本。《消防条例》通过强化消防安全责任制、加强消防安全宣传教育、规范消防技术服务机构等措施，强调认真抓好消防安全的源头治理，注重治本。这一指导思想也符合深圳市五次党代会报告中提出的"努力解决社会管理的源头性、根本性、基础性问题"的要求。

三是坚持教育与处罚相结合。《消防条例》强调加强消防安全宣传教育，强调教育与处罚相结合。

四是大胆借鉴，制度创新。适应深圳建设国际化现代化先进城市的要求，《消防条例》大胆借鉴中国香港、新加坡等世界先进城市在消防安全管理方面的成功经验，结合深圳的实际情况，大胆地进行一系列制度创新。比如既有建筑（旧屋村，历史遗留违法建筑）限制使用令制度、消防大使制度、消防安全主任制度、消防检查令制度等，是借鉴香港经验的制度创新。

三、消防安全立法需要解决的主要问题

1. 消防工作的方针和原则。《根据消防条例》规定，消防工作的指导思想就是贯彻预防为主、防消结合的方针。

消防工作的原则就是四句话：政府统一领导、部门依法监督、单位全面负责、公民积极参与。这个原则里面，笔者认为，最重要的是"单位全面负责"。消防安全不仅仅是公安消防机构的事，也不仅仅是政府的事，而是全社会的共同责任，政府要加强领导，各有关部门要依法加强监管，单位要全面负责。如果各个单位全面负起消防责任，消防安全就有保障了。单位如果不全面负责，出现重大消防隐患又不整改，要承担法律责任。我们通过监督检查、加强监管、促进各单位全面负起消防责任。

2. 消防安全责任制。实行消防安全责任制，是消防安全管理中最基础、最重要的环节。实行消防安全责任制，就是要强化各级政府相关单位、各相关场所的消防安全责任，实行"单位全面负责"，促使社会各方面各单位和全体公民自觉做好消防安全工作，增强全社会的消防安全意识，提高抗御火灾的整体能力。

《消防条例》对市、区政府、消防安全委员会、街道办事处的职责，公安消防机构、公安派出所的职责，作出明确规定，对规划国土、交通运输、文体旅游、住房建设等部门的消防安全职责也作了规定。

在《消防条例》公开征求意见时，市人大内务司法委员会同公安消防部门对全市近 10 年来的火灾事故情况进行了调研统计分析。从全市火灾事故发生的场所来看，娱乐场所、出租屋、大巴等火灾隐患和火灾事故突出。比如交通工具火灾，近 10 年每年都占火灾总数的 10% 左右，2007 年

和 2008 年，交通工具引发火灾分别占火灾总数的 17.1% 和 18.6%，呈逐年上升的趋势。2009 年 6 月 1 日至 15 日，在短短的 15 天中，全市公共交通工具就发生了 11 起火灾。6 月 13 日发生的 320 线路大巴燃烧事故，车厢全部烧毁，车上 20 人逃离，幸无人员伤亡。针对深圳消防实践中存在的问题，为了强化消防安全责任制，在《消防条例》修订中，针对深圳消防隐患突出的场所、部位等，专门增加和强化了娱乐场所、出租屋和公共交通工具经营者的消防安全责任。这是《消防条例》根据深圳实际情况规定的亮点。

《消防条例》第二十条规定，娱乐场所经营者除履行重点消防安全单位的消防安全责任外，还应当履行下列消防安全责任：（1）经营场所的室内装修、装饰应当按照消防技术标准的要求，使用不燃、难燃材料；（2）营业时必须确保经营场所安全出口和疏散通道畅通无阻，不得将安全出口上锁、阻塞；（3）至少每半年组织一次消防安全演练，培训全体员工掌握报告火警、使用灭火器材、疏散人员等必要的消防安全知识；（4）在营业时，不得超过额定人数；（5）不得在经营场所内存放、使用烟花、爆竹以及其他易燃易爆危险品；（6）法律、法规规定的其他消防安全责任。娱乐场所经营者不履行消防安全责任的，责令限期改正；逾期不改的，将对责任单位处以罚款，并对其消防安全责任人处以罚款。

《消防条例》第十六条规定，出租屋的出租人应当履行下列消防安全责任：（1）出租的建筑物符合消防法律、法规的有关规定，并承担相应的消防安全责任；（2）监督承租人不得擅自改变出租建筑物的使用功能和结构；（3）监督承租人安全使用出租建筑物及相关设施，发现存在火灾隐患的，及时整改或者督促承租人整改；发现承租人有消防违法行为的，及时报告公安机关、消防机构或者公安派出所。

《消防条例》第十七条规定，出租屋的承租人应当履行下列消防安全责任：（1）不得租赁不符合法律、法规规定出租条件的建筑物，并根据国家有关规定和租赁合同的约定承担相应的消防安全责任；（2）不得擅自改变建筑物使用功能和结构；（3）发现火灾隐患应当及时消除或者通知出租人进行整改。

出租人、承租人不履行消防安全责任的，将被处以警告或者罚款。

《消防条例》第十九条针对公共交通工具火灾的情况，规定公共交通经营者应当履行下列消防安全责任：（1）定期对车辆进行维护；（2）定期对车辆的车门手动开关、灭火器、安全逃生锤等应急设施进行检查维护；（3）定期对车辆电气线路进行检测，避免电气线路发热过度导致自燃；（4）定期对司乘人员进行安全知识、逃生技能培训和应急演练，提高司乘人员在紧急情况下使用车上安全设施、保护乘客安全疏散的能力；（5）公共交通车辆发生火灾危险时，司乘人员应当立即组织、引导乘客疏散。禁止消防安全设施配备不全的公共交通车辆上路载客。禁止在公共交通车辆上非法携带、存放易燃易爆危险物品。公共交通工具经营者不履行消防安全责任的，责令限期改正；逾期不改的，将对责任单位处以罚款，并对其消防安全责任人处以罚款。《消防条例》同时增加了重点单位消防安全重任制度、公共聚集场所消防安全认证制度等。

3. 消防设计审核验收和火灾预防。消防设计审核，是火灾预防的重要环节，《消防条例》规定按国家规定执行。但针对人大调研时一些单位反映的实践中存在的消防设计审核与验收标准不一致，易给当事人造成负担的问题，《消防条例》增加了第二十二条，对消防设计审核与验收执行的标准作了规定："依法需要审核验收的建设工程，公安机关消防机构应当按照国家工程建设消防技术标准强制性要求审核建设工程消防设计文件。建设工程符合依法许可的消防设计要求，并按照国家有关施工技术标准进行施工的，公安机关消防机构应当予以验收合格。"这样使消防设计审核和消防验收工作更加规范、协调，避免扯皮。

关于火灾预防，针对娱乐场所等公众聚集场所发生火灾的教训，《消防条例》第二十九条规定：娱乐场所、宾馆、饭店等公众聚集场所的经营管理者应当就下列消防安全事项向社会作出承诺，并将承诺书张贴或悬挂在场所出入口的显著位置：（1）疏散通道、安全出口保持畅通；（2）消防设施保存完好有效；（3）装修、装饰材料符合消防技术标准要求，使用不燃、难燃材料；（4）发生火灾时有专门的工作人员组织、引导疏散。

《消防条例》还针对娱乐场所火灾教训规定：禁止在人员密集场所的门窗和疏散通道设置影响逃生和灭火救援的障碍物。禁止使用不合格的消防产品以及国家明令淘汰的消防产品。

4. 既有建筑物的消防改造使用（包括限制使用令）。对既有建筑物进行消防改造，提高消防安全标准，是维护消防安全的一项重要措施。对全市城中村房屋和老旧楼宇包括历史遗留违法建筑，立法时总的考虑是，不宜"一刀切"，要考虑历史情况，着眼现实，给出路。借鉴中国香港以及发达国家的相关经验做法，《消防条例》第二十四条规定，市政府可以根据城市发展的实际情况，对城中村等既有建筑物的消防安全制定相应的具体消防技术规范。区政府、街道办事处应当加强对城中村、旧工业区、老城区消防安全工作的监督检查，根据需要改造公共消防设施，配备必要的消防装备。

《消防条例》第二十五条规定，根据《深圳市人民代表大会常务委员会关于农村城市化历史遗留违法建筑的处理决定》规定，可以确认产权或者临时使用的既有建筑物，依法应当办理而未办理消防备案或者审核验收手续的，在工程质量检验合格后，由建设工程的设计、施工单位或者消防技术服务机构按照建筑物建造时的消防技术标准或者市政府制定的具体消防技术规范就现状进行消防安全评价，取得消防安全合格意见后，报公安机关消防机构备案，公安机关消防机构应当进行抽查。但这类违法建筑如果设置大型人员密集场所和其他特殊建设工程，应当依法取得消防行政许可。

公安机关消防机构发现前款规定的既有建筑物不符合市政府制定的具体消防技术规范要求的，应当责令建筑物的所有人或者使用人在规定的期限内进行整改；无法整改的，公安机关消防机构应当发出限制使用令，限制其使用功能（比如有些不能开办娱乐场所、网吧等公众聚集场所等等）。限制使用令制度，借鉴了香港立法经验，是《消防条例》的一个亮点。

5. 消防安全主任和消防技术服务机构。《消防条例》借鉴香港注册安全主任制度，规定消防安全重点单位要设立消防安全主任。消防安全主任履行下列职责：（1）组织制定本单位的消防安全责任制并监督落实；（2）督促本单位的消防安全管理人员依法履行职责；（3）组织开展本单位的消防安全检查；（4）向本单位的消防安全责任人报告消防安全状况并提出改进意见；（5）定期向公安机关消防机构报告本单位的消防安全状况。消防重点单位设立安全主任，这一条要检查落实。

在审议中，有市人大常委会组成人员建议，《消防条例》要进一步界定消防技术服务机构的性质、经营范围、工作程序以及与服务对象的关系等内容，保证《消防条例》实施后同步依法开展相关工作。经研究，我们认为界定和规范消防技术服务机构具有重要的意义。目前全市从事消防技术服务的机构有二三百家，素质参差不齐，国家尚未对这类机构的资质、监管问题作出明确规定，基本处于无法可依的状态。如何界定和规范消防技术服务机构，促进其发展，就成为此次《消防条例》修订工作亟须解决的一个重要问题。我们研究借鉴了香港消防立法中的注册承办商制度，在《消防条例》第五章中专门增加了有关规范和界定消防技术服务机构的内容，对消防技术服务机构的性质、设立、经营范围以及监管等作了明确规定。《消防条例》第四十八条规定："消防技术服务机构按照法律、法规和有关规定从事消防设施、产品维护和检测，室内装修装饰材料检测，消防安全评价，消防技术咨询和培训，火灾损失评估等消防技术服务，并对服务质量负责。消防技术服务机构的有关消防设施、产品维护和检测，室内装修装饰材料检测，消防安全评价，消防技术咨询和培训，火灾损失评估材料，应当保存两年以上。"

6. 消防安全宣传教育。在《消防条例（草案）》的初审报告中，内务司法委员会建议在条例中增加一章关于消防安全宣传教育的内容，市人大常委会组成人员审议时对此表示赞成，建议增加相关规定。为此，我们结合深圳的实际情况，吸收借鉴了中国香港、新加坡和欧美一些发达国家有关消防安全宣传教育立法的经验，在《消防条例》中专门增加了第四章，对政府有关部门的宣传教育职责、学校以及相关单位的宣传教育工作作了具体规定。例如《消防条例》第三十四条要求公安机关消防机构应当每年安排工作人员到全市中小学讲授消防安全课，每所学校每年至少讲授一次（借鉴了英国伦敦消防立法的做法）；各消防大队、中队要落实这一规定。学校应当将消防安全知识作为必修课目纳入教学内容，并应当针对不同年龄阶段学生的认知特点开展形式多样的消防安全教育；公众聚集场所和有关单位应当每年至少组织一次消防演练或者应急疏散演练等。

为了普及消防安全知识，提高全民的消防安全意识，我们还结合深圳市义工的发展状况，借鉴移植了香港的消防安全大使制度，规定在深圳也建立消防安全大使制度，凡年满 14 周岁，在本市居住的人员，经公安机关消防机构培训合格后，可以成为消防安全大使，由市公安机关消防机构和市义工联联合颁发证书；消防安全大使的主要职责是向公众宣传消防安全知识、举报火灾隐患和就消防安全工作提出意见和建议。这是立法的一个亮点。香港现有近 10 万名消防安全大使，对消防安全工作发挥了积极作用。深圳市公安消防局和各大队，要依法推进这一制度的实施。

7. 消防监督检查（消防检查令制度、严重消防违法信用惩戒制度）。消防监督检查是公安机关消防机构依法对遵守消防法律、法规、规章以及消防技术规范，落实消防安全责任等情况进行监督检查的行政执法行为。为进一步规范消防监督检查，增加消防执法的规范性，我们借鉴新加坡、中国香港等世界先进城市消防执法的先进经验，在《消防条例》中对消防监督检查的程序、方式、内容及相应的执法监督等作了明确的规定，如第六十六条借鉴香港消防管理经验，规定了消防检查令制度，公安机关消防机构工作人员实施消防监督检查时，检查人员不得少于两名，并应当出示经市、区公安机关消防机构负责人签发的检查令。消防检查令的目的，是规范消防检查，根据工作实际，需要检查的，要申请消防大队签发检查令。第六十八条对公安机关消防机构处理举报、投诉的时限和方式作了具体规定；第七十五条规定了政府部门消防安全信息共享和联动机制。

《消防条例》第七十六条规定了对严重消防违法行为的信用惩戒制度，单位或者个人存在严重消防违法行为，经公安机关消防机构责令改正且逾期不改正的，公安机关消防机构应当在规定时间内通知有关机构将该单位或者个人的违法信息录入企业或者个人信用征信系统。按照规定录入信用征信系统的单位或者个人，不得承接政府投资项目，不得参加政府采购；不得享受本市有关优惠政策，已经享有优惠政策的，应当予以终止。政府及有关部门不得受理其在经营方面的评优评先申请，不得授予其荣誉称号。

信用惩戒制度在市人大解决法院执行难的决定中作出规定，施行后发挥了好的作用。在《交通违法处罚条例》中也作了规定。在欧美发达国家，除了严格的交通执法，交通违法行为对驾驶员个人信用等级的影响也使得人们一般不敢轻易违反交通法规。关于西方国家如何处理交通违章，网上流传这样一个故事：一个德国卡车司机深夜行车，闯了红灯，第二天，警察的罚单就寄来了；第三天，保险公司通知他要补交车辆保险费；第四天，银行通知他，不给这辆车分期付款了，银行信用卡也不能用了。在美国，不论何种交通违章和其他违法行为，只要被开具罚单和接受处罚，违章记录就会存入个人社会安全号档案中，这些记录在本人晋升、银行信用、保险、求职等方面都会产生负面影响。借鉴欧美发达国家信用建设的经验，我们在消防安全管理方面也要加强信用惩戒机制建设，进而推动全社会的信用建设。市五次党代会讲到今后深圳建设法治城市时，特别强调，要"构建公平正义、诚实信用的法治环境"。在这点上，我们同欧美、新加坡、中国香港有较大差距。

8. 灭火救援到达现场的时间问题。我们借鉴香港消防灭火救援的做法，在《消防条例》第五十二条中对到达现场时间问题作出规定，消防队在接到指令后应当在一分钟内登车出动，到达现场的时间则由市公安机关根据实际情况规定并向社会作出承诺，并每年公布上年度实际执行情况。香港消防处规定的火警召达时间为：楼宇聚集地区 6 分钟，楼宇分散及偏远地区 9—23 分钟，并承诺在召达时间内到场处理的比率为 92.5%，近年实际执行都略高于这个承诺比率。深圳的灭火救援需要学习借鉴香港经验，加强这方面的建设。

9. 灾后救助问题。为了体现"以人为本"的执政理念，我们针对火灾事故善后处理工作中存在问题，在《消防条例》中专门增加了第五十五条，对灾后救助的问题作了规定，要求市、区政府或者街道办事处在发生火灾事故造成人员伤亡和重大损失时，应当组织或者责成相关单位和个人为受灾人员提供必要的生活和医疗救助。

我们要认真贯彻实施《消防条例》，突出重点，严格管理，严格执法，下大力气解决影响全市消防安全的一些突出问题，提高消防安全管理的法治化水平。同时，注重消防违法行为的源头治理，注重治本。还要大力宣传动员广大群众参与消防安全管理，共同维护消防安全。

（2010 年 7 月 20 日）

对前海深港现代服务业合作区立法的几点思考

　　国务院 2010 年关于深圳市前海深港现代服务业合作区的批复，将前海深港现代服务业合作区（以下简称"合作区"）开发上升为国家战略，寄予很高期望。前海现代服务产业怎么发展，从发达市场经济国家情况看，法律先行是市场经济国家和地区促进产业（包括现代服务业）发展的基本模式。所以深圳市人大常委会决定在前海深港现代服务业合作区起步之初就抓紧制定相应条例，是十分必要的。

　　《前海深港现代服务业合作区条例》（以下简称《合作区条例》）主要解决什么问题？

　　经初步研究，提出几点不成熟的看法，请领导参考。

　　1. 推进统筹规划，有效配置和集约利用土地等资源，发展总部经济，推进现代服务业集聚发展问题。

　　国务院批复中明确强调："加强统筹规划、科学规划、增强土地等资源有效配置和集约节约利用能力，集中优势资源，发展总部经济，促进现代服务业的集聚发展。"总部经济和集聚发展，这是国务院对前海产业发展的重要定位之一，也是前海健康可持续发展的基础，需要认真研究，作出明确可操作的法规规范，便于监管。

　　市人大制定《合作区条例》时，需要研究借鉴深圳市南山高新区土地资源配置利用的经验和教训，对前海合作区有限的土地资源有效配置和集约节约利用作出法规规定；对集中优势资源，发展总部经济，促进现代服务业集聚发展作出法规规定。进入合作区的企业应按国务院要求，以服务业总部经济为主，集聚发展。通过《合作区条例》法规规范硬约束，避免土地粗放经营，摊大饼。

2. 政府产业引导、人才保障、优化服务问题。

（1）产业引导。产业是前海深港现代服务业发展的支柱。《合作区条例》需要通过其立法的规范引导功能，引导重点发展创新金融、金融信息、保险业务、会计法律服务、科技服务、通信及媒体服务等比较高端的现代服务业。对一般性企业作出限制性规定。通过深港前海合作，把香港的一些高端服务产业引入到前海来，使前海成为香港与珠三角及内地现代服务业连接的桥头堡，按国务院批复要求，"把前海深港现代服务业合作区建设成为全国现代服务业的重要基地和具有强大辐射能力的生产性服务业中心，引领带动我国现代服务业发展升级"。

（2）人才保障。现代服务业发展的核心要素是人才。一个新兴现代服务业合作区的创建，相关配套的高端人才引进和储备是至关重要的。新加坡面对现代服务业快速发展，采取了全球撒网的人才战略。《合作区条例》需要对怎样采取措施，吸引高层次人才集聚作出规定，对高层次人才从薪金、居留权、住房、家庭服务、创业就业环境等方面提供优化服务作出规定。

（3）政府扶持。《合作区条例》需要对政府扶持作出规范。一是财政对入区企业的适当引导性投资，包括引入风险投资。二是税收适当优惠。比如能否在前海实行特殊的个人所得税征收政策，实行与香港相近的税收政策，以吸引香港现代服务业高端人才。上海目前正在研究与发展现代服务业相适应的税制改革措施和政策，争取国家在上海先行先试。深圳也需要积极争取这方面的先行先试。三是政府牵线搭桥的现代服务业信贷支持。

（4）公共服务。合作区的公共服务和社会服务，需要借鉴中国香港、新加坡的经验，在《合作区条例》中体现，让在合作区内工作生活的人感到便捷愉快。

3. 合作区市场准入及体制机制创新问题。

国务院批复要求："要进一步发挥经济特区先行先试作用，以前海现代服务业的开放发展为契机，积极探索现代服务业发展的体制机制，为全国现代服务业的创新发展提供新经验。"合作区涉及的市场准入、涉及的体制机制问题，主要包括：

（1）外资（港资）在前海设立现代服务业经营机构包括分支机构或代表处的登记注册问题，能否参照香港地区的做法，实行简单的备案制，或者由深圳本地监管机构直接审批，并尽量简化程序。

（2）香港现代服务业中的律师、会计师及金融证券、贸易服务、物流等从业人员进入前海工作，其原有资质、资格是直接有效，还是经深圳本地监管机构备案即可在前海从事相关业务，要研究规范。

（3）一些国内尚未开展的现代服务业（如一些金融衍生产品）能否在前海先行先试？市场准入是《合作区条例》不宜回避、需要涉及的问题，且涉及体制机制创新问题，有的问题可能需要同国家有关部门沟通后在条例中作出规定。

4. 创新激励问题。

创新是现代服务业发展的持久动力。新加坡的经验表明，现代服务业的每一次长足发展都离不开相关领域的创新。《合作区条例》需要作出规范，激励和引导企业进行制度创新、技术创新、营销创新，努力营造崇尚创新、追求创新的社会环境，为合作区发展提供持久动力。

5. 规范高效监管及司法仲裁问题。

现代服务业更系统地体现出交易性、流动性、风险性特征，因此，需要规范、简便、高效的监管，需要借鉴香港对服务业的监管方式，实行监管创新和服务创新。《合作区条例》需要对规范高效创新监管及在服务中监管作出规范。总体上是少管制、多服务。

关于司法仲裁问题，《合作区条例》可规定在前海设立法院或法庭和仲裁机构。香港的商事仲裁机构能否进入前海设立办事机构依照当事人选择的法律进行商事仲裁，香港律师事务所分所进入前海，也需要研究规范。

6. 合作区法律衔接和法律适用问题。

12月6日，香港政务司司长唐英年先生到访深圳，深港双方达成共识，前海将由深圳市政府主导和开发管理。这意味着今后前海管理总体上适用国内法律和深圳特区法规。但前海深港服务业合作，不可避免地涉及两地法律衔接问题，比如，会计准则方面，能否与香港标准并轨，采用最佳营运守则；又如，金融证券方面的运行规则怎样衔接等，都需要解放思想加以研究。

国内关于现代服务业的相关法律规定与香港相关规定距离较大时，按照国务院批复中"充分利用全国人大授予的经济特区立法权，为前海现代服务业的发展创造优良的法制环境，超出授权范围的立法按规定报批"的要求，能否通过特区立法将香港相关规定移植为深圳特区法规规定在前海适用？深圳经济特区授权立法权限内的事项，可以解放思想，大胆研究试验，按照邓小平同志说法，试验中有不合适的地方，改过来；超出特区立法权限的也可报批后试验。上海目前正在研究制约现代服务业发展的管制、税制、体制和法制等方面的瓶颈问题，探索具有突破意义的制度创新，力图为现代服务业发展拓展更大的制度创新空间。这值得深圳重视和借鉴。

（2010 年 12 月 8 日）

关于完善人民陪审制度立法的思考

人民陪审制度是我国的一项重要法律制度和民主制度。在党和国家要求进一步发展社会主义民主、健全社会主义法制的今天，人民陪审制度也应当发展和完善。而完善人民陪审制度立法，则是人民陪审制度发展和完善的重要保证。

一、完善人民陪审制度立法的必要性

完善人民陪审制度立法的必要性，主要表现在以下两个方面：

1. 完善人民陪审制度立法，是贯彻宪法民主原则，吸引人民群众依法参加国家审判活动，促进人民法院进一步依靠群众和接受群众监督的需要。

《中华人民共和国宪法》（以下简称《宪法》）规定："中华人民共和国的一切权力属于人民"；"人民依照法律规定，通过各种途径和形式，管理国家事务，管理经济和文化事业，管理社会事务"；"一切国家机关和国家工作人员必须依靠人民的支持，经常保持同人民的密切联系，倾听人民的意见和建议，接受人民的监督"。审判权是国家的一项重要权力，当然也属于人民。在我国，依照《中华人民共和国人民法院组织法》（以下简称《人民法院组织法》）及有关法律的规定，实行人民陪审制度，则是人民群众参与国家审判活动，参与管理国家事务的一种重要途径和形式，也是人民法院的审判工作依靠群众、联系群众，接受群众监督的一种有效途径。认真执行和完善人民陪审制度，使依法产生的人民陪审员在执行职务时，与审判员具有同等权利，这对体现我国人民行使当家做主权利，具有重要意义。

从各地的实践看，人民陪审员多年来陪审了大量案件，发挥了重要作用。一是陪审员来自于群众，熟悉情况和某方面的专门业务，在执行陪审职务过程中，能直接听取并反映群众的意见，这就能使审判庭较好地判明案情，及时合法地处理案件。二是人民陪审员通过参加审判活动，向群众宣传法律，宣传法院的工作，有利于增强审判工作的透明度。三是人民陪审员依法直接参加审判工作，对人民法院严格执法、秉公办案，是一种直接的监督，这种监督是代表人民群众的监督，有利于推动法院的廉政建设，促进法院改进执法工作，这在当前和今后都是十分重要的。鉴于人民陪审制度的上述重要意义和作用，因此，很有必要通过完善人民陪审制度立法，使人民陪审制度的优越性得到进一步发挥。

2. 完善人民陪审制度立法，是保证法律规定的人民陪审制度得以有效实施的需要。

我国的人民陪审制度始于第二次国内革命战争时期的革命根据地苏区。新中国成立后，1954 年的《宪法》明确规定："人民法院审判案件依照法律实行人民陪审员制度。"1954 年的《人民法院组织法》，1979 年后全国人大相继通过的《人民法院组织法》、《中华人民共和国刑事诉讼法》、《中华人民共和国民事诉讼法》、《中华人民共和国行政诉讼法》都对人民陪审员陪审案件作出了规定。但是，长期以来，由于上述法律对人民陪审制度只有比较原则的规定，各地在实施这一制度过程中，不少实际问题多年不好解决，比如陪审员怎样产生，法院组织法只原则规定了选举产生，但怎样选举，由谁主持选举，选举名额的确定等都没有明确规定，不好执行。又如陪审员需要具备什么条件，缺乏明确要求，以致选举出来的陪审员有一部分不能发挥作用。再如人民陪审员执行职务期间的权利和职责是什么，陪审员对法院审判工作怎样实行监督，亦无具体规定，加上有的审判人员对人民陪审制度理解不深，以致存在陪而不审或不事监督的情况等等。这些问题的存在，使行之多年的陪审制度得不到正常运行和发展，影响了陪审制度的有效实施。因此，需要尽快完善人民陪审制度立法，使法律规定的人民陪审制度得以具体化、规范化，使陪审工作得以有效开展。

二、完善人民陪审制度立法需要涉及的几个主要问题

1. 关于人民陪审员的条件问题。

《人民法院组织法》规定："有选举权和被选举权的年满二十三岁的公民，可以被选举为人民陪审员，但是被剥夺过政治权利的人除外。"这保证了广大人民群众都享有当选为人民陪审员的权利。但是考虑到人民陪审员执行职务时，是从事审判工作的特定人员，与审判员具有同等的权利，要审阅案件材料，参加案件评议等，因此，还需具有相应的其他条件。如坚持四项基本原则，具有一定的文化和法律知识，遵守法律、法规，办事公正等，都是从事陪审工作须具备的政治和业务素质。实践中，有些陪审员在单位担任领导职务，或是生产骨干，或是从事特殊行业的工作等，因工作繁忙或者工作性质使其无法离开工作岗位，而不能到法院履行陪审职责，形成不陪不审。因此，担任人民陪审员，还需要有执行陪审职务所必要的时间。法院等实际部门的同志认为这是一个重要条件。

完善陪审制度立法时，对人民陪审员需要具备的上述条件，可考虑适当予以规范。《武汉市人民陪审员条例》即对此作了规定。这样可以避免以往实践中把人民陪审员作为一种照顾（人大代表候选人落选后照顾安排为陪审员）或荣誉职务安排的做法。如虑有"限制"之嫌，至少可以规定，陪审员候选人的推荐和确定须注意或考虑上述条件。事实上，我国的人民陪审员制度，不存在任何的财产、出身、性别、居住年限、民族、职业等资格限制，这就同资产阶级国家的"治安法官也好，陪审员也好，他们本身都是富人，都来自中间阶级，因此他们都袒护自己的同类，都是穷人的天生的敌人"① 有着本质的区别。规定需要具备或考虑必要的条件，正是为了避免流于形式，保证陪审制度的有效实施。

此外，立法上还需要对某些不适宜担任人民陪审员的人作出规定。在美国的陪审制度中，许多人由于他们的职业关系被豁免充当陪审员的义务。

---

① 《马克思恩格斯全集》第 3 卷，人民出版社 2002 年版，第 583 页。

这种豁免规定各州不同，在某些管辖区域中，被豁免这种义务的，有律师、内科医师、牙医师、药剂师和牧师；在另一些管辖区域中，护士、报界人士、印刷工、铁路、电话和电报职工、政府官员、消防队员和警察都在被豁免这种义务的职业团体之列。① 当然，我们在立法上不需要搞这么复杂，但根据有关法律的精神和实际情况，需要规定，人民代表大会常务委员会和专门（工作）委员会组成人员，人民政府组成人员，公安、检察人员和律师不担任人民陪审员。

2. 关于人民陪审员的选举问题。

最高人民法院于 1963 年在有关的通知中提出："人民陪审员一般在选举基层人民代表的同时，结合进行选举。"各地在实践中也基本上是这样做的，因为单独组织人民陪审员选举有一定难度。因此，需要从立法上对实践中的做法予以肯定。人民陪审员的选举，与不设区的市、市辖区、县、自治县、乡、民族乡、镇的人民代表大会的代表选举同时进行，由同级选举委员会负责组织。

人民陪审员的名额问题，法律没有规定。《吉林省人民陪审员选举办法》规定，人民陪审员的名额，农村（含市辖郊区）可按每个乡、镇 2—4 名选举，城市和县城所在地的镇可按人口的 2‰选举。《山西省人民陪审员选举办法》规定，县和市辖郊区可按每个乡、镇选举 2—4 名，城市可按选区选出 1—2 名。《武汉市人民陪审员条例》规定，城区和郊区按人口 1‰—1.5‰，县按人口 0.7‰—1‰的比例确定。这是根据这些地方的实际确定的。现在的问题是，完善立法时，需要对确定人民陪审员名额的原则予以规定。这一原则是否可以表述为，地方可以根据人口密度（数量）、法院受理案件的情况及审判工作的实际需要，并且使各民族、各地区、各方面都能有适当数量的人民陪审员的原则自行决定。这里的自行决定，包括根据本地的情况规定按一定的人口比例确定应选名额。另外，还需规定，具体名额由基层人民法院根据上述原则提出意见报同级人大常委会批准后分配。

人民陪审员的提出、选举程序，法律没有规定，实践中做法各异，需

---

① 参见《国外法学知识译丛——诉讼法》，知识出版社 1981 年版，第 88 页。

要从立法上予以规范。实践中一些地方的人民陪审员提名和选举程序是参照《中华人民共和国选举法》的有关规定进行的，立法时对此可以肯定，但人民陪审员的选举毕竟有别于人民代表的选举，因此可作适当简化和变通。比如，人民陪审员候选人不一定要求由各政党、各人民团体联合或者单独推荐，可以由基层人民法院协助选举委员会与选区和有关单位协商推荐，并征求选民意见后提出，选民 10 人以上联名，也可以推荐候选人。需要重视的一个问题是，候选人的推荐和确定应注意其代表性和广泛性。有的农村人口占 90% 的县，选举的几十名人民陪审员只有 2 名是农民，这是不适当的。立法上对此要予以明确规定，以保证工人、农民、干部、知识分子、妇女和少数民族各方面都有适当的陪审员人选。又如，人民陪审员的选举，不一定硬性规定一律要进行差额选举，可以根据候选人数等于或者多于应选人数的情况，分别实行等额选举或者差额选举。此外，一些县的同志提出，县、乡（镇）两级人大代表直接选举，选区要组织三次投票，工作量很大，可以简化为农村（含市辖区）的人民陪审员由乡、镇人民代表大会选举。吉林省、山西省的陪审员选举办法和武汉市的陪审员条例对此作了规定，国家立法时也可以考虑作出类似规定。至于对人民陪审员的监督、罢免和补选，可参照《中华人民共和国选举法》的规定进行。

除选举产生的人民陪审员外，实践中人民法院根据审理案件的特殊需要，经院长批准，还可临时特邀适当人员担任人民陪审员，如审理未成年人犯罪案件，可临时特邀教育工作者、共青团、妇联、工会干部等担任人民陪审员；审理专业性强的案件，可临时特邀有关专业人员担任人民陪审员，这是必要的，立法上可对此予以认可。但需明确，陪审案件应以选举产生的人民陪审员为主，临时特邀人员作为补充。

3. 关于人民陪审员的权利和义务问题。

建立人民陪审制度的目的之一，就是通过人民陪审员，发挥人民群众对审判机关的监督作用。因此，针对实践中一定程度上存在的陪而不审或不事监督的情况，完善陪审制度立法时，除了对人民陪审员的权利义务，如审阅所陪审案件的材料、参加案件调查、参加开庭审理案件或案件的调解、参加案件评议、遵守审判工作纪律、保守秘密等作出规定外，还需要明确规定，人民陪审员如发现审判活动违反法定程序、认为案件的事实认定或处理确有错误或者显失公正而在合议庭未能解决、发现审判人员未能依法履行职责、发现审判人员有其他违法违纪行为等，有权向审判长或者向院长或审判委员会提出意见和建议。人民陪审员还应密切联系群众，及时向人民法院反映人民群众对审判工作和审判人员的意见；人民法院对人民陪审员提出的意见、建议和问题，应当及时调查处理，并将处理情况告知人民陪审员。这样，人民法院通过人民陪审员及其与人民群众的联系，可以形成一个监督网络，有利于改善执法工作。

4. 关于人民陪审员执行职务的保障问题。

这是发挥人民陪审员作用的重要条件。从以往情况看，人民法院、人民陪审员及其所在单位都不同程度地存在一些问题，需要通过完善陪审制度立法予以规范和保障。

一是人民陪审员参加审理案件的范围的立法保障问题。1954 年的《人民法院组织法》规定："人民法院审判第一审案件，由审判员和人民陪审员组成合议庭进行，但是简单的民事案件、轻微的刑事案件和法律另有规定的案件除外。"1979 年的《人民法院组织法》援用了此规定。1983 年的《人民法院组织法》修改为："人民法院审判第一审案件，由审判员组成合议庭或者由审判员和人民陪审员组成合议庭进行；简单的民事案件、轻微的刑事案件和法律另有规定的案件可以由审判员一人独任审判。"除 1979 年通过的《中华人民共和国刑事诉讼法》外，近年通过或修改的《中华人民共和国行政诉讼法》、《中华人民共和国民事诉讼法》都援用了 1983 年《人民法院组织法》的上述规定。现在的问题是，一方面，一些法院对独任审判的案件把关不严，失之过宽；另一方面，法律规定的独任审判以外的案件，由于可以选择由审判员组成合议庭或者由审判员和人民陪审员组成合议庭，加上有的审判员怕麻烦，所以不少应当或者可以通知人民陪审员参加审判的案件而没有通知。有的大城市一年的一审案件近 3 万件，而有人民陪审员参加审判的不到 10%（其他一些地方也大致是这个状况），比例偏低；有的城区近年选举了 90 多名人民陪审员，一年多时间，区法院只通知了 6 名陪审员参加陪审，这很难说是适当的。

　　我们认为，随着社会主义民主政治建设的发展，人民群众参与国家审判活动，参与管理国家事务（审判案件也是重要的国家事务）的机会应该逐步增多，而且随着经济文化建设的发展及在全民中普及法律知识的第一个五年规划和第二个五年规划的实施，现在的人民陪审员应当比 20 世纪 50 年代更有能力或条件参加陪审更多的案件。完善人民陪审制度立法时，是否可以考虑恢复 1954 年和 1979 年《人民法院组织法》关于人民陪审员陪审案件的规定。如果认为现阶段条件还不够成熟，不宜恢复原规定，立法上至少需要表达这样的内容，即人民法院审判一审案件，应当尽量创造条件，尽可能多地通知人民陪审员参加审判，充分发挥人民陪审员的作用，以改变人民陪审员陪审案件比例偏低的状况。

　　二是法院及其审判人员对人民陪审员执行职务的保障问题。鉴于实践中有的地方存在不够尊重人民陪审员权利的现象，完善立法时，需要明确规定，人民法院及其审判工作人员应当尊重人民陪审员的权利。这是一个从立法到实践都需要认真解决的问题。我国的人民陪审制度的性质，要求人民陪审员执行职务时的权利应当受到充分保障，不能允许出现在资产阶级国家里，陪审员往往为法官所左右，"法官十分明显地授意陪审团必须提出什么样的裁断，而唯命是听的陪审团也经常提出这样的裁断"① 那样的情况。

　　为了保证陪审员有效地执行职务，还需要规定，人民法院对人民陪审员执行职务应当按年度作出适当安排，需要人民陪审员到人民法院执行职务时，应当提前（7 日或 10 日）通知，同时书面通知其所在单位；人民法院应当为人民陪审员执行职务提供必要的条件（如提供办公地点、业务学习资料）；应当对人民陪审员进行法律知识和审判业务的培训等。为了促进法院认真执行人民陪审制度，还需规定，人民法院应当向同级人民代表大会及其常委会报告执行人民陪审制度的情况，以完善人大对实施人民陪审制度的监督机制。

　　三是人民陪审员所在单位对人民陪审员执行职务的保障问题。人民陪审制度是国家的法律制度，人民陪审员所在单位当然应当执行。根据实践中

---

① 《马克思恩格斯全集》第 3 卷，人民出版社 2002 年版，第 578 页。

存在的问题，完善立法时，需要规定，人民陪审员所在单位，应当根据人民法院的通知，积极支持人民陪审员到人民法院执行陪审职务，妥善安排人民陪审员所担负的工作，保证其按时参加审判活动；人民陪审员在法院执行职务期间，其工资、奖金及其他待遇由所在单位照付。

四是对人民陪审员本身也要有规范要求。人民陪审员应当依法履行陪审职责，陪审案件须至案件终结。至于人民陪审员执行陪审职务的时间，有的地方规定每年至少 3 个月，有的主张规定每年一个月或两个月，由于各地的情况不一样，主要宜根据审判工作的实际需要掌握，法律上不宜对此作出具体规定。

5. 关于人民陪审工作所需经费问题。

一些法院反映，陪审经费不落实，一定程度上影响了陪审工作的开展，需要从立法上对此作出规定。《人民法院组织法》规定，人民陪审员在执行职务期间，没有工资收入的，由人民法院给予适当补助。需要明确"适当补助"的标准，可考虑按照当地职工工资收入或者村民纯收入的中等水平发给生活补助费、误工补贴费。实践中还有离退休人员担任陪审员的情况，这类人员连续执行职务一个月以上的，也要按月发给适当生活补助费。

关于人民陪审员的生活补助费、误工补贴费，执行职务的公务费及培训费、表彰费等经费来源问题，一些同志主张列入同级财政预算，专款专用，地方财政部门则强调财政困难，不能列出单项预算，意见不一致。但这个问题不能回避。根据陪审工作的实际需要，并参照最高人民法院、财政部1985 年《关于法院业务费开支范围的规定的通知》精神（陪审员的公务费等作为法院业务费的开支范围之一），至少需要规定，上述陪审员的有关费用，由同级财政部门在人民法院的业务费预算中予以安排和保证，以利人民陪审制度的顺利实施。

三、完善人民陪审制度立法的运作思路

完善人民陪审制度立法，需要对新中国建立以来实行人民陪审制度的情况、经验及问题进行总结，并对国外有关立法中有益的东西研究借鉴，在

此基础上，把实践中一些行之有效的或比较成熟的实际步骤和做法，以及看准了而又需要解决的问题，"应该详细地记载下来，加以研究，使之系统化，用更广泛的经验来检验它，并且定为法规"①。从多年的实践情况和当前的实际需要来看，可以考虑制定有关人民陪审制度方面的专门法律，对前述需要涉及的几个问题予以规范，其名称可拟定为《中华人民共和国人民陪审员条例》。

七届全国人大四次会议上的《全国人大常委会工作报告》，将有关保障公民权利方面的法律，确定为近期的立法重点之一，因此，建议全国人大常委会把制定《中华人民共和国人民陪审员条例》的工作提上议事日程，抓紧制定。在《中华人民共和国人民陪审员条例》制定颁布之前，地方可以根据本地的具体情况和实际需要，在不同宪法、法律、行政法规相抵触的前提下，先行制定有关实施人民陪审制度的地方性法规。山西省、吉林省人大常委会先后制定了人民陪审员选举办法，武汉市人大常委会不久前制定了《武汉市人民陪审员条例》，这是值得肯定的。其他地方也可以根据自己的实际需要制定这方面的法规，为国家制定这方面的法律提供经验。国家的人民陪审员条例制定颁布后，地方还可以制定实施办法或细则，包括对先行制定的有关法规予以修订，以保证人民陪审制度的有效实施。

（原载《中南政法学院学报》1992 年第 4 期，
另一位作者：刘定国）

---

① 《列宁选集》第 3 卷，人民出版社 2012 年版，第 505 页。

如何调动公众参与立法

如何调动公众参与立法，主要有四个方面需要注意。

第一，宣传要做好。发布法规征求意见草案时，不仅在深圳市人大网、深圳新闻网、政府在线等主要网站发布，还要在《深圳特区报》、《深圳商报》等深圳主要媒体上摘要或者全文刊发，或者刊发征求意见的报道，引起公众关注。

第二，解读要到位。法律法规与市民生活息息相关，但是法规专业性很强，一些群众"看不懂"，怎么办？在公布法规草案的同时，邀请媒体记者采访，解读法规的亮点、热点，将"法言法语"变成"群言群语"，引导群众发表意见。

第三，"开门"渠道多。不但不能图省事，仅在人大网站上挂挂，还要有针对性地走出去，倾听更多意见。比如，深圳市人大内务司法工作委员会在制定《深圳经济特区行业协会条例》时，除了在网上征求意见外，还召开了10多场调研座谈会，听取了部分人大代表和政协委员、100多家行业协会和会员单位以及20多位专家学者的意见建议，并实地走访了部分行业协会，上门听取和收集意见。

第四，充分吸收民意。对收集到的意见和建议认真研究，能吸收的尽量吸收，并通过媒体向社会作出回应。让市民觉得"提了不白提"。比如，《深圳经济特区居住证条例（草案）》征求意见后，对社会各界提出的"办个居住证不能跑断腿"等10个方面主要意见建议进行研究吸收，提出草案修改意见，向社会作出回应，受到社会好评。

（原载《深圳特区报》2014 年 8 月 5 日）

拓展公众有序参与立法的渠道

深圳市人大常委会办公厅于 2013 年 4 月 1 日发布公告，向行业协会及会员单位、社会各界人士公开征求对深圳经济特区行业协会立法的意见和建议，这是市人大常委会拓展公众有序参与立法的渠道，是推进民主立法、科学立法的一大举措，引起社会广泛关注。

一、为什么要开展行业协会立法

行业协会等社会组织，在经济社会发展中，扮演着重要的角色。党的十八大报告和全国"两会"提出了"重点培育、优先发展行业协会等社会组织，严格依法管理"的任务，深圳市委、市人大常委会、市政府高度重视本市行业协会健康发展和规范管理问题，市人大常委会已将《深圳经济特区行业协会条例》（以下简称《行业协会条例》）列入 2013 年立法计划，并作为重点项目。

深圳行业协会改革发展走在全国前列，在本市经济社会发展中发挥了重要作用，但也还存在一些需要解决的问题，需要立法进行规范。制定《行业协会条例》，目的在于把本市行业协会改革发展的成果巩固下来，并创设相关制度，引领行业协会创新发展；通过立法进一步强化行业自律，加强依法监管，推动行业协会完善内部治理结构，真正成为提供服务、反映诉求、规范行为的主体，促进行业协会健康有序发展，为全市经济社会发展作出更大贡献。同时，也为国家今后制定行业协会方面的法律法规提供借鉴，发挥特区立法先行先试的作用。

二、为什么要发公告公开征求意见

根据党的十八大报告关于"拓展人民有序参与立法途径"的精神，为推进《行业协会条例》民主立法、科学立法进程，提高立法质量，市人大常委会办公厅这次专门发布公告，就行业协会立法公开向社会各界征求意见建议，主要是希望增加立法透明度，拓展公众有序参与立法的途径和渠道，集中民智，体现民意，制定出一部比较符合深圳实际情况、能够解决实际问题、具有操作性的行业协会法规。同时，公开征求意见的过程，也是一次对社会公众进行行业协会法制宣传教育的过程，可以为这部法规的实施打下一个好的基础。

三、如何公开征求意见

公告发布后，深圳市人大内务司法委员会从以下几个方面来开展行业协会立法公开征求意见工作：

一是认真收集社会各界的意见建议。市人大内务司法委员会安排工作人员接听电话、接收传真、查看信箱邮箱，认真收集各界人士有关行业协会立法的意见和建议。

二是调研座谈征求意见。在政府有关部门起草的《行业协会条例（草案）》提请市人大常委会审议之前，市人大内务司法委员会提前介入，会同市人大、市政府有关部门，广泛深入调研座谈，听取意见，重点研究行业协会立法主要需要解决什么问题，怎样立法规范解决这些问题。力求针对问题立法，立法解决问题。我们将到部分行业协会走访调研，召开行业协会座谈会、行业协会会员单位代表座谈会、政府有关部门座谈会、专家学者座谈会、社会各界人士代表座谈会，分别听取意见和建议。

三是研究吸收公开征求意见收集到的各方面的意见建议。法律法规是人民意志的体现，立法是集体的智慧，"智慧在民间，智慧在基层"。到行业协会等单位调研征求意见，公开征求社会各界意见后，市人大内务司法委员会认真梳理汇总、研究吸收社会各界提出的意见和建议，修改完善《行业协会条例（草案)》，并将吸收各界意见的情况向社会作出回应。

（原载《深圳特区报》2013 年 4 月 1 日）

计划单列城市需要有制定
地方性法规的权限

以城市为重点的经济体制改革，给享有省级经济管理权的计划单列城市制定地方性法规的工作，提出了迫切的要求。但是，依照《中华人民共和国地方各级人民代表大会和地方各级人民政府组织法》，这些城市不具有这个权限（只能拟订地方性法规草案，报省人大常委会制定），因此，这一做法不适应这些城市经济体制改革和城市建设、管理的需要。我们认为，享有省级经济管理权的计划单列城市应有制定地方性法规的权限，理由如下：

一、赋予计划单列城市制定地方性法规的权限，
是上层建筑适合经济基础规律的要求

近年来，国家先后对重庆、武汉、沈阳、广州、西安、哈尔滨、大连等大城市恢复计划单列（按7市20世纪50年代的管理体制），赋予省级经济管理权。这是对上层建筑进行改革的重大步骤，也是符合上层建筑适合经济基础状况的规律的。计划单列城市的经济管理权限的扩展及其实际运用，涉及这些城市的经济、社会、政治、法律、文化等各个方面，而法律、法规是上层建筑中与经济基础关系最直接、最密切的部分。计划单列城市的经济发展了，经济管理权扩大了，其他各项事业也都有相应的发展，而且将在新的基础之上有更大、更快的发展。唯其如此，仅用行政手段、经济手段进行管理是不够的，必须运用法律手段，及时地制定地方性法规来推动、保证城市改革和各项事业的发展。这就必然要求扩展其制定地方性法规的权限，以

适应这些城市经济发展的需要，并与这些城市所享有的省级经济管理权限相适应。因此，赋予计划单列城市制定地方性法规权限，符合上层建筑适合经济基础状况的规律。

二、赋予计划单列城市制定地方性法规的权限，是城市经济体制改革顺利进行的需要

国家在计划单列城市进行经济体制综合改革试点，对整个经济体制改革具有重要意义。综合改革试点的时间虽然不长（重庆是 1983 年，其他城市是 1984 年），效果却十分显著。1985 年上半年 7 个计划单列城市实现的工业企业利税比 1984 年同期增长 30.4%，实行计划单列以后，这些城市大大增强了中心城市的经济辐射力和吸引力，积极开展以城市为中心的横向经济联系，外引内联。随着以这些中心城市为依托的、开放式、网络型的经济区的逐步形成，现行行政区划的突破，这些城市同省内外、国内外的经济活动日益频繁，错综复杂的经济关系急需多方面的法规来调整，许多经济活动准则需要用法规形式固定下来。比如，武汉市现在就急需制定有关外引内联方面的地方性法规。外商来我国大城市投资，一看我国政局是否稳定，二看是否有利可图，三看法律、法规是否健全。从武汉市的情况看，由于制定地方性涉外经济法规方面的工作跟不上形势的需要，影响了对外洽谈业务。一些外商反映，武汉等市未制定一些涉外方面的地方性法规及各项优惠的规定，他们担心地方的优惠不能落实，外汇不能平衡，利益得不到法律的保证，赚的钱拿不出去。如果这些城市能够在和国家法律及有关政策不抵触的前提下，制定出符合本市实际情况的比较优惠的办法和规定，就可以吸引更多的外资和技术。因此，相应的赋予计划单列城市制定地方性法规的权限，将会有力地促进这些城市对内搞活、对外开放工作的开展，促进这些城市经济体制改革和经济建设的发展。

三、赋予计划单列城市制定地方性法规的
权限，是城市建设和管理的需要

党的十二届三中全会通过的《中共中央关于经济体制改革的决定》指出，城市政府第一位的职责是"集中力量做好城市的规划、建设和管理"。多年来，由于片面强调发展生产，忽视其他方面的建设，以致城市中普遍存在市政公用设施不足，市内交通不便，违章建筑甚多，环境污染严重，服务网点少，住房困难等一系列问题，城市建设和管理中，在很大程度上还存在着"脏、乱，差"的现象。城市建设首先在于规划。我国 30 多年的实践以及一些外国的经验都证明，城市建设不仅要有一个好的规划，而且要有法规来保障实施。武汉市人大常委会于 1981 年制定了《武汉市城市规划实施管理办法》，使城市规划管理有章可循，仅 1982 年就依据这个办法处理了违章建筑 728 处。城市建设的其他方面也需要依法加强管理。现在的问题是，不仅原有的一些管理规定需要修改、补充和完善，而且随着改革的深入，外引内联，搞活流通，农民进城办厂办店，集贸市场、小商品市场不断涌现，使城市建设和管理（包括城市规划、建设用地及拆迁安置、市政建设、出入境、交通秩序、环境卫生等各方面的管理工作）出现了许多新情况、新问题，需要尽快制定和完善一系列管理法规，以适应城市的建设和管理。因此，赋予计划单列城市制定地方性法规的权限，有利于加强城市的建设和管理。

四、赋予计划单列城市制定地方性法规的
权限，符合简政放权和效能的原则

目前，计划单列城市制定一个地方性法规，程序繁多。先是市有关部门起草，政府审查，反复修改，后报市人大常委会审议。少则数稿，多则十余稿，少则数月，多则经年。市人大常委会审议后形成法规拟订草案，再提请省人大常委会审议制定。省里又征求省直有关部门意见，反复审查、修

改，一般可能要半年左右。如果认识不一，还需花更长时间，甚至搞不成。这样繁多的程序和较低的效率，很不适应城市改革发展的需要。目前在实际工作中，一方面是许多经济活动准则急需用法规形式固定下来，许多城市建设管理工作急需用法规来调整；另一方面是制定程序繁复，二者矛盾相当突出。于是有些法规，只好以行政规章形式变通解决。但有些涉外方面的法规是不宜采取变通办法解决的，因为效力不高。《中共中央关于经济体制改革的决定》指出，要坚定不移地按照简政、统一、效能的原则，改造机关作风，提高工作效率。我们认为，赋予计划单列城市制定地方性法规的权限，报省人大常委会批准，而不是拟订法规草案提请省人大常委会审议制定，是符合简政放权和效能的原则的，也有利于城市各项工作的有效开展。

五、上述程序上反映的问题，与人大常委会系统工作的现状不相适应，也会削弱地方性法规应有的特性和作用

人大常委会系统是法律监督关系，不是领导与被领导关系。计划单列城市的人大常委会拟订本市需要的地方性法规草案，提请省人大常委会制定时，可能有这样几种情况，一是同意制定；二是原则同意制定，但要作大的修改；三是不同意制定。实践中，不同意制定或要作大的修改，往往并不一定是因为和国家宪法、法律、行政法规有抵触，而主要是和省直有关部门的认识、要求不一致。如果发生后两种情况，那就不只是法律监督关系，而实际上成了领导与被领导的关系了，这与人大常委会系统工作的现状是不符合的。因为法律监督关系，就制定地方性法规来说，只是报全国人大常委会备案，如果与国家的宪法、法律、行政法规无抵触，就执行，有抵触，则可改变或撤销。而且这种监督是在事后。

地方性法规的显著特征，就在于它体现了地方的特殊性，计划单列城市在改革的浪潮中已显示出其经济中心的作用，在本省范围内，不仅和农村情况不同，而且和其他城市的情况也不尽相同。这些城市根据自身的实际需要拟订的地方性法规草案，必然具有自己的特殊性。如果在提请省人大常委会审议制定时，同省直有关部门的意见不相一致，因而要求作大的修改，这

将在一定程度上削弱地方性法规应有的特性和作用。

综上所述，赋予计划单列城市制定地方性法规的权限，无论在理论上、法律原则上还是实践上，都是有其客观必要性的。我们建议，请全国人大常委会考虑修改《中华人民共和国地方各级人民代表大会和地方各级人民政府组织法》的有关条文，将省、自治区人民政府所在地的市和经国务院批准的较大的市的人大常委会可以拟订地方性法规草案的权限，扩大为可以制定地方性法规，报省人大常委会批准。而且要简化程序，仅作是否与宪法、法律相抵触的审查，不抵触就批准。如果认为目前条件还不成熟，则建议全国人大常委会通过一项决议，授权享有省级经济管理权的计划单列城市可以制定地方性法规。

这里，有几个问题需要说明一下：

第一，赋予计划单列城市制定地方性法规的权限，涉及现行立法体制。新宪法颁行之前，我国实行中央一级立法，新宪法和地方组织法考虑到地方的实际需要，规定省、自治区、直辖市可以制定地方性法规。现在，城市经济改革的形势要求大城市特别是计划单列城市具有制定地方性法规的权限，以适应城市经济体制改革和城市建设发展的需要。至于涉及宪法有关条文需作补充规定的问题，我们认为，事物是运动的，宪法也是在运动中发展完善的，经济的发展，要求宪法对某个方面作出补充规定或修订，以使宪法更趋于完善。

第二，有一种议论，大城市在争权（主要指制定地方性法规的权限）。毛泽东同志早在《论十大关系》中就明确指出："我们的宪法规定，立法权集中在中央。但是在不违背中央方针的条件下，按照情况和工作需要，地方可以搞章程、条例、办法，宪法并没有约束。我们要统一，也要特殊。""正当的独立性，正当的权利，省、市、地、县、区、乡都应当有，都应当争。这种从全国利益出发的争权，不是从本位利益出发的争权，不能叫作地方主义，不能叫闹独立性。"[1] 国家对重庆、武汉、广州、西安、沈阳等市恢复计划单列，赋予省级经济管理权，是从全国整体利益考虑的。计划单列城市根

---

① 《毛泽东文集》第七卷，人民出版社 1999 年版，第 32、33 页。

据自己的情况和工作需要，要求享有制定地方性法规的权限，其根本出发点，是为了保障和促进这些城市的经济体制改革和经济建设的顺利发展，为国家作出更大贡献。如果说这是"争权"的话，也是从全国整体利益出发的争权。

第三，担心计划单列城市拥有制定地方性法规的权限之后，会出现"法出多门"的混乱状况。我们认为，这些城市制定地方性法规有一个总的原则和前提，就是不得同国家的宪法、法律和行政法规相抵触。这就从根本上保证了国家法制的严肃性和统一性。同时，全国人大常委会如果发现这些城市的人大常委会制定的地方性法规与国家宪法、法律和行政法规相抵触，还可以予以改变或撤销。赋予计划单列城市制定地方性法规的权限，还可以为国家制定通行的法律、法规特别是有关城市经济体制改革和城市建设管理方面的法律、法规提供经验。

（原载《法学》1986 年第 5 期，收入陕西省法学会、陕西法制周报社、西北政法学院科研处编：《全国青年法学工作者学术论文集》，1986 年）

地方性法规与行政规章制定范围的探讨

在制定地方性法规过程中，常常遇到这样一个问题：哪些应当制定为地方性法规？哪些由政府制定为地方的行政规章？这个问题未能很好解决。以城市为重点的经济体制改革，对省和省会所在地的市、经国务院批准的较大的市制定地方性法规（或拟定草案）和行政规章的工作，提出了迫切的要求。明确划分二者的界限，显得更为必要了。

在实际工作中，对于地方的规范性文件，哪些制定为地方性法规，哪些制定为行政规章，之所以划分困难，主要是由于二者之间具有若干共同之点：第一，在内容上，二者大体都属于行政管理（包括经济行政管理）的范围，地方性法规超出这个范围的不多。第二，行政规章由政府执行，地方性法规绝大部分也是由政府执行，也都具有一定的约束力。第三，在文件的形式上，不少是相同或者相似的，大部分为章、节、款、项，等等。

尽管如此，理论和实践都要求我们将二者的制定范围加以划分，这对于明确人大与政府的职责，发挥政府制定规章的积极性，适应改革的急需，具有重要意义。因此，本文拟就此问题，试作一初步的探讨。

我们认为，地方性法规具有以下特点，或者说具备以下条件（行政规章的特点简述其中）：

1.普遍性。即地方性法规所调整的范围一般是比较广泛的，带有全局性的。正如马克思说的："法律是肯定的、明确的、普遍的规范。"[①] 地方性法规是我国社会主义法律体系中的一个组成部分，也应该具有这样的普遍

---

① 《马克思恩格斯全集》第1卷，人民出版社1995年版，第176页。

性。按通常的说法，就是要求在本行政区域内普遍遵循。比如一个城市的规划管理、道路管理、交通管理、公共卫生管理、园林绿化管理，以及一些省、市制定的保护妇女儿童合法权益的规定等等，都具有普遍性或全局性，一般都制定为地方性法规。相反，一些涉及面不很广，或者只涉及局部或个别部门、某项业务、某一方面问题的规定，则可制定为行政规章。比如城市政府制定的深井管理规定、禁止填占江河滩地和湖塘的规定、保护鸟类的规定，报刊零售管理办法、个体行医规定、出租汽车管理规定、公安特业管理规定等等，都属于这种情况。全局性和局部性的关系，有时体现在同一性质的管理之中。比如食品卫生管理制定为地方性法规，而同类性质的属于个别行业、个别方面的冷饮卫生、乳品卫生管理等，则可制定为行政规章。从实践看，行政规章是大量的。

2. 重要性。地方性法规不是一般的规范性文件，而是就本地区的重大问题作出的规定，在本地区内具有较高的权威性。因此，在制定中常常根据内容的重要程度，来衡量是否制定为地方性法规。

一般来说，以下几个方面的重大问题，应列入制定地方性法规的范围：（1）建设和管理，特别是城市建设和城市管理（包括经济行政管理）的重大问题。比如，城市规划及规划实施管理；防治环境污染、环境保护管理等等。（2）与广大人民群众的生活密切相关的问题。比较明显的如市场物价管理、食品卫生管理等等。（3）本行政区域内需要极为关注的问题。这方面的问题，具有地区性特点，往往因地而异。比如，历史文化名城特别关注文物古迹的保护，风景名胜城市特别关注风景区的保护，江河沿岸易遭受汛期水患的地区特别关注河道堤防的管理与维护等等。武汉市的堤防，关系全市安危，1984 年就曾提请湖北省人大常委会专门制定了《武汉市河道堤防管理条例》。（4）经济体制改革中的重大问题。这类问题有的政策性很强，如对个体工商业的管理、企业的破产整顿等等。（5）涉外经济活动方面的问题。如一些经济特区或对外开放城市制定或提请省人大常委会制定的引进外资和技术、合营企业土地管理、劳动工资管理、企业登记管理、出入境管理等规定，都属于这一类。这不仅因为有关涉外经济活动的规定，需要更加慎重，而且对外经济活动立法需要较高层级的法律效力。至于上述以外的一般管理事项，则为行政规章制定的范围。

3. 强制性。法的基本特征之一，就是以国家强制力保证实施，违法就要受到制裁。制裁是法所具有的强制性的主要表现。地方性法规也具有这样的特征。地方性法规中，一般都专门（多数是专章）规定有罚则，并规定由有关国家机关对违反者实施处罚。因此地方性法规不仅涉及面广，内容重要，而且比之行政规章，具有更强的约束力（行政规章也有约束力），否则就不需要制定为地方性法规。有的问题涉及面虽不算很广，但由于需要有较高的法的效力，亦制定为地方性法规。如建设工程中的拆迁安置仅涉及有关单位和个人，但难度大，对建设工程影响大，尤其对被拆迁的"钉子户"，往往需要采取强制措施（包括由司法机关强制执行）。因此，一些城市制定了这方面的地方性法规。根据地方性法规这一特点，有的地方将某一地方性法规的具体处罚条款（罚则），交由政府制定颁发，严格说来是不适当的，罚则应作为地方性法规的重要组成部分。相反，有的行为规范涉及面很广（如城市公用交通乘车规则），或者比较广（如城市公房管理办法），但不需要较强的国家强制力来保证实施，也就不必制定为地方性法规。

4. 授权性质。有的法律授权省、自治区、直辖市的人大常委会制定实施细则，如选举法；有的法律授权民族自治地方的人大及其常委会可制定某些变通或补充规定，如《中华人民共和国婚姻法》、《中华人民共和国森林法》等。这些细则或变通、补充规定，属于制定地方性法规的范围。还有的法律（如《中华人民共和国经济合同法》）和行政法规授权省、自治区、直辖市人民政府制定实施细则（实施办法），这样的细则属于制定行政规章的范围。但实践中也有这样一种情况，即按照授权属于政府制定实施办法的（如《国家建设征用土地条例》），因考虑到实施办法内容属于本地区的重大问题，也有制定为地方性法规的。

5. 可行性。彭真同志说："我们的立法任务是繁重的。要积极、抓紧，不能慢慢腾腾；又要慎重，不成熟的不能立为法，否则，不能保持法律的严肃性和稳定性。"1956 年，董必武同志也说过："我们的人民民主法制，不能过早过死地主观地规定一套，而是必须从实际出发……"① 地方性法规一经制定，亦具有严肃性和相对稳定性。因此应该坚持实事求是的原则，经过一段实践，问题和解决问题的办法都比较清楚了，才能制定为地方性法规。而行政规章则可以作出一些暂行性的、较为灵活的规定。在实际制定工作中，常以客观实践的条件成熟程度作为是否制定为地方性法规的重要条件。因此往往有一些规定，内容重要，也很急需，但由于条件不成熟，暂不能制定为地方性法规，而由政府颁布行政规章试行。在当前的经济体制改革和对外开放中，此种情况尤为常见。这种不成熟，有的是由于客观上实践不足，缺乏经验。比如地方实行优惠条件引进外资和技术，在实行对外开放政策中很急需，有的城市政府迫切要求制定这类法规。但是在本地区内究竟应该如何实行优惠，执行中会遇到什么问题，优惠条件制定后能否兑现等等，如果尚无经验，仓促地、勉强地制定为地方性法规是困难的，也可能是不切合实际的。因此，目前有一些省、市都由政府先行制定规章试行。经济体制改革中还有一些问题也很重要，需要及时作出有法律效力的规定，比如技术市场管理、国内经济联合和经济技术合作、保护企业正当竞争、企业破产整顿等等。但由于这些问题多是复杂的问题，新情况、新问题还在不断出现。因此，在条件尚不成熟时，不宜仓促地就这些问题制定地方性法规。为了解决实际工作的需要，可以由政府先制定规章或以其他文件形式作出规定试行。参照全国人大常委会授权国务院在经济体制改革和对外开放方面可以制定暂行规定或者条例的决定精神，上述由政府制定的规定或办法是暂行的。经过实践检验，条件成熟时，应按照法定程序制定为地方性法规。此外，还有的不成熟，是因为尚不具备实施的必要客观条件，即行不通。比如武汉市的城市噪声管理，政府提请制定为地方性法规。但是根据环保部门的实测，武汉市的交通噪声，70% 以上的道路都超过国家标准，短期内尚无有效治理的办法（国家标准又不能降低），据此制定地方性法规，缺乏可行性，故改由政府颁发规章试行。

　　根据地方性法规的上述特点或应具备的条件（有些是与行政规章比较

---

① 董必武：《论社会主义民主和法制》，人民出版社 1979 年版，第 130—131 页。

而言的），对地方性法规和行政规章制定的范围试作如下概括。地方性法规制定的范围是：（1）在本行政区域内普遍遵循的、具有较强约束力的规定（包括条例、办法等）；（2）关系本地区的建设、管理以及与人民群众的生活密切相关的重大事项和本地区需要极为关注事项的规定；（3）经济体制改革中，应兴应革的重大事项的规定；（4）涉外经济活动管理的规定；（5）为实施某项法律，由法律授权省、自治区、直辖市的权力机关制定的实施细则。

上述范围事项的规定，均须是内容比较成熟可行的。

行政规章制定的范围是：（1）一般性、局部性行政管理或者某项行政业务管理的规定；（2）法律、行政法规授权政府制定的实施细则；（3）内容尚不成熟，需要试行取得经验后再制定为地方性法规的暂行规定（主要是经济体制改革和对外开放方面的管理规定）。

上述各点总的说来仍然是比较原则的，实际制定中情况往往比较复杂。一般来说，特征明显的容易区分，而介乎二者之间的则较难区分。比如计量器具管理规定，所管的仅是计量器具，可以作为行政规章，但它又关系到国计民生，与群众生活密切相关，似乎也可以制定为地方性法规（各类计量器具的单行管理规定，可作为行政规章）。在其他的管理中也有类似情况。对于这类情况，应根据各项条件，以及地区的特点、需要，综合分析衡量，尽可能划分清楚。但是，我们认为，不能排除在二者划分上存在着某些界限"模糊"的情况，至少在实践上是如此。有些行政规章由政府颁布试行，成熟后就由人大制定为地方性法规，这说明两者难以绝对分开。

对于这种界限"模糊"的情况怎样处理呢？根据立法实践，可以初步提出以下几点：一是由人大常委会会同政府协商确定，这是经常采用的。二是原则上多让政府制定（即作为行政规章）。因为，一方面，地方性法规不宜过多；另一方面，有利于发挥政府的积极性。特别是当前省会城市的和其他较大城市尚无制定地方性法规的权限（根据1982年12月修订的《中华人民共和国地方各级人民代表大会和各级人民政府组织法》，省会城市和国务院批准的较大城市可以拟订本市需要的地方性法规草案，提请省、自治区人大常委会审议制定），人大常委会可以支持政府去制定行政规章。在改革急需之际，切忌自己不能制定，又不明确支持政府去制定。三是少数比较重要的规定，为加强其效力，可由政府以行政规章的形式提请人大常委会审议批准。这不属制定地方性法规的程序，而属于决定重大事项的性质（重要行政规章的制定也属于本地区的重大事项），批准后的文件仍属于行政规章，并由政府颁布。目前，有的大城市如哈尔滨、广州、西安、武汉等已在试用这种方法，受到政府的欢迎，贯彻实施中也收到较好的效果。采用这些办法处理，界限"模糊"的问题，大体上可以得到解决。

（原载《地方政权研究》，群众出版社 1986 年版，另一位作者：刘定国）

关于人大监督权的几个问题

监督权是人大的重要职权，人大监督权的行使，对于发展社会主义民主政治，建设社会主义法治国家，具有重要意义。

一、人大监督权的性质

人大监督权的性质，是由我国政权的性质决定的。我国政权的性质是什么呢？《中华人民共和国宪法》规定了三层意思：中华人民共和国的一切权力属于人民；人民行使国家权力的机关是全国人民代表大会和地方各级人民代表大会；国家行政机关、审判机关、检察机关都由人大产生，对人大负责，受人大监督，人大对人民负责，受人民监督。人大监督权是国家权力的重要方面，国家政权的性质决定了人大监督的性质。胡锦涛同志《在首都各界纪念全国人民代表大会成立 50 周年大会上的讲话》中指出："人民代表大会及其常务委员会作为国家权力机关的监督，是代表国家和人民进行的具有法律效力的监督。"①胡锦涛同志的讲话，明确阐述了人大监督权的性质，一是代表国家和人民进行的监督，二是具有法律效力的监督。代表国家和人民进行的监督，好理解；具有法律效力的监督，主要指全国人大常委会有权撤销同宪法法律相抵触的国务院制定的行政法规，地方人大常委会有权撤销本级政府不适当的规章、决定和命令等等。这个监督就具有法律效力。

---

① 胡锦涛：《在首都各界纪念全国人民代表大会成立 50 周年大会上的讲话》，人民出版社 2004 年版，第 18 页。

二、人大监督的对象、内容和目的

1. 人大监督对象。人大监督的对象，宪法法律规定的很清楚，就是本级人民政府、人民法院、人民检察院，通常所说的"一府两院"，政府包括所属部门。在人大的法律监督中，监督的对象还包括下级人大及其常委会。

有的国家的议会监督对象比较宽泛。比如 2010 年 6 月 30 日，法国国民议会就法国国家队在南非世界杯足球赛中小组未能出线，举行听证会，传召法国队主教练和法国足协主席到议会作证，以调查法国队失败的"真正原因"。国际足联表示反对，法国议会议员说："国际足联无权警告法国立法机关，议会有权召集任何人进行听证。"

2010 年 2 月 23 日，美国国会就丰田汽车质量问题举行听证会；2010 年 4 月 28 日，美国国会就高盛公司欺诈问题举行听证会；2010 年 6 月 17 日，美国国会就墨西哥湾漏油事件举行听证会，传召英国石油公司首席执行官到国会作证。

2. 人大监督内容。人大监督的内容，根据宪法法律规定精神，主要是监督行政机关依法行政，监督司法机关公正司法。一是工作监督，二是法律监督。所谓工作监督，是对"一府两院"的工作是否符合宪法法律法规，是否符合人民的根本利益，是否正确贯彻人大的决议、决定，是否正确行使职权等进行监督。所谓法律监督，是对"一府两院"的规范性文件是否符合宪法法律法规，是否适当进行监督。

3. 人大监督的目的。胡锦涛同志在全国人民代表大会成立 50 周年纪念大会上讲到人大监督的内容和目的时指出："要以依法行政、公正司法为主要内容，进一步增强对行政机关、审判机关、检察机关工作监督的针对性和实效性。人大监督的目的，在于确保宪法和法律得到正确实施，确保行政权和司法权得到正确行使，确保公民、法人和其他组织的合法权益得到尊重和维护。"胡锦涛同志讲话表明，监督行政机关依法行政，监督司法机关公正司法，是人大监督的主要内容；同时，促进"一府两院"依法行政、公正司法，又是人大监督的重要目的。这一点我们需要把握。

三、人大行使监督权的原则

1. 人大监督必须坚持党的领导。《中华人民共和国各级人民代表大会常务委员会监督法》（以下简称《监督法》）规定，各级人大常委会行使监督权，应当围绕国家工作大局，以经济建设为中心，坚持中国共产党的领导。吴邦国同志指出："人大工作必须服务于党和国家的中心工作，紧紧围绕党和国家工作的大局"，"要把坚持党的领导、人民当家做主和依法治国有机统一起来，走中国特色政治发展道路"。

2. 人大监督必须坚持依法行使监督权。《监督法》规定，各级人大常委会依据宪法和有关法律的规定，行使监督职权；各级人大常委会行使监督权的程序，适用《监督法》，监督法没有规定的，适用有关法律的规定。这一规定表明，人大行使监督权，既要依据法律法规实体的规定，又要依照法律规定的程序进行。比如，深圳市人大常委会 2010 年检查《深圳经济特区和谐劳动关系促进条例》执行情况，既要依据《深圳经济特区和谐劳动关系促进条例》的规定进行检查监督，又要依照《监督法》规定的程序，包括组成执法检查组、开展执法检查、提出执法检查报告、常委会组成人员审议执法检查报告、审议意见转办等，整个程序下来，为期近半年。

3. 人大监督遵循集体行使职权的原则。《监督法》规定，各级人大常委会按照民主集中制原则，集体行使监督职权。原全国人大委员长彭真同志说，人大和政府的任务不同，他们的工作制度、方法也就不同；宪法规定，行政机关实行首长负责制，人大是集体负责制，人大的权力由集体来行使，集体来作决定，作为委员长，也只有一票之权。

人大常委会委员和人大代表在闭会期间对"一府两院"工作的意见和建议，包括对个别司法案件处理的意见，可以交给人大工作机构按程序转办，一般不宜由个人直接交办。

4. 接受监督的原则。根据法律规定，人大常委会行使监督权应当接受人民代表大会的监督，人民代表大会行使监督权应当接受人民的监督。

5. 人大行使监督权的情况向社会公开。这是《监督法》规定的人大监督的公开原则。根据《监督法》规定，人大常委会听取审议专项工作报告的年度计划、执法检查的年度计划、听取审议报告的审议意见等，要向社会公布，接受人民群众的监督。

四、人大监督的形式

1. 听取和审议"一府两院"专项工作报告。这是实践中各级人大常委会监督的主要形式之一。这种监督形式具有经常性、针对性、及时性的特点。

2. 计划和预算审查监督。在国外议会，因国情和制度不同，预算审查、预算拨款，是议会的主要职能。在我国，国民经济和社会发展计划和预算监督是人大监督的重要内容，也是人大常委会监督的主要形式之一。包括审查和批准决算，听取和审议国民经济和社会发展计划、预算的执行情况报告，听取和审议审计工作报告，审查批准计划、预算部分调整方案等等。这些监督带有常规性，人大常委会每年都在大致的时间听取和审议相关报告。

3. 法律法规实施情况的检查。也就是通常所讲的执法检查。是各级人大常委会行使监督权的重要方式和经常性工作。执法检查既是工作监督，也可以说是法律监督。《中华人民共和国地方各级人民代表大会和地方各级人民政府组织法》规定，县级以上各级人大常委会第一位的职权，是在本行政区域内，保证宪法法律、行政法规和上级人大及其常委会决议的遵守和执行。所以，执法检查，对于保证宪法法律法规的遵守和执行，促进行政机关依法行政和司法机关公正司法，促进群众关注的热点问题和倾向性问题的解决，具有重要意义。

4. 规范性文件的备案审查。《监督法》专设一章，对"规范性文件备案审查"作了规定。《监督法》所讲的规范性文件备案审查，主要指以下两类文件：一是行政法规、地方性法规、规章的备案审查；二是县级以上各级人大常委会对下级人大及其常委会作出的决议、决定和本级政府发布的决定、命令，经审查认为不适当的，有权予以撤销。

5. 询问和质询。询问与质询，都是人大常委会监督权的运行方式。人大常委会组成人员的询问权和质询权，都是来源于人大常委会的监督权。全国人大常委会审议有关预算报告、社会保障工作报告等报告时，向国务院有关部门提出了询问。20 世纪 80 年代初，全国人大会上，100 多名代表就宝山钢铁厂建设问题，向冶金部提出质询案。一些地方人大也提出过质询案。

在国外议会，比如英国议会下院，因为国情和制度不同，质询是常规的监督方式，每周三是相对固定的下院质询时间。

询问和质询的主要区别是：（1）询问是人大常委会组成人员在审议讨论议案和有关报告时，就议案、报告中不清楚、不理解的事项，向有关机关（政府及其部门、法院、检察院）提出问题，要求答复；质询是常委会组成人员对有关机关工作中不理解、有疑问的问题，提出疑问和质疑，要求答复。询问的功能，主要是获取情况，同时也有批评的功能；质询的功能，主要是批评，同时也有获取情况的功能，因此，两者之间的侧重点有所不同。（2）询问的程序比较简便，在会议上随问随答；质询的程序比较严格，必须依照一定的程序进行。（3）询问是在审议议案和报告过程中提出的，因此，询问的问题大多与正在审议的议案和报告有关；质询在会议期间随时可以提出，质询的问题可以与正在审议的议案和报告有关，也可以没有关系。（4）询问，人大常委会组成人员可以个人单独提出，也可以几个联合提出，可以口头提出，也可以书面提出；质询只能由一定人数的人大常委会组成人员（省、设区的市 5 人以上联名，县级人大常委会 3 人以上联名）书面联名提出。（5）询问可以由被询问机关的负责人答复；质询必须由受质询机关的负责人答复，提出质询案的人大常委会组成人员过半数对质询答复不满意的，可以要求再作答复。

6. 特定问题调查。《监督法》规定，各级人大对属于其职权范围内的事项，需要作出决议、决定，但有关重大事实不清的，可以组织关于特定问题的调查委员会。调查委员会进行调查时，有关的国家机关、社会团体、企业事业组织和公民都有义务向其提供必要的材料。调查委员会应当向人大常委会提出调查报告，人大常委会可以作出相应的决议、决定。

7. 撤职案的审议和决定。《监督法》规定，县级以上地方各级人大常委会在本级人民代表大会闭会期间，可以决定撤销本级人民政府个别副职的职务；可以撤销由它任命的本级人民政府其他组成人员和人民法院副院长、庭长、副庭长、审判委员会委员、审判员，人民检察院副检察长、检察委员会委员、检察员的职务。

县级以上地方各级人民政府、人民法院和人民检察院，可以向本级人大会常委会提出撤职案。

县级以上地方各级人大常委会主任会议，可以向人大常务委员会提出撤职案。1/5 以上人大常委会组成人员可以联名提出撤职案。撤职案的表决采用无记名投票的方式，由人大常务委员会全体组成人员的过半数通过。

（2010 年 7 月 27 日）

地方人大内务司法监督工作的实践与思考

党的十八届三中全会通过的《中共中央关于全面深化改革若干重大问题的决定》（以下简称党的十八届三中全会《决定》）提出，健全"一府两院"由人大产生、对人大负责、受人大监督制度。党的十八届四中全会通过的《中共中央关于全面推进依法治国若干重大问题的决定》（以下简称党的十八届四中全会《决定》）提出，要加强对司法活动的监督。习近平同志在庆祝全国人民代表大会成立60周年大会上的讲话中指出，各级人大及其常委会要加强对"一府两院"执法、司法工作的监督，确保法律法规得到有效实施，确保行政权、审判权、检察权得到正确行使。在全面深化改革和全面推进依法治国的新形势下，怎样加强人大内务司法监督工作，是需要研究思考的问题。

一、坚持问题导向，注重监督选题的 把握，增强监督工作的针对性

人大内务司法监督工作在选题上，要注重把握关系改革发展稳定大局和群众切身利益、社会普遍关注的重大问题。

关于监督选题的确定，《中华人民共和国各级人民代表大会常务委员会监督法》（以下简称《监督法》）第八条、第九条、第二十二条作了规定，核心是要求各级人大常委会每年选择若干关系改革发展稳定大局和人民群众的切身利益、社会普遍关注的重大问题，有计划地安排听取审议"一府两院"专项工作报告、开展执法检查。这里的关键词有五个：关系、改革发展稳

定、人民群众切身利益、社会普遍关注、重大问题。需要强调的是"重大问题"，不是一般性的问题。

习近平同志指出，问题是时代的声音。全面深化改革、全面推进依法治国都要坚持问题导向。我们人大的监督，也要坚持问题导向，抓重大问题，促进重大问题的解决，增强监督工作的针对性。深圳市人大内务司法委员会近年来在监督选题上坚持问题导向，作了一些研究把握。一些关系改革发展稳定大局和人民群众切身利益、社会普遍关注的重大问题，作为监督事项选题，如推进司法改革、解决法院执行难、检察诉讼监督、刑事民事审判、反贪污贿赂渎职侵权、治安防控体系建设、惩治危害食品安全犯罪、构建和谐劳动关系、交通秩序及交通安全等等，取得了好的成效，受到领导重视和社会欢迎。这些问题都是领导关注、社会关注的重大问题。

监督选题还有个问题要考虑，监督的选题，既是关系改革发展稳定大局、社会关注的问题，同时也是职能部门正在努力解决的问题。如果抓的监督事项，职能部门不关心，不在它的议事日程，可能效果不好。

人大监督的选题要抓大事，抓重点，抓重大问题。重大问题的选题不在多，而在有分量，有重大影响。市、区人大内务司法工作机构每年选一两件、两三件就可以了，量力而行，抓出成效，有所作为。这样有利于提高人大监督的权威。

二、将重大问题的监督工作同完善相关立法结合起来，提高监督的力度和效力，促进一些重大问题的解决

人大常用的基本的监督方式，主要是听取和审议"一府两院"专项工作报告、执法检查。为了使这两种监督方式运用得更有成效，可以把听取审议专项报告、执法检查制度与完善相关立法结合起来（2015 年 3 月，全国人大修改《中华人民共和国立法法》，将立法权扩大到所有设区的市）。有些重要法规，涉及面广、或者涉及多个部门的，人大的专门委员会或工作委员会可以组织起草，加快立法进程，促进一些重大问题解决。这可以说是深圳市人大内务司法委员会这几年工作的一个特点。

1. 解决法院执行难是社会关注的重大问题。2006 年 5 月，深圳市人大常委会将听取和审议市法院执行工作情况报告列入监督计划。市人大内务司法委员会到市、区法院就解决执行难问题进行调研时，法院领导和基层执行法官反映，关键是制度问题，解决执行难的立法比较滞后，希望市人大探索制定一个执行工作方面的地方法规。在这种背景下，深圳面临两种选择，要么消极等待国家有关法律出台和执行大环境的改善；要么解放思想，大胆创新，创造性地走出一条新路，为国家完善执行工作立法探索试验。深圳选择了后者。内务司法委员会报请市人大常委会主任会议研究决定，根据中央精神和实际需要，就完善执行措施、加强执行协助、加强执行监督等若干问题，探索作出一些比较有力度、操作性强的规定，把完善执行立法与执法监督结合起来，促进执行难问题的解决。

2007 年 3 月，深圳市人大常委会审议通过了内务司法委员会调研起草的《深圳市人民代表大会常务委员会关于加强人民法院民事执行工作若干问题的决定》（以下简称《执行工作决定》）。这个法规依据国家有关法律规定，从本市法院执行工作的实际需要出发，总结实践中的有益经验，借鉴国外先进立法成果，主要规定了执行工作的"三大机制"和"七项措施"，即执行威慑机制、执行协助机制和执行监督机制等三大机制，以及被执行人财产申报、执行信息录入信用征信系统、悬赏举报、限制出境、限制被执行人投标政府工程、限制高消费、被执行人信息媒体曝光等七项执行措施，力求在制度层面为解决执行难问题探索新路。限制出境、信用征信（上"黑名单"）实施效果好；执行协助，涉及一些政府部门和金融系统。《执行工作决定》颁布实施后，在社会上引起强烈反响，受到社会各界广泛关注，市人大内务司法委员会接到不少市民表示支持的电话，也受到全国人大法制工作委员会、内务司法委员会和最高法院肯定。全国人大修改《中华人民共和国民事诉讼法》时，吸收 4 条。市委召开专题会议，部署《执行工作决定》的贯彻实施工作。

2. 近些年来，劳资矛盾、劳动争议增多，劳动关系的处理成为社会关注的重大问题。市人大常委会 2006 年对解决欠薪问题进行过执法检查监督，2007 年听取过市政府专项工作报告。2008 年上半年劳动争议大幅上升，我们感到，劳动关系和谐是社会和谐的突出重点，要从完善和谐劳动关系立法入手，从完善制度入手，把完善立法同执法监督结合起来，促进构建和发展和谐劳动关系。市人大内务司法委员会调研起草的《深圳经济特区和谐劳动关系促进条例》（以下简称《劳动关系促进条例》），于2008年9月通过。当时主要是两类劳动争议：一是企业未买社保，员工要求解除劳动合同并予补偿。《劳动关系促进条例》对《劳动合同法》作了适当变通，规定员工可以要求企业补缴，一个月未补缴的，可以申请仲裁或向法院起诉。一个月缓冲期使大量的劳动争议在企业内部得到化解。二是加班工资计算基数因各企业标准不一，引发大量的劳动争议。《劳动关系促进条例》在广泛听取意见基础上，将加班工资计算基数定为劳动合同约定的正常工作时间的劳动报酬。标准明确了，此类劳动争议大幅度下降。《劳动关系促进条例》受到全国人大常委会、人力资源和社会保障部、全国总工会肯定，受到企业和员工欢迎，实践中发挥了积极作用。

3. 交通秩序和交通安全也是社会关注的重大问题。市人大内务司法委员会在组织交通安全执法检查及建议市人大常委会听取审议市政府汇报交通秩序整治情况的过程中感到，需要根据深圳的具体情况和实际需要，完善交通管理和处罚立法。市公安局也提出需要制定和完善特区交通安全管理和处罚立法。市人大内务司法委员会会同市公安交通管理部门一起着手调研起草《深圳经济特区道路交通安全违法行为处罚条例》（以下简称《交通违法处罚条例》），于2010年8月1日开始实施。《交通违法处罚条例》借鉴国际上交通管理的通行规则，严管严罚，综合治理。行人闯红灯，最高可罚款100元。无信号灯的路口，机动车不避让行人，罚款500元，记3分。除罚款外，记分、扣证、扣车、安全教育（记满12分，参加交通安全学习培训并站街执勤1小时）、社会服务、信用征信等多种手段，综合治理、源头治理，重点解决影响交通安全的一些突出问题，受到市民的拥护。社会服务，既是处罚措施，也是教育手段，教育自己，也教育他人。香港处理交通违法，也使用社会服务措施，谢霆锋因交通违法被判240小时社会服务。交通肇事，可安排到医院服务交通事故致伤致残者。意大利前总理贝卢斯科尼犯逃税罪，因年满70岁，2014年4月15日被法院判决到老年人社区中心服务一年，每周至少 4 小时。

深圳市人大还根据解决交通问题的实际需要，制定了《深圳经济特区道路交通安全管理条例》。规定了交通影响评价、路边停车收费、新驾驶人驾驶证管理、限制电动自行车通行、调控机动车增量等措施，综合治理交通拥堵，为治理交通拥堵提供法律依据。

2010 年，深圳特区评选"特区成立 30 年十大法治事件"，解决执行难立法、促进和谐劳动关系立法，实施效果好、管用，又有重大影响，经群众投票，市委审定，入选"十大法治事件"。

人大常委会在监督工作中发现的问题，既有工作层面的问题，也有法律法规层面的问题。对属于工作层面的问题，推动有关方面改进工作、解决问题；对属于法律法规层面的问题，及时修改或制定完善有关法律法规，为相关工作提供法律保障，为促进相关问题的解决提供法律依据。我们在实践中体会到，将监督工作同相关立法工作结合起来，有利于增强人大监督工作的针对性，有利于提高人大监督的力度和效力，有利于推动改进工作、促进一些重大问题的解决。深圳市中级人民法院、市人力资源和社会保障局、市公安局感谢人大既监督他们的工作，又帮助他们完善法律武器，促进解决问题，效果好。

习近平、张德江同志谈到立工作法时说，人民群众对立法的期盼，不是有没有的问题，而是管不管用，能不能解决实际问题。党的十八届四中全会《决定》和 2015 年 3 月修改的《中华人民共和国立法法》都要求，增强立法的针对性、有效性和可执行性，这对于我们做好立法工作，监督推动一些重大问题的解决，具有重要指导意义。

三、看准了的重大问题，抓住不放，市、区人大上下联动，运用听取审议专项报告、专项报告满意度测评、执法检查等形式，一抓到底，力求抓出成效

近些年来，深圳市人大主要抓了以下几个重大问题：

1. 推进司法改革，促进司法公正。推进司法改革，是贯彻党的十八届

三中全会《决定》和党的十八届四中全会《决定》，建立公正高效权威的司法制度、促进社会公平正义的重要举措。司法改革的目的是什么？目的是维护司法公正，建立公正高效权威的司法制度。公正是法治的生命线。司法公正对社会公正具有重要引领作用，司法不公对社会公正具有致命破坏作用。法院是国家机器重要组成部分（国家机器还有军队、警察、监狱等）。司法公正是社会公平正义的最后一道防线。我们国家这些年一些地方也出现冤假错案（特别是杀错人，如内蒙呼格吉勒图案、河北聂树斌案），对社会公正造成很不好的影响。

为推动司法改革和公正司法，深圳市人大内务司法委员会采取听取"一府两院"专题工作报告、执法检查、调研视察等方式，连续几年加大监督力度。

2008年，内务司法委员会建议市人大常委会听取和审议市中级人民法院和市人民检察院关于改革和完善内部监督机制情况的专项工作报告。2010年，市人大内务司法委员会组织人大代表到市中级人民法院就法官进社区、知识产权"三审合一"、诉前调解等司法改革进展情况进行调研和视察，推进司法改革。

2011年，市人大常委会专门听取和审议市中级法院、市检察院关于推进司法改革、促进司法公正情况报告，要求推进法官检察官职业化改革，改革审判权、检察权运行机制，维护司法公正。2014年4月，市人大常委会听取和审议市中级人民法院司法改革情况报告，主要内容涉及法官职业化及审判权运行机制改革情况。近几年，深圳市两级人民法院调动或辞职法官人数占政法部门编制的近15%，主要是成长空间问题。法官职业化改革十分必要。深圳市正在实施的法官职业化改革方案，核心是去行政化。全国首批试点对法官实行有别于行政机关的单独职务序列管理，实行法官待遇和法官等级挂钩，法官待遇与行政级别脱钩，中级人民法院的高级法官退休时可达到副局级待遇。对法官等级晋升、法官职业保障、法官选任、法官考核监督等提出了意见。审判长负责制改革，是审判权运行机制改革的重要内容，重点解决党的十八届三中全会《决定》提出的"让审理者裁判，让裁判者负责"的问题。还有民商事裁判文书简化改革和速裁机制改革。

深圳市两级检察院是全省首批检察体制改革试点单位。2014 年 12 月，深圳检察改革正式实施。撤并整合内设业务机构，实行"检察长—主任检察官"的扁平化管理模式，实行主任检察官办案责任制；推行主任检察官办案责任制，主要是突出检察官办案主体地位，建立检察官单独职务序列和薪酬体系，拓宽检察官职业通道，提升检察官职业保障水平。制定《深圳市检察机关检察官办案责任制角色权力清单》，厘清检察长、副检察长、检察委员会、主任检察官和其他检察官的权力界限和责任划分，为主任检察官依法独立行使职权提供依据。从外部监督和内部监督两方面，构建完备的监督制约体系和科学有效的工作考评机制，建立防止干扰办案的登记通报制度等等。

2014 年，党中央和全国人大领导同志分别率队调研深圳司法改革情况，听取深圳市委、市人大、市人民法院、市检察院的意见，对深圳司法改革充分肯定，希望继续探索经验。

2015 年 4 月，中共中央印发了《关于进一步深化司法体制改革的实施方案》及《关于深化公安改革的意见》。今后一个时期的司法改革，主要是落实党的十八届四中全会《决定》提出的 48 项改革举措，重点包括推进以审判为中心的诉讼制度改革，改革法院案件受理制度（变立案审查制为立案登记制，2015 年 5 月 1 日起实行），实行办案质量终身负责制和错案责任倒查制，完善人民陪审员和人民监督员制度等；推进公安全面深化改革，推进公安机关执法规范化和执法公信力建设；推动清理各类不合理的执法司法考核指标，坚决取消刑事拘留数、批捕率、起诉率、有罪判决率、结案率等不合理的考核项目，建立科学合理的考核激励机制，健全落实罪刑法定、疑罪从无、非法证据排除等法律制度，加强人权司法保障。对这些司法改革举措，市人大内务司法委员会要关注、调研、听取报告，监督推进。

2. 推进解决法院执行难问题。党中央为解决法院执行难问题专门发过两次文件，社会各界对此也高度关注。深圳市人大内务司法委员会从 2006 年开始连续几年抓这个问题，每两年开展一次执法检查，听取专项工作报告，市、区人大联动。

经过法院的努力和人大的监督，近年来，深圳市两级人民法院解决"执行难"的工作取得了较大突破，逐步建立起执行威慑机制、执行协助机制和执行监督机制。进入强制执行的案件逐年下降（2007 年以前是逐年上升），法院判决裁定的自动履行率和进入执行后的主动履行率逐年上升（2007 年以前是逐年下降）。如 2012 年、2013 年，全市人民法院新收执行案件同比下降 15.7%、14.3%，法院判决裁定的自动履行率 2014 年达到 57.62%（2006 年最低时自动履行率仅为 12.5%）。执行案件逐年下降，自动履行率逐年上升，这是两个重要指标，说明法院执行工作步入了良性发展轨道。最高人民法院、省高级人民法院分别在深圳中级人民法院召开了现场会，推介深圳法院执行工作经验，认为深圳市人大执行工作立法发挥了先行先试的作用，深圳法院执行工作走在全国前列。深圳市委、市人大常委会提出了新要求，深圳法院要力争在全国率先基本解决"执行难"问题。

3. 推进构建治安防控体系。2015 年 4 月，中共中央印发了《关于加强社会治安防控体系建设的意见》，对治安防控体系建设高度重视。社会治安也是社会关注的重大问题。深圳市人大常委会 2010 年至 2015 年先后三次听取和审议社会治安防控体系建设专项工作报告，视察检查，提出意见。深圳社会治安总体可控，重大刑事案件 2013 年、2014 年同比都有一定幅度下降。

深圳外来人口 1000 多万人，情况复杂。面对人口管理问题，深圳市人大常委会制定了《深圳经济特区居住证条例》，服务管理并重，便民利民为本。同时利用居住登记制度，对一些长期滞留、无正当职业、从事非法经营活动的人员，加强管理。

4. 推进交通安全。交通安全和交通秩序也是社会关注的重大问题。深圳市机动车保有量 2007 年为 100 万辆，2011 年底达到 200 万辆，2013 年达到 250 万辆，2014 年达到 315 万辆，机动车密度全国最高，远超国际公认的每公里道路 270 辆的警戒线。交通安全和交通拥堵问题社会关注、领导关注。

监督贯彻交通安全法律法规，维护交通安全秩序，深圳市人大内务司法委员会从 2009 年开始连续五六年一直在抓，听取政府有关部门报告，视察检查。市人大主要是推动依法整治，坚持严管严罚。深圳对泥头车超载（立法源头治理）、车辆闯红灯（所有监控拍摄的违法行为一律记分）、遮挡车牌、无牌证上路、轻微碰擦引发交通拥堵等交通突出问题的有效治理，体现了特区立法坚持严管、注重治本理念的积极作用，效果比较明显。《深圳经济特区道路交通安全管理条例》、《深圳经济特区道路交通安全违法行为处罚条例》两个交通条例实施后，公安部两次到深圳调研，总结深圳交通安全秩序管理的经验。据市公安局统计，两个交通条例实施以来，全市交通事故发生数、伤亡数、经济损失、万车死亡率等四项指数持续平稳下降。2014年底深圳市机动车达 315 万辆，全年发生交通事故死亡 459 人，万车死亡率接近香港水平（较之条例制定前 2007 年全市机动车保有量为 100 万辆时的交通事故死亡多达 1200 余人，有大幅下降）。经过交通严管，整治行人闯红灯，礼让斑马线（违者罚 500 元、记 3 分），"机动车让行人的多了，行人闯红灯的少了"，城市交通安全明显好转，交通拥堵总体可控。

全国人大内务司法委员会马馼主任 2013 年到深圳调研，对深圳交通安全管理立法及实施情况充分肯定。

5. 推进构建和谐劳动关系。中共中央、国务院 2015 年 4 月印发了《关于构建和谐劳动关系的意见》。构建和发展和谐劳动关系，是关系改革发展稳定大局、人民群众切身利益和社会普遍关注的重大问题，是社会和谐的重要基础。党中央、国务院和地方党委、政府高度重视。近年来，深圳市、区人大都看准了这个问题，高度关注这个问题。听取报告，执法检查，每两年检查一次。深圳有 1000 多万外来务工人员，劳动关系总体和谐稳定。人大抓和谐劳动关系这个重大问题，就是抓大事，党委重视，群众拥护，也有利于建立人大权威。

6. 推进对危害食品药品安全犯罪的惩治。惩治危害食品药品安全犯罪，是社会关注的重大问题。深圳市人大召开司法机关和政府有关部门座谈会，听取汇报，视察检查，2013 年、2014 年连续抓了两年，促进加大对危害食品药品安全犯罪打击力度，加强民生司法保障，受到群众欢迎。2014 年，市有关部门惩治危害食品安全犯罪取得较大进展，对促进食品安全发挥积极作用。2014 年，市场和质量监督管理委员会共移送涉嫌食品安全犯罪案件 213 起，同比增长 195.8%；公安部门立案的涉嫌危害食品安全刑事案件，同比上升 26.4%；检察院共批准逮捕危害食品犯罪嫌疑人 46 人，同比增长 43.5%，提起公诉 54 人，同比增长 55.6%；法院共审判危害食品安全犯罪案件 34 件 42 人，案件数同比增长 1 倍。

以上是六个方面重大问题的监督工作。总之，看准了的事，重大的监督事项，人大不能一般性地听一下汇报，而是要下大力气，坚持抓，一抓到底，力求抓出成效，促进问题的解决。

四、重视专项工作报告、执法检查报告的审议及意见转办督办环节，重视人大工作机构对"一府两院"专项工作报告及研究处理报告征求意见阶段的研究工作，提出意见建议

《监督法》对专项工作报告及执法检查报告的审议、审议意见转办、"一府两院"研究处理等，有原则规定。实践中的问题是，对这几个环节重视不够：一是审议一般化；二是整理的审议意见分量不够，有的忘记了整理意见；三是"一府两院"研究处理报告报人大不按时或办理质量不高。这些问题如果不重视，会影响听取专项报告和执法检查的实际效果。时间长了，有关方面会慢慢觉得就那么回事。为了提高听取专项报告、执法检查的实效，首先要组织好人大常委会会议的审议，提高审议质量，审议意见角度要高，要有分量。深圳市人大常委会于 2013 年开始实行专项工作报告满意度测评，效果比较好，"一府两院"重视，有促进。其次，审议意见整理要认真，要有七条、八条、十条比较有分量、有水平、利于办理的意见，不宜太原则几句话。再次，转办后要跟踪督办，不能一转了之。对"一府两院"工作机构送来的研究处理报告（征求意见稿）等，人大工作机构要认真研究，提出意见和建议。深圳市人大内务司法委员会对人大常委会审议市人民法院执行工作报告、审议市政府交通秩序整治报告、审议市政府公安专业化改革报告的意见转办后的研究处理报告（征求意见稿），认真研究，提出意见，交换意见。此外，"一府两院"对人大审议意见的研究处理报告，要列入议程，印发人大常委会会议审议（会议主持词中要强调）。这个环节，不宜忽视。有的同志提出，"一府两院"对人大审议意见的研究处理报告，要列入议题，向人大常委会会议作报告，这个意见可以尝试，效果可能会更好一些。

五、坚持依法监督，在监督中支持有关机关的工作，有利于形成良好的工作关系，有利于监督工作有效开展

深圳市人大内务司法委员会在工作中不讳言监督，坚持依法监督，有为才有位。同时，在监督中支持，同内务司法机关形成良好的、和谐的工作关系。"和而不同"。比如根据法院要求，提请人大常委会就执行工作作出《执行工作决定》，完善执行立法，法院上下感谢人大的支持。执行协助比较困难，人大督促协调建立执行协助机制。我们还将人大常委会审议中要求有关政府部门协助法院执行工作、解决法院执行装备等意见，转市政府办理，市政府专门召开会议协调，公安、工商、国土房产等部门采取了有效的协助执行措施，财政等部门安排资金解决了市人民法院执行局的车辆装备等问题。对法院法官职业化改革，人大多次呼吁，积极支持。人民法院在审判劳动争议案件过程中遇到棘手问题，分管副院长带队专程到市人大内务司法委员会请求支持帮助，市人大内务司法委员会依据《劳动关系促进条例》条文，对法院遇到的问题给予协调，支持法院工作。市人大在监督市公安局整治交通秩序时，要求有关部门关心交警身体健康，解决值勤交警防污染补贴问题，市政府专门组织了调研，根据人大意见作出决定，每月给执勤交警一定数额的防污染补贴。居住证立法，涉及面广，服务管理涉及政府多个部门，市公安局长带队，2014 年三次到市人大汇报工作，说他们协调起草有困难，时间拖得长，希望市人大内务司法委员会牵头起草，支持公安机关工作。《深圳经济特区居住证条例》作为有立法权的人大第一部居住证立法，已于 2014 年 10 月通过，2015 年 6 月 1 日实施，对非深圳户籍人口服务管理将发挥积极作用。市公安局感谢市人大支持。

市人大在司法监督工作中存在的问题，一是监督方式的选择比较单一，一般是专项报告、执法检查，运用质询、特定问题调查、撤职等方式，及时回应社会关切不够；二是监督力度不够；三是监督实效有待增强。

关于议会监督问题，因国情和制度不同，英国议会下院，质询是常规的监督方式，每周三是相对固定的下院质询政府时间，首相有时也要到会接

受质询。香港立法会对社会关注的问题，也及时组织质询。美国国会任命司法部长、最高法院法官，这些重要任命一般要经过二三次听证；2013年10月，美国国会因政府预算分歧，临时拨款通不过，美国一些政府部门关门16天；1995年12月，克林顿总统执政时期，也是因预算分歧，美国政府部分部门关门一个月，但外交、国防部门不关门。

中国正在全面深化改革，全面推进依法治国，总目标是完善中国特色社会主义制度，推进国家治理体系和治理能力现代化，建设社会主义法治国家。无论是完善制度，还是推进国家治理体系现代化，无论是民主政治建设，还是建设法治中国，都离不开人民代表大会制度这个根本政治制度的完善，所以党中央提出要推进人民代表大会制度与时俱进。人大工作只会加强，不会削弱。人大的立法监督工作只能加强，不能削弱。人大工作任重道远，从事人大工作的同志要增强信心，做好工作，作出贡献。

[原载《深圳法治发展报告（2016）》，社会科学文献出版社2016年版]

地方国家权力机关监督本级
司法机关执法问题的探讨

监督本级司法机关的执法工作是地方国家权力机关的一项重要职权。但是，为什么要进行监督？怎样进行监督？人们在认识上还不一致，实践中也没有很好解决。因此，深入研究这个问题，对权力机关有效行使监督权，具有重要意义。本文拟就此作一些初步的探讨。

一

由于县级以上地方人民代表大会设立常务委员会时间不长，且地方人大常委会建立以前，宪法和法律对地方人民代表大会监督本级司法机关执法的问题，缺乏比较明确的规定，因此，对这样的监督，无论是权力机关还是司法机关，都有一个认识和习惯的过程。监督是否必要？有人迄今还持怀疑态度，甚至有抵触情绪。不解决认识问题，不反复阐明监督的必要性，监督工作便不能有效地进行。对于地方国家权力机关监督司法机关执法的必要性，我们可以从以下几个方面来认识：

第一，监督司法机关执法的这种职权，是宪法和法律赋予的。《中华人民共和国宪法》规定："国家行政机关、审判机关、检察机关都由人民代表大会产生，对它负责，受它监督"；"县级以上的地方各级人民代表大会常务委员会监督本级人民政府、人民法院和人民检察院的工作"。《中华人民共和国地方各级人民代表大会和地方各级人民政府组织法》（以下简称《地方组织法》）亦作了相应的规定。宪法和法律为什么要赋予地方国家权力机关对司法机关工作的监督权呢?

首先，这是由我们国家的性质决定的。我国是人民民主专政的社会主义国家。在我国，人民是国家的主人，行使着管理国家的权力，即宪法所规定的："中华人民共和国的一切权力属于人民。"而全国人民代表大会和地方各级人民代表大会就是代表人民行使这种权力的机关。这种管理权是多方面的，监督司法机关执法就是其中一种重要的权力。没有这种监督权，就会影响人民管理国家权力的全面实现。司法机关有的同志以独立行使职权为由，不习惯接受权力机关的监督，甚至认为监督是干涉独立审判，这是没有认识到司法机关独立行使职权，并不是可以不要人民和人民的代表机关的监督。人民法院行使的审判权，人民检察院行使的检察权，都是人民及其代表机关授予的，都不能违背人民及其代表机关的意志，都应当接受人民及其代表机关的监督。在权力机关工作的同志也有不习惯于实实在在地进行监督的问题，有的连群众的申诉、控告都不愿受理，这也是不对的。地方国家权力机关代表人民的利益，应当坚持原则，依法行使好这种监督权。如该管的不管，放弃或者放松监督，就是没有尽到人民代表机关的职责。

其次，宪法和法律赋予地方国家权力机关的监督权，有利于完善人民代表大会制度。地方国家权力机关是制定地方性法规的机关（指有制定权的权力机关）和"议事"机关，也是实际工作机关。它制定的地方性法规或作出的决议，要组织自己的行政机关、司法机关去付诸实施；在实施过程中监督它们是否正确执行了国家的法律和自己通过的决议以及地方性法规。如果只管"立法"、"议事"而没有监督权，那么，它的制定法规权、决定权就落不到实处，就会流于形式。从这个意义上说，加强对司法机关、行政机关的监督工作，是实现列宁所要求的"把代表机构由清谈馆变为'实干的'机构"①的重要环节，是加强地方国家权力机关建设乃至整个地方政权建设的重要环节。

第二，监督司法机关执法是健全法制，保证宪法和法律正确实施的需要。法制建设包括法律的制定、执行和遵守等方面，而法的执行则处于中心

① 《列宁选集》第 3 卷，人民出版社 2012 年版，第 151 页。

环节的地位。作为国家重要执法部门的地方司法机关，多年来在执法中取得了很大的成绩，但正如彭真同志所说："在一些方面和一些地方依然存在着不依法办事甚至知法犯法、执法犯法的现象。"少数司法机关工作人员要特权、逞威风、侵犯公民权利的情况时有发生，有的还刑讯逼供甚至徇私枉法。在案件的处理上，有的该打击的未打击，或重罪轻判；有的错抓、错押，甚至枉及无辜；有的该管不管，打得头破血流甚至人命关天却无人受理，互相推诿，群众"告状难"。在执行诉讼程序中，有的办案超过法定时限，等等。这类现象的存在，影响了宪法和法律正确执行。因此，法制建设的实践，要求地方国家权力机关加强对司法机关执法工作的监督，纠正违宪违法现象。

第三，人民群众对权力机关监督司法机关执法有比较强烈的要求。1983年，武汉市人大常委会即接待受理申诉、控告方面的人民来信来访 600 多件次；1984 年，接待受理这类信访 790 多件次。有的人跑了很长时间，找了这样那样的司法部门，不能解决，才到市人大常委会来，要求权力机关监督司法机关依法处理。地方国家权力机关作为人民的代表机关，理当行使监督权，为民排忧解难，保证正确执法。

第四，监督司法机关执法也是为了支持和帮助司法机关的工作。表现在：在实施监督的过程中，发现并帮助司法机关纠正执法中存在的问题，使司法机关能更好地执法；司法机关行使职权和依法处理案件，遇到阻力和困难时，支持司法机关依法办事，做到执法必严，违法必究；对于重大的执法工作，权力机关通过决议，予以促进和支持；针对司法机关实践中出现的新情况和新问题，权力机关作出决定或制定地方性法规，使司法机关有法可依。

二

地方国家权力机关监督司法机关执法的问题，宪法和法律只有原则的规定。具体监督什么？怎样进行监督？则还需要在实际工作中进行探索。根据几年来的实践，我们提出以下一些看法：

1. 监督的范围和内容。地方国家权力机关监督司法机关执法，这个"司法机关"究竟包括哪些部门，认识还不一致。通常的说法是指"两院"（法院、检察院）。还能不能将公安机关和司法机关也纳入监督的范围，这个问题，武汉市人大常委会在《监督本市司法机关执行法律的试行办法》中作了明确的规定。理由是：公、检、法、司各部门的侦查、检察、审判和执行（劳改、劳教）活动是一个整体，不可分割。同时，依照法律规定，地方国家权力机关对于政府所属的公安、司法行政部门可以进行监督。从几年来的实践看，这样做我们认为是很有必要的。

监督的内容是什么？总的说就是监督司法机关的工作是否违法，保证宪法和法律的正确执行。彭真同志说过："主要是监督是否违反宪法、法律，包括是否正确执行党和国家的方针、政策。"实践中，有的把对司法机关一般地提意见、提建议，看作就是进行了监督，其实未抓住实质。实质是监督是否违法。说具体点，主要是监督司法机关是否执行了党和国家的有关方针、政策，如贯彻依法从重从快严厉打击严重刑事犯罪活动的方针；监督司法机关的审判、检察、侦查等活动是否严格依法办事，是否有违法行为；监督司法人员有无严重违宪、违法或失职、渎职的情况，等等。如发现问题，应采取适当方式，予以纠正或处理。

监督司法机关的工作要不要涉及具体的人（司法人员）和事（案件），认识还不一致。有的认为，监督只抓大事，不必涉及具体的人和案件，否则就是干预过多。其实，抓大事，并不能忽视具体事物，相反地要善于通过具体事物来发现和揭示那些带有普遍性、原则性的问题，从而抓好大事。比如我们通过检查案件的办理情况，发现和抽象出执法中的重大原则性问题，进而采取措施，这样也就有助于抓好监督执法方面的大事。同时，我们监督的前提是司法机关的工作是否违法，违法不是一个抽象的概念，而是和具体的司法机关、工作人员的某种行为联系在一起的，因此，监督必然要涉及具体的司法人员和案件，不然，就成了空发议论。列宁曾经指出："泛泛之谈，令人讨厌。这只能滋长和怂恿官僚主义。"① 当然，我们的监督工作也必须十

---

① 《列宁全集》第 33 卷，人民出版社 1957 年版，第 210 页。

分慎重，决不能代替司法机关的工作，干涉司法机关的正常业务，而是在确有必要时，才去检查监督。

2. 监督的形式。监督活动的成效，一定程度上取决于正确选择监督形式。监督的形式大体有以下几种：

一是听取和审议司法机关的工作报告或汇报。除法律规定的人民法院、人民检察院每年向人民代表大会报告一次工作外，必要时，有关司法机关还应就某项重大任务或某一方面的工作，向人大常委会作出报告。同时，为了便于掌握司法机关的执法情况，这些机关的工作计划、总结及有关文件应当报送同级人大常委会，并作为制度。这里需要强调的是，地方国家权力机关听取和审议司法机关的工作报告，作出决议，提出的意见，有关司法机关应认真办理，并报告结果。这样才能起到实际监督的作用。在国外，比如苏联，苏维埃根据法院的报告或汇报，还可作出对法院具有法律约束力的决定。

二是视察和检查司法机关执行宪法、法律和党的有关方针、政策的情况。列宁曾很重视"检查"这种监督形式，要求苏维埃形成监督和检查系统，通过决定和法律之后，要"经常检查实际执行情况"[①]。我们的权力机关的视察和检查，主要是抓大事。比如围绕整顿社会治安、严厉打击刑事犯罪、运用法律手段为经济改革服务、青少年的法制教育等问题组织视察，或者就某些重要工作、重要问题，进行检查。视察和检查中提出的意见，司法机关应当重视，并研究办理，不能不了了之。

三是对司法机关及司法人员的严重违法行为进行调查。在一些国家中，立法机关的调查具有司法机关的某些权限。例如，根据意大利宪法，议会的调查委员会在进行调查时，具有与司法当局同样的权限。又如在联邦德国，为了提出证据，议会的调查委员会可以相应地运用刑事诉讼的若干规定。我国地方权力机关的调查，并不一定强调具有司法机关的权限，但应强调司法机关对权力机关的调查要予以重视，自觉地接受调查，并如实提供情况，对调查形成的意见，应认真办理，并报告结果。从实践看，这种调查必须抓住

---

① 《列宁全集》第 49 卷，人民出版社 1988 年版，第 337 页。

重点，而且一抓到底。如天津市人大常委会对该市中级人民法院原副庭长张文杰枉法裁判一案两次组织调查，最后督促法院依法追究了张的刑事责任。武汉市人大常委会于 1984 年 3 月对个别公安干警打骂人犯、刑讯逼供的严重违法问题，进行了调查和检查，之后有关司法机关依法追究了这两名干警的刑事责任，市人大常委会并就此向各司法机关发出通报，要求对照检查，并将检查情况报告市人大常委会。这些做法都收到了很好的监督效果。

四是依法受理人民代表和人民群众的申诉和意见，监督司法机关认真办理群众的申诉、控告信（案）件。实践证明，这是进行监督的一种重要形式。这种监督，内容丰富、实际，看得见，摸得着，值得重视。对群众的申诉、控告信（案）件，在具体处理上，一般是转交有关司法机关处理，但权力机关的有关工作部门，应了解情况，认真催办。同时，对重要案件也可以进行必要的调查。当前在这类信（案）件的转办处理中，尚存在不少问题。有的司法机关对此不够重视，久拖不决，以致申诉、控告人多次到权力机关催问。对此必须有明确的制度和要求。武汉市人大常委会在《监督本市司法机关执行法律的试行办法》中即强调，司法机关对权力机关转交的群众申诉、控告信（案）件，必须及时地认真办理，不得推诿、拖延。重要申诉、控告信（案）件，司法机关的领导人要督促办理，或者亲自办理；要求答复处理结果的，应及时办结答复；个别因情况复杂，3 个月（需要有一个时限）尚不能办结的，应将办理情况报告权力机关。办理申诉、控告信（案）件中，还有另一方面的问题，就是有的申诉案件，权力机关经过了解，认为原来对案件的处理确有不当之处，但承办部门及有关司法人员却坚持原来的处理意见。有的司法人员甚至声称，告到人大常委会、告到联合国也不怕！不论告到哪里，还得我们解决等等。对于这种情况，应当强调，对权力机关提出意见（不是具体处理意见）的重大申诉、控告案件，有关司法机关应切实查明情况，迅速办理；办理意见与权力机关的意见不一致时，应将办理情况报告权力机关复议。这里有一种情况，即经过复议意见仍不一致怎么办？权力机关是否可以作出决定？我们认为，权力机关有权保证宪法和法律在本行政区域内的遵守和执行，如果明确认为某个重大案件的处理有悖于法律的规定，根据实际需要，可以考虑在复议的基础上作出原则性的决定，交由司法机关依法处理。不然，案件久拖不决（实践中这种情况不乏其例），错案难以纠正，如何保证法律的正确执行？当然，权力机关在处理群众申诉、控告时，如果原来司法机关的处理是正确的，则应加以维护，支持司法机关的正确执法，对申诉者进行解释和说服教育。

五是对司法机关提出质询。《地方组织法》规定："地方各级人民代表大会举行会议的时候，代表向本级人民政府和它所属各工作部门以及人民法院、人民检察院提出的质询，经过主席团提交受质询的机关，受质询的机关必须在会议中负责答复。"质询虽不多用，但却是一种有力的监督行使。什么样的问题可以提出质询，我们认为，对司法机关有重大违法行为，又拒不改正的；司法机关及司法人员对申诉有理、控告有据的重大案件顶着不办或者对错案拒不纠正、情节严重的；或有其他重大失职、渎职行为的，都可以提出质询。我们还认为，由于人民代表大会一年才能举行一次，在闭会期间，代表也可以通过人大常委会提出质询，这样有利于发挥经常性的监督作用。质询中代表对受质询的机关的答复不满意怎么办？在国外，议会质询的后果是比较严重的，可以导致内阁辞职，我们的人民代表对受质询机关的答复不满意，也可以提请人民代表大会罢免，或提请人大常委会撤销有关司法人员的法律职务。

3. 监督的效力。地方国家权力机关对司法机关的监督是实际的，是具有法律效力的，监督的法律后果也应该是明确的。按照司法机关和司法人员违宪违法行为严重程度，大体可分为：（1）责成有关司法机关和司法人员纠正违法行为，作出检查，写出报告；（2）责成有关部门对有关司法人员给予纪律处分；（3）按照权力机关人事任免范围，免去或撤销有关司法人员的法律职务；（4）罢免由权力机关选举产生的人民法院院长、人民检察院检察长，重新选举或任命新的法院院长、检察院检察长；（5）对违法行为情节严重、构成犯罪的，督促有关司法机关依法追究相关人员的刑事责任。

三

为了保证地方国家权力机关对司法机关的有效监督，尚需解决好以下几个问题：

第一，对监督工作要在法律上作出比较具体的规定。对监督工作实行规范调整，有助于改进和加强这方面的工作。在苏联，有地方苏维埃就通过了关于执行监督工作的专门条例，监督工作的许多方面也在执行委员会的工作细则中作出规定。在日本，国会还专门制定了《法官弹劾法》，法律规定了弹劾法官的事由，追诉委员会的组织以及关于审理、裁判的事项等。我们现在也很需要对监督工作的形式、程序、效力等问题从立法上作出规定，以便有章可循。当然，地方国家权力机关开展工作的时间不长，对我们来说："重要的是革命创举，而法律则应该是它的结果"①。因此，我们应在积极工作的基础上，对几年来的监督工作进行总结，并吸取外国的有益经验，在此基础上，把一些行之有效的东西，"应该详细地记载下来，加以研究，使之系统化，用更广泛的经验来检验它，并且定为法规"②。以全国而言，建议全国人大常委会能早日制定出有关监督问题的具体规定，例如制定单行的《中华人民共和国地方各级人民代表大会和地方各级人民政府组织法》和《中华人民共和国地方各级人大常委会工作条例》，从中对监督问题作出规定，亦可制定监督工作的法律或条例，等等。在全国未作出统一规定之前，地方根据工作需要，在宪法和法律的范围内也可以先作出一些试行规定。武汉市人大常委会于1984年制定了《监督本市司法机关执行法律的试行办法》，尽管还很不完善，但已有很多地方来人来函索取。这反映了此类规定乃是各地共同的需要。

第二，从地方国家权力机关本身来说，也需要进一步提高对监督工作的认识，并加强监督机构建设。现在，地方特别是区、县人大常委会的法制机构（承担监督的具体工作），有的工作人员法律知识不足，不能适应监督工作的需要；有的还未设立专门机构，而司法机关的执法工作则主要是在区、县。因此，要挑选一些有一定专业知识和司法工作经验的干部充实监督机构。同时，权力机关要加强对监督工作的领导。经验证明，领导的重视和

① 《列宁全集》第24卷，人民出版社1957年版，第252页。
② 《列宁选集》第3卷，人民出版社2012年版，第505页。

支持，具有重要作用。此外，在实践中感到，上、下级权力机关之间，特别是一个市的市、区（县）权力机关之间，尽管不是领导关系，但需要密切联系，互相配合，共同做好对司法机关执法的监督工作。因为就一个市来说，市、区（县）司法机关的执法工作有着密切的联系，也可以说是一个整体，因此，监督执法的工作也应密切联系。武汉市人大常委会于1984年召开了区、县人大常委会法制工作座谈会，交流监督工作情况，并以各种形式建立联系，得到了区、县人大常委会的热情支持。这说明加强联系也是共同的需要。

第三，从司法机关来说，要进一步提高对权力机关监督的认识，自觉接受监督。在提高认识的基础上，司法机关要制定出自觉接受权力机关监督的规定或制度。沈阳、锦州、武汉等市的中级人民法院、人民检察院，都分别制定了自觉接受权力机关监督的若干规定，值得借鉴。

第四，要加强对监督工作的研究。现在看来，权力机关对司法机关工作进行监督的性质、内容、形式、程序、法律效力，每一种监督形式如何付诸实施，如何正确处理权力机关监督与党的领导的关系，如何正确处理权力机关监督与司法机关独立行使职权的关系，等等，都需要进行比较深入的研究，通过理论研究，以指导我们的实际工作。

[原载《地方政权与人民代表》，群众出版社1985年版，另一位作者：刘定国]

评议是人大监督的有效形式

——兼议深圳市人大的评议工作

组织人大代表对县（区）公检法司机关进行评议，是 1994 年广东省人大常委会部署的一项重要工作。如何使评议工作更好地发挥监督实效，坚持下去，并形成制度，有一些问题如评议的性质和作用，评议的对象和内容，评议的有效方式，以及评议的制度化、规范化等等，都需要研究解决。

一

评议的性质和内涵。评议是在同级党委的统一领导下，由人大常委会组织，以人大代表为主体，在广泛收集人民群众意见，进行深入调查研究的基础上，依照宪法、法律、法规，对本级行政、审判、检察机关及其工作人员的工作特别是守法和执法活动进行客观、公正的评价，督促解决存在的问题，纠正失误的一种监督形式。评议是近年来地方人大常委会为增强人大监督实效而探索创造的一种新的有效监督形式，它与法律规定的其他监督形式，具有同等的法律地位。其性质是人大代表代表人民行使国家权力的一种有效途径和方式。

评议的对象和内容。评议的对象是政府及其部门，法院、检察院。在确定一个时期的评议对象的时候，则要根据当时当地的实际情况来考虑。比如 1993 年深圳市区镇人大选择"基层站所"（派出所、工商所等）作为评议对象，就有其特殊背景。这些单位大多是基层执法部门，在维护正常的社会生活中发挥了重要作用。同时，由于这些单位一般都掌握一定权力，人员素质参差不齐，是执法过程中的"事故多发地段"，群众意见较大。因此，评议这些部门的工作情况，就抓住了群众关心的"热点"，受到人民群众的拥护。

评议的内容主要有这样几个方面：(1) 是否严格执行宪法、法律和法规；(2) 是否认真执行党和国家的方针、政策；(3) 机关及其工作人员的廉政情况；(4) 机关及其工作人员的工作作风、工作效率、服务态度和服务质量。评议内容的选择，则要根据评议的具体对象和一个时期党和国家的工作中心及当地的实际情况，突出重点。如深圳市人大常委会于 1992 年组织市人大代表评议市政府所属工作部门和市法院、市检察院等 41 个单位，评议内容主要是这些机关的廉政情况和工作作风、工作效率、服务态度及服务质量等方面的情况。1994 年，深圳市各区人大常委会组织代表评议区公检法司机关，评议内容主要是这些机关及其工作人员的执法情况和廉政建设情况。南山区人大常委会组织代表评议公检法司机关时，根据被评单位的不同职责，评议内容又各有侧重。如对区公安分局，重点检查评议打击严重刑事犯罪情况和劳教案件处理情况；对法院，重点检查评议判案是否公正、量刑是否准确的情况；对检察院，重点检查评议自侦贪污贿赂案件和免诉案件的情况；对司法局，重点检查评议普法教育和公证、律师收费情况。由于评议内容比较集中，重点抓得比较准，南山区的评议工作取得了较好的效果。

评议的意义和作用。评议作为一种有效的监督形式，具有重要的意义和作用。第一，评议是人大监督机制的有力拓展。以往，人大的监督缺乏力度，实效性较差。评议工作的广泛开展，使人大加大了监督的力度。从深圳市近年来开展评议工作的情况看，评议活动使人大监督的内容具体化，有较强的针对性，执法和廉政建设中一些较深层次的问题被反映出来，对被评议机关触动较大。这是人大一般的"会议监督"和视察检查难以做到的。被评议机关一般都掌握和行使一定的权力，这些权力是人民赋予的。人大代表代表人民评议这些单位，是对权力的一种监督，是人大监督机制的一次有力拓展。

第二，评议使人民代表同人民群众的联系得以加强，代表了解和反映群众呼声，密切了同群众的联系。"代表代表，会后就了"，如今这种误解正逐渐消除。自评议以来，越来越多的群众开始感到：人民代表的心和他们贴近了，群众关心的问题有人反映和解决了，人民代表这个称号的分量重了。

第三，评议是反腐败的一个有效武器。较长一段时间以来，各级国家机关下了很大力气抓反腐败工作，也取得了一定成效，但腐败现象仍大量存在。现在看来，反腐败光靠老办法不行，一定要有新的举措，这就是加强法治，并在法治的氛围内依靠人民群众和人民代表的监督，逐步建立起一种有效的监督机制，以最大限度地遏制腐败。1993 年以来，深圳市、区人大致力于这方面的工作，在评议监督方面进行了一些探索和实践，评议中揭露和督促纠正处理了不少腐败行为。事实证明，评议在促进行政、司法机关的执法工作和廉政建设方面发挥了有效的作用。

二

评议的组织。评议工作是一项涉及面广，群众关心，法律性和政策性很强的工作，因此，必须在党委的统一领导下进行。党委领导要亲自过问，协调有关单位，解决评议工作中的困难和问题。党委和政府的主要负责同志，在人大代表面对面评议公检法司机关工作时，应该亲自去听一听，体察民情，这也是一种很好的调查研究。特别是担任领导职务的代表，在这个时候，与代表一道参与评议，对于了解和掌握情况，指导工作，都很有好处。1994 年，深圳市人大评议公检法司机关的工作得到市委的高度重视，市委专门召开评议工作会议，市委主要领导同志在会上发表讲话；评议工作进行过程中，市委负责同志督促检查，并召开汇报会，对评议工作的深入开展提出具体要求；市委还将评议公检法司作为 1994 年依法治市的突破口；市人大常委会对市领导参加选区的评议活动作出了具体安排，这些做法有力地推动评议工作的开展。评议过程中，受评单位的上级业务主管部门，也要派出由领导同志带队的工作组，参与评议，帮助指导基层单位整改。

各级人大要精心组织评议活动，依法大胆行使职权。各级人大常委会要在党委领导下，认真安排和组织好评议工作。人大在考虑一个时期的评议工作时，要根据一个时期的中心工作和群众反映强烈、要求解决的热点问题，来确定评议的具体对象和重点内容。人大常委会还要确定评议的工作程序及评议工作实施方案，组织代表在学习掌握法律法规的基础上开展视察和调查等，做好评议的准备工作。

评议实施的几个环节。一是调查研究。同执法要以事实为根据，以法律为准绳一样，评议亦必须以事实为根据。评议前，人大代表要广泛开展调查研究，尽量多地走访群众，广泛收集人民群众的意见和建议，认真了解各方面的情况和问题。对群众反映的重点人和事，要进行必要的核查。必要时，可组织力量查阅有关资料和案卷，抓几个典型个案。调查研究对情况的掌握要"深"、"准"。南山区人大代表在评议区公检法司机关时，从调查研究入手，先后召开了企业厂长（经理）座谈会、街道和居委会干群座谈会、工商个体户座谈会、被评单位干警座谈会，还各自走访部分居民，并抽查了公检法司机关 150 多宗案卷，掌握了大量的第一手材料，有了充分的发言权，对评议工作的有效开展，起到很好的作用。

二是评议。面对面开展民主评议，是发扬民主、发挥监督作用的重要环节。参加评议的人大代表评议前要分析研究群众反映的情况和调查材料，把握好事实，评议时据法论理，实事求是，既肯定成绩，也指出问题，分析原因，提出改进意见。受评单位要认真向代表汇报工作，虚心接受代表评议，认真接受监督。

三是整改。整改是整个评议工作的关键环节。对群众反映和代表评议中提出的问题，受评单位要组织力量进行调查核实，该纠正的纠正，该处理的处理，从中总结经验教训，举一反三，达到改进工作作风、提高执法水平的目的。近年来，深圳市、区人大组织代表评议后，都将评议意见书面整理函告受评单位，受评单位大都据此认真研究整改。如南山区公安分局于 1994 年 5 月接到区人大关于评议结果的书面意见后，立即召开党委会议，研究落实整改措施。该局向下属各单位发出整顿机关作风、提高行政效能的文件；对代表提出的问题，他们从 8 个方面由局领导分工负责进行整改，限期取得成效。分局领导认为，代表评议是对公安工作的关心、爱护和鞭策，对改进公安工作起到很好的推动作用。

四是跟踪监督。评议结束后，人大要进行跟踪监督，检查受评单位整改情况，该纠正的问题纠正没有，该处理的处理没有，整改的措施落实没有。受评单位在规定的期限内要向人民代表或人大常委会反馈整改情况。必要时，人大常委会还可组织代表进行检查或复评，直到各项整改措施落实为止。福田区人大为保证评议整改效果，在经过一定时间整改后，组织代表检查被评单位整改情况，召开整改汇报会，代表在听取被评单位的整改汇报后，作背靠背的评价，得出"满意、基本满意、不满意"的结论。对评为"满意"的单位，给予通报表扬；对评为"不满意"的单位，限期半年内改正，半年后代表和群众仍不满意者，建议主管部门调离或免去该单位负责人的职务或予以其行政处分。我们认为，这种跟踪监督措施，是认真有效的。

评议过程需要解决的几个问题。一是要把敢于监督和善于监督结合起来。在评议过程中，要注意做到既不失职，也不越权，依法定程序来解决问题，避免影响政府正常的行政工作和"两院"依法独立行使审判权、检察权。

二是评议工作要与反腐败、查处大案要案结合。在当前深入开展反腐败斗争中，人大要把评议作为有效的监督武器，针对那些突出的腐败现象和腐败行为，认真开展评议，督促依法处理，督促整改，发挥评议工作在遏制腐败中的作用。

三是把评议监督与行使决定权结合起来。对明显违法的问题，经评议监督仍不纠正的，人大常委会应当依法作出决定，督促有关部门依法处理，使监督和整改落到实处。

四是把评议与质询、特定问题调查、撤职和罢免等监督手段结合起来。评议中，人大代表或常委会组成人员有权对执法机关处理的案件或某个重大问题依法提出询问，以至要求对重大的违法问题组织特定问题调查，或提出质询；如果代表或委员对受质询机关的答复不满意，还可对有关人员提出罢免案和撤职案。这样，有利于形成一套严密的、较具力度的监督制约机制。

三

评议的制度化、规范化。评议虽然开辟了一条人大监督的有效渠道，是一种重要的监督形式，但它毕竟还处在探索实践的阶段。当前，重要的是要从制度上来解决评议工作面临的问题。第一，评议工作要经常化，形成制度。组织评议应该成为人大常委会工作机构的重要职能。为了强化人大监督工作的力度，人大常委会下属的工作机构，如法律工作委员会、代表工作委员会、财经工作委员会等，在法律监督和日常工作监督中，要注重运用评议的手段，充分发挥评议监督的作用。此外，要大力加强人大常委会的信访工作，使之成为人民群众向权力机关提供评议监督信息的重要渠道，使评议监督能真正体现人民群众的意愿。

第二，尽快制定评议监督的有关法律规范。评议监督的基本依据是宪法和《中华人民共和国地方各级人民代表大会和地方各级人民政府组织法》（以下简称《地方组织法》），但这些法律对评议没有作出明细的规定，不便操作。因此，我们建议，地方人大可以根据宪法、法律的规定，结合本地的实际情况，制定监督法规。在监督法规中，评议监督应作为一项重要的内容，具体进行规范，如评议的原则和标准，评议的内容和范围，评议的组织程序及评议的方式，评议的法律后果（效力），等等，都要以法规的形式加以确定。国家在修改《地方组织法》、《中华人民共和国代表法》时，也有必要对评议这种监督形式予以规定，使评议工作走上制度化、规范化的轨道。

（原载《监督　力度　机制——广东省人大监督工作论文集》，广东高等教育出版社 1994 年版，另两位作者：曾清鹏、李庆节）

依法规范股份合作公司
促进农村经济社会发展

——《深圳经济特区股份合作公司条例》
执行情况的调研与思考

　　20 世纪 80 年代初，以农村社区为基础的股份合作制经济在深圳应运而生。经过十几年的发展，迄今全市股份合作制企业已有 1180 家（特区内农村城市化后的原行政村改组而成 78 家，特区外的行政村、自然村有 1102 家），占据各区经济的"半壁江山"，在深圳农村经济社会的发展和社会稳定中发挥了重要作用。1994 年 4 月，深圳市人大常委会通过了《深圳经济特区股份合作公司条例》（以下简称《股份合作公司条例》），促进了股份合作公司的规范和发展。1999 年 5—7 月，为贯彻市委依法治市决定中加强基层依法治理、规范基层股份合作经济组织的精神，市依法治市领导小组办公室会同市人大有关工委组织了《股份合作公司条例》贯彻执行情况特别是股份合作公司规范和发展情况的调研。市人大常委会主任、副主任分别带队到全市 6 个区展开调研，召开《股份合作公司条例》贯彻执行情况座谈会。市依法治市办公室还深入一些区、镇、村作了重点调研。从调研情况来看，条例的贯彻执行及农村股份合作公司的规范和发展取得了较大成绩，但也存在一些不容忽视的问题，亟待加以解决。

一、《股份合作公司条例》贯彻实施的主要成绩

《股份合作公司条例》的贯彻实施，使全市的股份合作经济和股份合作公司的发展开始步入法制轨道，促进了深圳农村经济的快速发展和社会进步。

1. 规范工作特别是特区内股份合作公司的规范工作取得较大进展。市委、市人大、市政府对股份合作公司的规范工作十分重视。几年来，根据市里要求，市有关部门先后制定了《关于依据〈深圳经济特区股份合作公司条例〉规范我市股份合作公司的意见（试行）》、《关于加快我市社区型股份合作公司经济完善、提高、转型的若干意见》、《深圳市镇村集体资产管理规定》等规范性文件。市人大常委会针对条例没有明确规定集体股的载体这一缺陷，于1997年9月修改了《股份合作公司条例》第27条，补充规定："集体股的股东即资产代表人为村集体资产管理委员会，村集体资产管理委员会由所在区政府集体资产管理部门核准成立。"各区也先后提出了关于规范股份合作制企业的指导性意见。股份合作公司大都修订了公司章程和有关规章制度，提高了股份合作公司的经营管理水平。

依据《股份合作公司条例》对股份合作公司进行规范的工作，根据特区内外的不同特点，以点带面，有步骤、有重点地进行，取得了较大成效。特区内78家股份合作公司现已完成了规范工作，其中的76家公司完成了重新注册登记。特区外的股份合作公司规范工作也取得了一定进展。宝安区政府制定了《宝安区农村股份合作制暂行办法》，龙岗区政府发出了《关于依照〈深圳经济特区股份合作公司条例〉在我区开展股份合作公司规范化工作的通知》。目前，宝安区已有7个行政村、14个自然村的股份合作制企业完成了规范化工作，并登记注册。龙岗区已完成7个行政村股份合作制企业规范化工作，即将进入注册阶段。两区全面开展清产核资，摸清了农村集体经济的家底，为下一步的规范化工作创造条件。市农业局和龙岗区还在横岗荷坳村抓了股份合作公司产权制度改革试点，并已开始推广。

2. 《股份合作公司条例》的贯彻实施有力地促进了基层民主建设。《股

份合作公司条例》明确了产权关系，体现了民主管理集体资产的原则，较好地体现了个人利益和集体利益的结合，提高了股民对集体经济运作的方式、结果的关切程度。尤其是规定股东代表大会为最高权力机构后，凡涉及投资、分配、董事会成员的确定等事项都要经股东代表大会表决，股东的主人翁地位得到体现。因此，通过《股份合作公司条例》的贯彻执行，大多数股份合作制企业实行了政务、财务公开和民主选举、民主决策、民主管理、民主监督，大大促进了基层民主建设。

3.《股份合作公司条例》的贯彻实施促进了农村及已城市化的原农村地区经济发展和社会文明进步。一是促进了农村经济的快速发展，增强了农村的综合实力。1998 年，全市农村（龙岗、宝安两区）经济总收入 110.7 亿元，比 1979 年增长 127 倍，人均收入达 7350 元；1999 年上半年，全市农村经济总收入达 58.8 亿元，农村人均收入达 3898 元，均比 1998 年同期增长 6.2%。至 1998 年底，农村集体资产（龙岗、宝安两区）为 392.2 亿元，比 1979 年增长 692 倍，农村人均占有集体资产达 17.6 万元。资产超亿元的行政村 64 个，占行政村总数的 31.3%。特区内 78 家股份合作公司的总资产达 56.13 亿元，净资产达 43.98 亿元。目前，社区型的股份合作企业经济实力在各区经济中占有重要地位，占据各区经济的"半壁江山"。

二是推动了农村各项事业的发展，加强了精神文明建设，巩固了基层政权，农村面貌发生根本改变。股份合作公司的章程普遍规定，村民享有的股权同计划生育、义务教育、征兵、遵纪守法等挂钩，赏罚分明，违反有关规定者在一定期限内不予分红。从而使农村分田到户后一度难以开展的社会工作得到较好解决。南山区海湾村股份公司规定，对吸毒的人员，公司取消其全家成员的股东分配资格，直至戒毒成功为止。这一措施，使该村近 10 年没有吸毒现象发生。南山区桂庙村地处南山商业繁华地带，却没有一栋违法建筑，因为股份公司有规定，谁违法建房，谁就不准参加村里分红。许多村在扩大再生产的同时，不断改善村镇文化、教育、卫生、医疗、福利事业等，设立教育奖励基金，引导农民积极向上，营造现代文明环境，推动了两个文明建设的协调发展，涌现出全国精神文明创建活动示范点的南岭村，以及省、市"文明单位"、"全国文明乡镇企业"的龙岗区布吉镇坂田村和被誉为"现代文明的都市村庄"——罗湖区长岭村、福田区皇岗村、下沙村等，展现了特区社会主义新农村的风貌。

三是培养和造就了一批经营管理人才。股份合作公司的股东，原来都是"洗脚上田"的农民。通过在市场经济大潮中的磨炼，他们大都逐步克服小农意识，在与外商谈判、企业管理、经营决策等方面，积累了经验，综合素质与过去的农民相比有了较大的转变，涌现出一批较为优秀的农民企业家。如上步、海湾、坂田、南岭、长岭、下沙、皇岗、平湖等股份合作公司的领导班子，就是这些企业家的优秀代表。更为可喜的是，一些股份合作公司注重青年人的培养教育，为公司的未来发展奠定人才基础，不少股份公司已是年轻一代挑大梁。南岭村已有 61 位高等院校毕业生回村发展。皇岗股份公司为辖区青年开办大、中专函授班和电脑、英语、企业管理的培训班，并分批选送优秀青年去北京、广州等地的大专院校深造，学成归来提拔重用。这些措施，大大激发了青年人求学上进的积极性。

二、股份合作公司规范和发展中存在的主要问题

1. 特区外股份合作公司的规范工作滞后。目前，特区内的股份合作公司规范化工作已基本完成，注册登记工作也已接近尾声。但特区外的股份合作公司规范化工作还远未完成，215 个行政村中只有 7 个完成了股份合作公司的注册，887 个自然村股份合作制企业只有 14 家完成了规范登记注册。股份合作公司规范和注册登记的任务还相当艰巨。究其原因，一是农村基层的部分干部和群众对公司规范的认识不到位，不想按条例规范。一些人有一种惰性，反正有钱收，不愿动脑筋，不愿竞争担风险；有的认为工商登记的手续繁杂，怕麻烦；有的认为不去办理规范登记，可以不交税；有的认为不规范有利于个人说了算、几个人说了算；一些村民只关心每年有钱分红就行了，规范不规范无所谓。二是实际操作上存在多头审批、多头管理、手续繁杂的问题。如股份合作公司在注册前要先经过镇、区农业部门审核，再提交市体制改革办公室审核批准，然后才能到工商部门这一关，而注册登记方面的条件、标准又不甚明确，再加之部门与部门之间有的具体规定还不一致，

容易造成来回"踢皮球"，拖延时日。

2. 部分产权仍不明晰，已明晰的产权还没有真正到位。部分产权不明晰表现在集体股产权代表与董事会合二为一。1997 年，市人大常委会修改《股份合作公司条例》，规定了村集体资产管理委员会为集体股的产权代表，但未明确规定该委员会成员的具体组成，以至在实际操作中，集体资产管理委员会的主任和委员大都是由股份合作公司的董事长和董事兼任，他们同时还是合作股股东，一身三任，身份重叠，一套班子，两块牌子，形同虚设。在合作股股东利益和集体股股东利益发生冲突时，这种机制无法保证集体资产权益的顺利实现，有可能造成集体产权受到漠视甚至侵犯。

合作股股权虽然明晰，但也存在不到位的问题。特区内的股份合作公司通过规范，均规定股权可以继承和转让，即可流动。而特区外的相当部分股份合作公司的章程规定股权不准转让、抵押和继承，即不能流动，这使得已分解界定到股东头上的股权不完整，股东对拥有的股份只有收益权，没有处置权，不利于各种生产要素的优化组合和有效配置。另外，由于合作股尚属福利股的性质，绝大部分股份合作公司的合作股不是出资认购的股权，股东关心分配结果往往多于对企业运作过程的关心，缺乏应有的劳动联合，股东参与公司经营的不到股东总数的 10%，相当部分股东"不做工、不务农、不经商"，一些人滋生不思进取、坐享其成的心态和生活方式，甚至出现一些不劳动的"食利阶层"。

3. 农村集体资产管理机制不健全。市编办 [1997]103 号文把市集体资产管理办公室设在市国有资产管理办公室（合署办公），下设集体资产管理处，5 个编制。实际工作中其职能和工作重点不明确，集体资产管理处说他们只管市属集体资产，现在只是做一些调研工作。区级集体资产管理机制也不健全。有的区、镇没有相应机构，如宝安区区、镇、村三级集体资产管理委员会均未成立，有的区其职能由国有资产管理办公室行使，有的区由经济发展局行使，有的区由农业局行使，集体资产的管理不到位。村集体资产管理委员会，既不是企业法人，又不是社团法人，其定位和职能不明确，怎样承担管理和运营集体资产的重任，也不明确。

4. 一些股份合作公司分配行为不规范。《股份合作公司条例》对股份合作公司年度利润的分配有明确规定，但一些股份合作公司并没有严格按规定办事，分配上随意性较大。由于股东对分红有逐年提高的欲望，一些公司就采取比上一年分配数略有增加的办法；个别公司还存在着为安定股民情绪，微利也分，无利也分，甚至动用贷款搞分配。尽管公司规范时明确了集体股和合作股的比例，集体股的股利归集体资产管理委员会所有，但一些公司年终分配时没有按比例分配，而是统一直接分配到个人。一些公司也没有按规定提取公积金和公益金。

5. 一些股份合作公司监督机制不完善。一些股份合作公司虽然成立了监事会，但基本上没有发挥作用。有的公司董事长权力大过董事会，"一言堂"严重；有的公司财务管理混乱，投资决策失误多，集体资产流失严重。如特区内某股份合作公司，注册资金为 3400 万元，由于公司法人代表办事不透明，没有民主决策，将征地、集资起来的大量资金盲目投向外地，造成2000 多万元资金流失，股民怨声载道，至今仍未能摆脱困境。

6. 产业结构单一，科技含量不高，人才不足，运作层次较低，缺乏发展后劲。深圳市基层股份合作制经济的发展壮大，基本上是从加工业起步，以"三来一补"和开发房地产、出租物业获取收益。随着可开发土地的逐步减少，其发展的空间日渐窘迫，发展后劲不足。一些股份合作公司在辖区内的"三来一补"企业内迁的情况下出现负增长。如果不对现有产业结构进行调整，寻求新的经济增长点，股份合作公司的持续发展就会受到很大制约。此外，不少股份公司领导班子总体素质不高，有的还存在宗族式、家族式的封闭管理方式，以致人才匮乏，制约股份合作公司的提高转型。在各股份合作公司的领导班子中，具有大专以上文化程度的较少，一般员工的总体素质也不高。虽然目前许多公司已经意识到了引进人才的重要性，但由于宗族观念作祟，外来人才很难引进，对招聘来的管理人员使用上又存在顾虑。

7. 政企合一，经社不分。股份合作公司大多与村支部、村委会（或居委会）实行三套班子、一套人马的体制。股份公司承担了较多的行政事务和社区服务，既要承担社区幼儿园、托儿所、老人福利中心等社会福利服务支出，又要承担村内的道路、水电、排污、卫生、绿化等市政基础设施建设费用和教育、治安等方面的开支。不少股份合作公司反映他们负担过重。这种状态势必影响这些公司按照现代企业制度的要求运作。

8.《股份合作公司条例》还比较原则，需要进一步完善。《股份合作公司条例》一些规定，可操作性不强，而市政府还没有制定实施细则与之配套。经过 5 年的实施，其中有不少条款需要进一步细化、充实，如股权管理、利润分配、股东代表的产生、股东代表大会的召开、董事及经理的权限和职责、村集体资产管理委员会的组成和运作等，均有进一步明确的必要。

此外，镇、村负债率较高的问题也要引起重视。据统计，至 1998 年，在全市农村集体资产总额 392.2 亿元中，负债总额为 146.9 亿元，平均负债率为 37.5%，其中镇级企业负债率为 59.2%，负债率 80% 以上的企业有 47 个，占 13.6%；资不抵债的 7 个，占 2%。负债率 50% 以上的行政村 58 个，占总村数的 27%。虽然镇、村企业负债率比国有企业低，但仍不能忽视。

三、股份合作公司规范和发展的对策建议

1. 各级政府和主管部门要高度重视股份合作公司的规范和发展问题。党的十五大报告指出："目前城乡大量出现的农村股份合作制经济，是改革开放中的新事物，要支持和引导，不断总结经验，使之逐步完善。"《中共深圳市委关于加强依法治市工作加快建设社会主义法治城市的决定》指出："依法规范基层股份合作经济组织，理顺基层经济组织和自治组织的关系。要按照现代企业制度的要求，完善股份合作经济组织的内部管理，建立健全法人财产制度、经营管理制度、分配激励制度，使之逐步成为适应市场经济发展的经济实体。"因此，股份合作公司的规范发展是贯彻落实党的十五大精神和市委依法治市决定精神的一项重要工作，对本市经济社会发展和社会稳定具有重要意义。各级政府要高度重视，加强对股份合作公司规范和发展工作的领导，理顺管理体制，完善配套改革措施，使股份合作公司在组织结构和运作方式上向现代企业制度过渡，促进其在规范的基础上持续健康发展。建议市人民政府召开专门会议，研究股份合作公司规范和发展中存在的问题，并制定切实可行的对策和措施。

2. 依据《股份合作公司条例》精神，尽快制定完善特区外股份合作制

企业规范的有关政策，抓紧完成宝安、龙岗农村股份合作制企业的规范和登记工作。目前，龙岗、宝安两区的绝大多数农村股份合作制企业没有登记注册，法律地位不明确。企业不规范、不注册，这是一个不稳定因素，很不利于股份合作制企业的健康发展。宝安、龙岗的股份合作制企业同特区内的股份合作公司有区别，市政府有关部门要根据宝安、龙岗的实际，尽快依据《股份合作公司条例》精神制定企业规范的具体实施意见，明确规范的内容标准和要求，明确注册登记的程序、步骤要求，推动特区外股份合作公司的规范和登记注册工作。在注册登记时原则上按《股份合作公司条例》第二十一条的规定办理，不宜照搬国家的企业工商登记办法。龙岗、宝安两区的股份合作制企业在注册前似可不必报经市体制改革办公室审核，可由区政府指定的部门审核把关。市工商局要尽快出台一个关于农村股份合作公司的登记办法，尽量简化手续，简明扼要地规定需要报送什么材料、履行什么手续。符合条件的，按条例规定，在30日内核准登记。鉴于宝安、龙岗股份合作公司登记工作量大，也可考虑由两区工商分局办理注册登记。各股份合作制企业也要提高认识，积极参与并配合有关部门做好企业规范、登记注册工作。特区外股份合作制企业的登记注册工作要力争在两年内完成。

3. 健全市、区、镇（街）集体资产管理机构，明确职责，保证集体资产的安全与增值。深圳农村拥有几百亿元的集体资产，一些村拥有几个亿甚至十多亿元的集体资产，怎样依法管理，保证集体资产的保值增值，是一个非常重要的问题，应当高度重视，认真研究解决。市集体资产管理部门要对全市的集体资产包括镇、村集体资产的管理进行统筹规划、制定政策、监督指导。各区都要设立集体资产管理办公室，明确职责。特区内的4个区的区集体资产管理办公室，可以同国有资产管理办公室或有关职能局合署办公，但一定要设一个集体资产管理科，有专门的编制和人员负责这方面的管理工作。宝安、龙岗两区的镇、村集体资产长期以来由区农业局主管，这种体制是可行的。建议宝安、龙岗区的集体资产管理办公室同区农业局合署办公，进一步明确职责，管理到位。镇、街的集体资产管理机构也要建立健全起来。市农业局提出，1996年12月7日，市人民政府颁发的《深圳市镇村集体资产管理规定》（深府[1996]343号）第六条规定，由市农业主管部门

负责镇村集体资产管理的指导和监督。市机构编制委员会 1997 年批准成立
的市集体资产管理办公室，在管理集体资产上怎样同市农业局协调衔接，职
能如何进一步明确，怎样发挥各方的作用，建议市政府研究并协调理顺。另
外，村集体资产管理委员会没有成立的，要尽快依法建立健全，其组成人员
与董事会成员不能重叠，可由村委会主任（或副主任）兼任主任，亦可以同
监事会结合，董事会、村（居）委会、股民代表、员工代表都可参加，以利
于其发挥作用。

4.进一步深化产权改革。要重点解决三个问题：一是集体股产权代表真
正到位的问题。村集体资产管理委员会要实行所有权与经营权的分离，真正
行使集体资产产权代表的职能，使其成为企业法人、投资主体。

二是股权认购和股权流动的问题。市农业局和龙岗区在横岗镇荷坳村
规范试点工作中作了这方面的尝试：一方面重新界定股东资格，在规定时间
内结束"天赋"股权，以后新增人口一律认购募集股；另一方面，实行有偿
认购股权，股东必须按持股数量认购股权。认购后的股权允许转让和继承。
目前，荷坳村的做法已在龙岗区近一半的自然村得到推广。龙岗区坂田村探
索将福利型股份合作公司改造为社区型股份合作公司，吸收外来股东认购股
权入股，在坂田村的许多外商、外来工和工程队都成了该公司的股东，增强
了外来公司和人员在坂田投资创业的信心。市有关部门对这些改革举措要进
行总结，研究推广。特区内在股民自愿的基础上，也可实行认购合作股的办
法，以增强股民的风险意识和参与意识。合作股要在适当的时间内结束"天
赋股权"，新增人口认购募集股。今后凡需扩股，均应由股民出资认购。认
购后的股权允许继承和转让。

三是募集资金加入总股本的问题。部分股份合作公司曾向村民募集大
量资金，这些资金大都游离于总股本之外。一些村民反映，需要将这部分资
金作为募集股，计入公司的总股本，实行按股分红。

5.规范分配行为。一是要突破股权分配上的平均主义，探索新型的劳
动联合和资本联合相结合的路子。目前，"合作股"从实际运作来看，还是
一种"福利股"，随着股份公司规范化工作的深入，这种"福利股"已经越
来越不适应市场经济发展的需要，暴露出不少弊端，如有的股民只关心分

红，不关心公司的经营和发展，甚至连股民大会都不出席。这种合作股股权配置和分配方式需要加以改革。布吉镇南岭村把股份分为三类九等，在分配中既考虑村民的基本利益，又考虑贡献大小和劳动表现，股份界定后还可以调整，奖优罚劣。又如罗湖区长岭股份合作公司拟在股权配置中增设"劳动股"，具体做法是把原来的"合作股"划出 50% 股权作为"劳动股"，"劳动股"体现"按劳分配"的原则，对于"有工不做"的和违反村规民约的村民不能享受"劳动股"分配，这一改革有助于把集体经济的经营风险和股民的切身利益挂钩，使股份合作公司由原来的"福利型"向"劳动型"过渡。应当鼓励这种改革试点，成功后总结经验加以推广。二是严格按照《股份合作公司条例》的规定规范分配行为。对税后利润，要按规定的顺序进行分配：弥补亏损；提取公积金；提取公益金；支付募集股、集体股股利；支付合作股股利。公积金、公益金要按规定提取，集体股股利要打到村集体资产管理委员会账户。对无利也分配及贷款分配的，要坚决制止。

6. 依法建立和完善股份公司的法人治理结构，完善监督机制。调研时，一些同志反映，农村股份合作公司还没有真正脱胎换骨，特区内的股份合作公司也只是实现了形式上的规范，离真正依法运作、建立公司法人治理结构，还有相当大的距离，特区外的股份合作公司的距离就更大了。股份合作公司要逐步按现代企业制度的要求来建设和管理，重点建立和健全公司股东代表大会、董事会、经营班子、监事会等机构，严格依法办事。企业重大事项要经股东代表大会批准。所有的股份合作公司都要实行民主选举、民主决策、民主管理、民主监督制度，实行政务公开、财务公开，减少随意性，减少投资失误，减少债务风险，不断提高管理水平。

7. 调整产业结构，培养及引进人才，增强发展后劲。为了适应市场经济的发展，股份合作公司必须克服仍然存在的小农意识、封闭意识，拓宽视野，抓住机遇，培育新的经济增长点和新的发展空间。一是要打破地域界限，以资本为纽带，加强城乡融合，促进农村产业结构的调整和升级，发展开放式的股份制企业。有实力的股份合作公司，可以发挥其资金和厂房的优势，通过向有市场、有良好发展前景的大公司，特别是上市公司参股经营，获得较稳定的投资回报，使经济结构逐步由单一物业出租型向投资型转变。二是要进一步拓展经济发展空间，逐步向周边地区辐射，积极向惠州、中山、东莞等周边地区寻求发展空间，使自身成为跨地区的多种成分、多元结构的经济实体。三是各股份合作公司一定要发展自己的企业。村办企业可以多种形式，实行混合经济，可以合作、合资，可同民营经济合作，可适当发展第三产业。还要学习顺德、中山等地农村集体经济发展自营工业的成功经验，加强与大专院校、科研院所合作，共同开发新产品，跻身于高科技产业，通过引进、吸收、消化、提高，发展一两个拳头产品，创建一两个像顺德美的集团那样的乡镇明星企业，加快经济结构的转型、提高。同时，要紧紧抓住整个经济结构调整中的机遇，学会进行资本营运，通过收购、兼并，实现低成本扩张，以增大自己的资本总量，提高在市场经济竞争环境中的抗风险能力。

股份合作公司要增强发展后劲，必须注意培养和引进人才，提高股份合作公司人员的整体素质。没有自己的人才，很难参与市场竞争。龙岗区坂田村由特区建立前的集体资产几乎空白，人均年分配 100 多元，发展到现在的拥有集体资产 12 亿元，1998 年工农业总产值 3.5 亿元，全村总收入 1 亿多元，人均收入 1.8 万元，其超常发展的一条重要经验就是培养、引进人才，依靠人才。坂田村 100 多名管理干部中有 1/3 是从外地来这里打天下的，有许多外来人已坐到了股份公司和下属企业领导的位置上。坂田人识才、用才，用他们的话说，是为了"借人才的脑袋成就坂田的大事业"。1998 年起，坂田村启动"育才计划"，准备用 9 年时间，将本村村民和外来劳务工中比较优秀的 240 名青年送到广州高校中去学习英语和经济管理，为该村 21 世纪的发展打好人才基础。南岭村、长岭村、皇岗村等股份合作公司也都有同样的成功经验。目前，一方面要抓好股份制企业现有人员的培训，把它列入各级教育发展总体规划。市、区要利用现有的中、高等院校和职业技术学校的条件，对股份制企业的经营班子和员工骨干进行多层次的培训。另一方面，各股份合作公司也要大胆引进外来人才，放手使用人才，对有专长、有技术的能人，可采取技术入股、管理入股和资金入股的形式吸收为股东，要注意吸收年轻、有文化、有专长、有专业技术的人员进入公司董事会和经营班子。要制定适当的鼓励政策，鼓励高素质人才到股份合作公司工作。

增强农村股份合作公司的发展后劲，还有个问题需要研究，即怎样处理好行政村经济和自然村经济的关系，适当扩大村集体经济的规模。现在宝安、龙岗两区的农村股份合作制企业80%在自然村，每个行政村平均4.1个。参与市场经济，要发展规模经济，要扩大村级集体经济，太分散不好。自然村经济和行政村经济，有条件的，成熟一个可合并一个，但必须是村民（股民）赞同，不能强迫命令。自然村确实发展快的，实力雄厚的，可发展成行政村。这个问题，建议市有关部门在特区外股份合作制企业规范和登记注册工作中一并研究考虑。

8. 下决心逐步实行政企分开、经社分离，使股份合作公司健康成长。随着市、区财力的增强，要逐步将农村社区建设和管理纳入政府规划和投资范围，明确划分股份合作公司与村（居）委会的职能和权限，适当减轻股份合作公司承担的部分社会职能和负担，使公司全力关注企业化经营，尽快成为规范的经济实体，步入企业化经营的轨道。

9. 修改完善《股份合作公司条例》。要对该条例实施5年来股份合作公司规范和发展的问题进行深入研究，对该条例进行修改补充完善，适应股份合作公司规范和发展的需要。市政府也要抓紧制定实施细则。

10. 要把股份合作公司的规范和发展与加强农村基层政权建设、基层依法治理结合起来。股份合作公司作为农村基层经济组织，既有经济职能，又有部分社会职能，而且与村（居）委会关系密切，对社会稳定和社区建设有直接影响。如果不加强对股份合作公司的正确引导和管理，就可能用人不当、管理混乱、发展滞后。像沙嘴村"黄、赌、毒"一度滋生蔓延，岗厦村股份公司换届选举难产，以及个别股份合作公司在换届选举中出现拉票、买票甚至黑社会介入等问题，就是深刻的教训。对此要通过大力加强基层政权建设和基层依法治理工作，予以解决。

（原载《深圳特区法制》1999 年第 6 期，

另两位作者：陈忠山、邹平学）

做好《深圳经济特区居住证条例》
实施准备工作

深圳市公安局从 2008 年开始在全国率先推行居住证，为国家现在全面推进居住证制度发挥了探索试验的积极作用。这次制定居住证条例也是市公安局提出来的，市人大常委会及时列入立法计划，加快立法进程。

《深圳经济特区居住证条例》（以下简称《居住证条例》）是全国有立法权的人大制定的第一部有关居住证的法规，是事关全市经济社会协调发展的一部十分重要的法规。党的十八届四中全会通过的《中共中央关于全面推进依法治国若干重大问题的决定》（以下简称党的十八届四中全会《决定》）指出："法律的生命力在于实施，法律的权威也在于实施。"公安部门作为居住登记、居住证管理的主管部门，做好条例实施准备工作十分重要。

一、进一步提高对实施《居住证条例》重要性的认识

笔者想从四个方面谈一下对实施《居住证条例》重要性的认识：

一是党中央、国务院对实施居住证制度有明确的决策要求。党的十八届三中全会通过的《中共中央关于全面深化改革若干重大问题的决定》（以下简称党的十八届三中全会《决定》）提出了"创新人口管理，加快户籍制度改革，推进基本公共服务均等化"的改革决策意见，中共中央、国务院印发的《国家新型城镇化规划（2014—2020 年）》提出："全面推进居住证制度"，国务院《关于进一步加快户籍制度改革的意见》（以下简称国务院《户改意见》），将"全面实施居住证制度"作为户籍制度改革的一个重要内容。

中央三大文件政策是深圳居住证立法的依据。深圳经济特区率先制定《居住证条例》，是贯彻落实中央改革决策、先行先试的重要举措，是把改革决策与立法决策结合起来的重要举措，可以为国家建立和完善居住证制度探索经验，受到全国人大和国务院有关部门肯定。

二是深圳市委、市人大、市政府对制定《居住证条例》高度重视，认为这对促进深圳经济社会协调发展具有重要意义。中共深圳市委根据全市实际，提出了"深化户籍制度改革，加快制定居住证条例，全面推行居住证制度，推进基本公共服务均等化"的决策部署。市委、市人大、市政府主要领导高度重视居住证立法，多次听取汇报，提出指导意见。市公安局主要负责同志也多次到市人大内务司法委员会沟通居住证立法情况。《居住证条例》出台后，市人大、市政府也高度关注实施准备工作，市政府办公厅提出了实施工作的9条意见，对市公安局、发展改革委员会、财政委员会、经贸信息委员会、人力资源保障局、各区政府都提出了明确的任务要求。市委、市人大、市政府为什么这样重视《居住证条例》的制定和实施呢？笔者理解，深圳有1000多万非户籍人口在这里工作生活，怎样服务好、管理好，这个问题非常重要，关系到全市经济社会发展大局。《居住证条例》制定和实施，对于以居住证为载体，建立与居住年限和参加社保年限等相挂钩的基本公共服务提供机制，促进控制人口规模，促进深圳经济、社会、人口、资源、环境协调发展，具有重要意义。

三是市民群众对居住证立法高度关注。在居住证立法征求意见过程中，全国有30多万人点击浏览《居住证条例（草案）》并发表意见。前几年国家就个人所得税立法向全国公开征求意见，全国有24万人点击浏览并提出意见，可见大家对居住证立法关注度更高。还有许多市民群众向市人大内务司法委员会打电话、发传真，反映意见。还有一些市民群众专程到市人大反映意见。中央、省、市几十家媒体对深圳居住证立法作了跟踪报道。市人大内务司法委员会对市民群众提出的5000多条意见建议逐条梳理研究，能吸收的尽量吸收，吸收情况通过媒体向社会反馈，切实体现党的十八届四中全会《决定》要求的"使立法能够反映人民意志、得到人民拥护"。

四是《居住证条例》是公安机关创新人口管理的重要抓手。《居住证条例》规定了居住登记、出租人发现居住登记人员违法犯罪活动应当报告的义务条款和处罚条款，规定了居住证办理和居住证签注条件和程序，这对于公安机关及时掌握人口信息动态，创新人口管理，遏制违法犯罪，维护治安秩序，具有重要意义。

从上面讲的这几点来看，依法实施居住证制度，党中央、国务院和深圳市委、市人大、市政府高度重视，人民群众高度关注，对公安机关创新人口管理也有重要意义。所以，市公安局、各分局、各派出所都需要进一步提高对实施《居住证条例》重要性的认识，认真扎实地做好《居住证条例》实施准备工作。

二、抓紧制定居住登记和居住证管理实施办法

笔者的想法是，实施办法不要搞得太复杂。实施办法要按照法治的原则，在立法精神和具体条文上要与《居住证条例》相一致，不能违背。实施办法是要报市人大备案的，如果不适当，市人大可以要求撤销。党的十八届四中全会《决定》强调要加强备案审查。《居住证条例（草案）》公开征求意见时，市民群众反映比较集中的一个意见是，希望居住登记、居住证申办、签注、申请服务，尽可能简化程序，网上申报，方便群众。市人大常委会审议时接受了这一意见，《居住证条例》规定：居住登记、居住证办理和签注、公共服务，都可以在网上提出申请。深圳的公共信息资源库已经建立，社保也全部联网，任何人都可以查询。群众可以在网上提出居住证办理申请，公安部门在后台审核他们的居住登记信息和社保信息，凡是符合"两个合法稳定一年"（即居住登记、缴纳社保满一年）的要求，就可以审核通过，通知领证。公安机关在受理居住证相关申请时，市公共信息资源库已有相关信息的，比如照片等信息，居住登记、办理社保时已经提交，就不得要求申请人重复提供。《居住证条例》第三十七条对此有明确规定。减少审批事项，简化办事程序，方便群众，激发社会活力，促进社会和谐，这是行政体制改革的方向。《居住证条例》的实施要适应这个要求。

三、加大《居住证条例》的宣传力度

市政府提出的《居住证条例》实施准备工作意见，明确要求市公安局商请市人大、市司法局和市综治办拟订面向社会的宣传教育方案，并组织开展宣传。市公安局要抓紧会同有关部门拟订宣传方案。法律的权威源自人民的内心拥护和真诚信仰。要广泛深入开展《居住证条例》的宣传，只有让老百姓知道和掌握相关法规，才好去遵守和运用。法律被人民知晓、信仰，才能成为强大的力量。要通过广泛宣传，让来到深圳的人知道要办居住登记，出租屋业主知道要申报居住人员信息；要让在深圳居住工作一段时间的人知道办理居住证的条件和程序，知道办证后享有的权利和公共服务；要让以往办证的人知道要转换新证。宣传要有声势、有规模。各个派出所要向辖区企事业单位广泛宣传。

公安机关内部的学习宣传也很重要。2007年，市人大常委会制定了一个解决法院执行难的规定，也是全国创新。全市各级法院组织执行法官集中学习，闭卷考试。我们要认真组织户籍民警、社区民警学习《居住证条例》，了解其立法背景、原则精神、具体规定，提高执法能力。市公安局人口处可以组织全局性的《居住证条例》宣讲活动。

四、《居住证条例》实施要突出重点，严格执法

《居住证条例》实施要突出重点，严格执法。党的十八届四中全会《决定》提出的重要目标，就是实现科学立法、严格执法、公正司法、全民守法。严格执法主要是指我们行政机关。行政机关要严格执法，依法行政。深圳的公安机关在进行居住登记和居住证管理、创新人口管理过程中，应该怎样依法行政呢？主要是依照《居住证条例》精神，依法管理和服务。《居住证条例》规定了一系列制度，还有比较严格的处罚制度，如果不严格执法，那就只是写在纸上。《居住证条例》的权威和效果要靠执法来体现。《居住证条例》实施要突出几个重点，严格执法，严格依法行政：

一是居住登记管理。居住登记单列一章，是《居住证条例》立法的最大亮点之一。国务院《户改意见》要求："建立实际居住人口登记制度"，这是人口管理的基础，是办理居住证的前提和基础，也是建立与居住年限等相挂钩的基本公共服务提供机制的基础。现在政府提供一些公共服务，都对申请人的居住年限、就业年限、社保年限等有要求。所以，居住登记所体现的居住年限是政府提供公共服务的基础条件。

《居住证条例》规定的居住登记，也有利于促进解决公安部门反映的人口管理中的突出问题。比如出租屋业主未按规定申报非深户籍人员居住登记信息的，由公安机关责令改正，并按照未申报居住登记信息人数每人500元处以罚款。这个处罚是比较重的，有利于促进业主按规定申报，有利于公安机关掌握人口信息。居住登记这一章还有一个重要条款（第十六条），就是要求出租屋业主发现居住人员利用居所从事违法犯罪活动的，应当及时向公安等部门报告。《居住证条例》第四十三条对违反者规定了较严的处罚措施，除较重的处罚（包括拘留）外，还可以依法发出限制使用令，限制该居所出租、经营等使用功能，或者依法查封、责令停止使用。这是人大立法授予公安机关人口和出租屋管理的重要法律武器，公安部门的同志要认真对待，做好实施准备工作。《居住证条例》的这一条重要规定要靠公安局的治安、消防、人口等部门联手执法，处罚后要加强宣传，才有威慑力。把出租屋和流动人口管理好了，治安管理就会省不少事。要把《居住证条例》第十六条（出租人义务性规定）、第四十三条（法律责任）结合起来运用，用好、用足法律武器，加强出租屋和流动人口管理。在立法过程中，对这两条也有不同意见，我们坚持做工作，得到大多数市人大常委会组成人员的理解和认同，通过《居住证条例》规定下来。

二是居住证管理。居住证管理的重点是把好办证条件关，就是"两个合法稳定"：有合法稳定居所并办理居住登记连续居住一年，有合法稳定职业并参加社保满一年。要把握好这两个条件。

三是持证人的权益和公共服务。公安机关不能只管办证，认为提供公共服务跟自己关系不大，要按照市人大、市政府要求，积极协助市发改委研究制定落实《居住证条例》第三十三条关于符合条件的居住证持有人申请入户的政策。居住证立法调研时，群众反映比较集中的一个意见就是希望持证人权益和公共服务能够多一些，能得到落实。一些派出所反映，因为多种原因，前些年派出所大都有几千张办好的居住证无人来领。为什么不领，主要是以往办证不设条件，下达指标强制推进，办证人觉得用处不大。我们要通过强化服务，提高居住证的"含金量"，提高非深户籍人员申办居住证的积极性，增强他们对城市的认同感和凝聚力。

四是系统升级改造。《居住证条例》规定的原则是要做到信息共享、互联互通，方便市民申报、预约、查询。首先要同市公共信息资源库和社保系统联通。市公安局要研究《居住证条例》精神，把握好信息共享、互联互通这个原则。

五是新旧证过渡期要高度重视，不出纰漏。《居住证条例》于 2015 年6 月 1 日施行后，以往按照《深圳市居住证暂行办法》办理的居住证，持证人符合《居住证条例》规定条件的，可以在 12 个月内换领新证。这方面工作量很大，要加强宣传，积极稳妥推进，平稳过渡，避免引起信访和负面舆情。换领新证及以后发放居住证，要发挥制证所的作用。

这五个方面的重点，需要认真做好实施准备工作。

（2014 年 12 月 23 日）

依法构建和谐劳动关系

——《深圳经济特区和谐劳动关系促进条例》实施情况的调研与思考

　　《深圳经济特区和谐劳动关系促进条例》（以下简称《劳动关系促进条例》）是深圳市 2008 年颁布实施的一部重要法规。2007 年下半年至 2008 年上半年，受金融危机和其他因素影响，包括有关法律法规不完善，劳资纠纷成倍增长，群体性劳资纠纷大量出现，影响了劳动关系和谐，影响了社会和谐。在这种情况下，2008 年初，市委明确提出了完善和谐劳动关系方面立法的任务。市人大常委会在广泛调查研究的基础上，于 2008 年 9 月制定并颁布了《劳动关系促进条例》。《劳动关系促进条例》在贯彻劳动法律，维护劳动者合法权益，促进企业健康发展，促进企业和劳动者共生双赢、构建和谐劳动关系方面，利用特区立法权优势，借鉴新加坡、中国香港等世界先进城市处理劳动关系的有益的立法经验，进行了一系列制度创新，受到全国人大常委会领导同志、国务院有关部委及全国总工会的肯定，受到企业和员工的欢迎。

　　为贯彻落实中央、省委和市委关于改善用工环境、构建和谐劳动关系的部署要求，深圳市人大常委会安排从 2010 年 6 月至 11 月，依照《中华人民共和国各级人民代表大会常务委员监督法》规定程序，开展为期半年的《劳动关系促进条例》执法检查，促进深圳劳动关系的和谐稳定，为我市努力当好科学发展排头兵、加快建设现代化国际化先进城市这个大局服务。2010 年 8 月，市人大内务司法委员会对一些部门和企业贯彻《劳动关系促进条例》的情况作了调研。

一、《劳动关系促进条例》实施的基本情况

《劳动关系促进条例》实施两年多来，深圳市各级政府、人民法院、劳动行政部门、工会等职能部门及众多企业，在贯彻实施《劳动关系促进条例》、依法履行职责方面，开展了大量有成效的工作。检查情况表明，我市贯彻实施《劳动关系促进条例》取得了较好的成效，劳动关系总体上是和谐稳定的。

（一）劳动合同制度日趋完善

《劳动关系促进条例》全面推行劳动合同制度，促进劳动合同管理的规范化、法制化，为全面推进我市劳动合同制度建设、构建和发展和谐稳定的劳动关系提供了重要法律保障。2009 年以来，我市用人单位落实劳动合同制度情况良好，劳动合同签订率进一步提高，截至 2010 年 6 月，劳动合同签订率达 98.4%。

（二）用人单位管理逐步规范

多数企业已经向以人为本、规范用工的新型管理理念转变，按照《中华人民共和国劳动法》、《劳动关系促进条例》等有关法律法规的规定，完善规章制度、规范用工管理，管理水平明显提高。如赐昱鞋业（深圳）有限公司坚持"以人为本、永续经营"的理念，先后制定了员工招聘制度、晋升制度、工资福利制度及困难职工帮扶救助办法等，不断改善员工的工作、生活环境及福利待遇，以"大学式的生活"为目标丰富员工的业余文化生活，支持员工学习培训提升，以党群共建构建和谐劳动关系，1.6 万人的企业，争议不出厂。深圳市海大装饰有限公司在为客户打造温馨家园的同时，也为企业员工营造家的友爱和温暖，荣获"全国优秀标兵企业"、"深圳市最具爱心企业"、"外地来深建设者之家"、"深圳市百家和谐企业"等荣誉。在深圳长城开发科技股份有限公司，职工工资可以预支，职业有晋升空间，交友恋爱

也有工会组织牵线搭桥。在企业生产线的外墙，贴满了员工的"心声"，这就是著名的"心愿墙"，每个员工都可以把自己的愿望和对企业的建议写出来，通过这"心愿墙"，企业建立起了倾听员工心声、疏通员工情绪的沟通渠道。南太电子（深圳）有限公司让员工们自己选工会班子，公司制定与工人权益相关的规章制度，必须与工会协商，由工会征求广大员工意见，公司董事会每年春节前都要与工会委员集体交换意见。2010年10月，公司为6000名员工加薪三成，普通员工底薪由1534元增至1969元，涨幅30%，增强了员工的工作积极性。

（三）劳动关系协调服务与监督管理得到加强

成立劳动关系协调委员会。2009年，市、区政府都按《劳动关系促进条例》要求，相继成立了劳动关系协调委员会，协调处理劳动关系的重大问题。

1. 加强公共服务。针对金融危机时期企业发展面临严峻挑战的形势，劳动行政部门建立企业联系制度，指导企业实行弹性用工、弹性工资、弹性工时等非常之策，通过事前指导、事中服务、事后协调，帮助企业解决执行法律中遇到的困难和问题。福田区建立了和谐劳动关系指导员制度，形成覆盖全区的三级指导员网络，指导企业规范守法。在畅通维权渠道方面，多渠道、全方位、立体化的人力资源保障大信访格局已经形成，为劳动者咨询劳动保障法律法规、提出利益诉求提供便捷服务。

2. 加强教育培训。2009年以来，全市开展各类职业培训300余万人次，其中培训农民工150万人次。市总工会农民工学校于2009年、2010年连续推出"圆梦计划"，先后为4.9万人次的农民工提供职业技能培训服务，促进了劳动者就业能力和市场竞争力的提升。盐田区总工会与区委党校、区人力局联合设立的劳务工学校是纯公益性的办学机构，开设有物流、英语、电脑培训班，并设立中专和大专学历教育，除学历教育以外，培训实现全免费，收到了良好的社会效益。宝安区2010年9月启动"百万员工素质提升行动"，计划用3年的时间对全区所有企业500多万人员工进行培训，以安全生产知识、法律常识、健康生活和城市文明等城市生产生活常识作为主要培训内容，是企业技能培训的重要补充。国家人力资源和社会保障部高度肯定这一行动，认为对外来劳动者进行全员培训，在全国范围内都是一项创新。

3. 加强劳动执法监察。全市推行以教育整改为主的"柔性执法"模式，重点开展了在金融危机形势下，指导服务企业和清理整顿人力资源市场秩序专项行动。2009 年至 2010 年 5 月份，全市劳动监察部门共检查各类用人单位 55000 家次，涉及 611.13 万人次。同时，开展劳动保障监察网格化、网络化管理试点工作，将全市街道划分为 601 个监察网络，明确网格职责，量化任务指标，专格专人、责任到人，对用人单位实行分类监管。打造监察信息化平台，实行案件网上办理、用工信息网上申报和网上动态监管。截至 2010 年 5 月，已将约 23000 家企业纳入系统管理，覆盖了全市近 75% 的用人单位。深圳市还建立了群体性劳资纠纷预警与应急处置机制，实行欠薪逃匿突发事件、重大群体性劳资纠纷即时报告制度。

（四）集体协商逐步开展

劳动者和用人单位之间建立有效的、理性的集体协商机制，让劳资双方将争议以及可能引发争议的问题通过企业内部协商处理，可以避免和减少企业劳资纠纷，避免和减少停工、怠工、堵路等无序的群体性劳资纠纷事件的发生。《劳动关系促进条例》对集体协商专作了专章规定，要求推行集体协商和集体合同制度。市总工会和市劳动行政部门一起，积极推进集体协商，取得了显著成效。截至 2010 年上半年，全市累计有 38000 多家用人单位通过集体协商签订了集体合同，涉及员工 389 万人。这些企业通过集体协商，签订集体合同，化解劳资纠纷，促进劳动关系和谐。比如，深圳先端精密公司曾因工资问题引发集体停工事件，企业方经与工会联系，启动集体协商程序，达成适当增加员工工资的协议，签订了集体合同，提高了员工的积极性，提高了生产效率。又如，2009 年 4 月，沃尔玛公司推出一份"人员分流方案"，引起员工不满。由于企业已经建立了集体协商机制，所以没有员工因不满而采取过激行动，而是通过工会和员工代表与企业方开展集体协商达成新的方案，使争议妥善解决，维护了企业正常的经营活动。

（五）建立劳动争议处理与救助机制

1. 建立劳动争议调解工作机制。全市建立了以职能部门为主导、社会化调解并重的新型劳动争议调解模式。目前，区、街道、社区、企业四级调解机制已逐渐形成，承担了约八成的劳动争议调解工作，取得了良好的社会效果。如南山区桃园街道红花岭工业区"和谐企业工作室"，负责红花岭工业区内 79 家民营、外资企业，25000 多产业员工在工资、欠薪、合同、社保、治安方面矛盾纠纷的调处，通过把利益双方请来、有话当面讲、有诉求当面提的方式，促进和达成彼此的谅解，受到企业和员工的赞扬。同时，劳动行政部门形成了以信访为依托、以监察为保障、以仲裁为后盾的"三位一体"综合调解模式，为劳动者和用人单位提供"一条龙"、"一站式"联调服务。劳动争议仲裁坚持"调解为主、仲裁为辅"原则，采取各种措施，化解积案。

审判机关将调解率纳入部门工作绩效考核和法官工作绩效考核范围，对于一审劳动争议案件，特别是重大、敏感和群体性的劳动争议案件，要求把调解作为首选方式，案件调解率明显上升。2010 年上半年，近 1.4 万宗劳动争议经过了各级调解组织及仲裁机构的调解处理，涉及劳动者超过 2.2 万人，约 70% 的劳动争议得到了妥善解决，仲裁立案后调解结案率高达 56%。全市基层法院 2010 年上半年受理一审劳动争议案件调解结案率达 51.4%，调解方式结案率首次超过判决方式。

2. 建立劳动争议法律援助工作机制。对于劳动者追讨劳动报酬和工伤医疗费申请法律援助的案件，全市司法行政部门根据《劳动关系促进条例》要求，优先受理、快速办理，全部给予援助。2009 年，全市共办理法律援助案件 16000 多起，其中劳动争议案件 14000 多起，占法律援助案件总量的 84.4%。鉴于劳动争议仲裁机构对申请人是否符合法律援助条件没有审查权，为确保经济上确有困难的劳动者能及时得到法律援助，仲裁机构在受理案件及咨询时，主要是通过"温馨提示"的方式告知劳动者法律援助的有关规定。同时，市司法行政部门与市劳动行政部门合作，共同构建劳动争议法律服务平台，市劳动争议仲裁机构及部分区劳动争议仲裁机构在立案大厅设立法律援助值班室，由值班律师引导劳动者申请仲裁，并现场提供法律咨询。

3. 畅通劳动争议案件审判"绿色通道"。按照《劳动关系促进条例》关于法院加快处理劳动争议案件的要求，市中级人民法院修订完善了《关于审理劳动争议案件的若干规定》，全面推行两级人民法院立案大厅设立劳动争议案件立案专门窗口等措施，完善"一宽（时效从宽）、二不（不预交受理费、不预交执行费）、三快（快立、快审、快执）"的劳动争议审判运行机制。在立案、排期、移送、执行等各个环节确保劳动争议案件优先处理，加快案件流转。推行劳动争议案件简易审理，缩短了劳动争议案件处理周期。

4. 加大劳动争议案件司法救助力度。全市两级人民法院适当放宽劳动者申请保全、提供担保的标准，对经济困难的劳动者允许保证人担保；完善劳动争议案件证据规则，对劳动者举证期限酌定放宽，增强庭审程序的公正性，确保劳动者公平诉讼，依法维权。

（六）劳动争议明显减少，劳动关系总体上和谐稳定

《劳动关系促进条例》调节劳动关系效果明显。2008 年上半年劳动争议案件飙升的主要原因之一，是《劳动关系促进条例》颁布实施之前，法律法规对加班工资的计算基数缺乏明确统一规定，劳资双方分歧较大，劳动者追索加班工资和以此为由要求解除劳动关系并给予经济补偿引发的争议大量发生，占劳动争议案件的 7 成。在《劳动关系促进条例》对加班工资的计算基数作出明确规定以后，因员工追索加班工资而引起的劳动纠纷案件大幅下降。《劳动关系促进条例》颁布实施前，劳动者因用人单位未缴纳社会保险费和未及时足额支付工资而要求解除劳动合同的纠纷也经常发生。审判机关和劳动仲裁机构依据《劳动关系促进条例》的规定，对这类纠纷，要求劳动者依法向用人单位提出缴纳社会保险费或补发工资的要求，用人单位在一个月内未按规定缴纳或补发的，劳动者可以解除劳动合同。有了《劳动关系促进条例》规定的"一个月"缓冲处理期限，此类纠纷案件也大大减少。2009年以来，全市有关劳资纠纷的来信来访、投诉举报处理、劳动争议案件和重大群体性突发事件都有大幅下降。其中，来信来访同比减少 47%，投诉举报减少 51%，劳动争议案件下降 32%。尤其是群体性事件，2009 年同比下

降 6 成，2010 年上半年同比下降 3 成。

二、《劳动关系促进条例》实施中存在的问题

全市劳动关系总体上是和谐稳定的，但劳动关系处理也遇到了一些新情况、新问题，《劳动关系促进条例》贯彻实施中还存在一些需改进的薄弱环节。主要表现在：

（一）劳资矛盾和劳动争议问题仍然比较突出

劳动争议数量比《劳动关系促进条例》实施前有较大幅度下降，但劳资矛盾和劳动争议问题仍然比较突出。全市 2009 年及 2010 年上半年处理的劳动者集体信访等群体性事件 6000 多起，涉及 6000 多人（次）。劳资纠纷高度集中于加工制造、住宿餐饮、批发零售、居民服务等劳动密集型行业，占争议总量的 66%，仅加工制造业就占了争议总量的 56.1%；工资、补偿金等权利之争是多发性的劳资纠纷，高度集中于劳动报酬和解除劳动合同经济补偿两类争议，占争议总量的 70% 以上；欠薪行为仍未得到根本遏制，重大劳资纠纷有 60% 是由欠薪引发。此外，新型劳动争议问题增多，新生代员工希望有尊严、体面劳动的意识日益增强，要求提高工资待遇、改善劳动条件、参与分享企业发展成果等争议亦日趋增多。

（二）企业内部劳动关系调节机制还不完善

这是劳动争议案件大量存在的主要原因之一。推进企业民主管理、集体协商，是企业内部劳动关系调节的重要方式，深圳在这方面的探索和实践中取得了一定成效，但仍存在着一些问题：一是非公有制企业民主管理、集体协商机制还没有普遍建立起来，已有集体协商的企业也是以应对突发事件、临时性协商的居多，协商机制和在企业内部化解劳资矛盾的机制不完善。二是尽管目前全市集体合同有一定的覆盖面，但集体合同内容大都比较空泛，针对性不强。三是一些企业员工依法维权、理性维权意识不强，容易造成矛盾激化，引发群体性事件。四是一些企业工会作用发挥不到位或者不

发挥作用，也影响了企业内部劳资关系的调节。

（三）劳动关系协调服务与监管还存在薄弱环节

一是劳动关系三方协调机制不够健全。三方协调机制在劳动关系调整中的政策参与、矛盾调解、信息沟通和指导服务作用都还有欠缺，街道和行业性的三方机制也尚未建立。二是重点企业、重点行业监管不到位。加工制造、住宿餐饮、批发零售、居民服务等劳动密集型行业，是劳资纠纷高发行业（占劳动争议总量的66%），重大劳资纠纷60%由欠薪引发。这是较长时间以来一直存在的突出问题，并且监管不到位。《劳动关系促进条例》要求建立劳动密集型用人单位工资支付监控预警制度，尚未取得实质性进展，劳动行政部门对劳动密集型企业工资发放情况监管不到位。《劳动关系促进条例》要求的建立建筑行业工资保证金制度尚未落实。三是打击欠薪逃匿力度不够。一些企业"以身试法"，在生产经营不景气时往往一走了之。而且，企业经营者欠薪逃匿后，仍可申请营业执照成立新公司，甚至开始新的欠薪行为。有关部门打击欠薪逃匿的措施、力度不够，未能形成威慑力。四是劳动关系信用征信制度尚未建立。《劳动关系促进条例》要求建立劳动关系信用征信制度的，立法本意是，劳动违法行为受到行政处罚的，基本信息录入企业信用征信系统，并可以查阅，从而建立劳动信用惩戒机制。但是目前，全市劳动行政部门只是将欠薪逃匿等行政处罚信息录入征信系统（2009年至2010年6月只录入70多例），而对于其他大量违反劳动法律法规受到行政处罚的行为（2009年至2010年上半年全市劳动行政部门劳动行政处罚1000多件），尚未录入信用征信系统，建立劳动关系信用征信制度存在较大差距，劳动信用惩戒机制的作用尚未有效发挥。

（四）外来劳动者的归属感不强

一是外来劳动者对企业的归属感不强。市委宣传部主持的《深圳市非公有制企业员工思想状况调研报告》显示，深圳市非公有制企业员工每年的流失率占普通员工总数的12%左右。有的企业每年员工流失率达35%以上，意味着每3年就要完全换一批人。宝安区《劳动关系促进条例》执行情况问卷调查中，劳动者对目前工作单位感到有归属感的仅占 15.3%，归属感一般的占 69.4%，没有归属感的占 15.3%。二是外来劳动者对城市的归属感不强。有的外来劳动者在宝安区、龙岗区工作一年多，却从没有到过深圳市区。市总工会主持的《深圳新生代农民工生存状况调查报告》显示，新生代农民工占农民工比例已达 73.8%，而且 99% 的新生代农民工不愿意将来再回乡务农，他们把进城看作改变生活方式的机会，希望尽快在城市立足，得到城市社会的认同。新生代农民工在渴望融入城市的同时，又面临着户口、教育、社保、医疗、住房等重重压力。如果这些问题没有得到有效解决，企业与劳动者之间的劳动关系就会受到影响，城市的凝聚力、劳动者的归属感都将受到削弱。

三、进一步构建和谐劳动关系的对策和建议

（一）进一步提高对贯彻执行《劳动关系促进条例》、构建和谐劳动关系的认识，把构建和谐劳动关系摆在改革发展全局中更加突出的位置

胡锦涛同志在深圳经济特区建立 30 周年庆祝大会上的讲话中指出，要探索形成企业和职工利益共享机制，依法实行民主决策、民主管理，开展和谐企业创建活动，建立和谐劳动关系，深圳要努力当好推动科学发展、促进社会和谐的排头兵。劳动关系和谐是社会和谐的基础，是深入贯彻落实科学发展观的内在要求，是企业长远发展的重要保证。既要依法保护企业经营者的合法权益，促进企业健康发展，发挥企业在促进深圳经济社会发展、解决群众就业中的主体作用，又要切实维护劳动者的合法权益，坚持以人为本，充分调动广大员工的积极性。要进一步提高认识，把和谐劳动关系建设摆上各级政府工作的重要议事日程。各级政府应当将维护和促进劳动关系和谐作为重要职责，高度重视和科学研判影响劳动关系和谐的问题和原因，认真听取用人单位、劳动者、工会组织和行业协会等相关方面的意见，研究制定涉及劳动关系的政策、措施，加强领导，落实责任，突出重点，组织开展劳动关系和谐企业评选活动，树立、宣传先进典型，依法协调劳动关系，强化法律执行，妥善处理劳动争议，维护劳动关系和谐稳定。

（二）加快转变经济发展方式，从根本上解决劳动关系不和谐的问题

随着新生代务工人员逐渐成为城市企业员工队伍主体以后，先前形成的发展模式和管理方式也亟须调整和完善，亟须建立与之相适应的有效的体制机制。从长远看，加快转变经济发展方式，是构建和谐劳动关系的根本出路。一是要从以人为本的高度，把关心人、注重人文关怀作为转变经济发展方式的重要内容，特别是要把以人为本体现在企业的生产经营和管理中，充分激发劳动者的积极性和创造性。二是大力调整产业结构，加快"腾笼换鸟"和"双转移"步伐，加大企业技术改造的财政支持力度，强化淘汰落后产能，通过技术改造不断改善企业生产环境，降低企业劳动强度。三是要重点改善企业的生产经营方式，引导企业转变经营理念，改变依赖加班、低薪维持低端制造业竞争的格局。四是要更加注重人性化管理，加强对员工的人文关怀，使员工更加有尊严地工作和生活，构建以人为本、和谐共处、共谋发展、共享成果的新型社会主义劳动关系。

（三）积极推进企业民主管理和集体协商制度，促进在企业内部化解矛盾纠纷

要促进企业建立内部协调沟通机制，指导企业建立利益协调、权益保障、预警防范的内部管理制度，引导劳动关系双方建立顺畅的沟通渠道，在企业内部化解矛盾纠纷。一是推动用人单位通过职工大会、职工代表大会或者其他合法形式，实行企业民主管理、民主决策、民主监督，维护劳动者合法权益，促进企业健康发展、科学发展。二是推动企业建立与劳动者对话沟通制度。在试点基础上逐步推广宝安区"1＋3"劳资恳谈协商机制。三是在以往集体协商实践基础上，完善集体协商制度，积极推进集体协商，增强集体协商和签订集体合同的针对性和实效性，建立有效的集体协商机制，在企业内部化解矛盾。四是推动企业按照《劳动关系促进条例》要求，建立由职工代表和用人单位代表组成的企业劳动争议调解委员会或者调解小组，在企业内部预防和化解矛盾纠纷，促进劳动关系和谐。五是进一步发挥企业党团工会组织的作用。加强党建工作力度，不断提高企业党群组织的覆盖面。创新企业团建和青年工作方式，探索团组织和青年组织引导、服务青年员工的

新机制。最大限度地吸纳职工参加工会，改进工会组织体制、活动方式，把工会工作纳入社会建设和管理的总体格局之中。加大工会维权力度，使工会成为职工利益诉求的"代表者"，切实维护员工合法权益。

（四）突出重点，加强劳动关系协调服务与监管

一是根据《中共中央关于制定国民经济和社会发展第十二个五年规划的建议》中关于"加大收入分配调节力度，努力实现居民收入增长和经济发展同步、劳动报酬增长和劳动生产生率提高同步"的要求，完善全市企业职工工资正常调整机制和支付保障机制，按照胡锦涛同志在深圳经济特区建立30周年庆祝大会上讲话的要求，率先建立"企业和职工利益共享机制"。二是建立符合全市实际的劳动关系三方协调机制有效运作模式，完善制度，发挥三方协商机制在解决区域性、敏感性劳动关系重大问题上的作用，深入推进劳动关系和谐企业和工业园区创建活动，完善创建标准，进一步扩大创建活动的影响。三是加强劳资纠纷频发的加工制造、住宿餐饮、批发零售、居民服务等劳动密集型行业监管，建立工资支付监控预警机制。四是要抓紧研究制定建筑行业工资支付保证金具体实施办法，推动建立建筑行业工资支付保证金制度，遏制欠薪违法行为的发生。五是培育和发展以行业协会为代表的社会中介组织，行业协会要指导和督促会员单位遵守劳动法律、法规，根据行业特点制定用人单位规章制度指引或者示范文本，对严重违反劳动法律、法规的，根据章程采取通报批评、公开谴责等惩戒措施。六是政府相关部门要会同司法部门深入研究，改进对欠薪逃匿行为打击的方式方法，创新工作机制，追究欠薪逃匿者的法律责任。同时，政府各部门要加强协调配合，尽可能缩短欠薪逃匿企业资产变现时间，形成对欠薪逃匿者的追偿机制。七是加强完善劳动关系信用征信制度建设，对于今后全市劳动行政部门作出的行政处罚信息，都要依照《劳动关系促进条例》规定，录入企业信用征信系统，发挥劳动信用惩戒机制的作用。八是要进一步加大《劳动关系促进条例》宣传力度。通过各种渠道、各种形式进一步加大对《劳动关系促进条例》和构建和谐劳动关系重要意义的宣传，引导企业规范用工、诚信用工，提高广大劳动者的依法维权意识，使其能够通过正确途径维护自身的合

法权益。充分发挥舆论监督的作用，树立和推广规范用工的先进典型，进一步在全社会营造共建和谐劳动关系的良好氛围。

（五）进一步加强劳动争议处理和救助力度，及时化解劳资矛盾纠纷

一是畅通、完善调解、仲裁和诉讼"绿色通道"，加强劳动争议处理工作，提高劳动争议仲裁和诉讼效能，快速有效解决劳动争议。二是不断提高劳动争议仲裁、审判水平。积极探索建立案件审判质量与效果评估标准体系，完善、建立案件抽查、评查制度，建立审判质量定期分析通报制度，促进全市劳动关系和谐、企业和劳动者共生双赢。三是完善劳动争议调解工作机制，加强市、区、街道三级调解网络建设，完善街道劳动管理办、司法所、街道工会或社区工会联合会共同参与的街道劳动争议调解工作组织。四是加强调解、仲裁与诉讼程序的衔接。加强调解、仲裁与诉讼程序相互配合、相互协调，做好诉讼与非诉讼渠道的相互衔接。五是尽快制定出台劳动争议案件律师服务收费标准，遏制律师以风险代理方式代理劳动争议案件。六是劳动争议仲裁和诉讼案件，劳动者胜诉的，认真执行《劳动关系促进条例》规定，劳动者支付的律师代理费依法由用人单位承担。

（六）坚持"以人为本"的发展理念，关爱劳务工，增强城市凝聚力和归宿感

多年来，千百万劳务工为深圳的建设和发展，付出了辛劳和汗水，作出了重大贡献。我们应当坚持"以人为本"的发展理念，更加关心他们，努力为一线劳动者尤其是新生代劳务工创造更好的工作、生活和身心发展条件，增强城市凝聚力和归宿感。一是要树立人格平等与人格尊严的理念，在关注劳动者物质追求的同时，更加关注、尊重他们的精神追求。二是要强化劳动法律法规的执行。全面贯彻实施劳动法律法规，就是对劳动者最大的人文关怀，就是改善用工环境最重要的措施。要树立法律权威，切实做到有法必依、执法必严、违法必究。要对劳动法律法规落实情况加强监督检查，推动有关法律法规得到全面贯彻落实。三是要加快推进公共服务一体化、均衡化，加快建立和落实优秀农民工进城"积分入户"制度，加快研究配套改

革，在公共服务、保障性住房、子女义务教育等方面提出相关政策措施，使来自全国各地的优秀农民工都有机会有序转入户籍，让农民工分享工业化和城市化的成果，感受现代文明的丰富多彩，在城市生活中寻到自己的精神家园。四是要积极适应工业化、城市化、现代化快速推进和社会的快速转型，推动企业切实履行社会责任，规范企业劳动用工行为，依法保障员工合法权益，加快构建和谐劳动关系。五是引导企业树立以人为本的理念，强化员工主体意识，注重员工全面发展，实现企业与员工共同发展。任何企业，创造价值的都是员工，只有给予员工足够的尊重和重视，才能保证企业的持续发展、保证社会的和谐稳定。要引导企业不断改善经营管理方式，建立健康向上的企业文化，促进员工人际交流，使广大劳动者感受到更多的企业情感关怀，增强员工归属感。六是引导、激励劳动者提高劳动技能和综合素质。让他们懂得，只有更多地提升自己的劳动技能和综合素质，更多地融入社会，才能得到社会的认同。要加强外来劳动者知识、技能和心理健康培训，要在市总工会 2010 年资助 300 名劳动者读大学的基础上，进一步加大这方面的工作力度，并推动企业资助员工学习提升。要在近期从外来劳务工中公开招录公务员的基础上，使这项举措常态化、制度化，适当提高招录比例，促进和激励外来劳务工提升素质、成长进步。

（2010 年 11 月）

发挥人大在依法治市中的主导作用

1993 年底，广东省委、省人大常委会确定深圳为全省依法治市的试点城市。深圳市人大常委会按照省委、市委的部署，认真履行法定职责，充分发挥地方国家权力机关在依法治市中的主导作用，从立法、监督、基层依法治理和法制宣传教育等方面入手，推动依法治市工作深入开展。

一、坚持立法先行，为依法治市夯实法制基础

深圳享有立法权，是实行依法治市的一大有利条件，充分行使好立法权，为依法治市夯实法制基础，是深圳开展依法治市工作的一条重要思路。1992 年，国家授予深圳立法权，至 2000 年 6 月，为适应改革发展和依法治市的需要，共制定特区法规（含修改法规的决定）151 件，有关市场经济和改革开放方面的经济立法占立法总数的 70%，其中 1/3 的法规是在全国先行先试或有重大突破的，初步形成了与国家和省的法律法规相配套的、适应经济特区市场经济发展和城市管理需要的法规框架，为深圳依法治市工作打下了良好的法制基础。1994 年以来，市人大围绕依法治市的重点、难点、热点问题，有计划有步骤地开展立法工作，把立法决策与改革、发展决策有机结合起来，使经济发展、城市管理和精神文明建设逐步走向规范化、法制化轨道。

第一，围绕建立市场经济体制进行立法，依法规范市场经济运行。改革开放以来，深圳最早实行以市场为取向的经济体制改革，市场经济起步早、发展快，由于法制建设相对滞后，一度曾经面临市场经济的发展缺少法

制保障、市场经济秩序得不到有效维护的困境。虽然全国人大和省人大加强了市场经济立法，但有关市场经济的立法仍然存在许多空白，特区市场经济体制改革的超前性与法制建设相对滞后的矛盾仍然比较突出。市场经济呼唤法制，大胆进行立法试验，以立法促进和确立制度创新和规范市场经济，成为特区立法的首要任务。针对市场主体多元性和组织管理不规范的问题，深圳市人大先后制定了涉及股份有限公司、有限责任公司、股份合作公司、国有独资、合伙、商事、破产、清算等方面内容的10多个条例，使规范市场主体的立法比较完善。针对政府从企业微观管理淡出、社会中介服务与市场经济不协调、管理较混乱的状况，制定了涉及律师、注册会计师、经纪人、财产拍卖、建设监理等方面内容的11个条例，推动了市场中介服务机构的改革与发展，为市场经济的发展提供了多层次、多功能、较为规范的中介服务。针对政府某些行政行为不规范、市场规则不健全，市人大制定了政府采购、政府投资项目管理、建设工程施工招投标、土地使用权出让、国有资产管理以及价格管理、消费者权益保护、统计、房地产登记、租赁、转让等30多个条例，维护了市场经济"公平、公正、公开、效率"的原则，促进了市场经济的健康发展和规范运作。针对劳动力市场和社会保障存在的问题，市人大制定了企业员工基本养老保险、失业保险、工伤保险、欠薪保障、劳动合同、劳动安全、最低工资等20多个法规，不仅保障了劳动者特别是近300万外来工的合法权益，而且将"全员劳务工合同制"的用工改革法定化，巩固了改革成果，维护了社会稳定。

第二，围绕把深圳建设成现代化国际性城市的目标进行立法，依法管理城市。依法规划、建设、管理城市是依法治市的重要内容。市人大根据高起点规划、高标准建设、高效能管理的要求，加强环境保护和城市建设管理方面的立法。几年来，市人大在环保方面制定了具有深圳特色的水资源保护、饮用水源保护、环境保护、城市供水用水、固体废弃物污染防治、防止海域污染、园林绿化、旅游管理等10多个法规，促进了经济和城市建设的协调发展。深圳市被国家先后授予国家环境保护模范城市、国家卫生城市、国家园林城市、国家优秀旅游城市等称号。近两年，市人大加强了城市管理立法，先后出台了坚决查处违法建筑决定和土地监察、城市规划、巡警巡察、社会治安综合治理、暂住人口管理、出租屋管理、市容环境卫生管理等条例，为依法建设和管理城市提供法制规范。这些法规通过严格的实施，促使城市面貌改变，城市管理水平上了新的台阶。

第三，围绕精神文明建设进行立法，促进两个文明建设协调发展。实行依法治市，必须把大力加强社会主义精神文明建设作为重要的任务，以立法促进教育、文化事业的发展，营造文明法治环境。市人大及其常委会坚持"两手抓，两手都要硬"的方针，十分重视精神文明建设方面的立法，审议通过了教师、教育督导、文化市场管理、公共图书馆、捐赠公益事业管理、控制吸烟、献血及血液管理、奖励和保护见义勇为人员、妇女儿童权益保护、促进全民健身、殡葬管理等条例和授予荣誉市民规定。这些条例和规定在促进精神文明建设方面发挥了重要作用。

二、认真行使监督权，推进依法行政和公正司法

保障宪法、法律法规的实施，监督"一府两院"的工作，积极推进依法行政和公正司法，是人大常委会的重要职责，也是依法治市的中心内容。深圳市人大常委会始终把监督行政机关依法行政和司法机关公正司法作为推进依法治市的工作重点，常抓不懈。

（一）监督行政机关依法行政

1. 推进政府机关转变职能。推动政府转变职能，是实行依法行政的基础。自1994年开始，深圳市从实行政务公开入手，循序渐进、步步深入地推进政府转变职能，实行依法行政。一是推行政务公开。市人大常委会调研指导市劳动局、规划国土局进行依法行政、政务公开的试点，并在市直行政机关推广了两局试点的经验，要求政府各部门改革办事程序，简化办事环节，公开办事制度，公布办事结果，接受社会监督，切实解决企业和人民群众反映强烈的"门难进、脸难看、事难办"和"吃、拿、卡、要"、"暗箱操作"等突出问题，取得较好效果。在此基础上，市政府积极推进审批制度改革，市人大常委会专门听取了市政府关于审批制度改革的情况汇报，并对含

有审批条款的法规及时作了清理修改，支持政府大幅减少审批事项，转变政府职能，提高行政效率。二是推行依法行政责任制。针对行政执法主体不明确、职能范围交叉、违法行政责任得不到追究、行政执法缺乏有效监督等问题，市人大支持市政府在规划国土局、建设局、城管办、工商局、劳动局等部门进行依法行政责任制的试点，在全市行政部门全面推行。三是积极推进行政综合执法试点工作。1998年5月，市人大常委会通过了《关于批准市人民政府在罗湖区进行行政综合执法检查和处罚试点的决定》。市人大对罗湖区综合执法的情况进行了调研总结，对试点工作给予充分的支持和肯定。实践证明，罗湖区行政综合执法试点工作，解决了多头执法、重复处罚等问题，形成了执法合力和执法重心下移，提高了执法效率，树立了行政执法的新形象。鉴于罗湖区的试点成功，国务院批复在深圳市全面实行行政综合执法。

2. 加强对行政执法的监督。保证法律法规的实施，是宪法、法律赋予人大的首要职责，也是人大推进依法行政工作的中心内容。自1994年以来，市人大常委会每年都要组织10多项执法检查。一是重点抓了有关建立和完善社会主义市场经济方面法律、法规实施情况的监督检查。围绕建立现代企业制度、完善国有资产管理体制，市人大常委会连续两年对全市实施《中华人民共和国公司法》和特区两个公司条例的情况进行了检查，推动了全市2万多家公司的规范和登记工作，加快了公司股份制改造的步伐。针对国有资产管理和运营中存在的问题，开展《深圳经济特区国有资产管理条例》的执法检查，督促市政府加大改革的力度，严格依法建立和健全国有资产管理体制，积极探索国有企业领导干部管理体制的改革，加强国有资产的管理。针对全市建设工程施工招投标率偏低，招标流于形式的问题，市人大组织了《深圳经济特区建设工程施工招标投标条例》的执法检查，督促政府依法整顿建筑市场，使招投标制度进一步得到了贯彻落实。二是认真开展了有关完善行政执法程序方面法律法规实施情况的监督检查。1997年，市人大常委会就贯彻《中华人民共和国行政处罚法》组织了大规模的执法检查，为此，市人大常委会修订了20多件法规，并督促市政府清理与《中华人民共和国行政处罚法》有抵触的规章和规范性文件，要求政府执法部门严格依法实施行政处罚，完善行政执法程序，规范行政处罚行为，落实罚缴分离、收支两条线的规定，切实解决人民群众反映强烈的乱罚款、乱收费的问题，取得了较好的成效。特别是全市交管部门，认真执行《深圳经济特区道路交通安全违法行为处罚条例》，严格依法实施违章处罚，全面实行罚缴分离，使全市交通秩序有了明显的变化，得到了人民群众的肯定。三是狠抓了有关城市建设管理法律、法规的执法检查。1999 年，市人大常委会重点对《深圳市人民代表大会常务委员会关于坚决查处违法建筑的决定》、《深圳市人民代表大会常务委员会关于坚决查处"黄赌毒"违法行为的决定》、《深圳经济特区市容和环境卫生管理条例》三项法规进行了大张旗鼓的宣传，开展认真的执法检查。督促有关执法部门拆除违法建筑 84 万平方米，使一些地区违法建筑泛滥的势头得到了遏制。督促市公安机关对"黄赌毒"活动突出的场所和从事"黄赌毒"活动的重点对象进行了打击，查处了一大批"黄赌毒"案件，使特区的社会治安环境进一步好转。督促市区城管、交管和工商等部门对乱摆卖、乱张贴、乱停放等损害城市环境卫生的行为进行了大力整治，使市容环境状况有了较大的改观。

3. 加强对政府工作的监督。经济工作是政府工作的中心。要加强对政府工作的监督，就必须依法加强对政府经济工作的监督。为此，市人大常委会于 1995 年在全国率先设立了计划预算审查工作委员会，并于 2000 年人大换届时又依法改设为专门委员会。专门设立这个机构，极大地加强了对计划预算的常年监督。在对政府提交人民代表大会审查批准的计划、预算草案进行初审和对计划预算调整方案进行审查批准时，市人大常委会依据这个专门工作机构的建议，严格把关，坚决调整不合理的建设项目和预算支出。市人大常委会每年在审查批准市本级决算时，同时听取市审计机关关于预算执行情况的审计报告，充分发挥了审计机关在决算审查中的作用，强化了决算审查。针对政府有关部门提交的预算草案过于简单笼统的问题，市人大督促市政府积极探索部门预算，将预算落实到部门和项目，使预算监督向实质性方面迈出了一大步。根据《企业国有资产监督管理条例》的规定，在全国率先开展了对国有资产收益预、决算进行审查和批准工作，并且已经形成了工作制度，进一步加强了国有资产的管理。市人大常委会加强了对政府投资的重点建设项目的监督，督促政府有关部门严格执行建设程序、加强项目的前期工作，制止"三边"工程。市人大常委会还加强了对国土基金的监督，督促政府依法实行土地出让招标拍卖，加大收缴拖欠地价款的力度，督促、支持有关部门追缴欠款 60 多亿元，促进了国土基金的规范管理。1996 年以来，市人大常委会先后对城管、地税、规划国土、财政、运输、卫生、贸发和环保等 8 个政府组成部门的负责人进行了述职评议，促使他们对依法履行职责中存在的问题和不足进行整改，推动了依法行政工作深入开展。

（二）监督司法机关公正司法

司法不公、司法腐败问题，是人民群众反映强烈的热点问题，也是依法治市必须重点解决的问题。几年来，深圳市人大常委会通过评议司法工作、执法检查等形式，加强对司法机关的监督，推动公正司法。

1. 认真评议司法机关。1994 年 5 月，市人大常委会组织指导 5 个区人大开展了评议区级公检法机关的活动。1995 年 9 月，市人大常委会又组织市人大代表对市中级人民法院、市检察院的工作进行了历时 3 个月的评议。此次评议组织严密，分宣传发动、调查研究、面对面评议和整改四个阶段进行。通过接访群众，与机关、企业、各界群众座谈等方式，掌握了大量的第一手材料，为评议工作做了充分准备。在评议中，即充分肯定了"两院"的工作成绩，也实事求是地指出了"两院"工作中存在的突出问题。对于人民群众投诉、申诉的 130 多起案件，组成了特定审查小组，对明显违法和有疑问的个案，要求"两院"复查复审并报告结果，维护公民、法人的合法权益。1999 年，市人大常委会重点组织了对全市公安部门工作的评议。这项评议，市、区、镇三级人大上下配合，协同工作，扎实开展。参评的三级人大代表 370 多人，接访群众 330 批、560 人次，市公安局、各分局和 46 个派出所接受了评议。通过评议，要求公安机关切实解决乱抓人、乱罚款、报案不接、有案不立、立案不查、超期羁押、违法使用留置措施、不当插手经济纠纷等问题。对于群众投诉的 255 起案件，市人大常委会评议领导小组分类整理成册，交市公安局，要求逐一查处并答复群众。市人大常委会还跟踪听取了市公安局评议整改情况的报告。市公安局对市人大的评议十分重视，按照要求，认真进行了各项整改工作。群众反映强烈的报案不立、立案不实、超期羁押的问题得到较好的解决，公安部门的证据意识增强，办案质量提高。公安机关加强了执法监督，对查实的 26 起违法违纪案件涉及的干警进行了处理。对于评议中转办的群众 255 起投诉按规定的期限作了答复，80% 以上的申诉人对答复表示满意。

2. 深入开展"两法"检查。《中华人民共和国民事诉讼法》（以下简称《民事诉讼法》）、《中华人民共和国刑事诉讼法》（以下简称《刑事诉讼法》）是保证公检法机关公正司法的重要程序法。长期以来，不依程序办案是司法不公的突出表现和关键所在，也是造成司法腐败的重要原因。为此，市人大常委会把保证"两法"的有效实施作为对司法工作监督的重点内容。1997年，市人大常委会组织了对《刑事诉讼法》实施情况的检查。针对《刑事诉讼法》执行中存在的刑事拘留超期羁押，公安机关越权处理经济纠纷，法院庭审方式改革不到位，律师会见犯罪嫌疑人难，不注重搜集证据以及犯罪嫌疑人、被告人合法权益时有被侵犯现象等问题，提出了一系列整改意见和建议。公检法机关根据市人大常委会的要求，加快了案件审理，使超期羁押等问题得到较大改进。1998年，市人大常委会又组织了《民事诉讼法》执法检查。市人大常委会组织人大代表开展了专题接访，倾听群众意见，共接谈案件285起。市人大常委会将这285起投诉案件移交给市、区人民法院办理，并要求两个月内书面报告办理情况。两级人民法院对这些案件认真进行了复查，依法纠正了一批错案。通过"两法"的检查，增强了公检法机关贯彻执行程序法的意识，促使公检法三机关相互配合，相互制约，促进"两法"的实施，推动司法改革和司法队伍的建设。

3. 重视《中华人民共和国行政诉讼法》（以下简称《行政诉讼法》）实施的监督。1997年，市人大常委会在听取人民法院工作情况汇报时，了解到1988年到1997年10年间，全市法院共受理行政案件364件，年均只有36件，这与行政执法的实际情况有很大的反差。市人大常委会要求两级人民法院要认真贯彻《行政诉讼法》，切实保护行政诉讼当事人的诉讼权，公平对待"民告官"的案件，要通过保护公民、法人和其他组织的合法权益，促进行政机关提高行政水平。此后，全市行政案件收案率大幅上升，1998年、

1999 年两年法院受理行政案件 1763 件，是过去 10 年的 2.6 倍，审结、执结 1666 件，结案率为 94.4%。行政机关在诉讼中的平均败诉率也大幅下降。宝安、龙岗两区法院 1998 年审结的行政诉讼案件中，行政机关的平均败诉率为 90% 以上，1999 年下降为不到 50%。这项执法监督，促进了行政诉讼案件的审判工作，也促进了行政执法机关改进工作，促进依法行政。

通过严格的执法监督和工作监督，深圳市法院、检察院的工作有了长足的进步。市人代会通过"两院"的工作报告，几年前赞成票勉强过半数，2000 年上升为 80% 以上，说明人民群众对公正司法由近乎不满意变为比较满意。

三、推进法制宣传教育和基层依法治理，努力营造依法治市的社会环境

深入开展法制宣传教育，增强广大干部和人民群众的法律意识和法制观念是党的十五大报告提出的重要工作任务，是实现"依法治国，建设社会主义法治国家"战略目标的要求，也是实现依法治国、依法治市的基础性工作。近几年，深圳市人大常委会在推进依法治市工作中，十分注重推进法制宣传教育工作，抓两头带中间，突出落实了三件事：

第一，加强对干部特别是对领导干部进行法制教育。一是举办领导干部法律知识讲座，先后请有关专家教授就"社会主义市场经济的法律保障"、"香港法制制度"、"依法治国，建设法治国家的理论与实践"、"科技进步与法制建设"、"人民代表大会制度建设"、"社会主义市场经济与法制建设"、"中国法律的传统与近代化的开端"、"法制在社会发展中的地位和作用"、"人大的法律监督"等专题，举办法律知识讲座，市几套班子领导、市人大代表和市直机关局级干部参加了学习。二是市、区人大常委会对由人大常委会任命的政府组成人员和法院、检察院的干部进行了法律知识考试。市、区两级人大对被任命的干部，组织任前法律知识考试，及格者提请任命，不及格者给予补考，补考不及格者不予任命。三是在市委党校开办了 20 多期处级干部"法制建设研修班"，还组织了市直机关的法律知识竞赛活动，促进机关

干部学法用法，提高依法办事、依法行政和公正司法的水平。四是从 1997 年开始，由市人事局组织对新调进深圳的干部和新分配来的大中专毕业生进行法制培训教育，使新到深圳工作的干部跟上全市依法治市的步伐。

第二，认真组织对中小学生进行法制教育。对中小学生进行法制教育，使他们从小养成学法、知法、守法的习惯，对于深圳培养有较高素质的下一个世纪的建设者和接班人、建设现代化国际性城市具有重要而深远的意义，它是"功在当代，利及千秋"的一件大事。1997 年，根据市委和市人大常委会的意见，市依法治市办公室、市人大常委会教科文卫工作委员会和市教育局在认真调查研究的基础上，本着探索和试验精神，组织编写、出版了一套《中小学法制教育读本》（以下简称《读本》，小学版、初中版、高中版 3 册），这是全国第一套中小学法制教材。《中共深圳市委、深圳市人民政府关于加强我市中小学法制教育的决定》，要求教育部门认真抓好《读本》的教学工作。从 1998 年春季起，《读本》列入全市中小学教学计划，在全市所有中小学开设法制课，进行教学。为了促进法制教学工作，市人大常委会主要领导深入学校听课，评教评学，指导《读本》教学工作。两年来，全市中小学扎扎实实开展法制课教学，取得了较好效果。学生在《读本》学习过程中，逐步掌握一些基本的法律、法规知识，增强法制意识和法制观念，使广大中小学生从小逐步养成遵纪守法的良好习惯。现在中小学校园内学法、知法、懂法、守法的风气正在逐渐兴起，依法治校已初见成效。

第三，认真组织对外来劳务工的法制教育。深圳总人口有 405 万人，而外来劳务工约占 300 万人。在广大的劳务工中开展法制教育，对于提高他们遵纪守法意识、保护他们的合法权益、维护社会稳定有着重要的意义。1996 年，全市成立了劳务工法制教育领导小组，有关市直机关和各区都成立了专门机构。几年来共有 150 万劳务工参加了法律知识培训，有 80 多万人领取了法制教育合格证书。

此外，组织新闻单位，认真开展对人大制度和人大工作的宣传。《深圳特区报》、《深圳商报》、《深圳法制报》开办了法制专栏。深圳电视台开办了由市人大法制工作委员会、市依法治市办公室、市人民法院等单位推出的《法治纵横》专题节目，这个以案说法的节目，深得群众喜爱，节目已播出

200多期，被评为"全国电视优秀法制栏目"，较好地发挥了新闻舆论的宣传教育和监督作用。

市人大常委会把推进基层依法治理作为依法治市的一个重要任务，不断推进基层的民主法制建设。目前，全市各区镇都有依法治理的工作机构，大中型国有企业及上市公司普遍设立了法律顾问机构，村委会、居委会依法自治工作得到了加强，基层依法治理工作正逐步开展。1998年10月，市委和市人大常委会召开了基层依法治理经验交流会，总结了宝安区沙井镇用制度管人管事，龙岗区坑梓镇实行政务公开、民主决策，宝安区凤凰村、罗湖区蔡屋围股份合作公司实行财务公开、民主管理等20多个基层依法治理的典型，交流推广了他们的经验，促进了基层依法治理工作。1999年，市人大认真指导了镇、村的换届选举工作，特别是指导村级选举认真贯彻执行《中华人民共和国村民委员会组织法》，百分之百地实行直选，推动了全市基层实行依法自治的工作。几年来，市人大常委会领导就全市基层实行"四民主、两公开"的制度，进行了经常性的调查研究，指导促进基层依法治理。

多年来，在广东省委、省人大的指导下，在市委的领导下，深圳市人大及其常委会在依法治市中发挥了主导作用，开展了一定的工作，取得了一些成绩。我们主要的实践体会是：第一，依法治市的实质，就是依据法律对城市实施管理和治理，这与宪法赋予地方各级人大的首要职责，即保障宪法、法律在本行政区域内实施是完全一致的。所以，人大在依法治市中发挥主导作用，是法定的、义不容辞的职责。同时，由于法律是上层建筑，是党的主张和人民群众根本利益的集中反映，人大抓法制建设就是最大的讲政治。因此，作为地方权力机关，必须认清方向，端正思想，明确职责，坚决克服与己无关、消极等待、无所作为的思想。第二，实行依法治市，是贯彻党和国家依法治国方略的具体实践，是新时期社会管理方式的重大变革，是一项复杂的系统工程。人大作为地方权力机关，在推进依法治市的实践中，必须自觉坚持和依靠党的领导。如果没有党委统揽全局的领导，依法治市的工作就不能有效地开展，就会失去正确的政治方向。第三，发挥人大在依法治市中的主导作用，就是在党委的统一领导下，围绕建设社会主义法治城市的目标和社会主义民主法制建设的根本任务，充分行使法定职权，在依法治市系统工程中发挥组织协调作用、立法先行作用、监督保障作用、重大事项决策作用以及在民主法制宣传教育和基层依法治理方面的推动作用。第四，贯彻依法治国方略，实行依法治市，为充分发挥权力机关的作用提供了广阔的舞台，也为开创人大工作新局面、不断完善人民代表大会制度和不断提高人民代表大会的权威提供了历史性的机遇。因此，人大及其常委会在依法治市中不是无所作为，而是大有可为，大有作为。

（2000 年 9 月）

试论完善地方国家权力机关的决策职能

1987 年 10 月，党的十三大报告在论述政治体制改革时明确指出："人民代表大会制度是我国的根本政治制度。近年来，各级人大的工作取得了很大进展，今后应继续完善人大及其常委会的各项职能。"县级以上地方人大及其常委会的一项重要职能便是决策（行使重大事项决定权）。根据《中华人民共和国宪法》（以下简称《宪法》）和《中华人民共和国地方各级人民代表大会和地方各级人民政府组织法》（以下简称《地方组织法》）的规定，地方人大及其常委会不仅要依法决定本行政区域内的重大事项，而且其他职能的行使，在许多情况下也是通过决定或决议的形式来实现的。本文试图就当前完善地方国家权力机关的决策职能需要解决的几个主要问题作一些初步的探讨，以就教予各位专家。

一、地方国家权力机关决策与同级党委决策、政府决策的关系问题

完善地方国家权力机关的决策职能，首先在于正确认识和理顺权力机关决策与同级党委决策、政府决策的关系。所谓决策，是指对未来实践的方向、目标以及为实现这些方向、目标拟采取的方针、原则、方法所作出的决定。通常表现为政党和国家机关对一定时期战略、策略、大政方针以及重大事项作出的决定。由于政党和国家政权机关的职能不同，在决策的范围和内容上自当有所区别，这是不言而喻的。

在我们国家，由于长期革命战争形势的需要，形成了中国共产党高度

集中统一的领导体制，保证了新民主主义革命的伟大胜利。新中国成立以后，党又居于执政的地位，进一步强化了党的一元化领导，对于社会主义革命和社会主义建设，发挥了积极的作用。但是，在全国范围内已经建立人民政权的情况之下，仍然由党的组织直接决定国家事务，从而使法律赋予国家权力机关的决策职能难以正常有效地行使，这不能不说是一种弊端。这种党政不分、以党代政的现象，实际上削弱了党的核心领导作用，也妨碍了社会主义优越性的发挥。1980 年 8 月，邓小平同志在一次中央政治局扩大会议上就尖锐地指出了这个问题，他说："权力过分集中的现象，就是在加强党的一元化领导的口号下，不适当地、不加分析地把一切权力集中于党委，党委权力又往往集中于几个书记，特别是集中于第一书记，什么事都要第一书记挂帅、拍板。党的一元化领导，往往因此而变成了个人领导。全国各级都不同程度地存在这个问题。"① 他接着分析了产生这一现象的根源和我党历史上的经验教训，指出："过去在中央和地方之间，分过几次权，但每次都没有涉及到党同政府、经济组织、群众团体等等之间如何划分职权范围的问题……党成为全国的执政党，特别是生产资料私有制的社会主义改造基本完成以后，党的中心任务已经不同于过去，社会主义建设的任务极为繁重复杂，权力过分集中，越来越不能适应社会主义事业的发展。对这个问题长期没有足够的认识，成为发生'文化大革命'的一个重要原因，使我们付出了沉重的代价。现在再也不能不解决了。"② 在小平同志发表这一重要讲话的7 年后，经过一系列的工作，党的十三大确认"把政治体制改革提上全党日程的时机已经成熟"，并明确提出"政治体制改革的关键首先是党政分开"，"党政分开即党政职能分开"，"应当划清党组织和国家政权的职能，理顺党组织与人民代表大会、政府、司法机关，群众团体、企事业单位和其他各种社会组织之间的关系，做到各司其职，并且逐步走向制度化。"《中共中央关于加强党同人民群众联系的决定》中也明确指出，要"进一步发挥人大作为权力机关的作用"，"有关国家事务的重大决策，要经过人大和政府通过法律

---

① 《邓小平文选》第二卷，人民出版社 1994 年版，第 328—329 页。
② 《邓小平文选》第二卷，人民出版社 1994 年版，第 329 页。

程序变成国家意志，党组织和党员都要严格依法办事"。这就为正确处理党委决策和国家权力机关决策的关系勾画出了蓝图。

地方国家权力机关的决策与党委决策、政府决策之所以会有区别，这是由它们各自不同的性质、职能所决定的。中国共产党是无产阶级先锋队，是中国人民和社会主义事业的领导核心，当然也是国家政权的领导核心。我们党居于执政地位，但不是直接执政；地方党委有权对本地区的重大问题提出决策，但不是代替国家机关直接发号施令。否则，就会大大降低党的领导作用。党的领导是政治领导，是政治原则、方针路线的领导。党对国家事务实行政治领导的主要方式，是使党的主张经过法定程序变成国家意志，通过党组织的活动和党员的模范作用带动广大人民群众，实现党的路线、方针、政策。因此，地方党委对国家事务提出的决策主张，应是高屋建瓴、总揽全局的，具有必须遵循的指导性，党委所提出的方针、原则，为国家政权机关决策指明了方向和提供了依据。地方各级人民代表大会是地方国家权力机关，亦即人民行使国家权力的机关，其实质是人民当家做主，它是本地方的人民在党中央统一领导下，依据党的路线方针，充分发挥主动性和积极性，管理本地方事务的集中体现。地方国家权力机关依照法定程序作出的决策，体现了人民的意志，即国家意志，因而具有权威性和强制性。国家权力机关作出的决定，本行政区域内的所有国家机关、政党、社会团体、企事业组织和全体公民必须一体遵行。地方人民政府就其性质来说，是地方国家权力机关的执行机关，是地方的行政机关。它在党委的统一领导下，一方面对本级人民代表大会及其常务委员会负责并报告工作，接受其监督；另一方面又接受上一级人民政府和国务院的领导。地方政府的决策主要是执行过程中的决策，因此其特点是具有执行性，即通过一系列具体的决策活动，有效地执行本级国家权力机关和上级行政机关的重大决策，从事地方国家事务的管理活动。

基于上述对不同性质的决策的分析，我们可以从以下三个方面来进一步认识并在实践中逐步理顺地方国家权力机关决策与同级党委决策、政府决策的关系。

第一，地方党委有权对地方性的重大问题提出决策主张，属于国家事务方面的，须经地方国家权力机关的法定程序变成国家意志。我们认为，提出决策与作出决策是有区别的。党委对党的领导问题，党的自身建设问题以及其他有关的问题，可以直接作出决策；但按照党政分开的原则，对于国家事务则只是提出决策主张，而不是直接作出决定，所提出的决策需经过法定程序变成国家意志。这里所说的法定程序主要指的是国家权力机关行使职权的法定程序。具体说来，地方党委就本地区的重大问题提出的决策，可以通过政府向国家权力机关提出议案，也可以直接向人民代表大会或人大常委会提出建议，经人民代表大会或人大常委会会议审议，以法定多数获得通过形成决定或决议，即成为国家意志。在这方面，中央已经作出了榜样，如1986年我国制定的第七个五年计划，中共中央对"七五计划"提出了建议，明确了应当遵循的方针、原则，国务院据此编制，然后依照法定程序提请六届全国人大四次会议审议。经过全国人大审议批准的"七五计划"便具有法律约束力。再如，为制定十年规划和"八五计划"，中共中央也提出了《关于制定国民经济和社会发展十年规划和"八五"计划的建议》，国务院据此制定十年规划和"八五"计划的纲要草案，提请七届全国人大四次会议审议，这个纲要草案经全国人大审议批准后，也就具有了法律约束力。

为什么党委对于国家事务只是提出决策主张而不直接作出决定呢？这是因为：

一是《宪法》规定了我国的一切权力属于人民，而人民行使国家权力的机关是全国人民代表大会和地方各级人民代表大会。党领导人民制定了《宪法》，党就应当在《宪法》的范围内活动，并保证《宪法》得以贯彻实施，在实际生活中切实尊重和支持人民当家做主的权力，这是关系到党的性质、摆正党同人民的关系的重大原则问题。邓小平同志早在党的八大《关于修改党章的报告》中就指出："同资产阶级的政党相反，工人阶级的政党不是把人民群众当作自己的工具，而是自觉地认定自己是人民群众在特定的历史时期为完成特定的历史任务的一种工具。……确认这个关于党的观念，就是确认党没有超乎人民群众之上的权力，就是确认党没有向人民群众实行恩赐、包办、强迫命令的权力，就是确认党没有在人民群众头上称王称霸的权力。"① 因此，对于国家事务方面的事项，我们党应当充分尊重人民自己的权力，而不应当包办代替，更不应当直接向人民发号施令。

二是中国共产党是执政党，但不是国家权力机关；党必须领导政府，但不是直接向政府下命令。关于这个问题，马克思主义经典作家和我们党的领导人有过一系列的论述。列宁早在 1922 年就提出必须十分明确地划分党和苏维埃的职权，"党的任务则是对所有国家机关的工作进行总的领导，而不是像目前那样进行过分频繁的、不正常的、往往是琐碎的干预"②。他还提出党必须通过苏维埃而不是超越苏维埃之上对国家实施领导。毛泽东同志在第二次国内革命战争时期论述革命根据地政权建设时就批评了以党代政的做法，指出："党的主张办法，除宣传外，执行的时候必须通过政府的组织。国民党直接向政府下命令的错误办法，是要避免的。"③ 邓小平同志针对我们党成为执政党的情况，着重指出："党是阶级组织的最高形式，指出这一点，在今天党已经在国家工作中居于领导地位的时候，特别重要。这当然不是说，党可以直接去指挥国家机关的工作，或者是把各种纯粹行政性质的问题提到党内来讨论，混淆党的工作和国家机关工作所应有的界限。"④ 刘少奇同志则说得更加明确："我们党是国家的领导党，但是，不论何时何地，都不应该用党的组织代替人民代表大会和群众组织，使它们徒有其名，而无其实。如果那样做，就违犯了人民民主制度，就会使我们耳目闭塞，脱离群众，这是很危险的。"⑤ 党的十一届三中全会以后，党中央在党政分开方面提出过更高的要求，作过一些具体规定。各地在贯彻党政分开原则方面，也有了一些好的开端，如 1988 年 1 月，中共浙江省委决定：省委不再召开布置、安排政府工作的会议；政府工作的方针和主要任务要提请省人民代表大会审议决定，考核政府工作，应以人大通过的决议为依据。这是很正确的。

---

① 《邓小平文选》第一卷，人民出版社 1994 年版，第 217—218 页。
② 《列宁专题文集　论无产阶级政党》，人民出版社 2009 年版，第 336 页。
③ 《毛泽东选集》第一卷，人民出版社 1991 年版，第 73 页。
④ 《邓小平文选》第一卷，人民出版社 1994 年版，第 236 页。
⑤ 《刘少奇选集》（下卷），人民出版社 1985 年版，第 402—403 页。

　　三是党委需要通过人民代表机关领导人民实现当家做主的权力。这是问题的核心。马克思、恩格斯在《共产党宣言》中指出：共产党领导"工人革命的第一步就是使无产阶级上升为统治阶级，争得民主"①。在革命胜利以后，人民就是国家和社会的主人。党对国家生活的领导，最本质的内容就是组织和支持人民当家做主，建设社会主义的新生活。共产党领导人民实现当家做主的权力，通过什么形式完成呢？列宁在总结俄国两次革命经验的基础上指出："工人代表苏维埃是革命政府唯一可能的形式"，"没有代表机构，我们不可能想象什么民主，即使是无产阶级民主"②。在我国，人民行使权力的机关是人民代表大会，人民代表大会是我国人民实现社会主义民主的基本形式，它同列宁所称道的"工农苏维埃"一样，是"最高的民主形式"，党委领导人民当家做主，也就应该主要通过人民代表大会（包括它的常务委员会）这种"最高的民主形式"来实现。所以，党委的主张或者党委提出的决策，须经过人民代表机关的法定程序变成国家的意志，这样才具有普遍的约束力，才能有利于党委正确决策的实现。一位地方党委书记说得很好："我在工作中体会到，从党委的意图和主张的提出到成为人民大众的自觉行动，中间还需要做大量的工作。谁来完成这个艰巨任务呢？通过人大及其常委会发挥国家权力机关的作用，是一条重要途径，人大工作搞不好，要顺利实现党的任务是很困难的。"③

　　第二，人大及其常委会在党委的领导下，独立负责地行使宪法和法律赋予的决策职能。通常有两种情况，一是对党委提出的决策应及时列入人民代表大会会议或人大常委会会议议程，并通过必要的形式和创造一定的条件，帮助全体代表和人大常委会全体组成人员了解党委的意图，把握有关情况，然后提请会议审议，付诸表决。根据表决结果，或者通过，或者根据审议意见经过修改以后通过，如前面提到的全国六届人大四次会议审议批准国务院根据党中央建议制定的"七五计划"时，就作出多处重要修改。又如全国七届人大一次会议审议经党中央讨论同意，由国务院提出的国务院机构改

---

① 《马克思恩格斯选集》第1卷，人民出版社2012年版，第421页。

② 《列宁选集》第3卷，人民出版社2012年版，第15、152页。

③ 《党委书记谈人大》，《人民日报》1988年4月13日。

革方案，通过时也作出适当调整。也有可能不予通过，这在选举和决定人事任免上并不罕见。1988 年初的省级换届选举就不乏其例，据 28 个省、自治区、直辖市的统计，党委推荐的 573 名候选人中，有 94 人落选，占 16.4%。对于这种情况有不同的反映。我们认为，只要是严格依照法定程序办事的，就是正常的，而且应当看作是社会主义民主政治建设的一大进步，正如《人民日报》的述评文章所指出的，是"民主政治建设的成功实践"。二是国家机关主要是政府、法院、检察院依法提出的议案，经人民代表大会会议及人大常委会会议审议，认为需要作出决定的，应事先报请党委原则同意，通过后党委应保证贯彻执行。

第三，政府要迅速有效地执行人大及其常委会的决策，并可在执行过程中，作出必要的具体决策。彭真同志在《关于中华人民共和国宪法修改草案的报告》中指出："人民通过国家权力机关作出决定之后，只有这些决定得到行政机关的迅速有效的执行，人民的意志才得到实现。"所以，政府作为人大的执行机关，首要职责就是迅速有效地执行人大及其常委会的决策。特别是人民代表大会会议通过的关于政府工作报告的决议、国民经济和社会发展计划、财政预算、地方性法规，以及有关重大事项的决定，人大常委会会议通过的决议、决定，政府都要迅速有效地组织执行。在执行过程中，作出一些具体决策是完全必要的，但不得违背权力机关的意志，不得同人大的决策相抵触。要做到这一点，必须注意以下问题：(1) 本行政区域内各方面工作的重要事项，政府要主动提请人大审议决定，不得越权决定依法应由人大决定的事项。(2) 人大已经决定的重大事项，在执行中需要变更的，须报请权力机关审查批准，不得自行变更。(3) 如果政府的决策同人大的决策相抵触、不适当，人大有权予以撤销。

二、地方国家权力机关决策的范围问题

地方国家权力机关决策的范围问题，实践中一直未能很好解决，这也是影响其决策职能有效行使的因素之一。这方面的问题，也主要是体制上的问题，需要通过政治体制改革，在实行党政分开，理顺权力机关决策与党委

决策、政府决策的关系的过程中逐步予以解决。

根据宪法、法律的规定，政治体制改革的要求和多年来地方人大及其常委会行使决策职能的实践，我们认为，地方国家权力机关决策的范围大体有以下几个方面：

1. 法律明确规定由权力机关决定的重大事项。法律明确规定县级以上的地方各级人民代表大会审查、批准本行政区域内的国民经济和社会发展计划、财政预算及执行情况的报告。审批计划和预算，是法律赋予地方国家权力机关决策的重要职权。但实际情况往往是政府编制，党委决定，人大形式上的通过。这种状况应当加以改进。地方党委总揽全局，应该对本地区的计划、预算提出决策意见，但不能代替国家权力机关批准。可以考虑，党委在每年的第三季度末提出制订下年度计划、预算的指导方针和原则，政府据此编制计划、预算草案报请人民代表大会审查批准，政府在执行中如遇特殊情况需要部分变更，须按法定程序报经大大常委会决定。

2. 法律原则规定应由国家权力机关讨论、决定的重大事项。如《宪法》规定："县级以上的地方各级人民代表大会常委会讨论、决定本行政区域内各方面工作的重大事项。"《地方组织法》规定："讨论、决定本行政区域内的政治、经济、教育、科学、文化、卫生、民政、民族工作的重大事项。"由于只有原则规定，缺乏具体的细则，何谓重大事项，在实际工作中较难掌握。按照多年来的习惯，这类问题往往由党委直接决策或由党委与政府共同作出决定。根据宪法原则和党政分开的要求，这是亟待改进的。既是国家事务，就应属国家权力机关决策的范围。但鉴于政治体制改革起步不久，理顺党政关系还需要有一个过程，本着"从做得到的事情做起"的精神，目前可以区别两种情况，逐步分开：(1) 属于全局性的重大事项，如政治体制改革、经济体制改革、经济和社会发展战略等问题，由党委决定，但在决定以前，可由政府提请人大常委会进行审议，并认真吸取审议意见，使党委的决策更为完善，各方面的意见更加一致，有利于更好地贯彻执行。(2) 属于某些方面的重大事项，如教育体制改革，科技体制改革、城市发展规划、基层政权建设、少数民族权利保障等重大事项，党委应当讨论研究，提出指导性的决策意见，但不宜直接作出决定，可向国家权力机关提出建议或由政府提出议案，由人大或人大常委会依照法定程序作出决定。这方面的重大事项，究竟有多少项，很难作出数量上的列举，有的地方的人大常委会就此规定20项、30项，很难说是完善了。而且有不少问题是随着时间，地点、条件的变化而变化的，在甲地是重大问题，在乙地就不一定是重大问题；此时可能非常重要，彼时却又显得一般；反之亦然。法律明确规定以外的重大事项的确定，必须因地制宜、因时制宜地运用法律规范，审时度势，不可简单从事。如武汉市的防汛工作，有的年份必须作为重大事项，有的年份就不必列为重大事项。

3. 人民群众普遍关心的问题。实践反复证明，凡是人民群众普遍关心的问题，就是地方国家权力机关应该十分关注的重大事项。不仅诸如物价、治安秩序等问题应当经常予以重视，适时作出决定，促进问题的解决；就是一些日常事务，在一定情况下，也可能成为大事。如拆除违章建筑，本是政府日常行政工作，国家权力机关可以不必过问。但武汉市有一个时期，一些违章建筑包围了部分中小学校，妨碍教室通风采光，阻塞交通，污染环境，严重影响教学秩序，甚至有的学校因违章建筑造成院墙倒塌，师生伤亡，广大师生员工和市民反映强烈，市政府采取过措施，由于涉及面广，难度太大，未能奏效。市人大常委会根据政府的要求和人大代表的反映，及时将其列入议事日程，经过深入调查研究作出了《武汉市人大常委会关于维护学校秩序和安全的决定》，要求政府拆除学校周围违章建筑。市、区人民政府据此组织了专门工作班子，认真贯彻执行上述决定，在广大群众和司法机关支持之下，取得明显效果，受到群众拥护。

根据几年来的实践，我们认为，如果能将地方国家权力机关的决策同党委、政府决策的范围明确加以界定，并在实践中逐步法律化、制度化，那么，不仅有助于完善地方人大及其常委会的职能，进一步发挥地方国家权力机关的作用，而且对于正在进行的政治体制改革，实行党政分开，也有重要的推动作用。

三、地方国家权力机关决策职能行使的基本要求

地方国家权力机关决策职能的有效行使还需要遵循一些基本要求，主要有以下几个方面：

1. 决策的合法性。决策的合法性包含以下内容：(1) 地方国家权力机关只能在法律规定的职权范围内作出决定，不要代替决定日常行政工作，也不要越权决定应由上级国家机关决定的事项；(2) 决定的内容必须符合宪法、法律、行政法规的规定，即不得与之相抵触；(3) 决定重大事项必须严格依照法定程序，包括议案的提出、审议、通过、公布，均须依法行事。超越权限范围，违反法定程序的决定是有背于合法性要求的，因而也是无效的。

2. 决策的必要性。国家权力机关的每项决策都应该是必要的。衡量国家权力机关决策作用的大小，不在于决策的多少，而在于是否适应实际工作的需要。

3. 决策的可行性。国家权力机关的决策不仅应该是必要的，而且也应是可行的。列宁说过："马克思主义要求我们在确定任何重大政策的时候，必须以经得起精确的客观检验的事实作为政策的基础和依据。"[1] 要使决策切实可行，必须全面分析有关方面的实际情况，使决策建立在客观可靠的基础之上。也就是说，决策所提出的要求，应当是经过努力可以实现的。这就要求采取各种各样的方法收集信息。管理科学认为，任何有关政治、经济、教育、科学、文化等的决策过程，都是把信息转变为行动的过程。国家权力机关可以通过组织调查、视察、检查、听取汇报以及联系人大代表和人民群众等方法，广泛了解情况、听取意见、分析问题，集中人民的意愿，从本行政区域的实际情况出发，抓住根本的、长远的、重大的问题，适时地作出切实可行的决定，推动本行政区域内的改革和建设事业的发展。

在考虑决策的可行性，慎重决策的前提下，还需注意决策的时效性或及时性。法律规定，地方人民代表大会每年至少举行一次会议，县级以上人

---

① 《列宁全集》第 25 卷，人民出版社 1958 年版，第 283 页。

大常委会每两个月至少举行一次会议，如有急需，可临时召集会议，及时审议有关事项并出决定，以适应实际工作的需要。

4.决定文件表达的特定要求。地方国家权力机关的决定一般须由两部分组成：论断部分（情况及简要分析）和主文部分（拟定措施）。主文部分是决定的最重要的部分。决定要求简要、具体、明确，力戒一般号召和泛泛之谈，如果决定、决议内容过于笼统，空话、套话很多，没有明确具体的要求，便很难贯彻执行。

（原载《中南政法学院学报》1991 年第 1 期，另一位作者：万文周）

发挥人大代表在市场经济中的作用

在发展社会主义市场经济和实行社会变革的新形势下，人民群众的主人翁意识和民主意识得以加强，在政治、经济、社会等各个方面，有许多新的愿望和要求，需要通过人大代表，按照法定的程序，上升为国家意志，以维护国家和人民的利益。因此，充分发挥人大代表的作用，对于市场经济体制的建立和市场经济的健康发展，具有重大意义。

一、市场经济条件下人大代表的作用

市场经济条件下人大代表的作用，主要有以下三个方面：

1.在建立和完善社会主义市场经济体制中的参与决策作用。社会主义市场经济体制的建立和完善，是一项伟大而复杂的系统工程，必须依靠广大人大代表和全国各族人民，因为人民群众和广大人大代表是建立这一体制的实践主体。决策的民主化是新体制建立和完善的重要保障。人大及其常委会作出的决议、决定和政府的重大决策，都必须符合社会主义市场经济的客观要求，符合人民群众的利益，这是关系改革成败的重要问题。各级人大代表扎根于人民群众之中，最了解人民群众的愿望和要求，他们在人民代表大会和人大常委会会议上，提出审议意见，反映人民群众的意见和要求，参与决策的整个过程，并运用投票表决的权利，使人民的意志得以实现。除了人大的决议、决定的形成需要代表参与以外，还要特别强调代表参与立法过程，立法同样是一种重要的决策。《中共中央关于建立社会主义市场经济体制若干问题的决定》中指出："改革决策要与立法决策紧密结合。"许多改革的事项，要尽可能先立法后行动。代表参与立法决策过程，把人民的意见和要求反映到法律、法规中去，对于保障改革的顺利进行和市场经济的健康发展，具有重要作用。深圳市人大在工作中，除了重大事项的决策让代表参与外，还注重在立法过程中广泛征求人大代表意见，邀请部分人大代表参加市人大常委会会议审议法规，这对保证决策和法规符合民意并可行，发挥了较好作用。

2. 在市场经济建设和发展中的监督作用。社会主义市场经济体制的建立和完善，必须有完备的法制来引导、规范和保障。人大代表在会议上和自己的工作实践中，就法律法规的执行问题和改革措施推行中的问题提出意见和建议，监督人大和政府纠正人民群众反映强烈的那些有法不依、执法不严、违法不究的现象，对于保证各项改革措施的有效实施，保障和推动市场经济沿着法制的轨道健康发展，具有重要作用。同时，人大代表参与了人民代表大会的决策，参与了有关法律法规的立法过程，对有关决策和立法的内容、产生背景和形成的过程有比较全面的了解，人大代表又生活在群众之中，通过其对法律法规和有关决议、决定、政策的宣传解释，以及在执行政策、法律中的模范带头作用，能够带动群众执行政策和法律，协助法律法规的实施，协助政府推行工作，有利于加快各项事业的发展。

3. 在维护社会稳定、密切党和国家机关同人民群众联系中的桥梁和纽带作用。社会主义市场经济的内在规定性，不仅决定了要有许多相互联系的重要方面的改革与之配套，而且决定了它必须有一个稳定的社会环境作保障。在新形势下，人大代表发挥桥梁纽带作用，协助维护社会稳定，主要体现在两个方面：一是宣传解释作用。在新旧体制转换过程中，不可避免地会遇到这样那样的困难和阻力，不可避免地会出现一些新的问题，或者改革措施刚刚出台，有些群众可能一时不理解。人大代表通过宣传，做好说服解释工作，理顺群众情绪，从而更好地把党的主张、把国家意志变成广大人民群众的自觉行动，维护社会稳定。二是反映民意的作用。各级人大代表工作在发展社会主义市场经济的第一线，又同人民群众有着天然的联系，人大代表及时把人民群众的意见和要求，反映到国家机关和有关部门来，可以使领导机关更好地了解社情民意，改进工作，减少工作失误，使改革开放和建设事业，更符合人民的利益。

二、怎样充分发挥人大代表在市场经济中的作用

全国各级人大代表有 360 多万人（深圳市、区、镇三级人大代表有近
3000 人），这是一支很重要的力量。在建立社会主义市场经济体制，发展社
会主义市场经济的过程中，怎样充分发挥人大代表的作用呢？

第一，增强代表意识，提高人大代表素质。人大代表作用的发挥，很
大程度上取决于人大代表的代表意识、代表素质和能力。增强代表意识，重
要的是要激发人大代表的权利感和在市场经济中发挥作用、促进市场经济发
展的使命感和责任感，调动人大代表的积极性。要做到这一点，重要的就是
要尊重人大代表的民主权利，切实重视办理人大代表提出的议案、意见和建
议，体现人大代表的地位、权利和作用，激发人大代表行使职权的主动性和
积极性。

提高人大代表素质，重要的是通过加强学习，提高人大代表自身素质。
在新形势下，人大代表除了要熟悉法律、人大制度等知识外，还要努力学习
和掌握社会主义市场经济基本知识与现代科技基本知识，还要了解党的方
针、政策，多方面、多渠道吸收改革和经济建设的新知识、新信息，以及社
会经济发展的新动态。过去，我们是"从战争中学习战争"，现在，我们要
从改革中学习改革，从市场经济中学习建设和发展市场经济。试想，如果我
们的人大代表和政协委员缺乏市场经济的基本知识，甚至连一些名词概念还
不清楚，怎么能做好市场经济条件下的立法监督工作？怎么能审议和讨论好
政府工作报告和计划财政报告？

第二，拓宽联系人大代表的渠道，为人大代表知情知政、参政议政创
造条件。加强同人大代表的联系，是人大机关保持活力的源泉所在，也是为
人大代表知情知政、参政议政提供条件，发挥人大代表作用的重要途径。联
系人大代表，除了走访人大代表、组织人大代表视察、召开人大代表座谈会
外，还可拓宽一些联系渠道。比如邀请人大代表列席人大常委会会议，使人
大代表了解常委会的工作和全局的情况，也使常委会组成人员直接了解人大

代表的意见，提高常委会会议的审议质量；邀请人大代表参加专门委员会或工作委员会的专题调研、专题视察、初审法规草案等活动；常委会主任、副主任约见人大代表或人大代表约见主任、副主任；组织人大代表询问活动等等，这对人大代表知情知政、参政议政，都会发挥很好的作用。外地一些城市如北京、上海等在这方面作出一些有益的探索，值得我们借鉴。如北京市十届人大二次会议之前，市人大代表联络室组织市政府32个委办局和市法院、市检察院的负责人"设摊"接受人大代表询问。人大代表们各自找到有关"摊位"，询问交谈，询问的问题，从北京的改革发展、城市规划、税制改革、社会治安、外来人口管理、医疗制度改革、离退休人员待遇，直至老百姓普遍关注的菜篮子、水电气热供应、电话安装等等，都提出来了。人大代表们提出问题，"官员"们认认真真地回答，从党的方针政策、国家法律法规直到具体问题的来龙去脉，能否解决、怎样解决，回答得清清楚楚。"研究、研究"、"考虑、考虑"等推诿、敷衍之词，在这里找不到市场。这种询问活动，对于人大代表在大会上行使好职权，审议好报告，起到了很好的作用。

第三，拓宽人大代表活动形式，增强人大代表活动的实效性。人大代表大会闭会期间人大代表的活动方式，除了视察、检查等以外，近年来，人大代表评议这种形式，被实践证明是一种有效的监督形式，值得重视。广东近年来组织人大代表评议"基层站所"，评议区（县）公检法司机关，收到了较好的效果。外地有的地方组织人大代表评议政府工作，也取得较好的实效。如上海市为了更好地发挥市人大代表在闭会期间参与管理国家事务的作用，从1990年开始，每年在市人民代表大会闭会后半年左右，都举行两天市人大常委会扩大会议，邀请全体市人大代表和在沪全国人大代表参加会议，人大代表们称它为"小人代会"。会议除了听取市政府关于半年来本市国民经济和社会发展计划、财政预算执行情况的报告外，还由市长就市政府半年来的工作情况，特别是围绕群众和人大代表关心的一些重要问题向代表作口头报告，然后由人大代表按选举单位分组评议市政府半年来的工作。人大代表评议情况由人大办公厅整理印发常委会组成人员和政府部门。在人大代表评议的基础上，人大常委会举行全体会议，结合人大代表的评议意见审议政府的 3 个报告。上海 4 年来的实践表明，这种组织人大代表在人代会闭会期间评议市政府工作的做法，是人大代表在人代会闭会期间发挥代表作用、参与管理国家事务、促进市场经济发展的一种有效的形式，值得借鉴。

增强人大代表活动的实效性，还必须改进人大代表活动制度和方式。现在组织人大代表活动中存在的问题，主要是组织者与人大代表协商不够，大包大揽，"我说你做"的"行政痕迹"还存在。这样，往往使人大代表处于被动位置，组织人大代表活动缺乏针对性和活力。因此，我们在安排人大代表活动计划时，要广泛征求人大代表意见，使人大代表活动的开展，尽可能围绕人大代表关心的改革开放和市场经济发展中的重大问题进行，这样能调动人大代表参政议政的积极性，也能增强人大代表活动的实效。

第四，加强人大代表执行职务的保障。加强人大代表执行职务的保障，对于人大代表作用的有效发挥具有重要意义。实践中，人大代表执行职务的保障与法律的要求还存在一定的差距。主要问题：一是侵犯人大代表人身自由的违法案件时有发生；二是妨碍人大代表执行职务，如某县人大常委会组织人大代表评议公检法的工作，一位农民代表反映了当地派出所的问题，随后该派出所以核实问题为由，对这位人大代表变相传讯，谈话作笔录，强迫人大代表捺手印，严重挫伤了人大代表执行职务的积极性，干扰了代表工作的正常进行；三是人大代表活动时间和经济待遇保障在部分单位得不到很好的落实。我们要采取有力措施，坚决纠正这些现象，使人大代表执行职务得到有效保障，努力在全社会形成尊重人大代表、支持人大代表执行职务的良好风气。

（原载《深圳特区报》1995 年 1 月 19 日）

人民当家做主的最好组织形式

乔石同志在人大一次会议上的讲话中指出："我们国家的一切权力属于人民。国家，由人民当家做主才能兴旺；国家机关，有人民支持才有力量。人民代表大会制度是人民当家做主的最好的组成形式。"为什么说人民代表大会制度是人民当家做主的最好组织形式呢？

第一，从理论上来看。在我国，民主从"国家形式"这个角度来说，它就是《中华人民共和国宪法》（以下简称《宪法》）确认的人民当家做主的政权组织形式——人民代表大会制度。中国人民在中国共产党领导下，在争取新民主主义革命胜利、夺取政权、争得民主的过程中，虽然由于各个时期的阶级关系有所不同，具体任务也有差异，但在政权建设方面都为建立人民代表大会制度创造了条件，积累了经验。在这个基础上，毛泽东同志在《新民主主义论》一文中指出："中国现在可以采取全国人民代表大会、省人民代表大会、县人民代表大会、区人民代表大会直到乡人民代表大会的系统，并由各级代表大会选举政府。"1954 年《宪法》正式确立了人民代表大制度是我国的根本政治制度，1982 年《宪法》使人民代表大会制度进一步得到规范和完善。我国的人民代表大会，正如列宁谈到的苏维埃一样，"它把工农群众联合起来，引导他们参加政治生活，它最接近民主，它是最敏感地反映群众在政治上阶级上发展和成熟的温度计。"人民代表大会由民主选举产生，代表人民全权行使国家权力，对人民负责，受人民监督。因此，人民代表大会制度是我国"最高的民主形式"，是实现人民当家做主的最好的组织形式。

第二，从实践上来看。我国社会主义民主实践中，人民行使当家做主权力的形式是多种多样的。

（1）人民通过自己的代表及代表机关行使管理国家事务的权力。《宪法》规定："人民行使国家权力的机关是全国人民代表大会和地方各级人民代表大会。"全国人民代表大会和地方各级人民代表大会，由人民通过民主的选举方式选出的代表组成之后，即代表人民行使国家权力，决定全国和地方的一切重大事务。

（2）人民通过《宪法》有关公民权利的规定实行民主权利。比如，人民群众对于任何国家机关和国家工作人员，有权提出批评和建议；对于任何国家机关和国家工作人员的违法失职行为，有权向有关国家机关提出申诉、控告或检举；国有企业的职工有权依照法律规定，通过职工代表大会和其他形式，对企业实行民主管理；集体经济组织的职工有权依照法律规定选举和罢免管理人员，决定经营管理的重大问题；人民群众有权参加各种社会团体的活动，对有关方面的工作提出意见和建议，等等。

（3）人民群众通过基层群众自治实行民主权利。比如城市居民和农村村民通过居民委员会、村民委员会、居民会议、村民会议等基层自治组织形式，实行自我教育、自我服务、自我约束，自己管理自己的事务。

在上述三种实现民主权利的形式中，后两种形式，从实现民主权利的主体来说，限于个人或者一部分人；从实现民主权利的范围来说，都限于某一方面或者至多涉及某几个方面；从实现民主权利的限度来说，效能也是有限的。只有人民代表大会制度，没有这些限制，它代表全体人民全面地、全权地行使国家权力，管理国家事务。在今天的中国，国家和地方的大政方针、发展战略，已由党和政府与人民的代表共同决策。当人民代表在《政府工作报告》上勾勾画画、圈圈点点，在审议报告时慷慨陈词时，每一个笔触，每一句言辞，都倾注了人民的心声。当1992年七届全国人大五次会议对三峡工程议案表决时，赞成1767票，反对177票，弃权664票，体现了人民代表对人民和国家利益高度负责的精神。同样，在1993年和1994年的深圳市一届人大五次和六次会议上，代表们就人民群众关注的转变政府职能、土地管理、社会治安、电话通信、交通秩序、办事难、上学难等"热点"问题，与市政府及有关部门负责人对话，提出批评、意见和建议，要求改进，也体现了人民代表对人民负责的精神，反映了人民的意志，受到社会各界好评。因此，从实践上看，人民代表大会制度是人民当家做主的最好组组织形式。

（原载《深圳商报》1994 年 6 月 26 日）

我国人民代表大会制度的优越性

人民代表大会制度作为我国的根本政治制度，具有重大的优越性。

1. 便于吸引人民群众参加国家管理。《中华人民共和国宪法》（以下简称《宪法》）规定："中华人民共和国的一切权力属于人民。"在我国，人民是国家的主人，享有管理国家事务、管理经济和文化事业、管理社会事务的权利。《宪法》和《中华人民共和国选举法》规定，除依法被剥夺政治权利的极少数人外，凡年满18岁的公民，都有选举权和被选举权。据统计，近些年的全国县（区）、乡（镇）人大代表选举中，年满18岁的公民99%以上都行使了选举的权力。这就保证了我国绝大多数人的主人翁地位。这种有广大人民群众参加的选举活动，实际上就是吸引人民群众参加国家管理的活动，因为它决定着由哪些人进入人民代表大会代表人民行使国家权力。通过民主选举，我国有数百万优秀人物和代表人物，被选入人民代表机关，作为人民的使者参加国家管理，决定国家和地方的重大事务。

2. 便于联系群众，接受群众监督。人民代表大会制度在其运转过程中的一条重要原则，就是人大代表要向选民或选举单位负责，接受人民群众的监督。我国的人大代表都生活在人民群众中。实践中，人大代表采取多种形式联系选民，听取和反映人民的意见和要求。如武汉市武昌区紫阳街的省、市、区三级人大代表，从1985年5月开始，坚持每月轮留接待群众，两年多来共接待群众870多人次，收集和反映群众意见和建议300多条，并督促办理，受到群众好评。

3. 便于实现中央的统一领导和发扬地方的首创精神。我国处理中央和地方关系的原则，是既要利于国家的统一领导，又要利于充分发挥地方的主动性和积极性。人民代表大会制度依据这个原则，形成的运行体制是，县级以上的地方各级人民代表大会必须保证宪法、法律、行政法规和上级人民代表大会的决议在本行政区域的遵守和执行，地方一切重大事务的决定，必须服从中央的总政策和总任务；中央对地方的领导，上级人大对下级人大的监督，必须在宪法和法律的范围内并从实际出发，不妨碍地方积极性和创造性的发挥。实践中，地方各级人民代表大会通过法律监督和工作监督，保证宪法、法律和国家政令的遵行。同时，地方人大也根据宪法、法律和国家一个时期的方针、政策和任务，根据本地区的实际情况，决定本地区的重大事项，制定地方性法规。如武汉市第七届人大常委会5年中共讨论了180多项议题，对其中有关重大问题作出43项决议或决定；又如在《中华人民共和国各级人民代表大会常务委员会监督法》和《中华人民共和国人口与计划生育法》尚未制定的情况下，武汉市人大及其常委会根据本市的具体情况和实际需要，制定了《武汉市人民代表大会监督工作条例》和《武汉市计划生育管理办法》。这些决议、决定和法规，对地方的民主政治建设、经济和社会的发展，起了积极的促进作用。所以，人民代表大会制度把我们国家的中央和地方联结成一个统一的整体，便于发挥中央和地方两个积极性。

4.便于实行"议行合一"。人民代表大会制度之所以便于实行"议行合一"，是因为它把国家权力集中起来由自己行使，避免"空谈"或"议而不行"。这种行使国家权力的全权性，使人大有权制定法律、法规，并有权议决国家和地方的大事；使人大有权组织其他国家机关特别是行政机关，监督它们执行法律、法规和人大的决议，并且通过人大代表向人民群众传达它所制定的法律、法规和作出的决议的精神，以自己的模范行动带领人民群众认真贯彻执行，从而使人大有足够的力量反映与实现人民的愿望与要求，组织和动员人民群众为把我国建设成为高度文明、高度民主的社会主义国家而奋斗。

（原载《武汉法制报》1991年3月15日）

深圳依法治市的探索和实践

1993 年底，广东省委、省人大确定深圳为全省依法治市试点市。深圳市委总揽全局，发挥核心作用；市人大组织协调，发挥主导作用；"一府两院"认真组织实施，发挥职能作用。各方形成合力，有力地推进依法治市工作的进程。

一、市委总揽全局，加强对依法治市工作的领导

1.提高认识，把握方向。开展依法治市，关键在认识上的统一。深圳开展依法治市工作以来，市委一班人深入学习邓小平法制思想，不断提高对依法治市重要性的认识。实践中，市委深深体会到，依法治市是依法治国方略在经济特区的具体实践，是一项带有基础性、全局性、根本性的工作。一是依法治市是坚持邓小平理论，探索有中国特色社会主义的重要实践。实行依法治国，是邓小平理论的重要组成部分，是党的十五大确立的治国方略。深圳作为邓小平同志亲自倡导建立的经济特区，担负着探索建设有中国特色社会主义的历史使命。这一性质，决定了深圳必须实行依法治市，更好地发挥特区的探路示范作用。二是依法治市是增创新优势的根本性措施。经过近 20 年的发展，深圳各方面打下了较好的基础，目前已进入全面提升素质的新阶段。江泽民同志要求深圳"增创新优势，更上一层楼"，一个重要的方面，就是要增创法治新优势，走法治化道路，率先建立文明法治的环境。法治就是优势，就是生产力。尤其面临加入 WTO 的新形势，法治环境对新时期特区的发展意义显得更为重大深远。三是依法治市是实现社会长治久安的

长远大计。目前，制约深圳经济和社会发展的矛盾和问题还不少，其形成和积累有历史和现实的许多原因，但其中重要的一条，就是缺乏规范管理、依法治理不够。解决好各种矛盾和问题，必须靠法治才能达到根治、靠法治才能取得长效、靠法治才能实现久安。不靠法治，经济难以发展；不靠法治，改革难以推进；不靠法治，开放难以搞好；不靠法治，社会难以稳定；不靠法治，城市管不好，市民素质、文明程度提不高，社会各项事业难以健康发展。一句话，只有靠法治，才能建立正常的政治经济社会秩序，各项工作才能做好，才能落到实处。基于上述认识，市委一直坚持把依法治市工作摆上重要议事日程。

2. 明确依法治市的指导思想和奋斗目标。1994 年 4 月，市委制订了《深圳市依法治市工作方案》，召开了全市依法治市动员大会。此后市委常委会会议及市依法治市领导小组每年年初都要研究全年依法治市的工作要点，对重大问题作出决策，并且以市委文件下发，要求各区、各部门、各单位贯彻落实。近年来，市委根据不同阶段工作的重点，每年都召开会议对依法治市工作作出部署，推进依法治市工作不断深入。1998 年，市委二届八次会议进一步提出，要增创体制创新、扩大开放、产业升级、依法治市、城市功能 5 个新优势。年底，市委先作调查研究，并派人到新加坡学习借鉴厉行法治的经验，接着召开市委工作会议，在总结研究前几年依法治市工作的基础上，作出了《中共深圳市委关于加强依法治市工作，加快建设社会主义法治城市的决定》，对加强立法、依法监督等提出了明确要求，特别强调要努力实现政府机构和行政行为 9 个法定化；同时提出深圳市依法治市"十年规划"：通过 10 年左右的努力，真正形成"有法可依、有法必依、执法必严、违法必究"的局面，把深圳建设成为经济繁荣、法制健全、管理规范、秩序井然、社会安定的社会主义现代化法治城市。2000 年 5 月召开的市三次党代会，把坚持依法治市、营造良好的法治环境作为今后 5 年率先基本实现现代化的六大措施之一。2001 年底，在《中共深圳市委关于制定全市国民经济和社会发展第十个五年计划的建议》中，也明确提出了依法治市工作方面的任务和要求：坚持依法治市，建设社会主义法治城市。随着社会主义市场经济体制的初步建立，要重点建立和完善适应社会主义市场经济体制的法规体系，推进政府工作法制化，从严治政，提高办事效率，切实改进机关作风。推进司法改革，严格执法，公正司法。加强司法保障和司法监督，充分保护公民的合法权益。深入开展普法教育，提高公民的法制意识。

3. 建立健全组织机构和工作架构。深圳市成立了由市委书记兼市人大常委会主任为组长，市长、市政协主席、市委副书记、市人大常委会副主任为副组长的依法治市工作领导小组。领导小组下设办公室，属市直局级机构，编制 6 人，设在市人大，选配有较高法律素质和组织协调能力的工作人员专门从事依法治市的组织协调工作。

依法治市工作是个系统工程，必须有一个相互配合、相互支持、相互分工的工作架构。通过几年探索，我们逐步形成了市委核心作用、人大主导作用、"一府两院"职能作用、政协参谋监督作用共同发挥，全力推进依法治市工作的良好机制。

二、加快立法进程

依法治市，首先要有法可依。经济特区要率先发展市场经济，更需要各项法规规范。加强对立法工作的领导，就是要通过法定程序贯彻党委的主张和意图，坚持把改革决策、发展决策与立法决策结合起来，用法律手段引导、推进、保障改革和建设事业的发展。自 1992 年全国人大授予深圳立法权以来，深圳市突出特区特点，适应改革和发展的需要，扎扎实实搞好地方立法。至 2002 年 7 月，已制定法规 191 件（含修改法规决定）、规章 130 多件，有关市场经济和改革开放方面的立法占立法总数的 70%，其中 30% 的法规是在国家立法尚未出台的情况下先行制定的，发挥了特区立法的试验和先行作用，如《深圳经济特区股份有限公司条例》、《深圳经济特区股份合作公司条例》、《深圳经济特区合伙条例》、《深圳经济特区拍卖条例》、《深圳经济特区企业破产清算条例》、《深圳经济特区土地使用权出让条例》等。现在，深圳市有关市场主体、房地产市场、劳动力市场、城市规划建设管理及环保、高新技术产业发展等方面的法规已比较健全，对经济发展和城市建设起到了重要的促进和保障作用。作为地方立法机关，深圳市人大还十分重视用立法的手段规范和监督政府的行为。如《深圳经济特区行政监察条例》、《深圳经济特区城市规划条例》、《深圳经济特区政府采购条例》、《深圳经济特区建设工程招投标条例》等。在立法的进程中，市人大常委会还根据深圳市民主法制建设的要求，借鉴国外立法听证成果，在全国率先制定了《深圳市人民代表大会常务委员会听证条例》，系统地规范了听证的范围、事项、程序与听证人的权利和义务，进一步增强了常委会立法、监督、决定重大事项的民主性和科学性。

三、全面推进依法行政

依法行政是依法治市的重要组成部分，对依法治市工作具有决定性的作用，因为政府各行政部门是执法的主体，承担着法律和法规的实施责任。1994年，市政府就开始在劳动、规划国土部门抓试点，作为依法行政工作的突破口。1995年，深圳召开了全市政府部门依法行政动员大会。1998年，在规划国土、建设、劳动、环保和城建等5个部门进行依法行政责任制试点。在试点基础上，1999年，由市政府部署在全市行政机关全面推行行政执法责任制。几年来，市政府认真贯彻执行依法治市的工作部署，针对加入WTO的实际，全面推进依法行政，积极转变政府职能，努力建设廉洁、勤政、务实、高效政府，取得了初步成效。

一是进行政府审批制度改革。针对以往政府审批事项太多、审批行为不规范等问题，深圳市于1997年进行了审批制度改革。市政府部门原有审批及核准事项1091项，取消463项，保留628项，减幅达42.4%。2001年10月初，市政府部门再精简审批核准事项277项，保留351项，减幅44%。两次改革共砍掉审批及核准项目740项，减幅达67.8%。其中市规划国土局的审批、核准事项就分别精简78.3%、44.4%。同时，各单位对承诺的办事时间也进行了大幅度的削减。全市101个办事项目，平均办事时间从19个工作日缩短为10.3个工作日，平均缩短8.7个工作日，减幅达45.8%。其中，市贸发局8个项目的合计办事时间从136个工作日缩短为40个工作日。

二是改革办事程序，简化办事环节，公开办事制度和办事结果，提高工作效率，接受社会监督。1996 年，深圳市就成立了外商投资服务中心，实行"一条龙"服务。1997 年，开始在全市推广市规划国土局、劳动局的"窗口式办文"。如今市直有审批权的 21 个部门都实行公开办事，所有批文一律"窗口式办文"，基本杜绝了暗箱操作，切实做到政务公开。有的部门还进一步把"窗口式办文"改为"台式办文"，把"串联式办文"改为"并联式办文"，进一步提高了工作效率。2001 年，市政府召开了提高行政效率动员会，各相关部门向社会作出"提速"承诺。2002 年 8 月，全市抽调部分市人大代表、政协委员、党代表、党风廉政监督员近 60 人，组成 9 个检查评议小组，对全市各机关单位开展改进机关作风、提高工作效率活动情况进行了检查评议。同时还以调查问卷的形式，组织广大市民开展了"万人评议机关作风"活动。这些评议活动，是对深圳市机关改进作风、提高效率的又一次促进。

三是严格执行《深圳市城市规划条例》。借鉴香港法定图则的有关规定，使城市规划纳入法制化、科学化、规范化的轨道。现已初步完成了全市村镇规划的全覆盖和 28 个片区法定图则的编制工作，成为亚洲第一个被国际建筑师协会授予"城市规划奖"的城市。

四是依法实行土地使用权公开拍卖招标。1987 年，深圳市在全国率先以协议、招标、拍卖方式出让国有土地使用权；1994 年 6 月，市人大制定了《深圳经济特区土地使用权出让条例》；1998 年初，市政府发布了《深圳经济特区土地使用权招标拍卖规定》。根据相关条例和规定，特区内商业用地全部采用拍卖招标的方式出让，土地资源由市场合理配置。

五是建设工程依法实行招投标。根据《深圳经济特区建设工程施工招标投标条例》规定，凡政府投资，国有、集体企业投资额在 200 万元以上的工程必须实行招投标。1997 年以来，全市依法实行招投标的建设工程上千项，招标率达 100%。在深圳机荷高速公路建设过程中，严格实行工程招投标制、项目法人责任制等制度，实现了质量、工期、造价三大控制目标。"机荷模式"被交通部在全国推广。正在建设的市中心区重点工程也严格实行招投标制度，要求确保工程建设优质、高效、顺利进行，确保建成一流的标志性建筑。现在种草种树种花都实行公开招标。

六是依法建立政府采购制度。深圳市于 1998 年制定了全国第一部《深圳经济特区政府采购条例》。至今，市政府系统采购招标项目 11 大类、120 个品种，与实行政府采购前相比，年平均节约资金近亿元。

七是进行行政综合执法试点。1998 年，市人大常委会通过了《关于批准市人民政府在罗湖区进行行政综合执法检查和处罚试点的决定》。同年 11 月 1 日，综合执法队伍上街执法。由于坚持了依法行政、文明执法，罗湖区行政执法检查局得到了社会各界的肯定。目前深圳市已在全市 6 个区全面推开城管行政综合执法。

八是推行行政机关工作人员行政过错责任追究制。市政府于 2001 年 12 月通过的《深圳市行政机关工作人员行政过错责任追究暂行办法》明确规定，市行政机关工作人员的 63 种行为将被追究行政过错责任，对负直接责任者过错特别严重的，给予行政撤职或者行政开除纪律处分。该办法将行政过错责任划分为 3 种：直接责任、主要领导责任和重要领导责任。行政过错责任追究方式分为 6 种：(1) 责令作出书面检查；(2) 通报批评；(3) 取消当年评优、评先资格；(4) 扣发奖金；(5) 调离工作岗位或停职离岗培训；(6) 给予行政纪律处分。根据情节轻重、损害后果和影响大小，行政过错分为一般过错、严重过错和特别严重过错。行政机关工作人员在履行职责过程中有徇私舞弊行为及收受当事人财物、接受当事人宴请、参加当事人提供的旅游和娱乐活动等行为，将从重处理。2002 年 4 月，市政府对直属部门 3 名处级干部按该办法规定作出了撤销职务、开除公职的公开处理。

此外，根据市委《关于加强依法治市工作，加快建设社会主义法治城市的决定》精神，市政府加快了政府行为九个法定化（即政府机构组织、职能、编制法定化，行政程序法定化，行政审批法定化，行政收费法定化，行政处罚法定化，政府招标采购法定化，政府投资行为法定化，行政执法责任法定化，政府内部管理法定化）的步伐。2001 年 11 月，市政府专门召开了政府行为法定化工作会议，发布了《关于贯彻实施九个法定化的工作意见》，进一步明确了每一个法定化的具体目标、责任单位和时间表，决心用 3 到 5 年的时间完成市委、市人大提出的政府机构和行政行为九个法定化工作。

四、推进司法改革，确保公正司法

几年来，深圳市各级公检法司机关认真贯彻执行市委关于"坚决维护司法公正"的各项要求，切实实行检务公开、审判公开和警务公开，进一步完善司法机关内部制约机制，完善和落实冤案、错案责任追究制度，加强了政法队伍建设。司法机关积极探索司法改革的路子，取得了一定的成效。如深圳市宝安区人民法院建立的"立审分开、审执分立、审监分离"的审判工作架构和庭审方式、执行方式等改革措施，得到了最高人民法院的高度重视。该院 2001 年初被评为全国"人民满意的好法院"；该院的司法改革经验已在全市各级法院推广。罗湖区人民法院在全国率先成立"速裁法庭"，对案情比较简单、事实比较清楚、原被告双方争议不大的案件，"速裁法庭"半小时左右就可以结案。一年来，"速裁法庭"已成功审结案件 600 件。2002 年 6 月，该院被授予全国"人民满意的好法院"称号。盐田区人民法院实施的司法文书改革和判后答疑制度，使诉讼双方"赢得堂堂正正，输得明明白白"，得到人民群众的好评。市各级人民检察院和公安系统也在制度改革、公正执法、队伍建设等方面开展了大量的工作。市人大常委会还多次组织人大代表对公安司法机关的工作进行评议，组织《中华人民共和国刑事诉讼法》、《中华人民共和国民事诉讼法》执法大检查，有力地促进了深圳市的司法改革和司法公正。2001 年 7 月至 11 月，市人大常委会对深圳市"两院"具体办案单位和办案人员进行了评议，促进司法公正。

五、加强规范管理，营造文明法治环境

我们抓住经济社会生活中的突出问题，依法治理、规范管理。

一是依法规范企业改革。在推进企业改革中，要求严格遵守《中华人民共和国公司法》（以下简称《公司法》）等法律法规，依法规范企业的经营和运作。对 1994 年 7 月《公司法》实施前成立的 5 万多家公司，依照《公

司法》进行了规范并重新登记注册。市属国有企业依法进行公司制改造，使产权主体多元化改革走向深入，并按照"党管干部"与《公司法》相衔接的原则、下管一级及管人与管事相结合的原则，改革了市属国有企业领导干部的管理体制，建立公司法人治理结构。随着企业改革的依法推进和现代企业制度的逐步建立，市属国有企业经济实力不断增强，5 项主要经济指标连续 3 年位居全国第一。

二是依法治理经济秩序。近年来，深圳市不断加大经济执法力度，严肃查处假冒伪劣、广告欺诈、商业欺诈、不正当竞争等经济违法案件，对有出具虚假验资报告等严重违法经营行为的会计师事务所予以撤销，对其注册会计师分别给予吊销注册会计师证书、暂停执业等处分。制定金融规章和规范性文件，加大金融执法力度，健全金融法治。

三是依法规划和管理城市。把规范覆盖到全市 2020 平方公里的每一个村镇、每一块土地，实行高起点规划，高标准建设，高效能管理。根据市委意见，市人大发布了《深圳市人民代表大会常务委员会关于坚决查处违法建筑的决定》，市、区有关部门坚决查处违法建筑，所有违法建筑一律停建，对顶风抢建的坚决拆除。1998 年至 2000 年，全市依法拆除违法建筑面积 384 万平方米，清理违法用地 345 万平方米，依法收回征而不用土地 105 万平方米。市人大还发布了《深圳市人民代表大会常务委员会关于坚决查处"黄、赌、毒"违法行为的决定》，大力扫除"黄、赌、毒"，并对全市几十万间出租屋进行全面清理，消除治安隐患。市人大常委会制定了《深圳经济特区市容和环境卫生管理条例》，对乱摆卖、乱张贴、乱丢乱吐、乱过马路、乱踏草坪等不文明行为，依法严格管理，同时加大环保执法力度。对违法建筑、"黄、赌、毒"、市容环境卫生这些城市管理的老大难问题，我们的态度很明确，就是要严格依法来管理。只有依法管理，才能管好治好，才能从根本上解决问题。随着依法规划和管理城市力度的加大，市容市貌和城市文明水平有了新的变化，环境效应越来越大。近年来，深圳市先后获得了"国家卫生城市"、"国家园林城市"、"国家环境保护模范城市"、"全国优秀旅游城市"、"国际花园城市"等称号。

六、加强依法治理，促进基层民主法制建设

深圳市宝安区沙井镇从 1993 年开始，依法实行"一张白纸选村干"，建立村民议事小组和财务监督小组，实行村级财务公开，民主管理，取得良好成效。我们适时推广沙井镇的做法，全市 214 个村都民主选举村领导班子，实行村务公开和财务公开，村里的重大事项如重大投资项目、建设工程招标、经营项目承包、土地出让等大都提交村民代表会议讨论，民主决策。1998 年以来，深圳市贯彻党的十五大关于逐步扩大基层民主的部署要求，开展了镇级民主选举和镇务公开试点工作，取得了一定进展。如龙岗区坑梓镇采取举办政务发布会、开设政务论坛、设立政务公开栏、办政务信息专刊等形式，将事关全镇的重大事项全部公开。1999 年 6 月，该镇参加了全国村务公开和民主管理经验交流会，受到各地广泛的关注和好评。在镇、村建设方面，横岗镇近年来加大规划建设力度，坚持"规划下乡"，按照"城中村"、"城边村"、"城外村"三种类型指导各村制定总体规划，将规划覆盖到全镇的每一片土地。目前，全镇 52 个自然村有 20 多个自然村已建或正在建设统建的农民新村。城镇中心区由改革开放初期的 0.8 平方公里扩大到现在的 13 平方公里，突破了传统行政村域界线，实现了组团式、片区式的发展。大多数村民家里接着宽带网，底楼停着私家车，窗外是草坪和运动场。横岗镇先后被评为"中国乡镇之星"、"全国乡镇投资环境 100 强"和"国家卫生镇"。2001 年 10 月，该镇凭着"政通人和、经济发达、文化繁荣、道德良好、环境优美"的美誉，在全国 6 万多个小城镇中脱颖而出，被中央宣传部、中央文明办、建设部、农业部和国家环保总局联合授予"全国创建文明小城镇示范点"。2002 年以来，全市各镇和街道全面推行了镇务公开和街务公开。目前，深圳市在总结基层依法治理经验的基础上，制定了依法治镇工作纲要，推动基层依法治理工作深入开展。

七、加强法制教育，不断增强干部群众的法制观念

近年来，深圳市按照"三五"、"四五"普法计划，结合依法治市工作的

实际，扎扎实实地把法律宣传教育不断引向深入。

一是组织领导干部学习法律。全市先后举办了 10 多次市四套班子领导和局级领导干部法律知识讲座；市人大常委会对由人大任命的政府组成人员和法院、检察院的干部进行了法律知识考试；市委组织部、市依法治市办等部门举行干部法制讲座，举办《中华人民共和国行政诉讼法》、《中华人民共和国行政处罚法》知识竞赛，局处级领导干部带头参加。

二是推行中小学生法制教育。深圳市在全国还没有中小学法制教育统编教材的情况下，本着改革、探索和试验精神，组织编写、出版了一套深圳《中小学法制教育读本》，并于 1998 年春季在全市 380 多所中小学组织教学，受到国家、省有关部门充分肯定。

三是搞好法制宣传。近年来，深圳市开展"送法下乡、到厂、进校"活动，对社会公众、企业经营管理人员、外来劳务工宣传法制，受教育人数达 100 多万人。市里编写了《深圳居民法律知识读本》，发送到每户居民，做到家喻户晓。2002 年 8 月，市人大常委会教科文卫工作委员会和市依法治市办公室牵头组织编写出版了《深圳市劳务工学法用法读本》，首期印制的 50 万本已免费发放到劳务工手中。《深圳特区报》、深圳电视台等市属新闻单位开辟专门栏目，利用媒体开展法制和依法治市宣传教育，基层的法制宣传教育也开展得如火如荼。如宝安区西乡镇开办了每月第二个星期天的法律咨询服务集市。随着法制宣传教育的深入，市民法律意识逐步增强，学法、守法、用法、护法蔚然成风，"法律面前人人平等，在深圳 2020 平方公里内不允许有特殊公民"成为全体市民的共识。

依法治市工作是一项长期、复杂艰巨的系统工程，任重道远。虽然我们开展了一些工作，但还存在着不少问题和薄弱环节。我们一定要在党中央和广东省委的领导下，求真务实，真抓实干，努力做好依法治市的工作，力争把深圳率先建成社会主义法治城市，将深圳经济特区建设事业推向新的水平。

（2002 年 9 月）

三、严格执法与依法行政

关于政府机关依法行政的几个问题

政府机关依法行政是宪法和法律规定的一项重要原则，是实施"依法治国"方略的重要内容。政府在管理经济和社会事务过程中，坚持依法行政，对于优化经济发展环境，维护良好的市场经济秩序和社会秩序，促进和保障社会主义现代化事业的健康发展，具有十分重要的意义。本文拟对政府机关依法行政的必要性、依法行政的基本要求、依法行政实践中存在的问题及对策等，作一些研究分析，以期对实际工作有所帮助。

一、社会主义市场经济条件下，政府管理经济和社会事务必须依法行政

第一，依法行政是在市场经济条件下，政府宏观、间接、有效地管理经济事务，促进市场经济发展的必然要求。我国社会经济发展的实践表明，社会主义社会的根本任务是解放和发展生产力，是通过建立和完善社会主义市场经济，逐步实现社会主义现代化。法治在市场经济建设中具有重要的作用，它要求参与市场竞争的各主体必须严格依法办事，使其行为规范化、法治化。从我国市场经济的法律规范来看，主要有两大类：一类是调整市场主体之间、市场主体与市场之间的法律规范，即民商法律规范；另一类是调整政府与市场主体之间关系，以及在市场经济体制下的政府自身组成、结构、职责、活动方式等的法律规范，即行政法律规范。实践证明，以上两类法律规范，缺少任何一类，都不可能建立起成熟、有序的市场经济体制。纵观世界各国的现代市场经济，几乎无一不与政府的良好服务、指导、调控和管理

有关。它是市场经济发展繁荣的前提和基础。因为市场经济是一个内容极为丰富的复杂体系，市场经济的多元性和自主性，市场经济的契约性、竞争性、开放性、国际性以及国家宏观调控经济的必要性等特征，都要求政府以法律手段管理经济，甚至可以说，没有科学、完善的法治，就没有完善、成功的市场经济。特别在我国经济从计划经济体制转向市场经济体制的过程中，要求政府相应地转变职能，通过行政、经济、法律这三种手段来管理经济，以保持经济持续、稳定地发展。

市场经济是法治经济。在市场经济条件下，政府的作用应该是间接的和可以预见的。所谓间接，因为市场主体与政府间不存在隶属关系，政府不能像过去那样直接管理企业，只能通过某种中介来对企业发生作用和影响。这种中介最重要的就是法律。从这个意义上讲，在市场经济条件下，政府必须依法行政。所谓可以预见，是要求政府的行为具有一定的规律性，使企业能够预测政府在什么情况下会作出什么样的反应。这样，企业才能有效地从事经济活动。如果政府的行为反复无常，缺乏可预测性，企业就很难适应它，就会缺乏安全感。比如征税，如果由税务机关随心所欲，企业就无法估计自己的经营后果。那么，怎样才能使政府行为具有可预测性呢？这就要求政府按照统一的法律规则行事，即依法行政。只有依法行政，政府的行为才能被预见，市场才会有稳定的秩序，市场经济才会有良好的效益。相反，如果政府不依法行政，就会对市场造成混乱和破坏。

第二，在市场经济条件下，政府管理经济社会事务走向法治化是一个必然趋势，这就要求政府必须依法行政。《中华人民共和国宪法》（以下简称《宪法》）明确规定，县级以上各级人民政府依照法律规定的权限，管理本行政区域内的经济、教育、科学、文化、城乡建设事业和财政、公安、监察等行政工作。从传统计划经济条件下的人治转向市场经济条件下的法治，这是我国社会经济发展和政府管理经济社会事务的必然趋势。法治作为一种治国的方略与体制，如同市场经济一样，资本主义发达国家可以采用，社会主义国家照样可以采用。因为它是人类管理国家、管理社会的经验总结，是人类社会进步的标志，是现代文明在国家活动中的重要体现。因此，在市场经济条件下，政府管理经济和社会事务，必须走向法治化，必须依法行政。

　　第三，在市场经济条件下，政府面对日益复杂的新情况，要实行规范管理，提高行政效率，必须依法行政。政府管理工作涉及经济和文化事业、社会事务的方方面面，任务十分繁重，尤其是在改革开放和发展社会主义市场经济的条件下，社会生活已经并且还在发生一些深刻复杂的变化，面对新情况、新变化、新问题，政府要调整、处理好越来越多错综复杂的利益关系，工作难度越来越大。在这种形势下，只有把政府各项工作置于法治化的基础上，包括把基本的行政手段、经济手段纳入法治化的轨道，依法行政，依据统一的法定活动规范、行为准则处理各种利益关系，才有可能从根本上提高行政效率，并且保证政府贯彻执行党的方针、政策的连续性和稳定性。不然的话，只靠行政手段、行政指令办事，一事一办，一事一批，甚至"一个将军一个令"，人存政举，人去政息，只会事倍功半，甚至会把事情办糟。

二、政府机关依法行政的基本要求

　　1999 年 11 月，国务院发布了《国务院关于全面推进依法行政的决定》。政府依法行政的目标，是建设廉洁高效的法治政府，进而实行经济社会事务的规范管理、高效管理，为经济建设服务，为企业和民众服务，促进经济社会的发展。基于这一目标，政府机关依法行政应该有以下一些基本要求：

　　1. 行政行为必须合法。研究依法行政，就不能不讨论行政合法。从理论上讲，依法行政与行政合法具有内在的逻辑联系，行政合法是依法行政的题中应有之义。从实践方面讲，行政合法是实现依法行政的重要前提和基本保证。只有做到了行政合法，依法行政才能具有牢固的基础。

　　行政合法的要求具体包括行政主体合法、行政范围合法、行政内容合法、行政程序合法、行政形式合法。

　　第一，行政主体合法。行政主体是国家行政权力的具体享有者和行使者。行政主体合法是行政合法的第一位要求，也是行政合法的重要特征和具体表现。一般而言，行政主体合法主要是指实际行使行政权力、实施行政行为的组织和个人，必须具有代表国家从事行政管理活动的法律资格。具体来讲，行政主体合法主要包括以下几个方面的要求：（1）实施行政行为的行政机关必须是依法成立和依法享有行政管理权的行政机关。(2)实施行政行为的人员必须是通过合法的途径获得对外行使行政权力资格的人员，即必须是具有合法的公务人员身份的人。(3)实施行政行为的其他组织必须是依法成立，并且通过法律授权或者合法有效的行政委托获得行使行政权力、从事行政管理资格的组织。

第二，行政范围合法。行政范围又称行政权限范围，是指行政权力所涉及的广度和深度，也就是通常所说的行政管理的范围。

在法治条件下，行政范围都是由法律明确规定的。法律不仅从宏观上划定了行政权力的边界，而且从微观上规定了每一个具体行政主体的职责权限。行政主体只有在法律规定的范围内行使权力，才能使行政行为具有合法的性质；否则，行政行为就是非法的和无效的。

从现实情况看，发达国法律和我国法律对行政范围的规定主要包括行政的空间（地域）范围、时间范围、事项范围、对象范围等内容。从地域范围上讲，每一个行政主体只能对一定地域内的行政事务享有管辖权。行政主体在法定的地域管辖权范围内实施的行政行为，才能是合法有效的。从事项范围上讲，每一个行政主体只能对某些行政事务享有管辖权，只有针对自己享有管辖权的事项实施的行政行为，才能是合法的。从时间范围上讲，在许多场合，行政主体享有的行政权力，只能在一定的时间内行使才能发生法律上的效力，超出法定的时间行使权力，行政行为就构成违法。从对象范围上讲，在某些场合，行政主体的管辖对象是特定的，只有针对自己有管辖权的对象实施的行政行为，才能具有合法性。总之，行政范围合法就是要求行政主体在实施行政行为时，在空间、时间、事项和对象等方面都遵守法定的权限，符合法律的规定。

第三，行政内容合法。行政主体实施的每一种行政活动都有其具体的特定的内容，而且不同的行政活动，其具体的内容也是不同的。比如，行政审批的内容不同于行政确认的内容；行政制裁的内容不同于行政奖励的内容；公司设立过程中的审批内容不同于基本建设项目的审批内容；对扰乱社会秩序的公民的行政制裁也不同于对违反环保规定的企业的行政制裁的内容。但是，行政活动的内容也有其共性，这就是它们通常都是对公民和组织的某种权利义务的处分。因此，行政内容合法，从一般的意义上讲，就是要求行政主体严格按照法律的规定来处分公民和组织的权利和义务，无论是赋予权利，还是限制或剥夺权利；也无论是设定义务，还是减免义务，都应当符合法律的规定，不得违背法律或者与法律规定相抵触，否则就是不合法的。例如，如果行政主体在法律规定应赋予行政相对人某种权利或设定某种义务的场合不赋予权利或不设定义务，或者在法律规定应剥夺、限制行政相对人的权利或免除某种义务的场合不剥夺、限制权利或不免除义务，那么行政内容就是不合法的。

第四，行政程序合法。行政程序主要是指行政行为的步骤、顺序、方式和时限。面对行政日益扩张强化的现实，为了对行政权力进行有效的监督和控制，使其保持在符合人民意志的轨道上运作，许多国家都用法律形式规定了行政程序。行政程序合法，就是要求行政主体严格遵守行政程序法律规范，按照法律规定的步骤、顺序、方式和时限实施行政行为，不得违反法定程序，否则，行政行为就不具有合法性。

第五，行政形式合法。行政形式合法在这里是指行政行为的表现形式符合法律的规定和要求。任何行政行为都需要通过某种形式表现出来，行政行为的形式对行政行为的内容有至关重要的影响。因此，法律往往对一些行政行为的形式作出具体的规定和要求，在这种场合，行政主体实施的行政行为必须符合法律规定的形式。例如，公安机关实施行政处罚时必须制作裁决书，有关行政主体实施行政许可行为必须颁发许可证或执照。如果行政行为不符合法律规定的形式，该行为就不具有合法性。

2. 行政行为必须合理。行政合法是依法行政的核心内容，但不是全部内容。现代的依法行政观念不仅要求行政行为具有合法性，还要求行政行为具有合理性。

行政合理性原则要求行政机关及其工作人员的行政行为必须符合四项要求：

第一，符合客观规律。客观规律是指事物发展过程内在的、本质的、必然的联系。《宪法》第九条规定："国家保障自然资源的合理利用。"《宪法》第十条规定："一切使用土地的组织和个人必须合理地利用土地。"《中华人民共和国森林法》第一条规定："合理开发利用森林资源。"《国家建设征用土地条例》第三条规定："一切建设工程都必须遵循经济合理的原则。"上述这些规定中所说的合理，就是指符合客观规律。诸如此类的合理性，通过科学的分析和论证是可以找到其合理标准的。违反这些标准，就应视为构成违反合理性原则。因此，行政自由裁量权的行使必须具有充分的客观依据。

第二，符合法律目的。任何法律的制定都是基于一定的社会需要，为了达到某种社会目的。所有的法律规范都是服务于该目的。无论是法律授予行政机关某种权力，或者是规定某种行为的具体内容，都是为了实现该立法目的。因此，行政机关运用权力首先要考虑法律的目的何在，必须符合法律的目的。法律给予行政机关自由裁量权的目的，正是为了有效地实现立法的目的。凡是不符合法律目的的行为，都是不合理的行为。

第三，必须具有合理的动机。行政行为的动机必须符合法律的要求，出于良好的动机，而不能以执行法律的名义，将行政机关的主观意志，甚至包括个人的偏见、歧视、恶意等强加于公民和社会组织；更不能追求个人利益，以捞钱为目的，乱收费、乱罚款、乱摊派，坐收自支，甚至收款不开票，自装腰包。这就要求行政机关出以公心，不牟私利，不抱成见，平等对待所有的被管理者。

第四，必须考虑相关的因素。行政行为作出时涉及多种因素，合理的行政行为应当考虑到相关因素，尤其是法律、法规要求行政机关考虑的因素，而不应该考虑与行为无关的因素，不能以无关的因素为根据。这样才能使行政行为有充分、合理的根据，而不忽视法律的要求，超越法律所规定的范围，作出不合理的决定。

上述四项合理性原则的具体要求是紧密联系，相互统一的。合理性原则要求一切国家行政机关及其工作人员在行政管理活动中，从实际出发，正确行使自由裁量的权力。切忌假公济私、专横武断、滥用行政权力。

不合法的行政行为属违法行政，已发生的违法行政应确认和宣布其无效；不合理的行政行为属不当行政，已发生的不当行政行为，有关机关既有权力也有义务予以撤销和纠正。我国是社会主义国家，社会主义民主和法制要求国家行政机关的行政行为不仅合法而且合理。因为不当行政与违法行政一样，同样直接损害行政管理相对人的合法权利。任何一项自由裁量的行政行为，要发生完整的法律效力，必须做到既合法又合理。

3. 行政行为必须公开、公正。行政行为公开，是行政行为公平、公正的前提和基础。行政行为不公开，即无效，这是《中华人民共和国行政处罚法》的重要法定原则。行政行为不公开，暗箱操作，必然滋生吃拿卡要等腐败行为。因此，要做到依法行政，行政行为必须公开，在公开的前提下做到公正。

行政行为公开公正的基本要求：

（1）行政行为的法律依据必须公开。没有公布的法律、法规、规章和政府规范性文件，不能作为行政和执法的依据。

（2）行政行为的程序和制度必须公开。比如到政府部门申请一块用地，需要经过哪些程序，符合哪些手段，准备哪些文件，都要向前来办事的企业和个人公开。

（3）行政行为的时限必须公开。政府审批等行政行为，每一个环节的时限都要公开，避免久拖不决。

（4）行政行为的结果必须公开。企业和个人到政府部门办事，批准与不批准都要公开。不批准，要向企业和个人说明理由。

（5）行政行为必须公正。即程序公正、行为公正、结果公正。

4. 行政行为必须有效率。在我国行政法制理论和实践中，在谈到行政活动的原则时，比较普遍的认为是行政行为的合法性、合理性、公正性等，其缺憾是没有将效率作为行政活动的原则，行政活动中出现人浮于事、互相推诿、工作效率低等弊端。我们认为，需要将"提高行政效率"作为我国行政法原则之一，作为政府机关依法行政的基本要求之一。这是因为：

第一，效率作为我国行政法的一项原则有法律依据。《宪法》和相关法律确认了这一原则。《宪法》第八十六条规定："国务院实行总理负责制。"《宪法》第一〇六条规定："地方各级人民政府实行省长、市长、县长、区长、乡长、镇长负责制。"这一规定确认了行政首长负责制，在一定范围内赋予行政首长处理日常事务的权力，有利于行政机关发挥高效能，提高行政工作效率。《宪法》第二十七条规定："一切国家机关实行精简的原则，实行工作责任制，实行工作人员的培训和考核制度，不断提高工作质量和工作效率，反对官僚主义。"这表明提高行政效率也是宪法规定的行政机关及其工作人员必须履行的义务和基本要求。

第二，效率作为行政法的一项原则是由行政法的特点决定的。行政法是法律体系中的一个部门法，随着行政管理的发展，它在法律体系中的比重越来越大，其体现的职能也越来越多。一方面，法律管理，即依法行使管理权；另一方面，效率管理，即在依法行使权力的基础上，注意寻找行政管理中的规律，发现最佳方案，以最小的消耗，换来最大的社会效益。法律管理和效率管理两者相辅相成，密不可分，因而效率管理可以成为行政法的一项原则。而且，强调行政权行使中的效率，有利于提高行政管理的质量。

第三，效率作为行政法的一项原则是我国行政管理的需要。以往我国行政机构中的人浮于事、效率低下的弊端，近年来有较大改进，但与发达国家相比，还存在较大差距。因此，应该把效率作为行政法的一个价值定位，把提高行政效率作为行政法的重要原则。

我们强调行政行为必须提高效率，其价值目标是要求行政机关以最少的成本投入（时间、财物以及其他资源）来达到立法规定的行政管理目标，尽量通过简便、快捷的过程以实现同样的结果，便捷、高效地为企业和民众服务，优化企业经营环境，改善营商环境。应当防止的行政管理低效率情形至少有：行政机关拖而不决，以过于烦琐的程序处理一些较少争议的简单案件，以严格的单一的程序处理各种难易缓急程度不同的情形，行政机关或行政相对方拖延执行行政决定，等等。现代行政程序法设置的时效制度、简易程序制度、紧急处置制度、自由裁量制度、申诉不停止执行制度等，都旨在保证行政机关高效地完成行政管理任务。

5. 行政行为必须承担法律责任。行为行政必须承担法律责任，作为依法行政的基本要求，主要是强调严格追究违法行政的责任。《宪法》第五条中规定："一切违反宪法和法律的行为，必须予以追究。"行政行为违法当然也应当受到追究，承担法律责任。不然，依法行政就没有保证。

实践中，违法行政行为承担法律责任，主要有行政赔偿、行政处分、刑事责任三种形式。

第一，行政赔偿。根据《中华人民共和国国家赔偿法》的规定，行政机关及其工作人员在行使行政职权时，有下列侵犯人身权情形之一的，应当给予赔偿：（1）违法拘留或违法采取限制人身自由的行政强制措施的行为；（2）非法拘禁或者以其他方法非法剥夺公民人身自由的行为；（3）以殴打等暴力行为或者唆使他人以殴打等暴力行为造成公民身体伤害或者死亡的违法行为；（4）违法使用武器、警械造成公民身体伤害或者死亡的行为；（5）造成公民身体伤害或死亡的其他违法行为。

行政机关及其工作人员在行使行政职权时，有下列侵犯财产权情形之一的，应当予以赔偿：（1）违法实施的罚款、吊销许可证和执照、责令停产停业、没收财物等行政处罚行为；（2）违法对财产采取查封、扣押、冻结等行政强制措施的行为；（3）违反国家规定征收财物、摊派费用的行为；（4）造成财产损害的其他违法行为。

第二，行政处分。行政处分的目的是为了维护国家法律所规定的行政管理秩序，保证国家法律法规的贯彻执行。行政处分必须以行政人员的行政行为违法为前提条件，行政处分的条件、程序、方式等由法律明确规定。行政处分作为一种法律制裁，其权限必须由法律授予，没有获得法律授权的机关不得对公务员实施行政处分制裁。行政处分作为一种公开的行政行为，应当允许受到公务员违法行为侵害的相对人通过适当形式的途径参与，如赋予相对人的行政处分请求权，即有权要求行政机关依法对有关公务员予以处分。

1993年，国务院发布的《国家公务员暂行条例》规定了公务员应受行政处分的行为，包括：（1）散布有损政府声誉的言论，组织或者参加非法组织，组织或者参加旨在反对政府的集会、游行、示威等活动，组织或者参加罢工；（2）玩忽职守，贻误工作；（3）对抗上级决议和命令；（4）压制批评，打击报复；（5）弄虚作假，欺骗领导和群众；（6）贪污、盗窃、行贿或者利用职权为自己和他人牟私利；（7）挥霍公款，浪费国家资财；（8）滥用职权，侵犯群众利益，损害政府和人民群众的关系；（9）泄露国家秘密和工作秘密；（10）在外事活动中有损国家荣誉和利益；（11）参与或者支持色情、吸毒、迷信、赌博等活动；（12）违反社会公德，造成不良影响；（13）经商、办企业以及参与其他营利性的经营活动；（14）其他违反纪律的行为。

以上这些规定具有较强的包容性，基本上涵盖了目前我们所认识到的公务员违法失职行为的各种具体表现。除了这些一般性的规定之外，一些单行的法律法规还规定了行政处分的具体事由。例如，《中华人民共和国行政处罚法》第七章规定了对行政处罚领域实施行政处分的具体事由，包括：（1）没有法定依据而实施的行政处罚；（2）在实施行政处罚时擅自改变法定的处罚种类、幅度；（3）违反法定程序实施行政处罚；（4）违反关于委托处罚的法律规定；（5）处罚不使用罚款、没收财物单据或者使用非法定部门制发的罚款、没收财物单据；（6）违反法律规定自行收缴罚款；（7）违法向行政机关返还罚款或者拍卖款项；（8）截留、私分或者变相私分罚款、没收的非法所得或者财物；（9）利用职务之便索取或者收受他人财物、收缴罚款据为己有；（10）使用或者损毁扣押的财物并对当事人造成损失；（11）违法实行检查或者执行措施并造成损害后果；（12）为本单位牟私利而以行政处罚代替刑罚的；（13）玩忽职守，不制止或者不处罚违法行为。

《国家公务员暂行条例》中所规定的行政处分方式，有警告、记过、记大过、降级、撤职、开除6种。

第三，刑事责任。根据违法行政的社会危害程度以及所违反的法律规范的性质不同，大致可分为一般的违法行政和严重的违法行政。严重的违法行政是指行政行为具有严重的社会危害性，不仅违反了行政法的规范，而且违反了刑事法律规范，要承担刑事责任。

《中华人民共和国刑法》对国家行政机关工作人员的下列严重违法行政行为规定要追究刑事责任：（1）滥用职权或者玩忽职守，致使公共财产、国家和人民利益遭受重大损失的；（2）违反《中华人民共和国保守国家秘密法》的规定，故意或者过失泄露国家秘密，情节严重的；（3）徇私舞弊，致使公共财产、国家和人民利益遭受重大损失的；（4）行政执法人员徇私舞弊，对依法应当移交司法机关追究刑事责任的不移交，情节严重的；（5）徇私舞弊，滥用职权，对不符合法律规定条件的公司设立、登记申请或者股票、债券发行、上市申请，予以批准或者登记，致使公共财产、国家和人民利益遭受重大损失的；（6）税务机关的工作人员徇私舞弊，不征或者少征应征税款，致使国家税收遭受重大损失的；（7）税务机关的工作人员违反法律、行政法规的规定，在办理发售发票、抵扣税款、出口退税工作中，徇私舞弊，致使国家利益遭受重大损失的；（8）在签订、履行合同过程中，因严重不负责任被诈骗，致使国家利益遭受重大损失的；（9）林业主管部门的工作人员违反《中华人民共和国森林法》的规定，超过批准的年采伐限额发放林木采伐许可证或者违反规定滥发林木采伐许可证，情节严重，致使森林遭受严重破坏的；（10）负有环境保护监督管理职责的国家机关工作人员严重不负责任，导致发生重大环境污染事故，致使公私财产遭受重大损失或者造成人身伤亡严重后果的；（11）从事传染病防治的政府卫生行政部门的工作人员严重不负责任，导致传染病传播或者流行，情节严重的；（12）徇私舞弊，违反土地管理法规，滥用职权，非法批准征用、占用土地，或者非法低价出让国有土地使用权，情节严重的；（13）海关工作人员徇私舞弊，放纵走私，情节严重的；（14）国家商检部门、商检机构的工作人员徇私舞弊，伪造检验结果的；（15）动植物检疫机关的检疫人员徇私舞弊，伪造检疫结果的；（16）对生产、销售伪劣商品犯罪行为负有追究责任，徇私舞弊，不履行法律规定的追究职责，情节严重的；（17）负责办理护照、签证以及其他出入境证件的国家机关工作人员，对明知是企图偷越国（边）境的人员，予以办理出入境证件的，或者边防、海关等国家机关工作人员，对明知是偷越国（边）境的人员，予以放行的；（18）对被拐卖、绑架的妇女、儿童负有解救职责的人员，接到被拐卖、绑架的妇女、儿童及其家属的解救要求或者接到其他人的举报，而对被拐卖、绑架的妇女、儿童不进行解救，造成严重后果的；（19）有查禁犯罪活动职责的国家机关工作人员，向犯罪分子通风报信、提供便利，帮助犯罪分子逃避处罚的；（20）在招收公务员、学生工作中徇私舞弊，情节严重的；（21）严重不负责任，造成珍贵文物损毁或者流失，后果严重的。

三、政府机关依法行政的探索和实践

近些年来，随着依法治国方略的确立，适应改革和市场经济发展的需要，政府机关按照依法行政的基本要求，大力推进依法行政，依法行政工作取得了长足发展。各地特别是作为改革开放窗口的深圳，在依法行政方面进行了一些大胆的探索和实践，特别是注重把依法行政同体制改革紧密结合，从制度上遏制腐败，初步建立起廉洁高效的政府，受到中央领导同志充分肯定，国务院、广东省委印发了深圳市政府依法行政的经验材料，并要求在全国、全省推广。根据笔者在深圳市调查研究的情况，深圳市政府依法行政的探索和实践，主要有以下几个方面，值得借鉴：

1. 按照依法行政的要求，加大行政体制改革力度，推进政务公开，从制度上源头上遏制腐败。

第一，改革政府审批制度，转变政府职能。从 1997 年初开始，深圳市政府对 40 多个部门的审批、核准事项进行全面清理。1998 年初，正式发布、实施了《深圳市政府审批制度改革若干规定》，实行审批行为的法定化，把企业经营权还给企业，把社会可以自我调节和管理的职能交给社会中介组织，把群众自治范围内的事交给群众，促进政府职能切实转变到经济调节、社会管理、公共服务上来。通过改革，审批事项由 723 项减少到 305 项，减幅达 57.80%；核准事项由 368 项减到 323 项，减幅达 12.2%，克服了行政审批过多过滥的弊端。对保留审批的事项，严格规定审批内容，减少审批环节，明确审批时限，改进审批方式，增加审批的透明度，提高了办事效率。在保留的审批和核准事项中，有 346 项的办事时限比过去平均缩短 5.6 天，如市外资局对外商投资审批事项由 30 个工作日减至 15 个工作日，核准事项不超过 5 个工作日。同时，大大减少了政府审批中的随意审批、违规操作、违法违纪、以权谋私等行为，企业和群众的投诉减少，改善了投资环境和企业经营环境，改善了政府形象。2001 年初，深圳市政府开始推进第二轮审批制度改革，将审批事项再减少 30%。

第二，对经营性土地出让实行公开招标和拍卖。1998 年 2 月发布了《深圳经济特区土地使用权招标、拍卖规定》，要求所有经营性土地一律采用公开招标、拍卖方式出让，并明确了招标、拍卖的程序、方式、竞买方的资格、买卖双方的权利和义务等。1998 年进行了三次土地使用权的公开拍卖会，共成交土地 12.5 万平方米。1999 年进行了四次公开拍卖会，共成交土地 36.2 万平方米。2001 年，深圳土地有形市场推出 136.5 万平方米土地进行招标拍卖。

第三，推行建设工程招投标制度，建立有形建筑市场。1993 年，深圳市人大常委会颁发了《深圳经济特区建设工程施工招标投标条例》，规定凡政府投资，国有、集体企业投资额在 300 万元以上的工程必须实行招投标。1997 年 5 月，深圳市政府发布了《深圳经济特区建设工程施工招标投标条例》实施细则，使招投标制度成为深圳工程建设的一项基本制度。1996 年下半年，市建设局主管工程的工程招标率达 100%；1997 年，市管工程招标率达 100%，区管工程招标率达 99.3%。1998 年 5 月，"深圳市建设工程交易服务中心"正式挂牌，标志着有形建筑市场的建立。1998 年，该中心共受理工程 358 项，涉及招标造价 104 亿元；1999 年，共受理工程 734 项，涉及招标造价 181 亿元；2000 年建设工程招投标 1081 项，总造价 215.7 亿元，工程招标率 100%。

第四，改革政府采购制度，逐步推行集中公开采购。1997 年 11 月首次对政府公务用车实行招标采购。1998 年 10 月，市人大常委会通过了《深圳经济特区政府采购条例》，这是我国第一个关于政府采购的地方性法规，为政府采购工作提供了法律保障。1998 年，政府采购项目包括实物性采购（车辆、计算机、空调等）、服务性采购（公务用车定点加油、定点维修等）、工程性采购（修缮工程、绿化工程、网络工程等）共 11 大类，120 个品种，总金额 6.6 亿元，节省资金 7000 多万元，平均节约资金 11%。1999 年，招标采购总金额 8.3 亿元，节省资金近亿元。

第五，开展行政综合执法体制改革试点。1998 年，市政府提请市人大常委会根据国家《中华人民共和国行政处罚法》的精神，决定在罗湖区进行行政综合执法检查和处罚试点，市政府颁布了具体的实施方案，将以前由城管、环卫、房屋租赁、旅游、社会医疗、计划生育行政主管部门行使的执法检查权和行政处罚权集中起来由一个部门统一行使。经过两年的试点，精简了执法机构和人员，提高了执法效率，改变了多头执法、重复检查和重复处罚等问题，加强和促进了城市管理各方面的工作，改善了辖区企业的经营环境和投资环境，树立了良好的政府执法形象，得到社会各界和市民群众的好评。2000 年，全市城市管理综合执法试点工作经国务院法制办和省政府批准，在全市各区推开。

第六，推动政府各部门改革办事程序，简化办事环节，公开办事制度，公开办事结果，提高办事效率。1996 年，深圳市政府成立了外商投资服务中心，对外商投资实行"一条龙服务"，大大简化了外商投资的办事程序，提高了办事效率。在规划国土局、公安局、劳动局、工商局等 20 多个部门实行"窗口式办文"，所有批文一个窗口进一个窗口出；同时实行"承诺制"，公开办事程序和时限，基本杜绝了暗箱操作。2001 年 2 月，市政府召开"提高行政效率优化投资发展环境动员大会"，要求进一步改革和简化办事程序及办事环节，进一步实行政务公开，提高政府管理和服务经济社会的水平和效率。

2. 加强立法工作，为依法行政奠定坚实基础。

深圳市政府提交市人大通过法规 100 多项，市政府颁布规章 50 余项，为政府依法行政提供了依据，促进了改革和建设的发展。

第一，把立法决策与改革发展的重大决策结合起来。为促进国有企业改革，深圳市制定了《深圳经济特区国有资产管理条例》，将三个层次的国有资产管理体制予以法定化，保障国有资产的安全与增值。在《中华人民共和国公司法》的基础上，深圳市政府制定、实施了《深圳市公司董事会工作暂行规定》、《深圳市公司经理工作暂行规定》、《深圳市公司监事会工作暂行规定》、《公司党委会工作暂行规定》、《深圳市公司工会工作暂行规定》等 5 个工作暂行规定，完善了公司内部法人治理结构。为促进高新技术产业的发展，积极建立和完善以保护知识产权为核心的法规体系，先后颁布了《深圳经济特区技术秘密保护条例》、《深圳经济特区计算机软件著作权保护实施条例》、《深圳市奖励企业技术开发人员暂行规定》等 9 项法规、规章。

第二，统筹考虑法律规范的立、改、废，加大清理政府规范性文件的力度。1999 年，市政府组织对 1980 年建市以来市政府的规范性文件进行了全面清理，共清理出规范性文件 3000 余件，审定废止其中的 2000 件，进一步规范后保留并重新发布 1000 余件，并建立起规范性文件的前置审查制度和统一发布制度。

第三，在立法上坚持以最大多数人民的最大利益为根本原则，坚持群众路线。在立法选项上，广泛听取社会各界的意见；对重要的法规、规章草案，登报征求市民意见；市政府法制工作机构还率先举行了立法听证会，在开门立法方面进行了有益的探索。

3. 在加大执法力度的同时，强化行政执法监督，保障依法行政工作顺利进行。

深圳市政府近年来加大执法力度，加强对市场经济秩序和城市管理秩序的依法整治，同时，逐步强化行政执法监督工作。要求各级政府和政府各部门的领导干部带头学法、守法、执法，严格在法律、法规规定的范围内行使职权；自觉接受人大及其常委会的监督，接受政协及民主党派的民主监督，接受司法机关依据《中华人民共和国行政诉讼法》实施的监督；加强行政系统内部的层级监督，自觉接受人民群众的监督和舆论监督，使行政执法状况有了明显好转。

第一，积极推行行政执法责任制和评议考核制。1998 年，市政府首先在规划国土、建设、劳动、工商和城管等 5 个部门进行行政执法责任制试点。1998 年 11 月，市政府制定、发布了《深圳市人民政府依法行政责任制考评办法》，作为考评各行政机关依法行政状况的依据。1999 年，市政府部署在全市行政机关全面推行行政执法责任制，成立了依法行政责任制工作领导小组，对这项工作进行统一领导，并对所属 42 个单位建立和完善依法行政责任制工作的情况进行了考评，树立了一批典型，总结了一些好的经验和做法在全市推广。

第二，认真开展行政复议工作。1999 年 10 月 1 日起实施的《中华人民共和国行政复议法》，对促进政府机关依法行政，从严治政，加强廉政建设具有重要意义。市政府对学习、贯彻、实施《中华人民共和国行政复议法》的工作进行了部署，修订和重新发布了《深圳市人民政府行政复议工作规则》，重新规范了行政复议程序和文书格式，并组织开展了多种形式的宣传活动。1999 年，市政府行政复议办公室共接受行政复议申请 69 件，立案 57 件，加上 1998 年结存的 12 件，全年共处理 69 件。通过复议程序纠正违法行政行为，既维护了当事人的正当权益，也对行政机关的行政行为提出了更高的要求。

第三，完善机关内部监督制约机制。初步形成了以各行政机关法制处（科）、监察处（科）为主体的机关内部执法监督形式，及政府行政监察机关、政府法制部门对各行政机关实施的政府内部执法监督形式。各有关机构通过组织执法检查、审核重大行政决定、组织行政复议、提供法律意见等，较好地履行了部门执法监督职责。

第四，规范行政执法主体，整顿行政执法行为。加强了对行政执法队伍的建设和管理，对行政执法人员进行了全面清理，并组织进行岗位培训考核。已培训考核1万多人次，颁发行政执法证近9000份。全面落实国务院关于政府机关与所办经济实体彻底脱钩的规定。大力整治乱收费、乱摊派、乱罚款，对行政事业性收费和罚没收入实行"两证一簿"、"收支两条线"和"罚缴分离"制度。

第五，自觉接受人民群众的监督。十分重视群众信访工作，通过信访渠道了解各级部门依法行政的状况，对群众反映的重要情况及时、公正地进行处理。开展评选"企业最满意的政府部门"活动，促进机关面向基层，服务企业，强化基层和企业对政府部门的监督。

4. 整顿机关作风，建立适应依法行政要求的高素质的公务员队伍。

深圳是国家公务员制度改革试点城市，早在1993年就颁布实施了《深圳市国家公务员管理办法》，对公务员职位分类、录用、考核、奖励、纪律等进行了全面规定，初步形成了比较健全的公务员制度。1995年，市政府提出用3年时间基本整顿好机关作风，出台了整顿机关作风的22条规定，主要内容包括，完善各项规章制度、建立行政法律法规学习考核制度、建立违法行政追究制度、实行干部岗位轮换制度、严格公务员考核制度等。1996年初，对上年考核中被评为不称职的34名公务员，坚决予以辞退；对105名评为基本称职的公务员，实行离岗培训3个月，培训合格后再安排上岗，此举对公务员队伍产生很大震动和积极的作用。

1998年底，市政府再次作出决定，进一步整顿机关作风。在半年的整改时间里，全市行政机关共自查出存在的问题和需要改进的工作1145项，听取企业和群众意见、建议1488项，提出整改措施990条。1999年下半年起，把"三讲"教育与整顿机关作风紧密结合起来，以"三讲"教育推动整个机关的作风建设。2000年又在全市开展"创建文明机关"活动。这些措施的出台，有效地促进了政府机关作风的好转，提高了广大机关干部依法行政的自觉性。

四、政府机关依法行政存在的问题及对策

政府机关依法行政工作存在的问题，主要表现在：

1. 一些行政机关的领导和工作人员依法行政意识不强。由于受我国2000多年封建专制传统和新中国成立后长期实行计划经济体制的影响，依法办事的观念和习惯还未在全社会真正形成，民主法制观念仍较淡薄。一些国家行政人员法治意识不强，习惯于以执法者、领导者自居，高高在上，习惯于计划经济时代的行政审批、行政分配、行政命令那套领导方式；一些行政机关缺乏依法行政的自觉性，有些领导干部对行政诉讼制度的建立难以接受，认为民告官是大逆不道的事，缺少权力监督意识；部分行政人员特别是领导干部"官本位"的意识、"权力至上"的观念、官僚主义的作风仍然存在，将人民赋予管理国家事务的权力当作牟私利的工具，将行政行为以自己的意志随心所欲进行；一些领导干部特别是基层干部由于自身素质差加之又不认真学习法律，根本不懂得以法律为基准去管理辖区的行政事务，有的甚至用违法的手段行政，破坏了法律的权威和有效实施，损害了地方人民政府的威信，也侵犯了人民群众的合法权益。

2. 政府立法工作不适应依法行政的需要。主要表现在：一是有些地方、部门在政府立法工作中不同程度地从地方保护主义、部门保护主义出发，不适当地强化、扩大本地方、本部门的权力，妨碍社会主义法制的统一和尊严；有些地方和部门超越法定权限，擅自设定审批、许可、收费、罚款和强制措施；有些地方性法规、规章同法律、行政法规相抵触；有些规章之间相互"打架"。二是在政府立法工作中，对行政机关权力的规定不同程度地带有计划经济体制的痕迹，转变政府职能、实行政企分开的原则体现不够，不能完全适应社会主义市场经济发展的新形势，对作为行政管理相对人的公

民、法人和其他组织的合法权益的保护不够充分，办事手续烦琐；比较重视对违法行为的制裁，对法律规范的引导作用重视不够。三是有些规定过于原则，缺乏可操作性，不能有效地解决实际问题；有些规定针对性不强；有些规定本身就不合理，不切合实际。

3. 有法不依、执法不严、违法不究的现象仍然存在。行政执法是依法行政的重点、难点所在。当前我国依法行政中存在的主要问题是执法工作滞后于立法工作，还存在着有法不依、执法不严、违法不究的现象。这种现象在基层行政执法部门中表现得更为突出。一是行政执法侵权越权现象突出。如有些乡镇干部在向农民催交应交的一些款项或罚款时，不是通过细致的思想教育工作，也不是通过有关执法部门依法执行，而是直接动手或指挥他人强行搬当事人的财物，甚至非法关押或隔离审查。二是行政执法不严，不履行法定职责。有的行政执法人员和行政相对人有着某种特殊关系，如亲缘共同体、利益共同体等，在执法过程中表现为执法不严；有的由于存在地方保护主义思想及社会环境的干扰，行政执法力度不够，致使有关法律不能很好地贯彻实施，损害了社会利益；有的行政执法机关和人员遇到难度较大的问题，互相推诿，互相扯皮，使问题长期得不到依法解决。

4. 行政效率较低。行政审批的事项多，程序繁杂，有的申请一个批文，要盖几十个章，经许多道关卡，没有一年半载办不下来。这仍然是一些地方政府比较普遍存在的问题，企业和社会各界反映比较强烈。有的部门和工作人员甚至以依法行政为借口，设置一些不合理的审批事项，办事拖拉，不负责任，刁难企业，刁难基层和群众。这是不符合依法行政要求的。

5. 对行政权力监督存在缺陷和不足。权力必须受到监督和制约，否则会导致权力滥用。我国的权力监督体系是比较健全的，有党的监督、人大的监督、司法机关的监督、行政机关内部监督以及上下级的监督，还有民主党派、人民群众和新闻媒体的监督。但是这么多的监督却没有有机结合起到强有力的作用，行政侵权、越权、违法事件时有发生。

6. 行政执法人员素质较低。执法是一项综合性很强的工作，执法人员要胜任执法工作，不仅要具备较高的专业素质，而且要具备较高的法律素质，但是目前我国地方行政人员整体素质还较低。一些基层行政机关和部门的行政人员不仅文化素质较低，而且法律素质也低。据报道，某省的市、县、乡三级土地管理部门中，约有 1/3 的执法岗位是由未经过系统专业培训的临时工来担任的。由于执法人员素质低，从而导致出现对违法事件定性不准，处理不当，以罚代刑，越权处罚，甚至执法犯法等问题。

上述问题的存在，给政府依法行政工作带来影响，也影响了政府经济管理和社会管理的效能，也不利于改革和建设事业的发展，必须研究采取对策措施，努力改进。

1. 进一步提高对政府依法行政的认识，增强行政人员依法行政的意识和自觉性。

实行依法行政，首先必须更新观念，提高认识。依法行政作为依法治国基本方略的重要组成部分，反映了行政机关运作方式的基本特征，是从全局上、长远上统管各级政府和政府各部门各项工作的，因此，同依法治国一样，依法行政绝不是诸多业务工作中的一项、诸多社会事业中的一项，不同于特定专项治理，也不是哪个政府部门的专属职权，而是要求各级政府和政府各部门行使职权都要纳入法治化的轨道。法律、法规是对行政机关的职责和行使行政权的程序作出明确规定，为行政机关履行职责提供了依据。法律、法规作出的规定，行政机关就要严格遵守、执行，依法履行职责，办事权限要合法，办事程序也要合法。

依法行政反映了不以人的意志为转移的客观规律，势在必行，绝不是权宜之计，也不是人为地用法律、法规束缚行政机关的手脚。一个方面，从行政机关自身建设看，为了加强廉政建设，从严治政，保证行政机关及其工作人员不变质、不变色，必须依法行政。另一方面，从行政机关履行职责看，为了提高行政效率，保证党和国家的方针政策的连续性、稳定性，也必须依法行政。

各级政府和政府各部门的工作人员特别是领导干部，都要从巩固共产党的执政地位、维护国家政权的高度，根据我们的人民民主专政的社会主义国家的性质，全面、深刻地领会依法行政的精神实质，充分认识依法行政对于建设廉洁、勤政、务实、高效政府的重大意义，增强依法行政的自觉性。

2. 切实提高政府立法质量，为依法行政奠定基础。

一是要用邓小平理论指导政府立法实践，并把政府立法决策与改革、发展和稳定的重大决策紧密结合起来。立法进程要同改革、发展的进程相适应。要把每个具体立法项目放在全局上加以研究、论证，使它的实质内容体现改革决策，并注意与有关法律、法规的衔接、协调、配套。

二是政府立法要以宪法为依据，切实维护社会主义法制的统一。一定要从源头上、制度上解决部门各有依据，"依法打架"的问题，做好法律、法规、规章之间的衔接。

三是政府立法要全面体现政府机构改革的精神和原则。防止把那些已经不能适应社会主义市场经济要求的传统行政管理办法法制化。政府立法要促进政府职能切实转变到经济调节、社会管理、公共服务上来，把企业的生产经营权和投资决策权真正交给企业，把社会可以自我调节和管理的职能交给社会中介组织，把群众自治范围内的事情交给群众自己依法办理；要按照精简、效率、统一的原则合理调整、确定部门职权划分，相同或者相近的职能由一个部门承担，做到权责一致；行政机关只能把该管的事情管住、管好，办事的手续越简单越好，以方便老百姓，方便企业和基层。

四是政府立法是要以最大多数人民的最大利益为根本原则。立法不是有关部门"权力均等、利益均沾"，而是应该反映人民的共同意志和根本利益。立法为了人民，必须依靠人民，坚持群众路线，广泛听取意见，特别是要重视人民群众的意见，集思广益，多谋善断。

五是政府立法所确定的法律规范要明确、具体。简明扼要，有可操作性，便于遵守、执行，能够真正解决实际问题。对违法行为的处罚要有力度。要从理论与实践的结合上，积极研究探索社会主义市场经济条件下防止、制裁违法行为的新机制、新措施、新办法。

3. 把依法行政同行政体制改革和提高行政效率结合起来，坚持规范与效率的统一，从制度上保证政府廉洁高效。

提高行政效率，是当前行政机关需要认真解决的一个突出问题，需要高度重视。改进机关作风，提高行政效率，既是依法行政的基本要求，又是关乎全局的重要问题。机关工作作风和政府行政效率，是构成一个地方投资环境、发展环境的重要方面。当今时代，经济社会竞争十分激烈。各个国家、各个城市，无不在加快发展上做文章，无不在营造、改善良好投资环境上做文章。这个环境，很大程度上取决于当地政府的公共管理和服务水平，取决于政府的管理体制和行政效率。

一是靠体制改革，靠制度创新。传统的计划经济对应的是传统的行政管理体制，事无巨细，大包大揽，效率低下，企业自主权得不到保障，经济规律得不到尊重；而社会主义市场经济对应的是现代的行政管理体制，该管的管，该放的放，高效廉洁，市场配置资源的基础作用得以充分发挥。从传统的到现代的，从低效到高效，就必须依靠改革，依靠制度创新。

二是深化政府审批制度改革是改进作风、提高效率的治本之策。审批制度是政府管理调控经济的重要环节，因而改革审批制度是提高行政效率的关键。改革要围绕进一步转变政府职能、把依法行政和高效行政统一起来的目标，通过减少审批事项、优化程序和规则、压缩时限等手段，建立一套科学、合理、高效的审批制度。

三是审批事项要尽可能少。政府各部门要正确处理好"管"与"放"的关系，该放的要坚决放，通过"放"掉不该管的事情，集中精力把该管的事情管得更好。政府部门要站在全局的高度，抓住热点、难点问题，重点突破，按照市场经济规律和加入世贸组织的要求，对那些违背国际惯例、制约经济发展的方面坚决改掉。

四是审批程序要尽可能简单。我们要优化审批程序和规则，通过对"游戏规则"的修改来提高政府的管理服务水平和工作效率。对需要保留的审批和核准事项，要严格规定审批内容，明确审批条件，减少审批环节，限定审批时限，减少审批人员的自由裁量权。要完善和推广联合办公、"一站式"服务和"窗口式办文"，把"串联"审批改为"并联"审批，把一些前置审批改为后续监管。

五是政务公开是提高办事效率的有效手段。我们要切实推行政务公开，强化政务监督，落实责任追究制度。要把所有与群众联系密切的审批事项、办事流程向社会公开、实行承诺制，提高政府工作的透明度，促进政府决策的公开化、民主化和科学化。

六是坚持规范与效率的统一。规范的实质就是依法行政。依法行政是改进作风、提高效率的基础和保证。改革机关作风，提高行政效率，首先必须做到依法行政。只有依法行政，才不会偏离正确的方向，才能在建立和维护社会主义市场经济秩序过程中，减少盲目性、随意性，才能遏制腐败、防止行政和决策中的种种失误。不依法行政，就谈不上工作作风的改善和行政效率的提高。在实际工作中，一些机关作风不好，存在这样那样的问题，一个重要原因，就是不能切实贯彻依法行政，不能按照法律和行政法规规定的要求办事。但是，依法行政、规范管理的目的就在于高效行政，促进社会经济健康发展，离开了这一出发点和落脚点，依法行政、规范管理就失去了意义。我们正处于向更完善的社会主义市场经济体制转轨时期，社会经济生活中新情况、新变化很多。这就要求我们必须把握好二者之间的关系，既要讲规范，又要讲效率，把二者统一到"三个有利于"的原则上来，统一到促进经济社会的健康发展上来。

坚持规范与效率的统一，要求我们在制定行政法规、办事制度、工作程序时，要把是否有利于提高政府效率，乃至提高整个经济社会效率摆在突出位置。同时，要不断地适应形势变化和实际需要，对那些旧的、被实践证明落后的陈规陋习加以改正。此外，要防止一些部门、单位和工作人员借口依法行政，设置一些不合理的审批项目和办事程序，谋取小部门、小团体利益。在实际工作中，既不允许以提高效率为理由，超越法律、法规规定的行政职权和程序行事，也不允许以依法行政为借口，阻碍行政效率的发挥，为基层单位和群众设置障碍，塞责刁难。

4. 严格行政执法，强化行政执法监督，提高行政执法人员素质。

依法行政，严格行政执法是关键。有法不依等于无法，在一定意义上甚至比无法的影响还要坏，因为它破坏了社会主义法制的尊严和人民群众对法制的信心。

这些年来，行政执法状况不断改善，但是问题依然比较突出。应该看到，在现实生活中存在一些突出问题长期得不到解决，有些与行政机关有法不依、执法不严、违法不究有直接的关系，有些本身就是治政不严、法纪松弛、政令不通造成的。因此，解决这些问题，保证行政机关及其工作人员全面、正确地执行宪法和法律、法规，各级政府和政府各部门的领导干部必须带头学法、守法、执法，严格地在宪法和法律、法规的范围内活动，真正做到令行禁止，确保政令畅通。同时，要从理顺行政执法体制、加强行政执法队伍建设、强化行政执法监督等方面入手，采取切实有效的措施，力求使行政执法状况有根本性的好转。

一是以政府机构改革为契机，理顺行政执法体制，转变政府职能，转变工作方式，转变工作作风。凡不属于行政管理的事项，都要从政府职能中剥离出去。行政机关行使职权，要与经济利益彻底脱钩。要不折不扣地全面落实国务院关于政府机关与所办经济实体彻底脱钩，对行政事业性收费和罚没收入实行"收支两条线"管理等一系列加强廉政建设的重大举措，从源头上防止腐败。任何行政执法机关都不得向行政执法人员和下级机关下达收费和罚款指示，不得设"小金库"。要继续积极推进相对集中行政处罚权（行政综合执法）的试点工作，并在总结试点经验的基础上，扩大试点范围。要通过理顺行政执法体制，保证行政执法机关合法、公开、公正、高效执法，防止执法扰民。

二是加强行政执法队伍建设，建立廉洁、高效的行政执法队伍。各级政府和政府各部门都要充分认识建立廉洁、高效的行政执法队伍的重要性和迫切性，切实加强行政执法队伍建设。要进一步整顿行政执法队伍。对聘用从事行政执法的合同工、临时工，要坚决调离执法岗位或者予以辞退。今后，录用行政执法人员要严格标准、公平竞争、择优录用，切实把好进入关。要严肃纪律、严格管理、强化监督、从严治政，对那些滥用职权、执法犯法、徇私枉法、欺压百姓的行政执法人员，必须坚决依法严肃处理并清理出行政执法队伍，决不能让少数"害群之马"败坏整个行政执法队伍的形象，损害党和政府的形象。要加强对行政执法人员的教育、培训，增强他们的法治意识、改革意识、服务意识、效率意识，提高他们运用法律处理问题、维护人民利益的能力和水平。

三是完善行政执法监督制度，强化行政执法监督。严格行政执法，必须强化对行政执法活动的监督。宪法和法律已经规定了许多对行政机关的监督制度，行政机关要加强内部监督，自觉地接受来自外部的监督。要大力加强和完善行政系统内部层级监督和政纪、审计、财政等专项监督。行政机关的内部监督比外部监督更经常、更直接。要加强行政复议工作。对公民、法人和其他组织依法提出的行政复议申请，要积极受理；对违法的具体行政行为要坚决予以撤销，对不当的具体行政行为要坚决予以变更，不得"官官相护"。

四是进一步推行行政执法责任制和评议考核制。这是推进依法行政的重要举措。近年来，北京、深圳、广州等不少地方按照党的十五大提出的要求，在推行行政执法责任制和评议考核制方面进行了积极探索，取得了明显效果。实行行政执法责任制，关键是要明确行政执法机关和行政执法人员的责任。尤其是要明确行政执法机关负责人的责任，层层分解责任，具体落实到人；对于违法行政的，坚决追究责任，决不姑息。评议考核制，首先是评议。要采取各种有效的措施，让人民群众参加评议，听取他们对行政执法状况的意见，把他们的评议意见作为考核行政执法机关和行政执法人员的重要依据，把考核结果作为评议各级政府和政府各部门领导干部政绩的重要内容。

依法行政，任重道远。经过不懈的努力，我们一定能建立起廉洁高效、运转协调、行为规范的行政管理体制，我们的政府一定能建成廉洁高效的法治政府，不断开创社会主义现代化建设的新局面。

（2000 年 2 月）

新形势下依法行政的基本要求

党的十八届四中全会通过的《中共中央关于全面推进依法治国若干重大问题的决定》（以下简称党的十八届四中全会《决定》）讲到行政执法问题时指出：有法不依、执法不严、违法不究现象比较严重，执法体制权责脱节、多头执法、选择性执法现象仍然存在，执法不规范、不严格、不透明、不文明现象较为突出，群众对执法不公和腐败问题反映强烈。在全面依法治国新形势下，怎样解决这些问题，重要的就是深入推进依法行政。

依法行政工作的目标，就是建立权责统一、权威高效的依法行政体制，加快建设职能科学、权责法定、执法严明、公开公正、廉洁高效、守法诚信的法治政府。

为了实现建设法治政府这个目标，根据宪法、法律规定和党的十八届三中、四中、五中全会精神，根据法治思维的要求，新形势下依法行政工作要努力达到以下一些基本要求：

一、权责法定，依法全面履行政府职能

一是坚持法无授权不可为，法定职责必须为。行政机关要坚持法治思维，坚持法无授权不可为、法定职责必须为，勇于负责、敢于担当，坚决纠正不作为、乱作为。

2015 年，党中央、国务院提出要建立权力清单、责任清单、负面清单3 个清单制度。2015 年 12 月 9 日，中共中央全面深化改革领导小组审议通过了《国务院部门权力和责任清单编制试点方案》，此前，中央办公厅和国

务院办公厅印发了《关于推行地方各级政府部门权力清单制度的指导意见》。党中央要求，国务院和地方政府要依照法律、法规审查确认各部门拟保留的行政职权目录，依法逐条逐项进行合法性、合理性和必要性审查。减少某项职权，需修改法律法规的，要先修法再调整行政职权，先立后破，有序推进。"权力清单"要向社会公布。在建立权力清单的同时，逐一厘清与行政职权相对应的责任事项，建立责任清单，健全问责机制。在建立权力清单和责任清单的同时，国务院于2015年10月印发了《关于实行市场准入负面清单制度的意见》，明确提出，对市场准入负面清单以外的行业、领域、业务等，各类市场主体皆可依法平等进入。

根据党的十八届四中全会《决定》精神，及中央实行权力清单、责任清单、负面清单的精神，我们在依法行政过程中，需要树立一种新的法治理念，即对行政机关而言，"法无授权不可为"、"法无授权即禁止"；对公民和企业而言，"法无明文不为过"、"法无禁止即自由"。这是市场经济国家通行的一种法治理念。

我们强调行政机关"法无授权不可为"，同时要强调"法定职责必须为"。一些地方乱拆迁、野蛮拆迁，反映的是政府有的部门不作为。《中华人民共和国土地管理法》规定："国家征收土地的，依照法定程序批准后，由县级以上地方人民政府予以公告并组织实施。"但有的政府部门将征地拆迁委托给开发公司和拆迁公司，公司为了加快进度就乱来了，引发诸多上访。"法定职责必须为"，政府不能把自己的职责范围内的事项，委托给市场化运作的开发公司和拆迁公司。又如，某公安分局在受理汤某某报警后，超过法定期限仍未对报警事项作出处理，汤某起诉后，法院认定公安分局构成行政不作为，判决被告公安分局在一定期限内履行职责。市民陈某某诉某卫生行政部门不履行法定职责一案中，卫生行政部门对陈某某的投诉仅作出一个复函答复"待请示，由其他组织判断，建议走诉讼途径"，法院认定其行政不作为，判决卫生部门在一定期限内履行职责。行政不作为，是近年来行政机关在行政诉讼中败诉的主要原因之一。

行政机关工作人员不依法履行法定职责，不作为或者乱作为，玩忽职守或者滥用职权，致使公共财产、国家和人民利益遭受重大损失的，依法要追究刑事责任。天津港瑞海公司危险品仓库特大火灾爆炸事故（2015年8月12日）发生后，经国务院批复，对74名行政机关责任人员给予撤职、降职、降级、记大过等政纪处分；检察机关对交通运输、海关、安全监察、规划、公安等部门的25名行政机关工作人员依法立案侦查（其中厅级2人、副厅级7人、处级16人）并移送起诉，涉嫌罪名为玩忽职守罪、滥用职权罪。深圳市2015年12月20日发生特大滑坡安全事故后，检察机关对规划国土、城管、建设等部门的10多名行政机关工作人员依法立案侦查，以涉嫌玩忽职守、滥用职权罪批准逮捕。

二是行政机关不能法外设定权力。没有法律、法规依据，行政机关不得作出减损公民、法人和其他组织合法权益或者增加其义务的决定。没有法律、法规依据，地方政府规章不得设定减损公民、法人和其他组织权利或者增加其义务的规范（《中华人民共和国立法法》）。这是行政机关权责法定的另一个要求。按照依法行政的要求，今后行政机关推行限购、限行、收费等减损公民、法人和其他组织权利或者增加其义务的措施，要有法律法规依据，政府机关发一纸通告不行了。

三是减少行政审批事项，取消非行政许可审批事项。最大程度减少对生产经营活动的许可，最大限度缩小投资项目审批核准范围，最大幅度减少对各类机构及其活动的认定。依法审批的事项，要加强事中事后监管，特别是涉及生产安全、食品药品安全、消防安全、环境保护等关系人民群众切身利益的重点领域，要加大监管力度。

依法简化优化公共服务流程，方便基层群众办事创业。中央要求，坚决砍掉各类无谓的证明和烦琐的手续。凡没有法律、法规依据的证明和盖章环节，一律取消。办事部门可以通过与其他部门信息共享获得信息的，不得要求申请人提供证明材料。

依法履行政府职能，还要求行政机关和领导干部带头遵守法律、带头依法办事，守法诚信。"守法诚信"是法治政府的要素之一。我们要通过政府部门带头守法，带动全社会守法意识的提高；通过政府信用，带动商务信用、社会信用的提高。

二、推进行政决策科学化、民主化、法治化

行政机关在决策过程中要坚持法治思维，注重法定程序。把公众参与、专家论证、风险评估、合法性审查、集体讨论决定确定为重大行政决策的法定程序，确保决策制度科学、程序正当、过程公开、责任明确。公众参与、专家论证等5个环节少任何一项，就不符合法定程序，决策就无效。建立行政机关内部重大决策合法性审查机制，未经合法性审查或经审查不合法的，不得提交讨论。合法性审查，是重大行政决策一个重要法定程序。

建立重大决策终身责任追究制度及责任倒查机制，对决策严重失误或者依法应该及时作出决策但久拖不决造成重大损失、恶劣影响的，严格追究行政首长、负有责任的其他领导人员和相关责任人员的法律责任。

三、坚持严格规范公正文明执法

行政机关在执法过程中要坚持法治思维，坚持严格规范文明执法。

一是严格执法。行政机关严格执法，在推进依法治国进程中具有十分重要的作用。依法惩处各类违法行为，加大关系群众切身利益的重点领域执法力度。在关系群众切身利益的重点领域，比如市场秩序、城管秩序、交通秩序、治安秩序、食品药品安全、公共安全、安全生产等方面，还存在不少问题。存在问题的一个重要原因，是严格执法不够，执行力度不够。在一个社会、一个城市里，如果不守秩序的人（包括不守信用者）占便宜，守秩序的人吃亏，如果违法比守法的能获得更大利益，就很难奢望大家信守法律、信守秩序。因此，深圳要建设国际化城市，要求政府部门严格执法，加大执法力度，提高违法者（包括不守秩序、不守信用者）的成本。特别要加大关系群众切身利益的重点领域执法力度。

二是严格按照法律规定（实体法）和法定程序执法，规范公正文明执法。就是通常说的既要重视实体法，也要重视程序法。行政机关作出行政行为，要依法搜集证据，事实认定要清楚，适用法律要准确。在执法程序上，

要建立执法全过程记录制度，明确具体操作流程，重点规范行政许可、行政处罚、行政强制、行政征收、行政收费、行政检查等执法行为。建立健全行政裁量权基准制度，细化、量化行政裁量标准，规范裁量范围、种类、幅度。加强行政执法信息化建设和信息共享，提高执法效率和规范化水平。

行政执法实践中，部分行政机关程序意识不够，在执法过程中未能严格遵循法定程序要求，在行政诉讼中被法院认定程序违法而败诉。

行政执法中还要特别强调规范公正文明执法。党的十八届四中全会《决定》指出："执法不规范、不文明现象较为突出"，需要高度重视，努力做到规范公正文明执法。

三是全面落实行政执法责任制。严格不同部门及机构、岗位执法人员执法责任和责任追究机制，加强执法监督，坚决排除对执法活动的干预，防止和克制地方和部门保护主义，惩治执法腐败现象。

《中国法治政府评估报告2015》对全国100个大中城市法治政府建设状况评估结果表明，我国地方政府层面法治政府整体水平仍然不高，其中表现之一，"是否严格问责"平均得分率只有10.1%。政府部门在行政执法过程中要严格落实行政执法责任制，实行严格问责制度。

四、全面推进政务公开，以公开促公正

公开原则，是行政法的基本原则，也是依法行政的基本要求之一。行政行为公开，是行政行为公平公正的基础。一个现代化国际化城市的政府，应当是公开透明的政府，应当是民主科学决策、理性决策的政府。政府透明运作，公开办事程序，可以大大降低百姓、社会组织同政府打交道的成本，提高行政效率和社会效率。同时通过政务公开，接受社会监督，可以以公开促进行政行为公正，减少权力寻租的机会，防止腐败。

党的十八届四中全会《决定》要求，坚持以公开为常态、不公开为例外原则，推进决策公开、执行公开、管理公开、服务公开、结果公开。要以制度安排把政务公开贯穿于政务运行全过程，权力运行到哪里，公开和监督就延伸到哪里。各级政府及其工作部门依据权力清单，向社会全面公开政府

职能、法律依据、实施主体、职责权限、管理流程、监督方式等事项。重点推进财政预算、公共资源配置、重大建设项目批准和实施、社会公益事业建设等领域的政府信息公开。要注重公开实效，让群众看得懂、听得懂、能监督、好参与。要以公开促规范、以公开促公正、以公开促服务。

五、高效便民

高效便民是法治政府的要素之一，也是依法行政的基本要求。

行政机关实施行政管理，应当遵守法定时限，积极履行法定职责，提高办事效率，提供优质服务，方便公民、法人和其他组织。在国际经济贸易中，行政当局不合理的延迟行为，被认为是政府设置的贸易壁垒形式。

近年来，党中央、国务院一再强调简政放权、简化办事程序、提高行政效率，推动"大众创业，万众创新"。我们强调行政行为必须提高效率，其价值目标是要求行政机关以最少的成本投入（时间、财物以及其他资源）来达到立法规定的行政管理目标，尽量通过简便、快捷的过程以实现同样的结果，便捷、高效地为企业和民众服务，优化企业经营环境，改善营商环境。

六、强化对行政权力的制约和监督

推进依法行政，要按照法治思维的要求，强化对行政权力的制约和监督。党的十八届四中全会《决定》要求，加强党内监督、人大监督、民主监督、行政监督、司法监督、审计监督、社会监督、舆论监督的制度建设，努力形成科学有效的对行政权力运行制约和监督体系，增强监督合力和实效。这里重点说一下行政监督和司法监督。

一是行政监督。加强对政府内部权力的制约，是强化对行政权力制约的重点。对权力集中的部门和岗位实行分事行权、分岗设权、分级授权，定期轮岗，强化内部流程控制，防止权力滥用。完善政府内部层级监督和专门监督，改进上级机关对下级机关的监督，建立常态化监督制度。完善纠错问责机制，健全责令公开道歉、停职检查、引咎辞职、责令辞职、罢免等问责方式和程序。

行政复议是行政系统内部自我纠错的一种救济手段。近年来，深圳市中级人民法院判决行政机关败诉的案件中，有相当比例的案件（约30%）是经过复议程序的，复议结果均是维持了原具体行政行为，但在行政诉讼中行政机关却被判败诉。可见目前行政系统的复议机制还没有充分发挥内部监督的作用。

行政机关对于错误行政行为亦可自我纠错。但部分行政机关自我纠错动力不足，对当事人提出的存在比较明显错误的具体行政行为不愿纠错，引发行政诉讼。

二是司法监督。司法监督主要是人民法院通过公正审理行政诉讼案件，监督行政机关依法行使职权。行政诉讼制度是国家重要的法律制度，行政机关要接受人民法院的司法监督。

2015年5月1日，新修改的《中华人民共和国行政诉讼法》（以下简称《行政诉讼法》）正式实施，不仅对行政审判工作产生重大影响，也对行政机关的工作产生深远影响。《行政诉讼法》从立案、审理、执行三个方面对法院和行政机关提出了更高的要求。首先，《行政诉讼法》强化了对当事人诉权的保护，以立案登记制代替立案审查制，允许当事人在下级人民法院违法不立案时"越级起诉"，扩大了受案范围，延长起诉期限至6个月，加大了司法对行政的监督制约力度；其次，《行政诉讼法》加大了对行政机关拒不履行人民法院生效裁判的惩戒力度。一是对行政机关负责人按日处以罚款，二是将拒绝履行人民法院裁判的情况予以公告，三是造成恶劣社会影响的，可以对该行政机关直接负责的主管人员和其他直接责任人员予以拘留，甚至追究刑事责任。此外，《行政诉讼法》将行政机关发布的具有普遍约束力的规范性文件（规章以下的）纳入司法审查，也就是说过去只对具体行政行为进行审查，现在对作出具体行政行为所依据的抽象行政行为（规范性文件）也可以提起附带审查。这将会对传统的行政管理模式提出挑战。

党中央对加强和改进行政应诉工作高度重视。2015年10月13日，习近平总书记主持中共中央全面深化改革领导小组会议审议通过的《关于加强和改进行政应诉工作的意见》指出，行政诉讼是解决行政争议，保护公民、法人和其他组织合法权益，监督行政机关依法行使职权的重要法律制度。做好行政应诉工作是行政机关的法定职责。行政机关要支持人民法院受理和审理行政案件，保障公民、法人和其他组织的起诉权利，认真做好答辩举证工作，依法履行出庭应诉职责，配合人民法院做好开庭审理工作。要加强组织领导，支持推动行政部门做好应诉工作，加大对行政应诉工作的监督考核力度，严格落实行政应诉责任追究。

（原载《特区实践与理论》2016 年第 3 期）

坚持依法行政，推进审批制度改革

依法行政是政府工作的一项基本原则。《中华人民共和国地方各级人民代表大会和各级人民政府组织法》规定："地方各级人民政府必须依法行使行政职权。"党的十五大报告也明确指出："一切政府机关都必须依法行政，实行执法责任制和评议考核制。"推进行政审批体制改革，是依法行政的要求，是认真贯彻党的十五大精神的具体表现，这对促进深圳社会主义市场经济体制的全面建立，促进经济社会事业的全面进步，具有十分重要的意义。

推进行政审批制度改革，首先要根据依法行政的要求，转变观念，转变政府职能，转变政府行政管理方式，减少审批事项。

市场经济就是法治经济。在市场经济条件下，政府管理经济的职能主要是宏观规划、起草制定法规和执法监督。在当今市场经济比较发达的国家和地区，立法和执法监督已经成为政府管理、调控经济的基本方式。适应市场经济就是法治经济的要求，政府部门要从计划经济时代的主要依靠行政审批、行政分配、行政命令的管理模式，转变到主要依靠经济手段、法律手段来管理经济和社会事务，经济手段也要依法运用。这里既有观念转变的问题，也有政府职能转变的问题。我市现行的审批事项大约有 1000 多项，审批范围广、审批环节多、审批行为不规范等问题，既不适应市场经济即法治经济的要求，也不适应中央、省委、市委提出的政府机关依法行政的要求。

深圳市委依法治市领导小组对政府机关依法行政的基本要求之一，就是要把依法行政同改革结合，尽可能减少审批事项，简化审批环节。依照法律规定，属于企业自主权或属于企业行为的，应还权于企业，政府部门不要审批，只应依法监督，加强服务。对可以通过立法或制定规章明确规范有关资格、条件的事项，就可实行依法核准、备案，而不需要再审批。

对根据依法行政的要求，确实需要审批的事项，要依法进行规范，做到依法审批，行为规范。党的十五大报告提出"建立办事高效、运转协调、行为规范的行政管理体系"①的要求，我们在进行审批制度改革时应当遵循。在以往的政府审批行为中，我们有的政府部门审批行为不规范，随意性较大。有些该办的事情不办，或者审批环节太多，时间太长，拖而不批；有些不符合条件的，通过找人批条子或钱权交易，又可以办理，腐败现象时有发生，企业和群众反映较多。要通过建章立制，规范审批的内容和条件，明确审批标准，规范审批操作程序，简化审批环节，使审批行为规范化，避免随意性。

根据依法行政的要求，所有的审批事项都要公开透明。要公开审批制度，公开审批程序，公开审批结果，接受社会监督。党的十五大报告明确要求："要深化改革，完善监督机制，建立健全依法行使权力的制约机制。坚持公平、公正、公开的原则，直接涉及群众切身利益的部门要实行公开办事制度。"②公开公正是依法行政的基本原则。在改革审批制度过程中，必要的审批事项，其审批内容、审批条件、审批程序、审批时限和审批结果，必须向社会公开，接受监督。

（原载《深圳法制报》1997 年 12 月 11 日）

---

① 《十五大以来重要文献选编》上，人民出版社 2000 年版，第 242 页。
② 《十五大以来重要文献选编》上，人民出版社 2000 年版，第 34 页。

审批是责任而非施舍

《中华人民共和国行政许可法》（以下简称《行政许可法》）于 2004 年 7 月 1 日正式实施。而深圳贯彻《行政许可法》重点要做好哪些工作呢？贯彻实施《行政许可法》，推进行政审批制度改革，是贯彻依法治国基本方略，推进依法行政的基本要求，是深圳今后一个时期依法治市的重要任务。贯彻好《行政许可法》，要做好以下五个方面的工作：

第一，在政府机关及工作人员中，树立有限政府、阳光政府、服务政府、效能政府、责任政府、法治政府的现代政府理念。加强《行政许可法》的学习培训，重要的是领会《行政许可法》的精神实质。便民与效能，是《行政许可法》最重要的原则，是《行政许可法》的精神实质。企业和公民取得行政许可（即通常所说的"行政审批"）从事特定活动是一种权利，行政机关只能就老百姓的申请来依法审批。而审批是一种责任，不是一种"授权"，不是对老百姓的"恩惠"和"施舍"，只是提供一种服务、提供保障的责任。行政机关及其工作人员，一定要转变观念，增加服务意识，树立现代政府理念。

第二，认真清理行政许可事项，进一步减少行政许可事项，加快政府职能转变。2004 年，深圳市启动了第三轮行政审批制度改革，要求审批核准事项再减少 30% 左右，审批时限再缩短 30% 左右。为什么要进行第三轮审批改革？因为深圳率先改革后，周边省市到深圳考察后行动很快，上海、江苏、浙江等省市以及省内的南海、顺德等地改革力度都很大，不少城市已完成了第三轮改革，审批事项比深圳市少，并且审批方式有了很大改进。深圳市决策层认为，深圳市审批制度改革曾经走在全国前列，但第二轮改革后，市直又有 16 个部门增加了 62 项审批事项，企业注册的前置审批还有 100 多项，影响了投资环境；如果不下大决心对审批制度进行"伤筋动骨"的改革，不构建全新的政府管理模式和运行机制，深圳建设现代化国际化城市的目标将难以真正实现。

要按照《行政许可法》的规定，认真清理行政许可事项，包括清理与《行政许可法》相悖的地方性法规和规章规定的事项，大幅度减少行政许可事项。按照《行政许可法》的规定，凡是公民、法人或者其他组织能够自主决定的，市场竞争机制能够有效调节的，行业组织或者中介组织能够自律管理的，行政机关采取事后监督等其他行政管理方式能够解决的，都可以不设行政许可事项。要依法妥善处理政府管理与市场竞争、政府管理与社会自律、政府权力与公民权利的关系，实行相对人自主决定、市场竞争、社会自律"三个优先"原则，切实转变政府职能，更大程度地发挥市场在资源配置中的基础性作用，从制度上防止作为公共权力的行政许可对社会经济生活和公民个人生活的过度干预，为公民和企业从事经济社会活动提供更加广阔的空间，降低社会成本。在清理行政许可事项工作中，要将现有行政许可事项向社会公开，哪些项目可以保留，哪些项目需要取消，要广泛听取企业和人民群众的意见。

第三，严格按照法定权限和程序行使行政权力，履行职责。《行政许可法》对于行政许可的实施机关、行政许可的申请与受理、审查与决定、行政许可期限、行政许可的变更与延续等作了明确的规定。比如申请材料不齐全或者不符合法定形式的，应当当场或者在 5 日内一次性告知申请人需要补正的全部内容，逾期不告知的，自收到申请材料之日起即视为受理；除可以当场作出行政许可决定的外，行政机关应当自受理行政许可申请之日起 20 日内作出行政许可决定；经批准延长的，应当将延长期限的理由告知申请人；等等。这对于改变过去实施行政许可环节过多、手续烦琐、时限过长、吃拿卡要等现象，规范行政许可行为具有重要意义。政府机关及其工作人员要严格按照法定的权限和程序行使权力，履行职责。所有行政权力应当依据法律，行政行为应当遵守法律，严格依法办事，做到合法、合理、便民、高效。

　　第四，推进政府管理方式创新。《行政许可法》是一部制度创新的法律。贯彻《行政许可法》，很重要的一个方面就是推进政府管理方式创新。一是创新行政许可管理方式。政府可以根据精简、统一、效能的原则，相对集中行政许可权，决定一个行政机关行使有关行政机关的行政许可权；实行"一个窗口对外"制度，实行多个部门统一、联合、集中办理行政许可的制度。对企业注册现有的过多的前置审批，在尽可能减少前置审批的同时，应当借鉴上海、杭州等地经验，实行告知承诺制。即企业登记涉及前置审批时，申请人向有关前置审批机关作出书面承诺，审批机关凭承诺发放批准文件，工商部门即核发营业执照，以减少办事环节，优化营商环境。二是进一步推行政务公开，建立政府发言人制度，有计划、分步骤地推进电子政务建设，利用现代信息技术改进政府的组织和管理方式，及时把政府决策、服务程序、办事方法向社会公布，为人民群众提供公开、透明、高效的公共服务。与人民群众利益相关的公共事业单位也要实行办事公开制度。三是改革和完善政府决策方式，建立和完善与群众利益密切相关的重大事项社会听证制度，扩大公民有序的政治参与，增强决策的公众参与度。起草法规、规章草案，拟设定行政许可的，应当采取听证会等形式，广泛听取意见。法律、法规、规章规定实施行政许可应当听证的事项，或者行政机关认为需要听证的其他涉及公共利益的重大行政许可事项，行政机关应当向社会公告，并举行听证。行政许可直接涉及申请人与他人之间重大利益关系的，行政机关在作出行政许可决定前，应当告知申请人、利害关系人享有要求听证的权利，申请人、利害关系人要求听证的，行政机关应当组织听证。听证是国外城市政府经常采用的管理方式和决策方式。我们在政府管理方式创新中，要认真建立和完善社会听证制度，增强决策理性，实现决策的科学化、民主化和程序化。

　　第五，加大监管力度。以往，重审批、轻监管或者只审批、不监管的现象比较普遍，市场进入很难，而一旦进入却又缺乏监管。另外，行政机关实施行政许可，往往只有权力，没有责任，缺乏公开、有效的监督制约机制。《行政许可法》按照监督与责任的原则，对现行的行政许可制度作出重大改革和创新，把对行政许可事项的监督检查作为行政许可权的必要延伸，设专章规定对从事行政许可事项的活动进行严格监督检查，把事前行政审批与事后严格监管有机统一起来，有利于行政机关及其工作人员改变管理方式。《行政许可法》规定上级行政机关应当加强对下级行政机关实施行政许可的监督检查，对该许可的不许可、不该许可的乱许可等行为，严格追究法律责任；行政机关违法实施行政许可，给当事人的合法权益造成损害的，应当依法给予赔偿。认真实施这些规定，加大监管力度，做到有权必有责，用权受监督，侵权须赔偿，违法要追查，这对于维护公共利益和社会秩序，保障和监督行政机关有效实施行政管理，具有重要意义。

总之，我们要以贯彻实施《行政许可法》为契机，全面推进政府依法行政，在深圳率先建立起行为规范、运转协调、公正透明、廉洁高效的行政管理体制，推进依法治市上新台阶，推进建设现代法治城市和国际化城市的进程。

（原载《深圳法制报》2004 年 7 月 1 日）

秩序：国际化城市的重要标志

一、国际化城市法律严明，文明有序

笔者曾赴欧美和新加坡等一些国际化城市考察。考察中印象最深的是这些国际化城市人们的法治观念和社会的文明有序。行走在这些城市的街道，你会看到交通井然有序，城市环境干净优美，文明有序。瑞典有400多万辆机动车，一年的交通事故才几百起，伤亡更少。在欧美、澳洲的一些城市行车几天，见不到一起交通事故，不用太担心安全问题。遍观这类城市，我得出一个认识：秩序，是国际化城市的重要标志。无序的国际化城市是不可想象的。

深圳提出建设国际化城市的目标。我们的城市，离一个有序的国际化城市还有较大差距。乱丢乱吐、乱张贴、乱扔垃圾时常可见，城市环境状况不能令人满意；行人践踏草坪、随意横穿马路、跨栏杆、闯红灯，这些不良现象时有发生。从市场秩序来看，制假售假、违规招投标、广告欺诈、合同欺诈、虚开发票等行为屡禁不止。以上状况表明，深圳的市场秩序、城管秩序、交通秩序与国际化城市还有较大的差距。

二、增加违法者的违法成本和建立健全社会信用制度，是建设文明有序社会的两大有效手段

国外的国际化城市之所以文明有序，有一个共同的原因，就是严格执法，违法成本较高。换言之，就是让违法者付出惨重代价，比如罚到违法者

倾家荡产，还要让他们坐牢。1998年，美国通用汽车公司生产的一辆雪弗莱小汽车在撞车事故中油箱爆炸起火，车上6人烧伤。次年7月，加州法院判通用公司赔偿受害人1.07亿美元，罚款48亿美元。处罚之重，令人咋舌。陪审团认为，有证据显示油箱距保险杠太近，而通用拒不修改设计，应该受到严惩。美国一公司老板指使员工将有害废物倒入城市排水系统，结果被判入狱13年。这些案件的处理，震动全美国，影响深远，警示企业必须依法经营，遵守秩序。

新加坡更是一个厉行法治的国际化城市（国家）。对于违法者，新加坡"不开口子"、"不讲面子"，不搞"下不为例"。曾有一政府部长，违反交通法规，照例被"抄牌"处罚。

国外国际化城市建设文明有序社会的另一个经验是重视信用建设。在一些发达国家，每个公民都有一个终生不变的社会安全号码，这个号码动态记载着个人的身份资料、教育阅历、供职变更、家庭情况、财产情况、纳税报告、信用记录、违规违章违法记录等，就像是一个活的个人档案资料库。这个资料库全国联网，他人和自己随时随处可以查阅，一旦有不良记录，将会给自己的日常生活带来很大的麻烦。在透支方面如果有不良记录，银行不会贷款给你；在驾车方面有不良记录，你的人身保险和车辆保险费用就会增加；在个人品德和违法犯罪方面有不良记录，你的求职、晋升就会困难重重，连租房别人都不接受；一个企业老板如果在信用方面有恶劣记录，他就会在许多场合被拒之门外。所以，这种数据库管理的信用惩戒机制具有极大的约束力，它迫使人们不得不考虑自己行为的影响和后果，从而严肃地对自己的行为负责。

目前我们国家对失信者的惩戒制度还很不完善，失信者不需付出多大的代价就可得到很多实际利益和好处，对失信犯规者惩治不力，实际上是对守信守法者的不公平。要想建立一个有序的社会，必须从根本上建立失信惩戒机制。这是一种治本的长效机制，深圳应该高度重视，努力把它建立起来。

三、培养市民的法律意识和法治观念
是城市文明有序的重要基础

　　国外的国际化城市文明有序，严格执法起了很大的作用，但也与人们长期形成的法律意识、法治观念有关。在美国，几个小孩踢球，球滚到邻居草地，小孩会向邻居请求："我可不可以到你家草地捡回球？"这体现出来的是一种法治观念；日内瓦一小孩上厕所冲不了水，急得直哭，体现了一种公德意识；欧洲城市一些人带着尺子去钓鱼，以便把不合尺寸的小鱼放生，体现了规则意识；悉尼市民驾车不小心压伤了蛇，赶紧用衣服包好，送到动物医院，体现了环保意识。难以想象，这些法治意识观念很强、素质很高的市民，会去做违法乱纪的事。有报道说，在"9·11"事件中，美国纽约世贸中心内几万人在楼梯上有序逃生，没有争先恐后，没有拥挤踩踏。楼上有担架抬下来时，大家主动让出一条道，让伤员先走，体现的是秩序意识。因此可以说，"礼法并治"，培养和提高人们的法律意识、法治观念，是城市有序的根本措施和重要基础。

（原载《深圳特区报》2003 年 9 月 10 日）

国际化城市视野下的交通安全管理

交通安全有序，是国际化城市的重要标志，也是以建设现代化国际化城市为发展目标的深圳市委、市人大、市政府和广大市民高度关注的重大问题。国际化城市条件下的交通安全管理，需要有国际视野、世界眼光，需要研究发达国家和地区交通安全管理的发展趋势，借鉴现代交通安全管理的国际经验。这方面的经验主要是系统治理、依法治理、综合治理、源头治理。《深圳经济特区道路交通安全管理条例》（以下简称《交通安全管理条例》）研究制定过程中，借鉴了发达国家和地区现代交通安全管理的经验，进行了一系列制度创新。《交通安全管理条例》的实施及今后一个时期的交通安全管理工作，要按照党的十八届四中全会通过的《中共中央关于全面推进依法治国若干重大问题的决定》中提出的"发挥立法的引领和推动作用"和"推进多领域依法治理"的要求，坚持系统治理、依法治理、综合治理、源头治理，提高交通安全管理的法治化水平，提高国际化城市视野下的交通安全管理水平。

一、国际化城市视野下交通安全管理的目标和理念

国际化城市视野下，深圳交通安全管理的目标要求，是"安全、有序、畅通"，为经济社会发展创造良好的交通环境。深圳交通安全管理立法围绕"安全、有序、畅通"6个字做文章。《交通安全管理条例》的实施及今后的交通安全管理工作，也需要围绕这6个字做文章。道路交通规划设计、交通安全设施建设管理、路边停车管理、交通拥堵治理、车辆和驾驶人管理、路

面巡查执法管理等，都需要围绕"安全、有序、畅通"这个目标来进行。

国际化城市视野下交通安全管理的理念，主要有以下几个方面：

1. 树立交通安全系统治理、综合治理、源头治理的理念。个别同志曾有一种说法，交通警察管安全，交通运输部门管畅通。这种说法有片面性。交通安全和畅通是密切联系的。高峰期繁忙路段一起随意变线引起的碰擦交通安全事故，可能引发 1 公里塞车，而一个拥堵点往往会辐射周边 6 公里的道路。交通拥堵时，一些人心情烦躁或抢行，也易引发交通安全事故。所以交通安全和畅通是分不开的，需要系统治理、综合治理。

"人、车、路"是构成道路交通的三大基本要素。发达国家和地区近30 年交通安全管理发展的一个基本趋势和经验，是从传统的注重对人和车的管理及路面执法等动态交通管理，转变为重视道路规划设计、交通影响评价、交通安全设施建设管理等静态交通管理，并与原有的动态交通管理并重这样一个现代交通安全管理模式。在现代交通安全管理领域，国际通行的一个概念是"四 E"，即教育（Education）、工程（Engineering）、执法（Enforcement）和急救（Emergency Care）。这里的"工程"主要指的是道路规划设计建设、交通安全设施建设。交通安全管理是一门"四 E"科学，是一个系统工程，很多交通安全问题是与道路及其设施的规划设计是否科学合理、管理是否到位密不可分的。交通安全问题需要系统治理、综合治理、源头治理，光靠警察路面执法这一传统的交通安全管理模式，已不能适应高速发展的大流量高密度的现代交通安全管理，无法从根本上改变城市交通安全管理面貌。新的动态和静态管理方式相结合、传统和现代管理方式相结合，"人、车、路"一体化综合治理模式，已经成为发达国家和地区交通安全管理的共同选择。发达国家和地区维护交通安全的一个重要举措，就是注重道路及交通设施的规划设计和建设改造管理。2009 年深圳大部制改革时，将交通专项规划、市政道路建设管理、交通安全设施建设管理等职责从有关部门划归市交通运输委员会，让市公安局交通警察局局长兼任市交通运输委员会副主任，就是顺应发达国家和地区交通安全管理的发展趋势，体现了交通安全系统治理、综合治理、源头治理的理念。

深圳市人大内务司法委员会在研究《交通安全管理条例》框架结构时

认为，交通安全立法需要按照深圳建设国际化城市的要求，研究借鉴欧美发达国家和新加坡、中国香港的经验，大胆探索、先行先试，用立法将深圳2009年交通管理体制改革的成果予以巩固，实行制度创新。我们在《交通安全管理条例》中设置了涉及交通安全源头性、基础性问题的交通规划设计和交通影响评价、交通安全设施建设管理、交通拥堵预防和治理等章节，同时规定了涉及公安部门的车辆管理、驾驶人与行人管理、交通事故处理、交警路面巡查执法等内容，体现的是交通安全系统治理、综合治理、源头治理的理念。

2. 树立公交优先、行人优先、以人为本的理念。"公交优先"这个理念，符合深圳交通发展实际，符合建设国际化城市的要求。大家现在逐步认识到了，解决交通问题的根本出路还是公共交通。据有关研究统计，东京90%左右的人出行乘坐公交，中国香港80%左右的人出行乘坐公交；瑞士的交通核心理念是"运送更多的人，而不是移动更多的车"，瑞士人出行7成搭乘公交，1成骑自行车，2成开车。美国是个汽车轮子上的国家，现在也开始推进公交先导、自行车复兴、鼓励走路。

实施"公交优先"战略，涉及公交的覆盖率、公交的有效衔接和安全便捷。《交通安全管理条例》用立法来促进符合国际水准的"公交都市"的建设。《交通安全管理条例》规定，综合交通布局规划、交通专项规划、道路交通安全管理规划的编制，应当优先发展公共交通，建立以轨道交通为骨架、常规公交为网络、出租车为补充、慢行交通为延伸的一体化城市公共交通服务网络，提高公交出行分担率，建设具有国际水准的公交都市。这一规定将市政府提出的"公交都市战略"用立法固定下来，具有了法律依据。《交通安全管理条例》还规定，新建、改建、扩建道路，应当合理规划建设公共交通专用车道和公交港湾式停靠站台；公共交通站点、出租小汽车停靠点的设计和设置应当科学、合理、规范、便捷，保障乘客安全，方便乘客候车、乘车，方便公共汽车、出租小汽车停靠；交通运输管理部门应当根据城市道路交通情况，适时调整公共交通线路配置和站点设置，形成路面公共交通与轨道交通等交通方式的有效衔接，实现安全便捷换乘。这些规定涉及交通安全有序的基础性工作，体现了公交优先、以人为本的理念，同时有利于交通安全的系统治理、源头治理。

在实施公交优先的同时，强调"行人优先"。行人优先是国际通行的惯例，道路规划设计、交通设施建设管理、交通执法，都要体现行人优先的理念。上海2010年举办世博会，为体现这次世博会"城市让生活更美好"的主题，进行了"新城改造"，世博会举办地陆家嘴地区改造出现了空中连廊，出现了行人步行系统；外滩改造，拆除立交桥，汽车进入地下，地面留给行人。深圳交通安全立法时，也要借鉴发达国家和先进城市的经验，体现"行人优先"这个理念。《交通安全管理条例》除对道路规划设计体现行人优先作出规范外，对行人过街交通设施的设计和设置应当科学、合理、规范，方便行人安全通行，车辆行经无信号灯的路口或人行横道时应当减速或者停驶避让行人（违者处500元罚款、记3分）等，作出明确规定，还对校车应当设置安全带、乘车学生应当系安全带、4岁以下儿童乘车应当加装儿童座椅等作出细化规定，体现行人优先、以人为本的理念。

按照以人为本、保障行人安全的要求，《交通安全管理条例》针对行人随意横穿马路引发较多交通死亡事故的问题（如深圳市深惠路改造通车一年时间内，就发生20多起因行人横穿马路引发的交通死亡事故，有的人就在过街天桥旁边三五米处横穿马路而不使用过街设施被撞身亡），借鉴新加坡交通安全立法的做法，规定行人在过街设施的两侧各50米范围内横过机动车道的，应当使用过街设施，违者处以罚款。对行人过马路作出规范和指引，重在预防和减少交通伤亡事故，保护行人人身安全。

3. 树立依法严管、注重治本的理念。深圳市委提出了"严管城市"的理念，要求对城市管理的源头性、基础性问题依法治理、严格管理。交通安全管理是整个城市管理的重要内容，交通安全严格管理也是国际通行做法。交通安全立法规范要严，执法要严。只有"严管严罚"，才能维护交通安全和良好的交通秩序，维护公平正义。对少数交通违法行为人的严格管理，严格处罚，提高其违法成本，是为了最大限度维护大多数守法交通参与人的合法权益，保护广大人民群众的生命和财产安全。交通安全涉及人身安全，交通安全立法规定严管严罚与其他领域的立法不是一个概念。在严管严罚的同时，要注重治本，注意教育与处罚相结合，注重交通安全的公众参与，提高交通参与人的守法意识和安全意识。

二、国际化城市视野下交通安全管理的主要举措

交通安全管理工作千头万绪，不能头痛医头、脚痛医脚。国际化城市视野下的交通安全管理工作，要突出重点，坚持系统治理、依法治理、综合治理、源头治理，标本兼治、重在治本。

1. 城市交通规划设计应当科学合理规范。城市道路交通规划设计的科学合理规范，对预防和减少交通事故，保障道路交通安全，有着十分重要的作用。这是交通安全系统治理、源头治理的重要方面。有的路段交通安全事故频发，与道路规划设计不科学、不合理有直接关系（如深圳市南坪快速路塘朗山隧道出口处，在高架桥下坡路段设计了一个90度的转弯，导致该处多次发生大货车侧翻坠桥交通事故）。同时，交通规划设计是否科学合理，也对预防交通拥堵具有重要意义（《交通安全管理条例（草案）》公开征求意见时，市民周先生以福田侨香路左转上南坪快速路，90%的车都是由这里去南坪快速路或者北环路的，却只设计了1条左转车道，经常造成拥堵，其余3条直行车道却空空如也为例，来说明一个科学的道路规划设计对提高车流量、提高通行效率很重要）。

英国在道路交通安全领域处于世界领先地位，2000年以后的10多年期间，该国采取的一项主要措施，是提高道路规划设计的科学性，将交通安全的内容融入到交通组织规划中去。新加坡是亚洲交通安全管理的典范，交通事故率非常低，一个主要经验，也是注重路网科学规划设计（从20世纪70年代就已开始）。中国香港在减少交通事故、预防交通拥堵方面的一个重要经验，就是在城市规划设计阶段就将交通因素考虑在内，并且放在一个十分重要的位置来考量。

借鉴英国、新加坡、中国香港的经验，《交通安全管理条例》对道路交通规划设计主要规定了四方面内容：一是实行城市规划建设与城市交通协调发展。这一条确定了"协调发展"这样一个重要原则。二是新建、改建、扩建道路，应当科学合理规划设计，提高通行效率，保障通行安全。这一条是

对道路规划设计的法律要求，所强调的"科学合理、通行效率、通行安全"十分重要。三是对道路设计方案是否存在安全隐患以及多次发生事故的路段，应当进行安全论证。四是根据公开征求意见时不少市民提出的希望增加对交通规划设计人员的监督和处罚条款的意见，《交通安全管理条例》规定，建立道路交通规划设计与审查责任追究制度，对道路交通规划设计存在明显缺陷、影响交通安全的，依法追究直接责任人的责任。认真执行这些规定，有利于实行道路交通规划设计源头治理、依法治理。

2. 建立建设项目交通影响评价制度。交通影响评价制度，是根据"实行城市规划建设与城市交通协调发展"原则而建立的一项制度。交通影响评价，主要是对规划和建设项目实施后可能造成的交通影响进行分析、预测和评估，提出预防或者减轻不良交通影响的交通设计、交通管理方案和措施。

从国外情况看，为了实现城市规划建设与城市交通协调发展，预防和减少交通事故、缓解交通拥堵，美国从 20 世纪 80 年代，就开始建立交通影响评价制度，对规划和建设项目实施后可能造成的交通影响进行分析、预测和评估，提出预防或者减轻不良交通影响的交通设计、交通管理方案和措施。目前交通影响评价制度在美国、英国、加拿大、澳大利亚、日本、中国香港等发达国家和地区已经得到了广泛应用。在这些发达国家和地区，交通影响评价对建设项目具有"一票否决权"。中国香港专门制定了《交通影响评价（TIA）的准则和要求》，对开发建设项目的交通影响评价制度作出详细规定。

借鉴发达国家和地区的经验，《交通安全管理条例》引入了交通影响评价制度，主要规定，一是规划部门编制、修订法定图则和详细蓝图，在报请批准前，应当转交通运输部门进行交通影响评价，并根据评价意见作出适当调整。二是规定新建、改建、扩建大型建设项目，建设单位在申报建设用地规划许可时，应当向规划部门提交交通影响评价报告书，规划部门将交通影响评价报告书转交通运输部门审查；未提交交通影响评价报告书或者报告书未经审查同意的，规划部门不予核发建设用地规划许可证。这是交通安全系统治理、源头治理的一个重要的制度设计和制度创新，赋予了交通运输部门一个审查权力，更是一种责任。需要积极稳妥地推进这项制度的实施。

3. 加强交通安全设施的建设和管理。交通安全设施与交通安全密切相关，交通标志标牌、标线、信号灯、监控设施、过街设施等道路交通安全设施的设置是否科学合理规范，交通安全设施是否配套完善，对交通安全有着重大影响。深圳原特区外某些路段交通伤亡事故时有发生，往往与交通安全设施不完善、不配套有重要关系。有的地方信号灯设置不合理、不科学，容易引发交通拥堵；有的交通标志标牌、标线，设置不合理、不科学，容易误导驾驶员；有的人行过街设施设计缺乏人性化，导致行人不愿意使用这些过街设施。

与深圳毗邻的香港是世界上道路交通最繁忙的地区之一，人多地狭、高楼林立，发展交通的条件先天不足。但是香港每天的交通基本上能做到运行顺畅、交通事故率较低。在无"地利"条件下有此佳绩，香港一些人士讲，很大程度上得益于香港科学合理、精细化、人性化规划设计建设的道路及交通设施。借鉴香港等先进城市的成功经验，《交通安全管理条例》专设了"道路交通安全设施建设和管理"一章，一是道路交通安全设施的设置应当科学、合理、规范，符合道路交通安全、有序、畅通的要求。二是规定了道路与交通设施的"五同步"制度，即要求道路交通安全设施应当与道路同步规划、同步建设、同步验收、同步移交接管、同步投入使用；路口信号灯未装、监控探头未装、过街天桥未修，道路不得投入使用。交通运输管理部门应当把好这一关。三是规定交通信号灯、交通标志标牌等道路交通安全设施损毁、缺失或者存在安全隐患的，管理养护单位应当在 24 小时内及时修复、更换、排除隐患。四是要求对多次发生交通事故的路段，要进行道路交通设施安全论证，并制订改造方案。五是规定交通运输部门要会同公安交警部门设置交通安全宣传和警示标志（国外道路上多设有警示标志）。这些规定贯彻实施，有利于加强交通安全设施的建设和管理，使深圳的交通安全设施更加科学、合理、规范，保障交通安全。这也是交通安全源头治理的重要方面。

标志标牌等交通设施的设置，按照国际化城市的要求，还需要更规范、更精细化人性化一些。比如北美有的城市有些斑马线的警示标志给人印象深刻——路口斑马线上有 3 个"人"形标志，路边立着 1 个，路中间悬挂着 2

个（每"人"配着两信号灯，十分醒目）。又如，无信号灯路口、三岔路口设置的"暂停"标志牌，随处可见，遇此标牌，车速必须"归零"，并依序完成"一停、二看、三通过"。再如，加拿大温哥华海滨"行人交通标识"很严密，有的路段标示禁止骑自行车、禁止穿滑轮鞋滑行；有的路段标明自行车可以骑行，有的路段标明自行车必须推行。这些都体现了交通安全设施建设管理的规范化、精细化、人性化，值得我们借鉴。

4. 重视预防和治理交通拥堵。交通拥堵是城市发展中的一大难题，也是影响交通秩序和交通安全的重要问题。针对影响交通安全的城市交通拥堵问题，发达国家和地区采取了一些有针对性的措施，如大力发展公共交通，建设公交都市（日本东京、德国慕尼黑、加拿大渥太华、瑞士苏黎世等），适度限制小汽车发展（新加坡、中国香港等），提高用车成本、收取拥堵费（新加坡、英国伦敦、瑞典斯德哥尔摩）等。

安全与畅通是良好的交通秩序不可分割的两个方面。借鉴世界先进城市治理交通拥堵的经验，《交通安全管理条例》专门设置了"道路交通拥堵的预防和处置"一章，规定市政府应当组织制定交通拥堵应急处置预案，制定交通拥堵治理措施并组织实施。《交通安全管理条例》授权市政府可以采取机动车保有量增量调控、高峰时段区域限行、合理提高机动车使用成本等交通拥堵治理措施。同时，根据市民意见，《交通安全管理条例》中增加规定了预防交通拥堵、提高通行效率的其他措施，如交通运输管理部门应当会同公安交警部门发布实时路况信息，引导交通出行，疏解交通拥堵；对多次发生拥堵的路段，交通运输管理部门应当会同公安交警部门及时研究分析原因，制定改进方案并组织实施；交通设施管理部门应当根据道路通行情况和公众意见，及时增设、调整、更新交通信号灯、交通标志标牌、交通标线等交通设施；道路施工作业应当在非交通高峰时段进行；社会车辆可以在非交通高峰时段使用公共交通专用车道等。

《交通安全管理条例》规定的这些综合治理、依法治理措施，多管齐下，对于预防和治理交通拥堵发挥了积极作用。深圳市机动车保有量2010年开始快速增长，至2014年12月，全市机动车保有量达310多万辆。如果不采取措施，机动车继续快速增长，会给城市交通拥堵、交通秩序和交通安全治理带来很大影响。深圳市人民政府根据《交通安全管理条例》关于"市政府可以实行机动车保有量增量调控"等措施治理交通拥堵的规定，发布公告：自 2014 年 12 月 29 日 18 时起，本市行政区域内小汽车实行增量调控和指标管理。增量指标以 12 个月为一个配置周期，每个周期的配置额度为 10 万个，其中以摇号方式配置的电动小汽车增量指标为 2 万个，以摇号方式配置的普通小汽车增量指标为 4 万个，以竞价方式配置的普通小汽车增量指标为 4 万个。每个周期额度按月分配，并不得跨周期配置。政府这个举措有法律依据，国际国内一些城市有先例，正在有序实施，对于调控小汽车增量，缓解交通拥堵，维护交通安全秩序，将发挥积极作用。

5. 加强对新驾驶员及驾校的管理。新考取驾照的驾驶员驾车上路的头一两年是养成良好驾驶习惯的关键阶段，对新驾驶员加强管理是一种国际惯例，是交通安全源头治理的重要举措，也是治本的措施之一。澳大利亚法律对新驾驶员规定了严格的记分和暂停驾驶等管理措施，即通过驾驶技能考试后，由车管所核发有效期为 18 个月的实习驾驶执照 P1，在此期间记分超过 4 分以上的，暂停驾驶 3 个月；持有 P1 一年以上，通过危险处置考试后，由车管所核发有效期为 2 年 6 个月的实习驾驶执照 P2，在此期间记分超过 7 分以上的，暂停驾驶 3 个月。美国、加拿大等欧美发达国家，也针对新驾驶员上路规定了严格的管理措施。

《交通安全管理条例（草案）》公开征求意见时，社会公众认为，加强对新驾驶员的管理，加强对驾校的约束，是从源头上对交通安全事故和交通拥堵进行治理的重要举措，有助于驾校加强对学员的培训管理，有助于新驾驶员养成良好驾驶习惯，减少"马路杀手"，对己对人都有好处。市人大常委会审议时，人大常委会组成人员认为加强对新驾驶员管理是一种制度创新。根据人大常委会组成人员和社会公众的意见，借鉴发达国家和地区对新驾驶员和驾校严格管理的经验，结合深圳的实际情况，《交通安全管理条例》规定，初次取得机动车驾驶证之日起的两个记分周期内，驾驶人在每个记分周期内（12 个月）发生负有主要事故责任的交通事故两次或者记分达到 9 分的，应当扣留驾驶证，参加驾驶理论学习考试；初次取得机动车驾驶证之日起的两个记分周期内，驾驶人在每个记分周期内发生负有主要事故责任的交通事故 3 次以上或者记分达到 12 分的，应当扣留驾驶证，责令其参加驾驶理论和技能考试；考试合格的，发还其机动车驾驶证。这个规定对新驾驶员的要求，比一般驾驶人每个记分周期记分达到 24 分扣证重考严格了许多，有利于促进新驾驶员增强交通安全意识、减少交通事故发生。

根据市人大常委会组成人员和社会公众的意见，《交通安全管理条例》还强调对驾校的监管，规定驾驶培训机构应当将机动车驾驶技能、道路交通安全知识和交通安全意识作为驾驶员培训的核心内容；规定公安交警部门应当定期向社会公布驾校培训的驾驶员自取得机动车驾驶证之日起的两个记分周期内发生交通事故和交通违法行为记录情况（每 6 个月公布 1 次），发挥社会监督作用，让学员自己选择优质驾校学习驾驶。

6. 实行交通违法行为与保险费率挂钩及信用征信制度。保险费率与交通事故和交通违法行为挂钩是国际惯例，也是交通安全源头治理、依法治理的重要举措。通过挂钩机制，可以借助经济杠杆奖优罚劣，提高驾驶人的交通安全意识和遵纪守法意识，减少交通事故。在英国、日本等发达国家，对连续 5 年记录良好的驾驶人，保险费率可以优惠到 50%；而对有恶性交通违法行为记录的驾驶人，保险费率上浮可高达 80% 至 150% 不等。《交通安全管理条例》参照国际惯例，结合深圳实际，规定建立机动车保险费率与交通事故赔款和道路交通违法行为记录挂钩制度。对于保险周期内交通事故赔款次数较多、赔款数额较大或者有多次道路交通安全违法行为记录的，保险公司收取的保险费用适当增加；对于保险周期内没有交通事故赔款和道路交通安全违法行为记录的，保险公司收取的保险费予以适当优惠。

根据《交通安全管理条例》规定要求，《深圳机动车商业保险费率浮动方案》出台，交通违法记录系数于 2011 年 10 月 15 日启用，深圳市在全国率先实行商业车险保费与理赔记录及交通违法行为"双挂钩"的费率浮动机制。自交通违法系数启用至 2015 年 5 月 31 日，深圳市累计有 2258 部车辆的交通违法记录系数上浮，包括因机动车闯红灯、饮酒驾驶、超速等交通违法行为致使保险费率上浮 10%，因无证驾驶、醉酒驾驶、肇事逃逸等交通违法行为致使保险费率上浮 30%。这对于提高驾驶人遵守交通法规意识、减少交通事故起到了积极作用。

在欧美发达国家，除了严格的交通执法，交通违法行为信息记录对驾驶员个人信用等级的影响，也使得人们一般不敢轻易违反交通法规。关于西方国家如何处理交通违章，互联网上曾流传这样一个故事：一个德国卡车司机深夜行车，闯了红灯。第二天，警察的罚单就寄来了；第三天，保险公司通知他要补交车辆保险费；第四天，银行通知他，不给这辆车分期付款了，银行信用卡也不能用了。在欧美一些国家，因交通违法被处罚，违法记录就会记入个人信用档案，这些记录在本人晋升、银行信用、保险、求职等方面都会产生负面影响。借鉴欧美发达国家在交通违法信用征信记录方面的经验，结合我国国情和深圳实际情况，《交通安全管理条例》规定，个人违反交通安全法律法规，受到拘留、吊销或者暂扣驾驶证3个月以上处罚的，发生交通事故致人重伤或者死亡且负有事故责任的，一年内交通违法受到5次以上罚款处罚的，运输企业车辆平均违法率较高或者引发死亡交通事故负主要责任的，公安交警部门应当定期将相关交通违法行为信息录入个人或者企业信用征信系统，供单位和个人查询；公安交警部门定期将相关交通违法行为信息抄送相关保险机构，供保险公司研究保险费率时参考。截至2015年9月10日，深圳市公安交警部门将近3万名驾驶员的道路交通违法行为信息纳入了征信系统。信用征信制度有利于提高驾驶人的交通安全意识和守法意识。这也是治本的措施之一。

7. 加强路边临时停车管理。车辆在路边乱停乱放（有的停放时间较长），影响交通秩序，影响道路畅通，占用公共道路资源，还影响社会公平。市民要求通过立法加强路边临时停车管理。

路边临时停车实行收费管理是发达国家和地区城市交通秩序管理的一个常用的措施，纽约、伦敦、巴黎、东京、首尔等国际大都市都实行路边临时停车收费管理。中国香港自1984年起就在不妨碍交通运行的路段设立路边停车位，实行收费管理。根据征求市民意见的情况和深圳实际，借鉴国际先进城市路边停车管理的经验，《交通安全管理条例》规定，交通运输管理部门在不影响道路交通安全、畅通的前提下，可以结合道路周边停车需求，在道路上设置路边临时停车位，运用现代先进技术，实行科学监管，并根据道路实际通行情况和停车需求情况进行适当调整；路边临时停车应当缴纳车位使用费；交通繁忙路段或者时段，实行计时累进收费；路边临时停车收取的费用应当上缴市财政专户，并专项用于发展公共交通以及交通安全隐患、交通拥堵治理，费用收支情况应当每年向社会公布。深圳市路边临时停车收费管理从 2014 年 7 月开始实施，至 2015 年 6 月 30 日，原特区内共设置路边临时停车位 12000 个，实施临时停车收费管理。路边临时停车收费管理措施实施后，泊位路段的道路运行速度明显提升，工作日早晚高峰车速同比上升约 10%，交通拥堵状况有较大改善。同时，停车收费车位以外路边违章停车现象明显减少，高峰时段同比降幅达到 90%。路边停车收费收入全额定向上缴市财政专户。

8. 加强路面巡查执法管理，严格执法的同时加强宣传教育，组织动员群众参与交通安全管理。中国香港、澳门及欧美发达国家城市交通安全管理的成功经验之一，就是加强交警路面巡查监管。香港港岛警区，每天上午 7：00 至晚上 10：30，安排 40 名交警分为两班骑摩托车巡逻，另还有一个特别巡逻队。巡逻交警发现交通违例，责令车辆靠路边停下，现场抄牌处罚。巡逻的同时疏导交通。澳门交警骑摩托车巡逻，根据澳门的实际情况，编成 5 组分 5 班昼夜 24 小时巡逻，纠正违章，现场处罚，维护交通秩序。加强路面巡查执法管理，是中国香港、澳门及欧美发达国家城市交通安全管理的一个成功经验，这些城市交通秩序良好，一方面与市民的素质较高有关系，另一方面也与这些城市的交通管理部门严格执法、严密管理有较大关系。

《交通安全管理条例》草案公开征求意见时，市民群众希望交警进一步强化路面巡查执法，及时处罚那些违规的驾驶人，教育其他人，使大家都守规矩。根据市民群众意见，借鉴中国香港、澳门及欧美发达国家的成功经验，《交通安全管理条例》规定，交警部门应当建立交通警察路面巡查制度，安排 1/5 以上警力每天分班上路巡逻，并在高峰时段增派警力，及时纠正查处交通违法行为，维护交通秩序，疏导交通，保障交通安全畅通；市交警部门应当采取定时定点考勤记录、检查考核等措施，加强路面巡查执法监管；并将巡查路线和责任人员向社会公布，接受社会监督。公安交警部门在严格执法的同时，要加强交通安全宣传教育，组织动员群众参与交通安全管理，提高社会公众遵守交通安全法规的意识和交通安全意识。

2011 年实施的《交通安全管理条例》，加上 2010 年实施的《深圳经济特区道路交通安全违法行为处罚条例》，深圳交通安全管理工作中注重"发挥立法的引领和推动作用"，坚持系统治理、依法治理、综合治理、源头治理，标本兼治、重在治本，城市交通规划设计和交通安全设施建设管理逐步走向科学合理规范，建设项目交通影响评价制度逐步建立，预防和治理交通拥堵措施逐步实施，新驾驶员管理、路边临时停车管理、运输企业交通安全管理、路面巡查执法管理、交通安全宣传教育和交通管理公众参与、交通违法行为与保险费率挂钩及信用征信等工作得到加强，交通安全执法力度加大，机动车闯红灯、重（中）型载货汽车（主要指通常讲的泥头车）超载超速等严重交通违法行为得到有效遏制，机动车在无信号灯路口减速或停车避让行人逐步形成习惯，行人闯红灯得到较好遏制，深圳的交通安全状况和交通安全管理水平得到较大改善。2012 年，深圳市注册机动车达到 223.92 万辆，道路交通事故死亡人数为 476 人，万车死亡率由 2011 年的 2.72 下降到 2.12（万车死亡率经常用来衡量一个国家和地区在特定时期内的交通安全状况、交通安全管理水平，是一种国际通行的指标）；2013 年，注册机动车达到 261.97 万辆，道路交通事故死亡人数为 467 人，万车死亡率下降到 1.78；2014 年，注册机动车达到 314.88 万辆，道路交通事故死亡人数为 459 人，万车死亡率下降到 1.46，提前实现国家《道路交通安全"十二五"规划》提出的万车死亡率控制指标（规划提出到 2015 年要力争实现全国道路交通事故万车死亡率不超过 2.2），基本接近香港的交通安全水平。

深圳市域面积仅 1996 平方公里，常住人口 1500 多万人，2010—2014 年机动车年均增长率约 16%，截至 2014 年底，平均每公里道路拥有机动车约为 500 辆，车辆密度全国最高。车辆逐年增加，道路交通事故死亡人数和万车死亡率逐年下降，交通拥堵总体可控，道路交通安全状况和交通安全管理水平不断提升（是全国交通安全最好的城市之一），交通安全管理工作坚持系统治理、依法治理、综合治理、源头治理的成效日益显现。

（原载《特区实践与理论》2015 年第 5 期）

城市交通安全秩序治理的若干思考

交通安全是公共安全体系的重要组成部分。交通秩序和交通安全是社会普遍关注的问题，交通安全秩序治理，关系到人民群众的生命财产安全，需要重点把握以下几个方面：

第一，坚持改革创新。党的十八届三中全会作出了《中共中央关于全面深化改革若干重大问题的决定》，社会治理创新是其中重要内容。交通安全和交通秩序治理，是社会治理的重要方面，要坚持改革创新。面对深圳复杂的交通形势，很重要的方面就是向改革创新要动力。在推进交通安全治理改革创新的过程中，要适应深圳建设现代化国际化先进城市的需要，学习借鉴世界上一些先进的国际化城市的先进经验，比如中国香港、新加坡和欧美的一些城市交通安全治理的经验，促进深圳交通安全有序畅通。我们曾经去香港考察交通安全管理，接触过政府、警方和社会人士，他们谈到香港交通安全管理的经验主要是两条，一是严格记分，两年记满15分吊证重考；二是交通警察骑摩托车巡逻，发现交通违例叫你靠边，当场抄牌，司机不敢乱来。欧美一些先进城市将交通违法行为记入诚信系统，有不良记录的行为人工作生活都受到影响。这些经验也可借鉴。

欧美国家一些城市实行的"共（合）乘优先车道"也可借鉴。据深圳市交管部门统计，深圳80%的车辆在早晚高峰期都是单人单车通行，这对于深圳本来就紧缺的道路资源是一种浪费。《深圳经济特区道路交通安全管理条例》（以下简称《交通安全管理条例》）规定，采取措施，鼓励多人共乘。深圳市公安交警部门要会同市交通运输部门研究推出"共（合）乘优先车道"。市交通运输委员会2015年7月提出，深圳梅观路主道上双向最内侧车道将在条件具备时改为 HOV/HOT 车道。所谓 HOV 车道即高容量车道，正常情况下，仅允许载容量超过一定人数的车辆通行；而在 HOT 模式下，载容量达到一定人数可以免费通行，其他车辆则需付费通行高容量车道。这一方案可以积极推进。

第二，坚持依法治理，严格执法。党的十八大和党的十八届三中全会提出了法治建设新十六字方针——科学立法、严格执法、公正司法、全民守法。第二条严格执法，主要就是讲政府机关严格执法。交通安全秩序治理要突出依法治理、严格执法，主要是严格执行《中华人民共和国道路交通安全法》（以下简称《交通安全法》）、《交通安全管理条例》和《深圳经济特区道路交通安全违法行为处罚条例》（以下简称《交通违法处罚条例》）。要形成深圳交通治理严格执法、严格管理的氛围，要让深圳人和外地来深圳的人都感觉深圳对交通违法管得最严、不能乱来，形成严管的氛围。2008 年前后，深圳街头故意遮挡车牌的现象很多，《交通违法处罚条例》加大了对故意遮挡号牌的处罚力度，严格执行，现在故意遮挡号牌的现象基本看不到了。有些事情只要我们认真去抓，是会见到成效的。比如经过严格查处醉驾，现在社会上已经逐步形成了开车不喝酒、喝酒不开车这个意识。还有机动车无信号灯路口及斑马线礼让行人，深圳因为有罚款 500 元、记 3 分的处罚措施，现在司机逐步形成减速或停驶礼让行人的习惯，的士司机比社会车辆做得更好。整治行人闯红灯也有效果，最高可罚款 100 元，城市主要干道上大多数的行人过马路时能做到等待绿灯、不闯红灯。礼让斑马线和行人不闯红灯这些问题，我们立法不立法、执行不执行，效果是不一样的。

第三，坚持源头治理，注重治本。党的十八届三中和党的十八届四中全会的有关决议在讲到社会治理时强调，坚持源头治理、标本兼治、重在治本。车管业务是交通管理的重要源头，《交通安全管理条例》立法推行的电子评判考试，就是为了堵塞人为漏洞。《交通安全管理条例》第四十六条规定，初次取得机动车驾驶证之日起的两个记分周期内，驾驶人在每个记分周期内发生负有主要以上事故责任的交通事故两次或者记分达到 9 分的，应当扣留机动车驾驶证，责令其参加驾驶理论考试。初次取得机动车驾驶证之日起的两个记分周期内，驾驶人在每个记分周期内发生负有主要以上事故责任的交通事故 3 次以上或者记分达到 12 分的，应当扣留机动车驾驶证，责令其参加驾驶理论和技能考试。考试合格的，发还其机动车驾驶证。这是十分重要的源头治理措施，是借鉴了西方国家交通安全管理经验而写入法条的。要认真执行好，使初次取得驾照的新手上路后，增强交通安全意识和守法意识。

源头治理还要严格执行对监控设施记录的违法行为严格记分的规定，一个记分周期记满 12 分就要扣证学习、上路执勤接受教育，记满 24 分就要吊证重考。现在一些人不怕罚款，严格扣分则对其有威慑力。还要将严重交通违法行为录入征信系统、与保险费挂钩。这些都是源头治理。交通违法与保险费挂钩是国际惯例，《交通安全管理条例》中已经规定了，这是我们深圳的创新点，要落实好。再有交通影响评价制度和路边临时停车管理，也是源头治理的措施，需要认真落实。

《交通安全法》规定，醉酒驾驶机动车的，由公安机关交通管理部门约束至酒醒，吊销机动车驾驶证，依法追究刑事责任；5 年内不得重新取得机动车驾驶证。饮酒后驾驶营运机动车的，处 15 日拘留，并处 5000 元罚款，吊销机动车驾驶证，5 年内不得重新取得机动车驾驶证。醉酒驾驶营运机动车的，由公安机关交通管理部门约束至酒醒，吊销机动车驾驶证，依法追究刑事责任；10 年内不得重新取得机动车驾驶证，重新取得机动车驾驶证后，不得驾驶营运机动车。饮酒后或者醉酒驾驶机动车发生重大交通事故，构成犯罪的，依法追究刑事责任，并由公安机关交通管理部门吊销机动车驾驶证，终生不得重新取得机动车驾驶证。造成交通事故后逃逸的，由公安机关交通管理部门吊销机动车驾驶证，且终生不得重新取得机动车驾驶证。这都是法律规定的交通安全重要的治本措施，要严格执行，加强宣传。特别是对于依照法律规定"终生不得重新取得机动车驾驶证"的人员名单，公安交警部门要定期公布，加强宣传，起到震慑和教育作用

第四，推进大数据管理。大数据时代，美国交通安全管理局的经验是循"数"管理。我们要积极适应大数据时代的新特点，适应深圳经济社会发展特点，推进大数据管理，分析研判交通形势和交通管理规律，采取有针对性的措施，加强交通安全体系建设。在美国，1960—1965 年间，因交通

事故而死亡的人数以每年近 30% 的速度增长；1966 年，死亡人数首次突破了 5 万人，成为全美舆论的焦点。美国国会迅速对此作出回应，制定了《高速公路安全法》，要求美国联邦政府"立即建立一套有效的交通事故记录系统，以分析确定交通事故及伤亡的原因"。美国交通安全管理局在全国范围内收集交通事故的死亡记录，建立了"交通事故死亡分析报告系统"（Fatal Analysis Reporting System）。这是一个在线分析系统，任何人都可以上网查询。

　　经过数据分析研究，美国交通安全管理局发现，夏季（5 月、6 月、7 月、8 月）明显是一年之中交通事故的高发期。每天 18：00—21：00 是交通事故的最高发时段，周六这个时段的事故发生量比工作日还多。这说明，不仅仅是因为上下班，即使休息，18：00—21：00 这个时段也是人们驾车出行最活跃的时段。单就一天来看，星期六为"单天"死亡人数之冠，其次是星期天、星期五。从一周内的时段来看，星期天的午夜零点至 3 点，是真正的致命时段，其次是星期六的同一时段。午夜零点至 3 点这个时段发生事故的原因，有 66% 是酒后驾驶；在所有的时段当中，午夜酒后驾驶的比例是最高的。单车驾驶产生的事故远远高出多车相撞的事故。恶劣天气和光线条件并不是发生事故的必然原因，绝大部分事故都发生在正常天气及光线较好的白天。25 岁到 34 岁的人群居交通事故死亡人数之首。随着跨年度、跨地区的数据越来越多，交通参与群体的行为特点和更多的规律浮出水面。交通安全管理部门根据这些规律，循"数"管理，采取一系列有针对性的措施，交通安全状况大大改观。2009 年，美国交通事故死亡人数为 33808 人，创下了自 1954 年以来的最低水平。1966 年，美国的人口数为 1.96 亿人，2009 年，已经达到 3.07 亿人；1966 年，美国仅有 1.01 亿注册驾驶员、0.94 亿机动车辆；2009 年，驾驶员上升到 2.1 亿，机动车量增加到 2.46 亿，人口和车辆的数量、密度都成倍增长，车辆的使用频率也大幅增加，但交通事故的死亡人数却不升反降，而且幅度显著：由 5 万多人下降到 3 万多人。①

　　这些给我们的启示，是要建立健全交通事故等大数据的采集制度，加

---

① 参见涂子沛：《大数据》，广西师范大学出版社 2013 年版，第 63—70 页。

强对数据的研判和对交通安全管理规律的研究，大力推进大数据管理，有针对性地采取交通安全管理措施。深圳地域面积小，人多车多，人口密度全国最高，车辆密度全国最高，交通安全治理要循"数"管理，标本兼治。

第五，坚持规范执法。交通安全执法，在严格执法的同时要规范执法，文明理性执法。交通执法中，还要注意发动群众、动员群众、依靠群众、便民利民。

我们正在进入一个汽车时代、汽车社会。在汽车社会发展进程中，必须通过严格严密的管理制度，严格执行，惩处严重危害交通安全的行为，同时注重源头治理，加强大数据管理、加强宣传教育，标本兼治，才能在全社会形成先进的"汽车文明"和"汽车文化"，才能真正进入安全有序的"汽车时代"。

（2015 年 8 月）

创建应对"入世"法治环境

深圳市委常委会议最近审议通过了《深圳市 2002 年依法治市工作要点》。其中一项重要任务，就是认真贯彻落实最近市委工作会议关于"深圳市要成为全面应对'入世'的先行市，尽快形成与国际惯例接轨的法治环境和运行机制，对全省发挥示范作用"的要求，抓住工作重点和薄弱环节，全面加大工作力度，努力创建全面应对"入世"的法治环境。

第一，加大法制宣传教育力度，促进我市文明法治环境的形成。要按照高标准要求，加大"四五"普法工作力度，不断提高干部群众的法律素质。重点加强世贸组织的基本原则、规则的学习和宣传，树立按国际经贸规则和国际惯例办事的新观念。

继续组织好《中小学法制教育读本》的教学，同时做好我市《中小学法制教育读本》的修订工作。抓紧《外来劳务工法制教育读本》的编撰、出版、发行和普及工作，提高外来劳务工的法律意识和法治观念。

第二，适应我国加入 WTO 的新形势，抓紧清理我市法规、规章。依据世贸组织规则和我国政府"入世"承诺议定书，抓紧对我市现有的法规、规章和其他政策措施的全面清理工作，在清理工作中严格遵循法制统一原则、非歧视原则、公开透明原则、公平竞争原则，按照法定程序，该修改的及时修改，该废止的及时废止，并公开发布，使我市的法规、规章适应"入世"的要求，更好地为经济和社会发展服务。

第三，积极推进全市城管综合执法试点工作。城管综合执法是我市行政执法体制改革的重要举措。各区要抓紧本区城市管理行政执法局的组建，尽快将现有城管执法人员编队派驻各街道办事处，对于缺编人员按公务员录用条件向社会公开招考。城管综合执法部门要立足于高起点、新要求,加强制度建设和队伍建设,坚持依法行政,文明执法,认真接受社会各界的监督,树立依法、公正、廉洁、高效的执法形象,进一步改善我市的投资环境、经营环境和生活环境。要切实采取措施,加强城管执法的保障,保证城管综合执法试点顺利进行。

第四,积极推进政府行为"九个法定化",进一步推进依法行政。根据《中共深圳市委关于加强依法治市工作加快建设社会主义法治城市的决定》,全面实施政府行为的9个法定化。对其中已有国家、省、市法律法规规定的政府行为,如政府机构编制职能、行政审批、行政处罚、政府招标采购、政府投资行为、行政执法责任等要认真检查实施情况,并依法追究行政过错责任。对尚无法律法规规定的行政综合执法、行政收费、政府内部管理等政府行为,要抓紧立法并认真组织实施,使政府对经济社会的管理和政府行为切实转到法治轨道上来。还要结合深化行政管理体制改革,探索创建决策与执行、监督相分离的公共行政管理体制,努力建设廉洁高效政府。

第五,深化司法改革,促进司法公正。司法机关要围绕"公正和效率"这一主题,积极为经济建设和社会发展提供司法服务和保障。大力推进司法制度改革和建设,逐步建立结构合理、配置科学、程序严密、制约有效的司法权力运行机制。进一步推进审判公开、检务公开、警务公开和狱务公开。认真实施违法办案责任追究制度,加强人大监督、群众监督、舆论监督,遏制司法腐败现象。司法机关要认真开展我国加入世贸组织后与国际接轨的司法准备,在更高的层次和更广的领域内体现司法公正和高效服务,通过对有关涉外案件的高效公正裁判,实现中国政府入世承诺,创造良好的投资贸易环境。

第六,切实加大执法力度,整顿和规范市场秩序,加强全市信用建设。行政执法部门在依法查处市场违法行为过程中,发现涉嫌经济犯罪的,要依法及时向公安机关移送。公安机关应抓紧依法审查立案,将犯罪分子绳之以法。行政执法部门要按照国务院关于《行政执法机关移送涉嫌犯罪案件的规定》,严肃执法,不能以行政处罚代替刑事处罚。公检法机关密切协调配合,加强依法惩治破坏市场经济秩序犯罪的力度,增强法律威慑力。同时要加强宣传教育，在全社会营造讲究商业道德、诚实守信、公平竞争的氛围。依法加强社会信用建设，逐步建立我市社会信用体系，提高全社会信用水平。加强企业和个人信用征信，加快建立企业和个人信用档案，所有市场主体都必须诚实守信，一旦有不良记录，就要付出代价。

（原载《深圳特区报》2002 年 1 月 7 日）

城市发展策略法定化对深圳未来意义重大

　　深圳市政府制定《深圳 2030 城市发展策略》（以下简称《深圳 2030》）以及市人大启用重大事项决定权将之法定化，对于按照法定框架把未来深圳建设得更加美好具有重要意义；对于强调创新的深圳而言，《深圳 2030》本身就是一个创新的产物。

　　深圳制定《深圳 2030》、市人大启用重大事项决定权将之法定化，对于深圳未来 20 多年发展的重要意义表现在以下方面：

　　第一，制定策略的重要意义在于有利于改变以往城市规划滞后的状况。《深圳 2030》中一系列基本发展策略的确定，为城市总体规划和土地利用总体规划的修编、城市重大基础设施的确定提供了依据，也是经济社会发展规划编制的指导性文件。从这个意义上说，《深圳 2030》是个真正意义上的"总的规划"。《深圳 2030》中提出的"建设可持续发展的全球先锋城市"的目标可谓立意高远，是整部策略的闪光之处。

　　过去有个"顺口溜"："规划赶不上计划、计划赶不上变化、变化赶不上领导的话"，在一定程度上反映了城市规划的"尴尬"地位。本次市人大启用重大事项决定权以表决的方式将《深圳 2030》予以法定化，则一改"旧势"，对于按照《深圳 2030》中"既定"的思路，在法定框架的范围内，将未来深圳建设得更加美好具有重大意义。法定的策略规定了的东西就必须按照这个思路走，城市、社会、空间、产业、环境等都是如此。而如果要调整，必须要报市人大审议方可。

　　第二，体现决策的民主化和科学化。市人大常委会审议通过《深圳 2030》，是人大行使重大事项决定权的体现。作为城市发展的重大事项，市政府提请市人大审议，也体现了决策的民主化和科学化。

第三，《深圳2030》体现了创新的精神。创新是深圳精神的核心体现。《深圳2030》本身就是创新的产物。

创新之一：《深圳2030》借鉴了不少国际大都市发展策略的经验，有不少新的理念和提法。比如，策略中关于城市魅力、城市理想、发展时序、生态发展、区域分工、生态产业、和谐发展等提法都很有新意。而且，在城市功能定位上第一次提出了"与香港共同发展的国际都会"的城市定位，这一定位既有新意也符合深圳的实际。与香港共同发展是深圳独特的优势，将这一优势发挥好，是实现深圳长远发展目标的重要基础。

创新之二：与其他的规划不同的是，《深圳2030》不仅关注了城市空间的发展，而且提出了一个涵盖城市空间、社会发展、经济发展、生态发展、节约型发展等方方面面的协调发展的思路，充分体现了党中央提出的经济社会协调发展的科学发展观的要求。

社会和谐，是一个国际化城市应有的基本特征。深圳今后在实施《深圳2030》策略过程中，应当关注实现社会和谐这一目标。

《深圳2030》在论述深圳面临的挑战时有如下描述："高速的经济发展伴随了诸多社会问题：社会群体之间的差距不断扩大，治安形势严峻，对高级人才吸引力下降，以及外来人口就业、住房和子女教育的困难。未来深圳应如何实现社会和谐？"《深圳2030》提出了未来深圳应如何实现社会和谐这一重要的问题和命题，具有重要意义，也正因为如此，深圳今后在落实和进一步深化《深圳2030》的研究时，应将"深圳社会发展策略研究"作为一个重要的专题深入地研究。没有一个和谐的社会、没有一个稳定的环境，什么事也干不成。《深圳2030》中提出，深圳要建设"可持续发展的全球先锋城市"、建设"与香港共同发展的国际都会"。而从国际上看，社会和谐，是一个国际化城市应有的基本特征。

未来25年的社会发展中，如何实现社会和谐呢？我个人认为，有以下几个方面需要高度重视，并下力气去做好。

一是以人为本，关注民生。把改革和建设的成果惠及全体人民，促进人的全面发展。深圳未来发展最终目的是人的全面发展。人的全面发展是一切发展的根本，是深圳社会发展的主题和终极指向。我们应该认真贯彻以人为本的科学发展观，高度重视民生民计，建立医疗保险、失业保险、欠薪保障、社会救济、社会救助等社会保障体系，使平均受教育程度、文化生活等方面不断达到新水平，使每个市民都拥有平等的、充分的发展机会。在全社会形成尊重人才、鼓励创造、鼓励竞争、宽容失败的良好氛围，并为社会主义社会实现人的全面发展创造、积累经验。

二是未来深圳的政府职能需要更多转向社会管理和公共服务。完善社会立法，依法管理社会，努力预防和化解社会矛盾，维护社会和谐稳定。深圳这个城市与国内其他一些城市相比，有一些特殊性。1000多万人口中，户籍人口与外来人口严重倒挂，这是深圳社会管理面临的一个比较突出的问题和严峻的现实。据国务院研究室不久前公布的中国农民工调研报告显示，现在农民工发生了三大转变：由亦工亦农向全职非农转变；由城乡流动向融入城市转变；由谋求生存向追求平等权利转变。这三大转变应当引起我们高度重视。因此，深圳的发展需要高度关注人口问题，认真研究和对待群众的利益诉求，注重社会公平。

三是加强社会治安防控体系建设，增强市民的安全感。要通过治安防控体系建设有效遏制犯罪，使社会安定有序，人民安居乐业。

四是维护司法公正，保障社会的公平和正义。这是和谐社会的重要特征。我们要通过推进司法改革和创新，依法处理好各类纠纷，认真解决人民群众关注的立案难、执行难、申诉难、超期羁押等问题，努力维护司法公正，保证在全社会实现公平和正义。

五是依法加强环境保护和生态建设，实现人与自然的和谐相处。这也是和谐社会的基本特征之一。强化法治是治理污染、保护生态最有效的手段。未来深圳，要特别强调依靠法律手段，维护基本生态控制线，要通过依法构建生态安全体系，实现人与自然的和谐发展。

（原载《深圳特区报》2006年9月26日）

治安秩序是建设国际化城市重要条件

建设现代化国际化城市，是深圳今后重要的发展目标。秩序是国际化城市的重要标志，而良好的治安秩序又是整个社会秩序的重中之重，是一个城市的第一投资环境，也是建设国际化城市的重要条件。因此，深圳要建设现代化国际城市，必须花大力气营造、维护良好的治安秩序。

近年来，我市在社会治安上开展了大量卓有成效的工作，社会治安有了较大的进步。今后如何进一步改善我市的治安秩序呢？重点要在以下几个方面应加以改善：

一是加强和完善社会治安立法。有法可依是改善治安秩序的重要保障，因此要加强和完善社会治安及综合治理方面的立法。社会治安综合治理方面，我市已经有了一个法规《深圳经济特区社会治安综合治理条例》，但是，该条例的制定已经很多年了，现在社会发展了，许多情况也变化了，需要修改和完善，依法促进社治安综合治理，齐抓共管。

此外，目前我市社会治安最突出的两个问题是出租屋管理问题和外来人口管理问题。这两方面都要加强立法。管理的规定要更加严密，管理的责任也要更加明确。

二是把警务工作重心放在治安防范上。实行警务改革，把警务工作重心放在治安防范上。切实加强治安的基础工作，其中，最重要的就是人口管理和出租屋管理。目前，据统计，深圳的犯罪案件，包括老百姓反映最强烈的"两抢"，大部分是外来人员所为。而这些违法犯罪的外来人员落脚在什么地方呢？大都落脚在深圳的出租屋里。因此，警务改革的方向是把重心放在治安防范上，即要立足于控制和减少发案上。不能仅以破案多少作为评判功过的标准，而主要应该看哪个派出所、哪个社区发案少，防范控制减少发案做得好。这方面观念要转变、更新。

三是织就严密法网威慑犯罪分子。维护良好的治安秩序，还必须进一步加大执法力度。如何加大执法力度呢？按我市的情况看，在治安情况还比较严峻的情况下，依法"严打"的氛围仍需坚持，要有威慑力。及时发现、惩治犯罪分子，是维护社会治安的有效手段。因此，要提高业务技能，提高侦破和审理案件的效率，织就严密法网，有效地打击犯罪。如果无法及时发现、抓获犯罪分子，法网不够严密，那么将助长犯罪分子气焰，不利于社会治安的稳定。

四是治安工作需要依靠群众。做好治安工作，必须坚持执法文明，强化警察的服务职能。要真心实意地依靠群众搞好治安。社会治安真正的铜墙铁壁是人民群众。只有依靠群众，服务群众，人民群众才会关心、理解、支持治安工作。

西方发达国家已经进行了 4 次警务革命，西方警察的形象开始由"战士"向"公仆"回归。"满意决定警务论"成为新的潮流。警察开始进入社区和村庄，公众的安全和满意度成为他们追求的目标。在欧美一些城市、新加坡，城市的街道上很少看到警察，但是社区里却经常可以看到警察的身影，警察融入了社区，他们一方面为社区的居民提供安全保障和服务，另一方面又能有效地依靠群众预防、遏制犯罪，取得了良好的效果。

因此，深圳的警务工作需要借鉴世界上国际化城市的经验。目前，我市已经建立了几百个社区警务室，要真正发挥警务室的作用，组织和要求民警深入到社区，深入到群众中去，服务群众，了解社情民意，预防犯罪，有效地打击犯罪，维护良好的治安秩序。

（原载《深圳法制报》2004 年 1 月 12 日）

构建社会治安防控体系的思考

1. 加强社会转型期治安形势和防控对策的研究，重视一些带规律性问题的调查和政策研究。如何从制度上把治安基本要素中带有规律性的问题研究清楚，加强治安防控体系研究，是一个亟须解决的问题。特别是对深层次反复发生的问题，更需加强研究。比如流动人口犯罪问题，现在很多犯罪分子虽然不具备深圳户籍，但已经是长期生活在深圳，有些人是由从业者转化为罪犯的，不仅仅是以往笼统讲的"外来型"，还带有"内生性"，其特点及带规律性的东西，可作为今后研究和防范的重点之一，以便采取更有效的防范措施。

要认真分析研究深圳经济社会发展情况和人口构成的特殊性，明确社会治安防控体系的目标，继续坚持"打防并举，以防为本"的方针，采取有效措施，增大防控和整治效果，形成强大的威慑力，让违法犯罪分子不敢来深圳作奸犯科。

2. 进一步加强基层公安力量建设，把责任心强、协调能力强、让会做群众工作的民警充实到基层，并建立激励机制，让民警愿意扎根基层，组织防控，作出成绩，这是社会治安防控的重要基础。深圳市人大内务司法委员会在基层派出所调研时，一些基层民警讲，基层基础工作要靠积累，要有连续性，基层社区民警不宜常换。怎样让这些民警安心基层？反映最多的还是职级升迁问题。非领导职数，需要适当向派出所倾斜。还有基层民警反映的住房、子女上学和家属就业等困难，也要形成一个解决的制度，加大力度。此外，社区警务室建设，包括办公用房，要进一步落实和加强。一些基层派出所反映的强制戒毒指标、查处卖淫嫖娼指标管理的科学性合理性问题，也需要研究解决。

3. 进一步提高干警执法水平，提高打击处理的准确率和力度，提高打击处理的威慑、警示作用。打击违法犯罪分子，有效遏止犯罪，这是治安防控的重要措施之一。要进一步提高公安干警办案的证据意识，重视调查取证工作，对检察机关反映的少数基层公安办案单位对退回补充侦查的案件不重视的问题，要重视解决。要探索建立科学的考核机制，公安抓获的犯罪嫌疑人逮捕后能不能起诉出去，法院能不能判罪，可以作为公安执法水平的衡量指标之一。要通过有效准确地打击犯罪来巩固提高治安防控水平。

4. 进一步重视向科技要战斗力和警力，更好地发挥监控设施在防控和打击犯罪中的作用。市政府对公安科技投入较大，以后还会加大投入，但也要注意把钱用到刀刃上，整合好资源，防止重复建设和铺张浪费，防止无效投入，提高科技投入的效益。要向科技要警力、要战斗力，还要注意到科技硬件和软件的结合。要针对有的监控探头资料保存时间短、效果差、甚至不工作，起不到防控作用的问题，加大对监控探头的监管维护力度，倒查责任，确保监控探头更好地发挥打击和防范犯罪的作用。

5. 加强民警队伍和治安巡防员、保安员队伍建设。这是防控体系建设中的一项基础性措施。两个队伍中部分人员工作疲沓，政治业务素质差，体能技能跟不上，工作积极性不高，有的不安心本职工作。加强管理要把从严治警和从优待警结合起来。对巡防和保安队伍更要加强管理，实行优胜劣汰，让更新换代成为制度。有的巡防队员晚上开着警用摩托车，不戴头盔，两三人挤坐一辆摩托车，形象不好。在加强巡防队员的管理和教育的同时，建立保障机制，提高巡防队员的归属感、责任心。要适当提高治安巡防员的工资待遇，达到一定服务年限、有贡献的，可以给户口指标，在本地成家的，廉租房可以给予优先保障；加强正面引导，让市民尊重和支持巡防队员的工作，保证巡防措施落实到位。

6. 加大对黑恶势力及机动车套牌假牌打击力度。黑恶势力对社会治安形成较大威胁，要加大打击黑恶势力的力度。黑恶势力不仅在社会上猖獗，称霸一方，砸店打人，绑架行凶，而且向校园渗透，向青少年伸"黑手"，成为危害社会治安的毒瘤。群众反映对黑恶势力打击还不够狠，措施还不够硬。只有下大决心解决这一问题，我市的社会治安、营商环境才可能会有根本性的改善。

机动车无牌无证、假牌假证及套牌车问题，群众反映较大，这不仅对交通秩序造成严重破坏，危害公共安全，同时也是重大治安隐患之一，一些犯罪嫌疑人使用的车辆就是套牌车、假牌车。车的问题是影响深圳治安的四要素之一，要进一步加大监管和打击力度，用足法律，加大违法成本，除罚款拘留外，对情节严重、构成犯罪的，应当依法追究其刑事责任。

7.实行"警务公开"制度，加强群众监督。"警务公开"是治安防控体系建设的重要保障措施之一。通过强化警务公开，向社会公开防控体系的内容、程序和目标，加强群众对干警的监督，充分发挥人民群众在社会治安防控体系建设中的作用。

8.重视学习中国香港、新加坡、迪拜等先进城市的治安防控和警队管理的经验。中国香港、新加坡、迪拜等先进城市在治安防控和警队管理方面有很多有益的经验，要从深圳实际出发，有针对性地借鉴这些先进城市的管理经验，提高我市治安工作的水平。

9.注重治安防控体系的制度化、法制化建设。构建社会治安防控体系工作中，要注重治本，注重制度建设。要及时总结防控体系建设中的经验和好的做法，形成相应的规范和制度；适当时候可以通过立法，将推行居住证管理等治安防控体系的一些重要内容法制化，巩固治安防控体系建设成果，实现治安防控工作效益的最大化。

10.加强宣传，提高市民的法律意识和治安防范意识，推动社会治安综合治理。一是加强对见义勇为行为的宣传报道，在社会上形成维护正义的良好氛围。二是可以适当通报或报道监控探头设置后防控和发现犯罪的情况，增强监控探头的威慑力。三是借鉴香港等地经验，加强预防犯罪的公益广告宣传。四是要加大宣传教育的力度，教育群众增强防范意识和防盗防抢知识，充分调动群众参与社会治安的积极性，促进形成严密的治安防控网络。

（2007 年 9 月）

从制度上源头上遏制腐败现象

1.改革审批制度，减少审批事项，规范审批行为。近些年受到查处的腐败行为，不少就出在审批环节。进一步推进审批制度改革，需要遵循合理、效能的原则，尽可能减少审批事项，规范审批行为。审批事项越多，越容易滋生腐败现象。人大今后立法，政府制定规章，对于新设立审批事项需要严格把关。凡是通过市场机制能够解决的，应当通过市场机制去解决，不要由政府部门去审批。备案能管住的，就不要审批。确实需要的审批事项，必须严格界定审批许可的内容、条件、程序、时限，尽量减少审批人员的自由裁量权，并向社会公开，接受监督。这是从制度上、源头上遏制腐败现象的重要举措。如果审批行为不规范，随意性较大，就给"吃拿卡要"的行为以可乘之机。

2.严格实行执法责任制，依法追究行政过错责任。责任原则和监督原则是审批制度改革的重要原则，也是政府行政的重要原则。行为行政必须承担责任，是依法行政的基本要求之一。公务员中的腐败现象时有发生，与依法追究行政过错责任不力有较大关系。一些地方制定了行政机关工作人员行政过错责任追究办法，政府部门大都制定了行政过错追究规定，但真正严格依法追究责任的比较少见。比如，"未在规定或承诺时限内完成许可事项或者告知办文结果并发文的，追究过错责任"，但真正按这项规定追究责任的很少。行政过错、行政违法行为得不到及时追究，可能会助长少数人"吃拿卡要"等腐败行为。需要加强监督检查，并借鉴香港申诉专员公署的经验，健全企业和市民投诉机制，健全责任追究机制，促进行政行为的规范，从制度上遏制腐败现象。

　　3.适应加入世贸组织的形势要求，加强公务员职业操守教育，更新思维方式，增强为纳税人服务的意识。这也是从源头上遏制腐败现象的要求之一。中国入世对政府运作和行为规范提出了很高的要求，我们的思维方式和行为方式，要进一步全面地向国际规则和国际惯例过渡。公务员形成良好的职业操守，真正树立为纳税人服务、为企业和群众服务的意识，彻底改变"门难进、脸难看、事难办"现象，切实提高工作效率，是向国际规则和国际惯例过渡，形成良好投资环境和企业经营环境的重要要求。

（2002 年 4 月 27 日）

推进行政执法与刑事司法相衔接

1. 行政执法中及时移送涉嫌犯罪案件，意义重大。一是维护法律法规权威，使犯罪及时得到追究。如果犯罪得不到追究，会使一些人心存侥幸或者没有顾忌再去犯罪；如果一些破坏市场经济秩序犯罪的人没有受到应有的刑罚惩罚，还发了大财，赚了很多黑心钱，这会损害社会的公平正义。犯罪及时受到追究，就会起到威慑作用，以儆效尤。同时，这里也有一个严格执行《中华人民共和国刑事诉讼法》、国务院《行政执法机关移送涉嫌犯罪案件的规定》的问题，有一个维护法律法规严肃性和权威的问题。二是及时移送，有利于维护良好的市场经济秩序。三是及时移送，有利于维护社会和谐稳定。

2. 检察机关需要加强对移送涉嫌犯罪案件的立案监督，维护社会的公平正义。近年来的深圳市人民代表大会上，人大代表们对检察院的监督职能高度关注，希望检察院加大监督力度。市人大常委会会议，专门听取和审议了市检察院关于诉讼监督工作情况的专项工作报告，要求检察院加强诉讼监督，加强对行政执法的监督。我们检察工作的主题是："强化法律监督，维护公平正义"，检察机关需要加大对移送涉嫌犯罪案件立案监督的力度，包括加强立案以后的诉讼监督，维护社会的公平正义。

3. 市人大常委会及其内务司法委员会，监督和支持检察、公安、工商、税务部门认真履行职责，严格依法办事。按宪法、法律规定，人大的职责之一是监督，人大将采取听取和审议专项工作报告、执法检查等方式，推进行政执法机关及时移送涉嫌犯罪案件，推进行政执法与刑事司法相衔接。我们共同努力，使破坏市场经济秩序的犯罪人得到追究，努力维护法律的权威，维护良好的市场秩序，维护社会的公平正义。

（2006 年 7 月 26 日）

落实私房政策中有关法律的若干问题

近年来，各地特别是一些大城市都在抓紧落实党的私房政策，发还"文化大革命"中无偿接管的私房产权，取得了显著成效。但在落实私房政策中，由于情况复杂，任务艰巨，不可避免地出现一些问题，其中私房产权、租赁关系等方面的问题尤为突出。这对于社会安定团结和国家现代化建设都带来一定影响。因此，对于这些问题，必须从理论和实践上加以探讨，并寻求一些解决的办法。

一、私房产权问题

当前，落实私房政策中出现的涉及产权方面的问题较多，主要表现有：

1. 政策虽经落实，但户主无法实际使用。有的住户不承认房主产权，他们主张住进来时是房管所安排的"公房"，只与房管所发生关系。这就涉及民法理论上的所有权与所有权的消灭问题。

生活资料的个人所有权在民法中占有重要地位，它受法律保护，是我们党和国家历来所主张的。十年浩劫中，许多公民的房屋所有权被剥夺，这是严重侵犯公民利益的违法行为。一切政策、法令都不能违背现实。超越社会经济制度和人们的觉悟程度，就势必妨害人们的劳动积极性，不利于生产发展，不利于"四化"建设。因此，党和政府十分重视落实私房政策，保护公民房屋所有权。民法上讲的所有权的消灭，是指通过一定的法律事实，使所有人的所有权归于消失。即使是依行政命令引起的所有权消失，也要按照法律规定的程序和条件办理。过去进行的对私房的社会主义改造，是依据国家有关政策、法律规定的程序和条件进行的，主要对象是以出租大量房屋进行剥削的私房所有者。改造起点以上的房屋，属改造范围；改造起点以下的，属于公民的生活资料，归公民个人所有，受国家法律保护。至于十年内乱中，私房产权被侵害，现在公民要求恢复或确认，这是应该的，不承认房主的产权是不对的。

2. 私房落实政策后，在作为遗产继承中，又出现了产权确认问题。由于公民的房屋被侵占时间较久，政策落实时，往往原业主已经死亡，有的原来情况又比较复杂，于是在当作遗产进行分割时，就产生了种种产权争执。如某地民主街吴某，他的祖父和父亲购置的一栋房屋，"文化大革命"中被交公，落实政策时，祖父与父亲已身故，其姑母提出，她在买房时也出了钱，对产权应有一定的份额。又如欧某与杨某系婶侄关系，欧的丈夫与杨的父亲（均已故）早已分家析产，坐落在某地品字街×号的房屋属欧的丈夫所有，素无争执。1966 年，该房被"交公"。现在落实政策时，杨提出，该房交公时曾写过其父名字，应视为有他父亲一份，父已死，他有继承权。诸如这一类事情，诉之法院的不少，这就带来一个私房产权确认问题。对于这一类问题，必须做好深入细致的调查工作，彻底弄清事实，才能正确解决。

3. 落实政策时，常发现一些虚假情况。鉴于特定的历史条件，往往有些房主于房屋"交公"时，为了避免被划成资本家，便将房产权推给亲友，或以亲友姓名登记；现在落实政策，又出面主张产权。如某地自治街闻某将两栋房屋以其弟弟和侄儿名义"交公"。现在落实政策，闻某出来主张产权。又如某厂职工胡某，自己有私房，为了住公房，串通其兄，向单位谎称房子是兄长的。后来该房"交公"，兄是孤老，进幸福院，政策落实时，该房折价退幸福院。此时，胡某提出异议。类似事情，务必在详细了解其真实情况后，一方面对于真正房主的弄虚作假行为，予以批评教育；另一方面，就产权而论，按有关政策，应为其所有的仍应确认为其所有。

二、私房租赁关系

当前私房租赁出现的矛盾，主要是"租金"、"逼迁"与"房屋修缮"。

如住户周某承租的住房，退还产权后，租金要比原来高七八倍。又如房主林某，为获取高额租金，先将楼下自住房租给某皮鞋厂，每月租金 25 元，并收押金 2000 元，然后再逼迁楼上 3 家住户房屋自住。由于高额租金和逼迁，往往引起诉讼，有的造成矛盾激化。此外，私房在维修上也存在困难问题，有的房主只收租金不修房子，影响住户居住；有的住户因户主不加维修，拒付租金，引起纠纷。司法部门遇到这类问题，往往感到不好处理。

关于落实私房政策中出现的一些问题，特别是产权、租赁等纠纷，我认为这不仅是法律问题，主要还是社会问题。因此，必须各方面加以关注。如何从根本上解决这类问题，提出几点意见如下：

1. 加强对国家有关房管政策和法律的宣传教育工作。要向群众宣传党的私房政策和落实私房政策的重大意义，教育房主和住户协助政府做好落实私房政策工作。教育群众识大体顾大局。由于我国目前人民住房仍供不应求，公民将自住有余的房屋，以合理的租金租给他人使用，对支援国家建设和解决人民住房问题起着积极良好的作用。我国现阶段的私房租赁是一种社会主义性质的租赁关系，应本着团结互助、公平合理、主客两利的原则建立。它与资本主义社会的那种纯粹剥削的租赁关系有着本质的区别。本着这样的原则制定出的房管法规，广大群众必须遵守。对于严重违反房管法规的事件，应作出严肃处理，并选择典型案件组织旁听，对群众加强宣传教育。

2. 加强私房管理。私房纠纷之所以比较突出，因私房管理工作没有跟上，不能不是一个较为重要的原因。鉴于私房产权比较混乱，很有必要对城市私房进行一次全面登记，限定期限，严格审查，换发证照。

与此同时，要制定或修订私房管理办法和私房租赁规则。过去某些大城市虽制定过这类办法和规则，但由于情况发生变化，某些条款已不相适应，必须重新修订。对有些问题，还有必要作出补充规定。比如，一些单位为了扩大营业铺面，便迎合房主的高租金要求，这样就促使了租金抬高和酿成逼迁情况。房管法规应明确规定，除原已租用而又必需者外，今后禁止机关、部队、团体、学校、企业单位（包括集体所有制）租用私房。

私房租金的监督管理，十分重要。各城市应根据当地实际情况，制定出尽可能统一的私房租金标准，其标准可略高于同样结构、相等面积的公房，改变目前标准规定不一的情况。

此外，要建立私房租赁合同登记制度。私房租赁，应到房管部门办理登记手续。通过登记，房管部门既可监督双方，合法建立租赁关系，又可避免不合理租金产生，防止日后逼迁，以及督促房主在享受收取租金权利的同时，承担对私房作出必要维修的义务。

3. 加紧住宅建设，加强住宅分配管理。落实私房政策中出现的房屋租赁纠纷，还有一种是房主确实需要收回自住，而住户找不到房子无法搬走而引起的。对于落实政策中出现的无房户问题，有的城市政府部门规定谁的职工谁负责解决的原则，即由职工所在单位或上级主管部门从现有房屋或新建职工住宅中优先安排。但实际执行中又出现两个问题：（1）供不应求；（2）不正之风。许多无房户还是得不到安排，因此，私房纠纷还是不断增加。为此，一方面在努力发展生产的基础上，必须加快住宅建设步伐。在抓好统建住宅建设的同时，抓好单位自筹资金住宅建设，尽快缓和住房紧张情况，另一方面，大力纠正不正之风，切实改进住宅分配中存在的问题。国家拨给落实私房政策的专项住宅以及统建住宅分配的专项指际，不得挪扯占用，对违反者严肃处理。

（原载《法学》1983 年第 1 期）

关于合同的法律效力问题

近年来，各地各行业在调整方针指导下都在积极推行合同制，这对于促进国家现代化建设，起着很大的作用。但同时也应该看到，实践中还有许多合同缺乏法律效力，不能认真执行。如武汉市一商业局和二轻工业局对本系统 1980 年上半年的合同执行情况检查表明：合同金额完成较好和接近完成的约占 60% 左右，完成较差和没有执行的约占 30% 左右。据上海市生产资料服务公司对 1980 年成交的 1675 份合同进行检查，执行率平均也只在 65% 左右。这方面的问题对于推行合同制，逐步实行用经济手段和法律办法有效地管理经济带来一些影响。因此，合同的法律效力问题便成为目前经济战线上亟待解决的一个问题。本文拟就合同具有法律效力的客观必要性，怎样使合同具有法律效力，以及如何保障合同的法律效力等问题，谈点粗浅的看法。

一

法律效力，是指法律的约束力，它是由国家保证执行的法律上的一种强制作用。合同的法律效力则表现在，合同签订后，双方必须恪守信用，严格执行，合同受国家法律保护，法律既保护订约双方的合法权利，又要求双方履行各自的义务，必要时司法机关可以采取强制措施，强制违反合同的一方履行义务和赔偿对方的经济损失，直至负法律责任。合同具有法律效力和合同本身一样，是商品经济发展的客观需要，是由社会经济发展的客观规律决定的，即有其客观必要性。这种客观必要性，可以从以下三个方面来理解：

第一，从理论上看。合同是当事人根据法律规范的要求，进行的关于建立、变更或消灭民事法律关系的协议。对于这种民事法律关系的协议，马克思主义经典作家是把它同社会的经济生活条件、社会经济发展的客观规律联系起来加以考察的。恩格斯在《家庭、私有制和国家的起源》一书中，分析雅典国家的产生过程时，曾谈到公元前 600 年左右出现的契约及抵押等情况。恩格斯指出："债务契约和土地抵押……既不理会氏族，也不理会胞族。……为了保护债权人对付债务人，为了使货币所有者对小农的剥削神圣化，也造成了一种新的习惯法。"①

1867 年，马克思在《资本论》中分析商品交换过程时指出："这种具有契约形式的（不管这种契约是不是用法律固定下来的）法的关系，是一种反映着经济关系的意志关系。这种法的关系或意志关系的内容是由这种经济关系本身决定的。"②1887 年，恩格斯又明确指出，随着商品交换以社会的规模来进行，才"产生了很复杂的相互契约关系，于是便需要有由社会共同体才能制定的具有普遍效力的规则——即国家制定的法律规范"，便需要契约关系具有相当于国家制定的法律的效力，以保证商品交换的顺利进行。③ 马克思恩格斯的这些论述，深刻地揭示了合同及合同具有法律效力与商品经济、商品交换的密切关系。合同就是作为商品交换的一种具有法律效力的重要形式而面世的，它由商品经济发展的客观规律所决定，又反过来为商品经济的发展服务。

第二，从历史上看。早在奴隶社会和封建社会里，适应着小商品经济的发展，统治阶级为了维护其私有制以及由此而产生的商品交换的经济秩序，就通过国家颁布法律或规范，确认合同关系的法律效力。如奴隶社会的法律认为奴隶是奴隶主所有权的客体，因而买卖交换奴隶的合同是合法有效的。在封建社会里，土地出租出典的合同也是合法有效的，它使地主阶级以合同的形式，把地主对农民的剥削关系固定下来。在资本主义社会里，商品

---

① 《马克思恩格斯选集》第 4 卷，人民出版社 2012 年版，第 125—126 页。

② 《马克思恩格斯选集》第 2 卷，人民出版社 2012 年版，第 128 页。

③ 参见《马克思恩格斯论国家和法》，法律出版社 1958 年版，第 92—93 页。

生产高度发展，作为商品交换的法律形式的合同制度也得到了空前的发展。1804 年的《法国民法典》对于合同方面的问题作出极其广泛而详尽的规定，关于合同部分占法典全部篇幅的一半以上（从 1101—2281 条）。该法典第 1134 条规定："依法成立的契约，在缔结契约的当事人间有相当于法律的效力。"换句话说，当事人之间的契约，对于当事人就等于法律，一定要履行，除非该契约违反了该法典第 6 条所说的"公共秩序"或"善良风俗"。这就是所谓的"契约自治"原则。在一切商品化了的资本主义世界，契约内容无所不有。"人们一向认为不能出让的一切东西，这时都成了交换和买卖的对象，都能出让了"①，甚至父母子女之间也形成了一种以契约为形式的赤裸裸的金钱关系。当然，其中具有重要意义的是劳动力也成为自由买卖的商品，资本主义以雇佣契约的形式把资本家对工人的剥削合法化。契约自治原则的确立，就使得资本主义社会可以自动地运行和发展了。

第三，从社会主义制度下的合同制来看。社会主义合同制是社会主义经济基础的产物，它在本质上不同于剥削阶级国家的合同制。它是落实国民经济计划的具体环节，是联结各企业的纽带，是结合工农业经济的桥梁。新中国成立后，党和政府十分重视利用合同这种法律形式恢复和发展国民经济。早在 1950 年，政务院就批准颁布了《机关、国营企业、合作社签订合同契约暂行办法》。这个暂行办法明文规定，"合同一经签竣，必须严格执行，保持认真严肃的法律效力"。随后，国家又相继对工业、农业、财贸、交通运输、基本建设等部门实行合同制的有关问题，分别作出一些具体规定。这对国民经济的迅速恢复和发展起了很大的作用。粉碎"四人帮"后，特别是党的十一届三中全会以来，党中央、国务院和有关部委的一些重要文件，对实行合同制又作出一些原则性的规定。1979 年 8 月 8 日，国家经委、工商行政管理总局、中国人民银行发布的《关于管理经济合同若干问题的联合通知》中又强调指出："合同签订后，即具有法律效力。"这些规范性文件，都是适应我国新的历史时期经济发展的客观需要而制定的，是客观经济规律的反映。为了维护社会主义经济关系，巩固正常的经济秩序，国家按照

---

① 《马克思恩格斯全集》第 4 卷，人民出版社 1958 年版，第 79 页。

社会主义原则，运用合同这种法律形式对于各种有关的经济关系进行调整，使之符合客观经济规律的要求，是很有必要的。

二

合同具有法律效力，有其客观必要性，那么，在新时期的经济建设中，我们怎样消除合同缺乏法律效力的一些因素，使合同真正具有法律效力呢？从现实来看，有两个方面的工作是先要做好的。

1. 继续进行经济管理体制的改革，这是一个带实质性的问题，是合同具有法律效力的重要条件。

据有关部门调查，目前一些合同缺乏法律效力，不能很好执行的根本原因在于国家经济管理体制存在某些不合理现象。清除这些不合理现象，改革经济管理体制涉及许多方面的问题，诸如改革计划管理办法，处理好计划与合同的关系，处理好计划调节与市场调节的关系，改革企业管理体制、改革财政制度、改革物资供应和商业购销以及运输管理制度，等等，这些都与合同的法律效力有着密切的关系。其中处理好计划与合同的关系是至关重要的一环。因此，我们这里只就计划与合同的关系问题简略地谈几点看法。

社会主义经济是计划经济，我们实行合同制的目的，是促进国家计划的实现，进而促进经济建设的发展。但计划与合同毕竟是两个不同的东西，不能以计划来代替合同。实践中我们有时对计划与合同的关系处理得不好，往往出现一些问题。我们现行的合同，属于计划衔接合同，即在计划的基础上衔接产品的花色品种和数量，协商交货、付款的办法。由于计划一般还是指令性的，合同也就带有一些强制性，不管企业是否有利，是否愿意，都要根据计划衔接合同。因此，实际部门的同志反映，这样的"合同"，基本上就成了第二计划，是行政命令加行政命令，也就在某种意义上失去了合同的意义和作用。近年来，虽然强调扩大企业自主权，实行计划调节与市场调节和以销定产，计划的框框在一些方面开始突破，但合同在很大程度上仍受计划的约束。计划切合实际倒还好说，若计划不切合实际，综合平衡搞得不好，合同就难以签订和执行，即使在行政的压力下签订了合同，也是一个形式，很难真正执行。我们现行计划工作中一个比较突出的问题是，生产指标与原材料、动力供应脱节。计划指标不能切合实际，这就使得辅助执行计划的合同，签订时就孕育着不能履行的因素。如武汉卷烟厂，1980 年接到轻工业部下达的生产计划是 47 万箱卷烟，约需烟叶 50 万担，而商业只能供应 30 万担。工厂因原料不足，就不能保证执行向副食品公司交售卷烟的合同。又如武汉缝纫机总厂，1980 年接到轻工业部下达的整机生产计划是 13 万台，省、市又加码了 3 万台，但省、市加码部分原材料不落实，这就影响了工厂同商业部门签订和执行合同。实际部门的同志反映，"任务层层加码，原材料层层扯皮"，一些合同在签订时就是"无米下锅"，怎么能按时"开饭"呢？此外，现行计划工作还有个问题就是生产指标同需要脱节。实践中一些产销合同不能很好执行，一个重要原因就是计划在合同之先，不切合产销实际。有些产品本来质次价高，款式陈旧，缺乏竞争能力，产大于销，可是计划上规定了，还得照样生产。

有鉴于此，我们应该如何处理好计划与合同的关系呢？

第一，计划一定要切合实际。计划是一种设想和预见，是对未来行动的部署，而科学的预见来源于对实际情况的全面、系统的了解，来源于对客观经济规律的正确认识和自觉利用。要使计划切合实际，比较有效的办法是利用合同这种法律形式，即要求各级计划应建立在合同的基础上。这是因为，一方面合同是商品经济发展的需要，是客观经济规律的反映；另一方面，就一个企业来说，它既有向外提供产品的合同，又有供应自己原材料、燃料、动力、重要配套和设备的合同。各个系统千千万万个企业的合同，反映了社会的需要和生产的可能性，在这些合同或合同要求汇总的基础上制定的各级计划，就比较全面、系统地反映了社会生产和需求的情况，这种预见和设想就比较科学，也就比较切合实际了。为了搞好社会主义计划经济，充分发挥合同在制定和执行计划中的作用，我们可以考虑由国家首先自上而下地下达计划控制指标，企业在下达的控制指标内接受订货，这样在订货合同或草签合同的基础上，自下而上由有关部门逐级汇总进行综合平衡，形成国家各级计划正式下达，企业根据计划，最后确定合同任务，使计划合同化，生产合同化，使国家计划落实在合同上实现。企业对于主管部门下达的没有原材料、燃料、重要配套设备等供应合同保证的空头计划，或者产品没有销货合同保证的生产任务，可以拒绝接受。这一点应在制订计划法时，用法律的形式明确规定下来。

第二，在草签合同的基础上，国家下达的各级计划指标，按说明问题的性质和在国民经济中的重要作用程度的不同，又可分为指令性指标、指导性指标和预测性指标。对于那些重要工业品的产、供、销，重要农产品的收购、调出和调入等指令性指标，企业或有关单位要严格按照国家计划和政策规定，确定好合同任务，使国家的这些指令性计划指标落到实处。对于那些比较重要的工业品等指导性指标，企业在确定合同任务时，可不受约束，但应用作参考。对于那些一般是属于日用小商品的生产、三类物资和三类农副产品的预测性指标，生产单位可根据预测和市场供求情况，自订计划，自签合同。对于这些指导性指标和预测性指标方面的合同，国家可通过经济政策、法规和价格、税收、信贷等经济杠杆的作用，引导企业的发展方向。总之，我国的国情决定了我们既不能像南斯拉夫那样，完全实行合同自治，也不能要求处处都按照强制性的计划衔接合同。

第三，国家计划即便是指令性计划，也只规定了各个企业的任务，不可能规定每个企业完成任务的详细情节。因此，企业在最后确定合同任务时，必须充分考虑自己的条件，确定好合同的具体内容。订立合同以后，各个企业要根据合同的规定，发动职工积极均衡地进行生产。企业要对国家和其他企业承担经济责任，保证按质、按量、按时履行经济合同，完成国家计划。

2. 要使合同的内容合法、具体、明确。

这方面的工作虽然有一些是程序性的问题，但它是合同具有法律效力的前提，不可忽视。长期以来，由于忽视社会主义法制，我们不少经济管理干部，包括一些领导干部，法制观念淡薄，不懂得签订合同是一种法律行为，不懂得合同内容应该合法、具体、明确。实践中许多合同缺乏法律效力，合同内容在合法、具体、明确上出现的问题，也不能不说是一个重要原因。

合同内容必须合法是合同有效的最重要的前提条件。合同所以具有法律效力，受国家法律保护，正是由于合同内容符合国家法律的规定，因而为国家法律所认可和保护。我国的合同制是具体体现社会主义法制原则的合同制。但由于不少人对这个问题还没有一个明确的认识，以致现在有的地方有人签订假合同，买空卖空；有的合同规避法律，把国家计划内的产品变为计划外的产品进行交易；有的签订合同人员受贿，蓄意购进废品，损公肥私；有的合同利用某些备件供不应求，漫天要价破坏国家规定的价格；有的合同违背国家的基本建设程序规定，违背国家的信贷原则、就地加工原则及其他一些有关的政策规定等。所有这些合同都是违法的，得不到国家法律的承认，不能发生法律效力。因此，各企业或单位在签订合同时，一定要严格按照国家法律的规定办事，不得有任何违背，签订和履行合同，必须有利于国计民生，不得破坏社会主义经济秩序。

合同内容必须具体明确，也就是说，合同中该规定的一定要规定上去，合同使用的语言，必须明白准确，没有歧义，这也是合同有效的基本前提条件。实践中在合同上应规定的没有规定，或者规定的不具体不明确，都会带来许多问题。如广东某市一毛纺厂与外商订立的加工毛纱的合同中，没有规定对方来料供应不上使生产停顿，他们应负什么责任。所以对方的生意好时，就多供应原料；生意不好时，就少供甚至停止供应原料，致使毛纺厂生产打打停停，损失不少工时。毛纺厂对此很有意见，而外商对这种情况不负任何责任，因为合同上没有经济责任这方面的具体规定。在收取加工费用的标准上，合同中也只是笼统地规定略低于澳门同类品种加工费水平。怎么算略低呢？从低1%至10%还是"略低"？据查，同是十六支纱的毛纱，每磅加工费，澳门是4元，毛纺厂收取的只有3.2元，这就是低20%了，还能说是"略低"？仅这个问题，由于合同上规定的不明确，毛纺厂同外商争议了10多天，仍无结果。随着中外合资经营企业和对外贸易的发展，我们同外商签订合同可能会增多。为了保证合同的履行，对于合同不能履行的"不可抗力"因素，在同外商签订合同时也要注意，不能笼统地提为"不可抗力"，不然就得吃亏。因为中国和外国对"不可抗力"的解释不同，我们的解释是天灾、人祸、战争等人力不可抗御的事情；而外国如英美的"不可抗力"范围很广，比如罢工也算"不可抗力"，甚至有些金融上的波动、货币的贬值，有时也算"不可抗力"。鉴于实践中出现的一些问题，企业之间签订合同，或者我国企业同外商订立合同时，一定要本着对国家和人民负责的精神，力求使合同的内容做到具体、明确，如列宁所说，合同订立"一切都要经过深思熟虑，反复权衡"①，切不可当作儿戏，草率从事。

<h2 style="text-align:center">三</h2>

合同要真正具有法律效力，还必须有法律制度作保障。这就要求我们加强有关合同方面的立法和司法，逐步健全和完善合同制度，使合同制度真正成为一项行之有效的、严肃认真的法律制度。这是加强社会主义法制的一个方面的问题。

合同制度作为一种法律制度，它是调整等价交换的合同关系的法律规范的总和。它包括民法中有关合同的规定，合同法、各种合同方面的单行法规、法令、条例，以及其他与合同有关的法律中的有关规定，如合同与计划的关系至关重要，这就涉及计划法的有关规定；合同大多是在企业之间进行的，这就涉及企业法的有关规定；合同标准质量问题是合同中的一个比较重要的问题，这就涉及质量管理标准方面的法规的有关规定，等等。社会主义经济生活十分复杂，反映经济生活的合同关系千差万别，因此，要保证合同的法律效力，没有这方面的比较健全的法律制度是不行的。列宁曾经指出，必须对合同的签订和执行"进行自上而下和自下而上的监督"②。靠什么监督，主要靠法律。过去我们一些有关的规定，与现实经济调整、体制改革中出现的新情况有些不相适应。实际部门的同志普遍反映要尽快建立和健全合同方面的法律，切实把合同纳入法律规范。例如合同签订、合同内容、经济责任、违约制裁等，要有法可依，有章可循。不然的话，一些企业、单位法制观念淡薄，合同就会随意签订，扯皮合同就会流行。当前国民经济调整和体制改革形势很好，民法、合同方面的法律、计划法、企业法等都在抓紧制

---

① 《列宁选集》第 44 卷，人民出版社 2012 年版，第 506 页。
② 《列宁全集》第 41 卷，人民出版社 1986 年版，第 167 页。

定。这些法律在社会主义法律体系中是不可分割的，它们之间既有分工，又相互作用、相互补充和影响。比如，作为国家基本大法的"民法准则只是以法的形式表现了社会的经济生活条件"①。它是保障社会生产和交换这个一般经济生活条件得以遵循的一个重要法律部门，而合同正是对社会生产和交换的各种有关的经济关系进行调整的一种重要的法律形式，因此，正在制定的民法对合同方面的问题作出原则规定是有重要意义的。合同法及合同方面的单行法律法规对这些规定加以补充也是很有必要的。其他有关方面的法规的制定也会给合同的签订和履行带来直接或间接的影响。当然，目前调整和改革还在进一步进行，对我们来说，"重要的是革命创举，而法律则应该是它的结果"②。因此，我们难以主观地规定和颁行一套有关合同方面的法律，而必须从实际出发，对我国历史的、现实的有关合同方面的问题进行总结，也需要在此基础上吸取外国的有关经验。列宁曾说："利用和重视资本主义的一切成就。否则，我们就决不能建成任何社会主义和共产主义。"③ 在总结我们的经验和吸收外国有益经验的基础上，我们就可以把符合客观经济规律要求、行之有效的一切实际步骤，"详细地记载下来，加以研究，使之系统化，用更多的经验来检查它，并且定为法规"④。

徒法不能自行。有了合同方面的法规，还要保证它的实行。列宁说："究竟用什么来保证法律的实行呢？第一，对法律的实行加以监督。第二，对不执行法律的加以惩办。"我国这方面的法规主要将是通过有关行政管理机关和经济司法机关的"监督"、"惩办"来保证实行的。这种"监督"，首先应表现在依照法律对合同实行鉴证，审查合同内容是否合法、可行。这种"惩办"，则表现在依照法律对违反法律规定而引起的合同纠纷进行仲裁和审判。

合同（这里主要是指经济合同）是否需要鉴证，认识还不一致。迄今有的同志还认为鉴证没有必要，有些单位、企业不愿意把签订的合同拿到合

---

① 《马克思恩格斯选集》第 4 卷，人民出版社 2012 年版，第 259 页。
② 《列宁全集》第 29 卷，人民出版社 1985 年版，第 412 页。
③ 《列宁全集》第 38 卷，人民出版社 1986 年版，第 333 页。
④ 《列宁全集》第 2 卷，人民出版社 1984 年版，第 358 页。

同管理机关去鉴证。其实社会主义条件下各企业、单位之间的经济合同要受到国家法律和政策的约束，要与国家计划相一致，而不能像资本主义条件下的经济合同那样完全由两家企业自由签订。企业之间的经济合同由合同管理机关鉴证，对合同的内容进行审查，这样做对减少合同纠纷，保障合同的法律效力是必要的。实际生活中合同纠纷较多，由于不履行合同造成的损失，不论由哪一方承担，都是国家和人民的损失。在一些情形下，符合社会主义经济组织利益的是要求订约双方真正履行义务，而不是取得金钱的赔偿，即使金钱的赔偿数额相当于不履行合同所遭致的损失。因此，我们不能光是消极地等到合同纠纷发生后去处理，治本的办法在于预防、减少诉讼，保障合同的法律效力，比较直接的手段之一就是鉴证。东北某市没有实行鉴证以前，许多合同是属于"自由合同"、"扯皮合同"，往往是一纸空文。自从实行鉴证，审查了合同的合法性和可行性之后，履约率达95.6%。从武汉市工商局对部分企业实行合同管理试点的情况看，实行合同鉴证，对增强签约双方的法制观念和责任感，提高履约率以及加强合同的管理，维护合同的法律效力都有重要作用。所以，我们的法律应该明文规定，经济合同必须鉴证，鉴证的合同具有法律效力。至于有的同志担心要求合同都经过鉴证有困难，那就要靠有关部门去多做工作。考虑到目前的实际情况，在民法和合同法没有颁布以前，根据有关部门的意见，至少应该规定：法律和有关部门规定鉴证的合同，必须进行鉴证。凡国家统购包销、统购统配、计划收购的这一部分产品的合同和全民所有制企业之间、集体所有制企业之间的购销金额在5万元以上、加工费在1万元以上的合同，应尽可能实行鉴证。其他合同提倡鉴证，合同双方要求鉴证的应予鉴证。

　　合同纠纷的仲裁和审判应是怎样一个关系，认识也不一致。有的认为合同纠纷只需要仲裁就行了，不要再搞审判；有的则认为只要审判，不用仲裁。这方面，许多国家的做法不一样，南斯拉夫的办法是，所有社会主义经济组织间的合同纠纷，由经济法院管理，不另设仲裁机构。罗马尼亚的办法是，所有社会主义经济组织间的合同纠纷，由国家仲裁机关解决，法院不予受理。我认为某些资本主义国家的法院和仲裁机构同时存在的办法，可资借鉴。因为现实的合同纠纷涉及面广、业务性强，司法部门不可能全部包下来，大部分需要由国家行政机关和业务主管部门通过仲裁解决。但仲裁机关所能采取的仅仅是一种行政措施，当事一方不服仲裁时，还必须通过诉讼程序解决。这里有个问题，即仲裁工作和司法审判工作如何衔接。根据武汉地区和其他一些地区反映的情况来看，合同纠纷实行"两裁两审"的办法，不适应当前解决合同纠纷的需要。因为合同纠纷一般都要求尽快得到解决，如果通过"两裁两审"，时间拖得太长，不利于解决纠纷，也不利于挽回国家财产的损失。因此，建议只搞一级仲裁。对仲裁不服的，即可向人民法院起诉。鉴于现行仲裁工作分头管理的办法问题较多，可考虑单独成立各级专门的合同管理机关，合同纠纷由各级合同管理机关实行一级仲裁；对仲裁不服的，由法院依法判决。

　　为了严肃合同纪律，保障合同的法律效力，仲裁和审判机关在处理合同纠纷时，既要坚持"调解为主"，也要本着过错责任的原则，除人力不可抗拒的自然灾害外，都应追究经济责任和法律责任。由于企业内部的原因不履行合同而偿付的罚金，不能计入成本或冲抵利润，应由企业的利润留成和企业基金中支付。对于企业里的有关直接责任者，情节严重的，应扣罚其一定数额的工资，并视其情况，追究其他责任直至法律责任，切实改变过去那种"企业违了法，罚款罚国家"的现象。由于计划部门和上级主管部门计划失调、指挥不当造成不能履行合同的，应层层追究责任，克服过去那种"都有责任，都不负责任"的现象。这些既要在法律上作出明文规定，又要在司法实践中严格执行。

（原载《湖北财经学院学报》1981 年第 4 期）

四、司法改革与公正司法

推进司法改革，维护司法公正

司法体制改革是政治体制改革的重要组成部分，推进司法改革和司法公正是社会主义民主政治建设的重要任务，是建设社会主义法治国家的重要任务。我们要认真学习贯彻党的十七大报告精神，进一步推进司法体制改革，维护司法公正，保障在全社会实现公平和正义。

一、司法体制改革要进一步深化

党的十六大以来，根据党中央关于推进司法体制改革的部署，国家和地方司法机关提出了司法体制改革的纲要或方案，通过改革和完善刑事司法制度，在尊重和保障人权上取得了新进展；通过改革和完善司法工作机制，提高了司法效率；通过改革和完善司法干部管理体制、司法保障机制，为司法机关履行职责提供了保障，司法改革的成效逐步显现。司法体制改革是一项长期任务，要通过司法体制改革，为发展中国特色社会主义司法事业提供强大动力。我们要按照党的十七大报告精神，深入推进司法体制改革，总结司法体制改革的成功经验，从我国国情出发，积极借鉴人类法治文明的有益成果，优化审判权、检察权、侦查权、执行权等司法职权的科学划分和合理配置，进一步改革和完善司法工作机制、司法保障机制和监督机制。

深圳要按照党的十七大报告关于更好发挥经济特区在改革开放中的重要作用的要求，在近年来司法改革的基础上，在推进法官、检察官职业化改革，改革完善司法救助和法律援助制度，改革完善司法监督机制等方面探索和突破，把改革创新贯彻到司法工作的各个环节，为建设公正高效权威的社会主义司法制度作出贡献。

二、树立法治理念，加强队伍建设

胡锦涛同志在党的十七大报告中强调，要"树立社会主义法治理念"、"弘扬法治精神"，这对司法队伍建设尤为重要。社会主义法治理念的重要内容是执法为民、公平正义，公平正义是社会主义法治理念的价值追求。党的十七大报告强调，"实现社会公平正义是中国共产党人的一贯主张，是发展中国特色社会主义的重大任务"，社会主义司法制度就是要保障在全社会实现公平和正义。我们要根据党的十七大报告关于"加强政法队伍建设"的要求，在司法队伍中深入开展以"执法为民、公平正义"为重要内容的社会主义法治理念教育，加强司法队伍的政治业务素质建设，牢固树立社会主义法治理念，关注民生，执法为民，维护公平正义。我们的司法干警应该认识到，对司法机关来说，民生就是一桩桩、一件件与人民群众生产生活密切相关的事情，群众有难处才找到我们，寻求司法解决常常是穷尽其他救济手段之后的选择，对司法机关寄予了很高的期待。司法机关能够解决的，要尽快拿出一个解决办法；法律范围内难以解决的，也要做好解释说明。要让每一个案件的当事人，不仅在诉讼过程中感受到社会主义法制的力量，同时也能感受到司法机关执法为民，维护公平正义。

三、规范司法行为，服务发展大局

司法工作要服务于发展中国特色社会主义事业的大局，深刻把握工业化、信息化、城镇化、市场化、国际化深入发展新形势下各项事业发展面临的新课题、新矛盾，正确应对人民群众司法需求增多、案件数量增加、处理难度增大的新压力，进一步规范司法行为，严格、公正、文明执法，提高司法效率。要通过公正高效的司法活动，依法惩罚犯罪，及时处理人民群众的利益诉求，依法维护人民群众合法权益，依法制裁各种损害群众利益的行为，最大限度地实现公平和正义，最大限度地增加和谐因素，最大限度地减少不和谐因素，为发展中国特色社会主义伟大事业创造良好的社会环境和法治环境。

胡锦涛同志在党的十七大报告中强调，要"完善制约和监督机制，保证人民赋予的权力始终用来为人民谋利益。确保权力正确行使，必须让权力在阳光下运行"。为保证司法权的正确行使，必须进一步实行司法公开，以司法公开促进司法公正。法院立案、审判、执行的各个环节，检察院的批捕、起诉及自侦案件，都要依法公开进行，接受人民群众的监督。要加强司法机关自身监督，特别是要抓住人民群众不满意、容易发生执法问题的岗位和环节，着力加强执法责任体系、执法质量考评体系和执法监督体系建设，从注重事后监督转变为注重执法全程动态监督。人大常委会要通过听取审议法院、检察院的专项工作报告、执法检查等形式，加强对司法工作的监督，同时发挥群众监督、舆论监督作用，"增强监督合力和实效"，促进司法公正。

四、维护司法权威，提高司法公信力

司法公信力和司法权威，不是靠权势，而是靠严格执法、热情服务、主持公道、伸张正义，赢得广大人民群众和社会的认可，归根结底要靠公正执法。在司法工作中，要把每一起案件的办理，每一件事情的处理都当作维护社会公平正义的具体实践，努力从实体上、程序上、时效上全面保障社会公平正义的实现；特别要坚持法律面前人人平等，依法秉公办案，并通过完善司法救助和法律援助制度，关注和满足各类社会群体对法律的不同需求，使人人平等地享用法律资源，享受法律的公正，从制度上维护司法权威，提高司法公信力。同时，国家机关、社会各界和社会公众都要维护社会主义法制的尊严和权威，理解和支持司法机关的工作，保证审判机关、检察机关依法独立公正地行使审判权、检察权，维护司法权威。

（原载《深圳特区报》2007年10月19日。

原题：《实行司法公开　完善监督机制》）

坚持法治思维 深化司法改革

党的十八大报告提出，运用法治思维和法治方式深化改革、推动发展、化解矛盾、维护稳定。坚持运用法治思维推进和深化司法改革，对于保障司法改革顺利进行，维护公平正义，具有重要意义。

一、坚持法治思维

以习近平同志为总书记的党中央高度重视法治和法治思维。习近平同志强调，要努力以法治凝聚改革共识，重大改革都要于法有据。以法治凝聚改革共识，这是一个全新的思维，这就是法治思维。党的十八届四中全会通过的《中共中央关于全面推进依法治国的若干重大问题的决定》（以下简称党的十八届四中全会《决定》）指出，面对新形势、新任务，我们党要更好地统筹社会力量、平衡社会利益、调节社会关系、规范社会行为，必须更好地发挥法治的引领和规范作用。这也是一种法治思维。李克强总理强调，对政府来说，"法无授权不可为"；对老百姓来说，"法无禁止皆可为"。这也是法治思维。党的十八届四中全会《决定》讲的平衡社会利益、调节社会关系，都跟我们法院的审判工作有密切关系。人民法院要深化改革、化解矛盾、维护稳定，都需要按照党的十八大报告和党的十八届三中、四中全会有关要求，提高运用法治思维和法治方式的能力。人民法院研究室、审管办、各个庭都可以研究，怎样提高运用法治思维和法治方式深化改革、化解矛盾、维护稳定的能力。比如维稳要在法治的基础上维稳，依法维稳。社会上缠诉闹访时有发生，有些人信访不信法，有的单位有案子在法院，一审二审都组织几十上百人到法院打横幅、静坐。法院不能受影响，要运用法治思维依法裁判。要依法实行信访案件终结制度。

二、深化司法改革

深圳人民法院的司法改革走在全国前面，受到中央和全国人大领导同志肯定。深圳人民法院司法改革主要是两个方面，一是2014年上半年开始实施的法官职业化改革，二是审判权运行机制改革。推进法官职业化改革，各级人大和许多人大代表近些年一直呼吁。法官职业化改革，主要是去行政化，对法官实行有别于行政机关的单独的职务序列管理，建立符合司法规律的法官职业保障机制。这个改革方向是完全正确的，下一步要进一步深化完善。审判权运行机制改革，主要是解决"让审理者裁判，由裁判者负责"的问题。2014年9月，深圳市中级人民法院正式启动了审判权运行机制改革，新选任的审判长宣誓就职。深圳法院的司法改革，下一步将怎样进一步深化？

一是进一步明确司法改革的评判标准。司法体制改革必须为了人民、依靠人民、造福人民。司法改革成效如何，要由人民来评判，要看司法公信力是不是提高了。深化司法体制改革，要广泛听取人民群众意见，了解人民群众的期待，把解决了多少问题、人民群众对问题解决的满意度、对司法的公信度，作为评判司法改革成效的标准。

二是实行办案质量终身负责制和错案责任倒查问责制，完善人民法院司法责任制。审判权运行机制改革的要害在于"让审理者裁判，由裁判者负责"。裁判者怎样负责、责任怎样界定、在哪些情况下要追究责任、怎样追究责任，都需要研究。要研究建立和完善科学合理的裁判者负责制度。法官有审案判案的权力，也要加强对他们的监督制约，建立办案责任制。司法责任制是司法改革的牛鼻子。要把对司法权的法律监督、社会监督、舆论监督落实到位，推进司法公正。

完善人民法院司法责任制，要以严格的审判责任制为核心，以科学的审判权力运行机制为前提，以明晰的审判组织权限和审判人员职责为基础，以有效的审判管理和监督制度为保障，让审理者裁判、由裁判者负责，确保人民法院依法独立公正行使审判权。要坚持问题导向，遵循司法权运行规律，着力改进审判组织形式、裁判文书签署机制、审判委员会制度。要落实法官在职责范围内对办案质量终身负责，严格依纪依法追究法官违法审判责任，同时建立健全法官履职保护机制。

三是与职业化改革相关的，还有法官助理队伍建设问题。深圳市中级人民法院几位庭长反映：法官助理队伍不稳定，留不住人，辞职的多。房地产庭讲，他们庭有7个合议庭，只有9名法官助理（还有病假、孕产等因素不在岗），不适应开庭需要。这个问题需要认真对待。法官职业化，助理人数多一点，才合理。我们的司法改革要借鉴欧美、中国香港的法官职业化经验，法官精英化就需要有较多的辅助人员，法官可以腾出手来研究问题，法律和案件的把握可以更准确一些。

四是研究符合审判规律的考核机制。法院有些考核指标不科学的问题，多年有反映。法院在设置考核指标时需要多听取一线法官的意见和建议，建立符合审判规律的科学的考核机制。

五是进一步加强专业审判庭建设。深圳市中级人民法院商事审判庭的同志提到，根据审判工作实际，需要设立金融审判庭。金融业是深圳的支柱产业之一，深圳法院金融类案件2013年是2万多件，占较大的比例。广州、上海法院设立了金融审判庭，我们要积极推进设立金融审判庭，这对深圳的经济社会发展有重要意义，可以作为一项改革措施。

六是涉法涉诉体制改革要进一步研究和重视，特别是要研究完善信访案件的终结制度。法院一些同志说最困扰的就是信访缠诉，牵扯了法官很大精力。改革要坚持问题导向，什么问题突出就改革什么，大家都反映最困扰、最头疼的是信访问题，就要重视研究这方面的改革。

七是推进民商事裁判文书简化改革。市中级人民法院近年来推行的民商事案件裁判文书简化改革，有的案件裁判文书立等可取，这是一项很好的改革，要坚持推进，取得更好成效。

三、维护公平正义，提高司法效率

维护公平正义、提高司法效率，是司法改革的重要内容。宣传部门近年来一直在宣传核心价值观，司法机关的核心价值是什么呢？习近平同志在 2014 年中央政法工作会议讲话中指出，促进社会公平正义，是政法工作的核心价值追求，公平正义是政法工作的生命线。邓小平同志也曾指出，没有公平，改革就失败了。人民法院是维护社会公平正义的最后一道防线，要肩扛公正天平、手持正义之剑，追求公平正义，以公正裁判维护社会公平正义，让人民群众感受到公平正义就在身边。最高人民法院行政审判庭庭长2014 年 10 月在解释工伤认定时指出，下班途中顺道买菜出意外，应算工伤，受到社会广泛好评，认为关注民生，体现了公平正义。

在维护司法公正的同时，要提高司法效率。司法体制改革的目标，就是建立公正高效权威的司法制度。现在反映有些案件拖得时间较长，这其中有案多人少的问题。但还是希望人民法院进一步重视提高司法效率问题。有的案件在法定时限内结不了案，要向当事人说明情况。

最高人民法院原院长肖扬同志在全国人民代表大会上报告工作时曾指出，"迟到的正义不是正义"。法学界有学者解读为"迟到的正义是非正义"，没有效率的司法是不公正的司法。法院在司法改革中，要坚持公正与效率这一司法价值取向，认真研究怎样保持公正与效率的平衡，不可偏废。当二者发生冲突不能兼顾时，司法效率可以适当为司法公正让路，避免盲目追求效率而损害司法公正；同时，在保证司法公正的前提下，则必须考虑司法效率的最大化，努力使正义的实现更加快捷。

四、推进司法公开

推进司法公开也是司法改革的重要内容。深圳市人民法院的司法公开是走在全国前面的，还需要进一步推进。司法公开有个重要作用就是倒逼机制，以公开促公正。济南市中级人民法院审理薄熙来案，进行微博直播，他们组织了几十人的团队，压力很大。但正因为公开了这样敏感的案件，社会反映是好的。最高人民法院周强院长强调，司法公开，要实现"四个转变"，要变被动公开为主动公开，变内部公开为外部公开，变选择性公开为全面公开，变形式公开为实质公开。深圳市人民法院要按照最高法院要求，进一步推进司法公开，把深化司法公开的过程，变成人民法院和人民群众双向互动的过程，取得人民群众对法院工作的理解和支持，同时促进司法公正。

（2014 年 9 月）

深圳解决执行难的立法探索和司法实践

2007 年 3 月，深圳市人大常委会根据党中央关于"切实解决执行难问题"的精神和实际需要，探索制定了一部解决执行难方面的地方立法——《深圳市人大常委会关于加强人民法院民事执行工作若干问题的决定》（以下简称《民事执行决定》），公布实施，引起社会广泛关注，受到市民拥护。最高人民法院领导同志在接受《人民日报》专访（2007 年 5 月 16 日）时说："深圳关于执行的首部特色立法，对解决执行难有标志性作用，为地方及国家立法机关提供了解决执行难的法律参考样板。" 2007 年 7 月召开的全国高级人民法院院长座谈会强调，要推广深圳将执行工作经验上升为地方立法的经验，各地法院要借鉴深圳的做法，积极推动同级人大制定类似的执行工作决定，使解决执行难问题走上法治化轨道。全国人大工作机构对深圳执行立法给予肯定。全国人大内务司法委员会、法制工作委员会、最高人民法院研究起草的《中华人民共和国民事诉讼法》修正案草案"执行部分"，吸收借鉴了深圳执行立法几个条文。这里就这部立法的背景、主要内容及法规实施的司法实践作一简要介绍。

一、深圳解决执行难立法探索的背景

执行难是长期困扰人民法院执行工作的突出问题。大量生效的民事法律文书难以执行，损害了当事人的合法权益，导致作为市场经济基础的社会信用关系和商品交易安全缺乏保障；损害了国家法律的权威，损害了人民法院的司法权威；损害了社会的公平和正义，同时也引发了一些社会不安定因素，影响社会和谐。

党和国家对解决执行难问题高度重视。中共中央于 1999 年 7 月发出通知，要求各级党委高度重视、切实解决执行难问题。党的十六大报告要求："切实解决执行难问题。"《中共中央关于构建社会主义和谐社会若干重大问题的决定》和《中共中央关于进一步加强人民法院、人民检察院工作的决定》也明确要求，完善执行工作制度和机制，加大执行工作力度，让打赢官司且有条件执行的当事人及时实现权益，维护国家法律权威。中央四个重要文件都要求解决执行难，可见这个问题的重要性。近年来，深圳两级人民法院在解决执行难问题上，做了大量艰苦的工作，取得了一定的成效。但是，执行难问题尚未得到根本性解决，全市需要强制执行的案件呈逐年上升趋势，而法院判决裁定的自动履行率却总体呈下降趋势，2003 年自动履行率为 26.1%，2004 年降为 20.7%，2005 年降为 12.5%，2006 年降为 10% 以下，法院执行工作面临严峻的形势。在 2006 年召开的深圳市四届人大二次会议和四届人大常委会第七次会议上，执行难问题引起了人大代表和常委会组成人员的高度关注。

执行难问题产生的原因，一是部分当事人法律意识淡薄，藐视生效裁判的权威性和严肃性，采取种种手段逃避履行债务；二是社会信用体系尚未建立起来，社会诚信意识缺失，欠债还钱在一些人心目中没有概念，欠债不还而失信的惩戒机制尚未有效建立；三是法院执行缺乏威慑机制，拒不执行者没有受到相应的限制和制裁，违法成本较低；四是执行协助机制不健全；五是法院执行工作本身也有不规范的地方，执行效率不高也多有反映。此外，还有个别政府部门和个别领导的不适当干预。深圳和其他地方一样都面临执行难问题。

深圳市人大内务司法委员会到市法院就解决执行难问题进行调研时，院领导和执行法官反映，关键是制度问题，现有的法律武器力度不够，国家层面解决执行难的立法滞后，希望市人大探索制定一个执行方面的地方法规。在这种背景下，深圳面临两种选择，要么消极等待国家有关法律出台和执行大环境的改善，要么创造性地走出一条新路。深圳选择了后者。市人大内务司法委员会报请市人大主任会议研究确定，为保证国家民事执行法律规定在我市的有效实施，保障人民法院及时有效地执行生效的民事法律文书，维护司法权威，维护社会的公平和正义，根据中央精神，市人大常委会很有必要就完善执行措施、加强执行协助、加强执行监督等若干问题，探索作出细化、可操作性强的规定，促进执行难问题的解决。市人大常委会作出的决定，交由市人民政府、市中级人民法院、市人民检察院执行，并报告执行结果，这对解决执法难问题，将发挥积极的推动作用。

执行法规起草过程中，也有不同意见。个别同志认为，执行属于诉讼程序，是国家立法的范围，地方不能搞。我们认为，深圳起草制定的这个法规，只是在完善执行措施等方面，对国家有关法律规定作了一些细化、可操作的规定，不违反国家法律的规定，恰恰是为了更好地保证国家法律的实施。全国人大内务司法委员会、最高人民法院对深圳制定这个法规都表示支持，认为深圳市人大从贯彻实施民事执行法律规定、完善执行措施、规范执行行为的角度，就执行工作作出比较具体的、可操作的规定，是促进执行难问题解决的有益探索，希望深圳在解决执行难问题上为全国探索新路。

二、深圳解决执行难地方立法的主要内容

深圳这个执行立法主要是三个方面的内容，推动建立三大机制，即执行威慑机制、执行协助机制、执行监督机制。

1. 完善执行措施，推动建立执行威慑机制。《民事执行决定》规定了7项措施，主要的考虑是加大对不履行法院判决裁定违法行为的约束、限制和制裁力度，提高其违法成本，让拒不执行者付出代价。

（1）被执行人财产申报。《民事执行决定》规定了财产申报的程序、申报内容、申报财产听证及相应的法律责任等内容。在以往的执行工作中，法院去调查被执行人的财产状况，难度很大，要求被执行人向法院申报自己的财产状况，有利于债务执行的实现。这项措施已经在我市法院实行了一段时间。《民事执行决定》对这项措施予以提升和规范。

（2）悬赏举报。《民事执行决定》规定，申请执行人可以向人民法院申请悬赏举报被执行人财产，旨在动员社会力量来支持法院的执行工作，遏制

被执行人隐匿财产、逃避债务。

（3）执行信息录入信用征信系统。主要是通过企业和个人信用征信系统等方式，将不履行生效法律文书的被执行人的信息予以披露，供社会公众公开查询，发挥信用惩戒机制的作用，促使被执行人履行法律义务。

（4）限制出境。这项措施，是执行威慑机制的重要组成部分。目的是防止拒不履行生效法律文书确定义务的被执行人通过出国、出境来逃避债务。

（5）限制被执行人投标。这项措施的目的是对不履行法律文书确定义务的被执行人承接政府投资项目进行限制，这有利于净化市场，减少政府投资项目的风险。

（6）限制被执行人投资、置业、高消费。实践中，一些人欠债不还，却开好车、旅游度假、高消费，影响社会公平正义，影响社会和谐，需要适当限制。中央关于切实解决执行难的通知要求对此类行为通过法律手段、行政手段予以限制或禁止。《民事执行决定》根据实际需要，总结实践经验，列举了不履行债务的被执行人的一些投资、高消费等行为，这些行为被视为有能力履行而拒不履行，人民法院可以依法采取强制措施；《民事执行决定》还规定对欠债不还而高消费的，可以悬赏举报，动员社会力量监督"老赖"，从而达到遏制和间接限制被执行人高消费，促使被执行人履行生效法律文书确定义务的目的。在香港，欠债不还的，不能坐出租，不能上酒楼，有人盯着他。他们有一个说法，欠债不还，要么破产，要么跳楼，只能过简单的生活。

（7）被执行人执行信息媒体曝光。这一措施，目的在于发挥舆论监督的作用。

最高人民法院负责人在接受《人民日报》采访时说："深圳执行立法的7条措施，织就了一张围堵'老赖'的恢恢法网：被执行人须如实向法院申报财产，否则将面临被悬赏举报；不履行法院判决，被执行人的相关信息将被录入信用征信系统，并向社会曝光；还将被限制出国、出境、承接政府投资项目等；一次性消费超过本市最低月生活保障标准等7种行为，被视为'有能力履行而拒不履行'，将被法院采取司法拘留等强制措施。深圳这部特色立法，把司法实践中的执行经验上升为法定制度，构建了一个全方位的执行威慑机制，叫被执行人不敢赖、不能赖。让当地法院的执行工作，能够真正形成长效机制，逐步走上法治化轨道。"

2. 加强执行协助，推动建立执行协助机制。《民事执行决定》重点就有关单位的协助执行作出具体规定。人民法院执行与有关单位的协助执行相结合是民事执行不可或缺的组成部分。人民法院的执行工作，需要公安、规划、国土房产、建设、税务、工商、银行监管、证券监管、保险监管等部门以及银行、证券、保险等金融机构的协助配合，建立信息沟通和执行协调联动机制，为法院执行工作创造一个良好的执法环境。

对于有关部门和单位协助法院执行的义务，国家法律已有规定，但国家的规定比较原则。在实践中，有的部门和单位不配合、不协助或推诿、拖延的情况时有发生，有的甚至为被执行人通风报信，为其转移资产提供方便。针对这种情况，《民事执行决定》分别规定了行政部门的协助义务和协助方式、金融机构的协助义务和协助方式，以及对不协助的单位和个人的法律责任追究。

3. 加强执行监督，推动建立执行监督机制。执行工作涉及面广、牵涉利益大，由于制度的不完善，执行工作中出现的问题也不少，执行不规范的现象时有发生。所以，加强对执行工作的规范和监督十分必要。规范、公正、高效的执行工作，是解决执行难问题的一个前提条件。为此，《民事执行决定》除规定执行公开，接受社会监督外，还规定了法院内部监督、人大监督、当事人监督等监督措施，以监督促进法院的执行工作，促进执行规范和公正，促进执行难问题的解决。

三、深圳解决执行难的司法实践

深圳贯彻这个执行立法的司法实践，主要有以下几个方面：

1. 初步建立起执行威慑机制。（1）要求所有被执行人向法院申报财产。拒不申报财产的依法给予处罚。2007 年 8 月，深圳中院对拒不申报财产、为逃避债务履行而转移财产的华西企业有限公司罚款 3 万元。罗湖区法院对拒不申报财产的两家公司分别罚款 3 万元、2 万元。

（2）执行信息及时录入信用征信系统，发挥失信惩戒机制的作用。2007年 3 月以后，所有新立案的执行案件，必须在 5 日内录入深圳企业信用网、深圳个人信用网及全国法院执行案件信息系统，供单位和个人查阅。这一措施已经开始发挥作用，这些被执行人，在银行贷不到款，因为深圳银行规定贷款前必须查询征信系统。有不良记录，也会影响这些被执行人签合同。现在已经有一些被执行人看到信用网上有不良记录后，找到法院，主动要求还债，愿意承担执行费，请求法院把网上的"黑名单"拿下来。

（3）限制被执行人出境。罗湖区人民法院 2007 年开始采取限制出境措施，对 24 名被执行人实施边境控制，实际控制到被执行人 20 人，有 13 人在被控后履行了全部债务，另有 7 人与申请执行人达成和解并履行协议。有一件长达 5 年的劳资纠纷案一直得不到执行，在对被执行人的法定代表人陈某被控后，经执行法院晓以利害，陈某当日即将 40 万元执行款付至罗湖区人民法院执行款专户，使劳资纠纷案执行完毕，维护了员工的合法权益。另有一件执行案，被执行人黄某为香港居民，长期恶意逃避债务，被法院边控后，慑于法律的强大威力，当日即与申请人达成和解，3 日内按和解协议将20 余万元债务全部履行完毕。

（4）对拒不履行判决裁定情节严重的，采取拘留、刑事追究等强制措施。2007 年，市、区两级人民法院对 26 名拒执行为人实行司法拘留。拘留以后，基本上都履行了债务。市中级人民法院 2007 年还对魏援台拒不履行法院判决情节严重一案移送追究刑事责任。据罗湖区人民检察院指控，魏援台于 1995 年 1 月 8 日至 1995 年 6 月 5 日期间分 5 次向张某某借款共计港币 403 万元。借款到期后，魏援台未按期还钱。张某某向市中级人民法院提起民事诉讼，市中级人民法院判决魏援台偿还张某某借款本金及利息，但魏援台并未在人民法院判令的期限内偿还该笔款项。张某某向市中院申请强制执行，魏援台在规定的期限内仍未主动执行生效文书，也未按规定向法院申报财产。经法院调查，魏生活水准很高，他担任着 3 个公司的总经理，开着奔驰、宝马，戴的是劳力士手表，往来深圳与其他城市都是乘飞机。法院请深圳机场公安机关协助查控，魏援台在深圳机场登机时，被机场公安分局留置，并移交给市中院实施拘留。在机场，警方从他身上搜出了 3 部车的钥匙，其中一辆车是奔驰。在机场被留置时，魏援台趁乱将镶满钻石的劳力士手表交给了自己的司机。后来，这块表被执行法官追回，经鉴定该表的价值为人民币 19 万元。在魏援台身上还搜出了农行信用卡、金穗卡各一张。经查实，仅 2006 年 1 月至 6 月期间，魏援台刷卡用于个人消费 50 多万元。办案人员还查实，魏援台在银行存有较大数额的资金及几处房产。以上情况表明，被执行人魏援台有能力履行而拒不履行法院判决确定的义务，罗湖区人民法院以拒不履行法院判决裁定罪判处魏有期徒刑 2 年 6 个月。法院查封的魏有关房产、车辆、账户资金用于抵债。这个案件的处理，在全国引起较大的反响。

以上这些执行措施，大体形成了一张围堵"老赖"的法网，提高其违法成本，让拒执者付出代价，初步建立起执行威慑机制。

2. 执行协助机制的逐步建立。根据《民事执行决定》的要求，深圳市公安、工商、国土房产、建设等部门都制定了协助法院执行的实施办法；金融机构研究制定了系统内统一查询、统一冻结、统一划扣的协助执行工作制度。市工商局在注册大厅专设股权冻结及强制执行管理窗口，协助法院办理有关手续；市国土房产局在市中院设立了土地房产查封解封窗口，协助法院执行工作；市公安交警局对法院执行中要求办理车辆过户手续的，抓紧办理。对于拒不履行协助执行义务的，法院开始采取强制措施。市中级人民法院依法对构成妨害民事诉讼行为的协助执行义务人中国建设银行股份有限公司深圳分行红荔支行给予罚款 3 万元的处罚。

3. 执行监督机制逐步建立。2007 年以来，市中院对各区人民法院贯彻市人大《民事执行决定》的情况进行了检查监督考评，检查考评情况作了通报。法院内部监督的重点，一是执行公开；二是执行时限。法院现在正在健全完善执行监督制度。特别是针对执行工作中容易出问题的重点岗位和环节，建立起比较完善的监督制度。这些重点岗位和环节包括：财产调查、查封、扣押、冻结，委托评估、拍卖，执行标的物和价款的保管与交付，对执行异议的审查和处理，执行中止和终结，暂缓执行，执行担保等，这些执行措施都要公开。还针对消极执行、不能在规定期限内执行等比较突出的问题，制定制止消极执行的规定。还要进一步建立和完善执行责任制和责任追究制。

加强执行监督机制建设，规范执行行为，促进执行公正，实际上是加强司法公信力建设的一个重要方面。应该看到，我们现在的司法公信力不高。社会主义条件下的司法公信力，从根本上说，不是靠权势或者强力得到的，而是靠人民的信任，靠严格执法，主持公道，伸张正义，热情服务得到的。我们要通过监督，促进执行的规范化，促进司法的公正与高效，努力提高司法公信力，维护司法权威。

执行工作司法实践中还有两个问题，需要研究，重视解决。一是"执行不能"的问题，即被执行人确实没有可供执行的财产。法院要实事求是地说明情况，申请执行人要承担诉讼风险（现在深圳市人民法院在立案时已有风险告知）。二是申请执行人和被执行人都是困难群体的执行案件。深圳已经建立了一个执行救助基金，对生活困难的申请执行人予以救助，促进社会和谐稳定。

深圳市委、市人大对 2007 年法院执行工作提出的目标是：执行工作在年内有较大突破，执行难问题在年内有较大缓解。今后两年执行工作的目标是，通过进一步加大执行工作力度和宣传教育，使法院判决裁定的自动履行率有较大提高，司法权威有较大提高，执行难问题得到基本解决，人民群众对执行工作比较满意。我们相信，经过努力，这个目标是可以实现的。市人大常委会安排从 2007 年开始，一抓 3 年，抓住不放，一抓到底，加强对执行工作的监督和支持，力求取得实效，维护法律权威，维护司法权威，促进社会的公平和正义，促进社会和谐。

（原载《特区实践与理论》2007 年第 6 期）

推进司法改革，加强审判管理

审判管理工作是人民法院的一项重要工作，需要在推进司法改革中加强和完善。

一、把司法公正和高效、提升司法公信力，
作为司法改革和审判管理的目标要求

司法改革、审判管理的目的，就是为了促进建立公正高效权威的司法制度，提高司法公信力。深圳市人民法院开展的审限控制、审判效率管理、审判质量管理、审判监督等，都是为了促进司法的公正和效率，提升司法公信力，维护司法权威。

审判管理工作还需要注重办案的法律效果和社会效果的有机统一，这是党中央关于加强法院、检察院工作的决定提出的要求，是最高人民法院提出的要求。我们需要把坚持办案的法律效果和社会效果有机统一，作为审判管理工作的重要内容之一，促进司法公正和效率，促进司法公信和司法权威。

二、推进司法改革和创新，促进审判管理工作上台阶

深圳市中级人民法院推进的人员分类管理改革、审判执行机制改革、审判管理监督改革、服务机制改革等 30 多项改革举措，有利于推动整个法院的工作，促进司法的公正和效率，提高司法公信，维护司法权威。通过一

系列的改革创新，使我们的审判管理工作上新台阶、上水平，打造特区人民法院工作新品牌。

司法改革和审判管理工作需要注意听取人民法院基层单位、一线法官和社会各界的意见。2012 年 9 月，深圳市人大内务司法委员会在市中级人民法院召开的推进司法改革、加强审判管理工作座谈会上，部分庭长、审判长提出的司法改革的方向目标如何进一步明确、建立科学合理的审判绩效考核机制、建立符合审判规律的管理模式、建立两级法院联网裁判文书库及案件查询系统、防范监控虚假诉讼、审判管理指标如何突出重点、合议庭成员可否双向选择、合议庭可以相对专业化、成立案件质量评审委员会、加大审判公开力度、注重审判管理的人性化、通过审判管理奖惩结合调动法官积极性、推进法官职业化改革等意见和建议，值得法院认真研究改进。

我们需要通过组织基层单位、一线法官参与司法改革和审判管理，把改革理念、价值追求、基本要求变为一线法官的自觉认识，把改革的政策措施、制度规范变为一线法官的自觉行动，把各项改革措施落实到司法一线。另外，我们改革的举措需要向社会宣传，听取人大代表和群众的意见，把改革成果惠及群众，使我们的审判管理和司法改革得到群众的理解和支持，这也是提高我们司法公信力的重要途径。

三、法院改革和审判管理工作中要坚持服务大局、司法为民的理念，促进经济社会发展

坚持服务大局、司法为民的理念，促进经济社会发展，需要在推进司法改革、加强审判管理工作中很好把握。

深圳市中级人民法院研究筹建前海法院，这既是司法改革的举措，也是服务发展大局的重要举措。建立前海深港现代服务业合作区，是国家战略，党中央要求把前海合作区建设成为全国现代服务业的重要基地，引领、带动我国现代服务业的发展升级，为全国现代服务业的创新发展提供新经验，以现代服务业发展促进产业结构优化升级，为我国构建对外开放新格局，为全国转变发展方式，实现科学发展，发挥示范带动作用。前海合作区

也是深圳发展的大战略，是深圳今后发展的重要支点。通过设立前海法院，把前海合作区内的诉讼案件处理好，为前海的发展提供司法保障，就是服务大局。全市经济发展一个突出任务是要调整产业结构，一些低端的污染型的加工企业要迁出或关闭一批，可能有这样那样的纠纷，法院做好这方面的司法保障和服务工作，这也是服务大局。近年来，深圳市政府在发展高新技术产业的同时，超前布局战略性新兴产业，即互联网、新材料、新能源、生物工程、新一代信息技术等战略性新兴产业，百度、阿里巴巴的南方总部和海外总部已经建在深圳。这对深圳今后的发展意义重大。高新技术产业的发展，战略性新兴产业的发展，不可避免地会产生知识产权等方面诉讼案件，法院提供这方面的司法保障，这也是服务大局。现在全市正在进行新一轮土地管理制度改革，加快城市更新步伐，法院做好房地产及城市更新方面的司法保障，也是为大局服务。法院的审判执行工作对深圳经济社会发展大局具有不可替代的保障作用，我们需要增强服务大局的意识，增强服务大局的自觉性。

在服务大局的同时，我们还需要进一步坚持人民法院的人民性，坚持司法为民的理念，增强服务人民群众的意识。市中级人民法院和一些区人民法院设立诉讼服务中心，就是服务群众、方便群众的体现。

四、审判管理需要重视和研究解决法院案多人少的问题

案多人少是困扰法院多年的一个问题。深圳市中级人民法院和基层人民法院多年反映的一个问题，就是案多人少，法官压力大。其他地方的一些法院也存在类似问题。这是我们审判管理工作需要重视和研究解决的一个重要问题，争取在减少诉讼案件、促进社会和谐方面探索一些新路。

解决法院案多人少问题，需要各有关方面共同努力。可以在以下三个方面进一步加大工作力度：一是深化改革。改革是深圳特区人民法院勇立潮头的不竭动力，改革出生产力，改革出效益。市中级人民法院部署的五个方面的改革，包括民商事案件裁判文书简化改革，对解决案多人少问题具有重要意义。民商事裁判文书简化改革可以减轻法官起草裁判文书的工作量，受

到各区人民法院的欢迎。这项改革还需要加大力度，逐步提高令状式、要素式、表格式裁判文书在民商事裁判文书中的比例。市中级人民法院也要抓紧研究推进二审民商事案件裁判文书简化改革。这项改革做好以后，对全国法院系统会有示范意义。二是加强审判管理。审判流程管理、审限监控、审判效率管理、审判质量管理等，有利于促进司法的公正和效率，有助于解决案多人少的问题。审判管理工作做好了，也可以出生产力，出效益。三是充分发挥社会力量的作用。人民调解、企业劳动争议调解、纠纷联调、仲裁机构调解、行业协会调解、诉前调解等，解决了大量的民商事纠纷。深圳市宝安区人民法院推进劳资纠纷企业调解、劳动站调解、人民调解、法院指导联调，减少了大量的诉讼案件到法院。宝安区劳动部门统计，2008 年至 2011 年，每年有近 5 万件劳动争议案件得到调解处理，大大减少了诉讼到人民法院的劳动争议案件。深圳市福田区 2008 年 10 月开始在 14 个派出所、5 家医院和区人民法院、区信访局、公安交警大队设立人民调解室，配备法律专业人民调解员（政府向律师事务所招标购买法律服务）132 名；至 2012 年 8 月，受理民间纠纷 35717 起，成功调解 32439 起，调解成功率 90.8%，当事人满意率 93.6%，被中央有关部门称为人民调解 "福田模式"。人民调解是最具中国特色的民间纠纷处理方式，加强人民法院对人民调解工作的指导，充分发挥社会力量的作用，可以减少大量的诉讼案件到人民法院，有利于解决人民法院案多人少的问题。

人民法院诉讼案件不是越多越好，而是争取逐步适当减少。我们需要通过进一步深化改革、加强审判管理、充分发挥社会力量的作用等措施，通过各有关方面的共同努力，逐步解决案多人少的问题，使人民法院工作逐步走上良性循环的轨道。

五、加强人民法院文化建设，为人民法院工作科学发展提供精神动力和良好氛围

人民法院文化建设，是人民法院管理的重要内容。加强人民法院文化建设，可以为人民法院工作科学发展提供精神动力和良好氛围，更好地促进

执法办案，促进提升人民法院形象和司法公信。我们既要严格管理、严格要求，又要关心法官、爱护法官，注重审判管理的人性化，通过人民法院文化建设，增强法官的荣誉感，增强法官队伍的凝聚力、战斗力。市人大常委会和人大代表要向社会宣传，使我们的法官得到社会更多的理解、支持和尊重。市人大在依法监督的同时，也要理解支持人民法院工作，维护人民法院的权威，维护司法权威。

（2012 年 9 月 12 日）

坚持人民法院的人民性

人民是依法治国的主体和力量源泉。司法体制改革和法院建设，必须为了人民、依靠人民、造福人民。法院要坚持人民司法为人民，依靠人民推进公正司法，通过公正司法维护人民权益。

一、增强群众观念，坚持人民法院的人民性

我们的法院叫"人民法院"，只有中华人民共和国等两三个社会主义国家叫人民法院，中国还有人民检察院、人民政府、人民警察。这是我们党和政权机关的先进性，这是我们的政治优势。人民性是我们人民法院、人民检察院的本质属性。努力满足人民的司法需求，维护人民群众的合法权益，是人民法院、人民检察院的神圣职责。

深圳市、区两级人民法院在联系群众、为群众服务方面开展了大量的工作，比如 2011 年开展的"法官进社区"活动，是联系群众、化解民间纠纷的一种很好方式，也是法院队伍建设的一个路径。我们联系群众还可以创新一些其他的方式，还需要进一步加强同人大代表的联系、听取人大代表的意见。市中级人民法院在联系人大代表方面开展了很好的工作，比如每月发短信、寄资料等，还可以组织人大代表、司法监督员开展一些活动，组织召开座谈会，组织人大代表到业务庭调研，真心实意地听取人大代表意见，听取司法监督员的意见，让人大代表了解法院的工作，支持人民法院的工作。坚持密切联系群众、联系人大代表，可以使人民法院更好地了解民意，使人民法院的工作更好地符合民意，更好地为人民群众服务，得到人民群众的理

解和支持。孟建柱同志在担任公安部长时的一个讲话中指出："要坚持民意导向不动摇，真正做到把评判权切实交给群众；民意是一把尺子，能够衡量出公安工作的好坏优劣；民意是一种导向，能够引领公安工作的前进方向。"《法制日报》报道，北京市公安局提出了"民意指导警务创新"的工作理念，建立了一个"民意库"，每月研判一次，针对人民群众、人大代表反映比较强烈的食品药品安全、交通、消防、黑车、黑网吧、盗抢等突出问题，组织了几次大的专项行动，集中整治，取得很好成效。北京市公安局还顺应人民群众对食品药品安全的呼声，最近专门成立了"食品药品犯罪侦查支队"。北京市公安局的实践，我们可以学习借鉴，进一步做好新形势下的群众工作。

二、发挥人民法院在社会治理创新、化解社会矛盾、促进社会和谐中的职能作用

社会治理创新、社会矛盾化解，促进社会和谐，人民法院"定纷止争"具有不可替代的职能作用。这是人民法院人民性的重要体现。人民法院的审判工作，是社会治理的重要方面。深圳市中级人民法院近年来在加强审判执行工作的同时，推出了法官进社区、诉前调解、小额速裁试点等，都是社会矛盾化解、社会治理创新的举措。罗湖区人民法院于 2011 年 7 月 14 日在区民政局婚姻登记处设立调解工作室，对离婚协议进行司法确认，尝试婚姻纠纷的"一站式"解决，可以降低当事人的诉讼成本，也可以减轻法院审判压力，这也是一个创新举措。所以人民法院在社会管理创新、社会矛盾化解中具有不可替代的职能作用。

社会管理创新、社会矛盾化解，还可以发挥社会机构、社会组织的作用。上海市高级人民法院和上海市商务委员会签署了一份协议，上海市的商事纠纷到法院立案前，法院要引导当事人先到上海市商委设立的经贸商事调解中心先行进行调解；商委也向本行业企业发出通知，引导企业在发生商事争议时，先行通过商事调解中心调解，调解不成再到法院。这样发挥社会机构、社会组织的作用，可以减少法院很多案件。深圳贸促会也有个商事调解

中心，法院可以发挥这个调解中心的作用。

三、研究运用刑法武器，以改革创新精神 加大对民生司法保护的力度

全国人大常委会提交的《中华人民共和国刑法修正案（八）草案》（以下简称《刑法修正案（八）》）说明中指出，为了适应以民生为重点的社会建设需要，加强对民生的刑法保护，增加了一些新的犯罪规定，如醉驾、飙车、不支付劳动报酬的犯罪。法院加强对民生的刑法保护，也是人民法院人民性的体现。

近些年深圳存在大量欠薪逃匿问题，老板跑了，问题留给政府处理。以往追究欠薪逃匿很难，抓回来了也没办法治他，深圳市人大常委会曾专门就恶意欠薪入罪给全国人大常委会写过报告。现在欠薪逃匿可以依法治罪，这对维护农民工权益、促进劳动关系和谐将发挥重要作用。佛山市依照《刑法修正案（八）》逮捕了一个欠薪逃匿的老板，法院审理判处有期徒刑，社会反响很好。《刑法修正案（八）》对制售假药、危害食品安全犯罪的规定，调整了构成要件，降低了入罪门槛，也是为了加大惩治力度，加强对民生的司法保护。我们需要准确理解《刑法修正案（八）》的精神实质。人民群众对醉驾入罪、恶意欠薪入罪、打击危害食品药品安全犯罪一片叫好，这反映了人民群众对民生司法保护的呼唤。这些问题都是需要着力解决的、人民群众最关心、最直接、最现实的利益问题，也是人民法院要着力解决的人民群众关心的涉及公共安全、权益保障、公平正义的突出问题。这也是人民法院人民性的重要体现。

对于涉及民生的危害食品安全、制售假药、恶意欠薪、制售假冒伪劣商品等违法犯罪行为，总体上讲是打击不力。打假为什么越打越多，重要原因是打击不力，违法成本太低。运用刑法治罪才有威慑力，才能加强对民生保护的力度。食品安全问题，关键是要严格执法，要像治理醉驾那样整治食品安全问题，要让违法者付出高昂的成本，包括治罪，加大民生司法保护力度，这样才有威慑力。这是一个治本的措施。

　　加大运用刑法保护民生的力度，需要有改革创新精神。人民法院要进一步提高运用刑法武器保护民生的认识，市人民法院需要加强对区人民法院的指导。运用刑法武器保护民生，人民法院是最后一个环节，还涉及公安、检察机关，涉及有关职能部门移送涉嫌犯罪的案件。要促进行政执法与刑事司法的有机衔接。要抓危害食品安全、制售假药、恶意欠薪等方面的典型犯罪案件，加大惩治力度，加强宣传力度，形成威慑力。加大对民生司法保护的力度，加大对人民群众、人大代表关注的食品安全、药品安全、交通安全等公共安全的司法保护力度，这样会得到人民群众的拥护。

（2011 年 7 月）

在改革中增强司法能力

最高人民法院前任院长肖扬同志在 2006 年 3 月 11 日十届全国人大四次会议上作的《最高人民法院工作报告》提出："当前人民群众日益增长的司法需求与司法能力不相适应的矛盾突出。"这个判断也适合我们深圳法院的状况。如何缓解这个矛盾，推进司法改革，增强司法能力，促进司法公正，谈几点思考和建议。

一、推进知识产权案"三审合一"、审前调解、法官
进社区等改革举措，在改革中增强司法能力

国家对知识产权的保护越来越重视。深圳市中级人民法院从 2010 年开始推进的知识产权案件"三审合一"（知识产权民事、行政、刑事案件审理由知识产权审判庭负责）改革的目标，是使深圳的知识产权得到有效的保护，知识产权有关的犯罪案件得到严肃制裁，知识产权纠纷得到有效化解，为深圳创建国家创新型城市提供良好的法治环境。深圳市中级人民法院推进审前调解、法官进社区改革，有利于化解矛盾、减少民事案件到诉讼环节。人民法院要善于给自己"卸压"，案件不是越多越好。审前调解、法官进社区，这是我们给自己卸压的一个举措。我们要通过审前调解、法官进社区活动的深入开展，逐步推动民事案件增幅的回落。可以将推动民事案件增幅的回落，作为我们审前调解、法官进社区活动的目标之一。

审前调解、法官进社区实际上也是做群众工作，是提高司法能力的举措。胡锦涛同志在党的十七届五中全会上对做好新形势下的群众工作作了讲

话。我们的法官要学会做群众工作，提高做群众工作的水平，讲老百姓听得懂的话，用老百姓听得懂的话释法明理，让老百姓感觉到公平正义就在身边。法官进社区还要宣传法律，弘扬法治精神，引导群众依法表达诉求，促进在全社会形成尊重法治、崇尚法治的良好氛围。法官在做群众工作的同时，提高自身司法能力。这样，我们法官进社区的意义就更大了。

二、在法官进社区改革的基础上，进一步推动法官了解社情民意、服务大局，增强司法能力

人民法院是处理社会矛盾的最后一道屏障，具有不可替代的职能作用。这就要求我们法官走向社会，了解社情民意，认识和把握社会矛盾，增强服务意识，增强大局意识，增强司法能力。年轻法官了解社会，了解民情，了解大局，对于增强司法能力，在判案中把握法律效果和社会效果的有机统一，会很有帮助。

服务大局，是社会主义法治理念的重要内容，也是司法能力的重要体现。人民法院的工作要服务大局，这就要求我们认识和把握大局。深圳的大局是什么？深圳的大局是"加快建设现代化国际化先进城市"，全市上下、各行各业都要为这个大局服务。人民法院工作也要为这个大局服务。增强大局意识、服务大局，还要求法官对一定时期的中心工作有一定的了解。法官的工作忙，压力大，经常加班，但我还是建议我们法官每天能抽10分钟翻阅一下当天的《深圳特区报》，大致了解国内外大事，了解市委、市人大、市政府在做什么，了解社情民意。还可以抽时间看看央视新闻联播和深视新闻，这对我们法官的工作会有好处。法官还可以参加一些社会活动。2010年市人大换届之后，为市人大常委会组成人员选聘法律助理，市中级人民法院也有法官报名被选聘上了，这是一件光荣的事情，法律助理参与人大立法监督工作，有利于开阔视野，增强司法能力，对做好审判工作会有帮助。

三、推进法院体制机制改革和制度创新，增强司法能力

知识产权案件"三审合一"属于体制创新，深圳法院体制和工作机制还有哪些需要改革创新，通过改革增强司法能力，需要研究。比如推进法官职业化改革，去行政化，建立有别于行政机关的法官单独职务序列和单独薪酬体系，建立符合司法规律的法官职业保障机制，对于人民法院建设具有重要意义。这项改革有难度，但需要继续推进。市人大的领导和内务司法委员会近年来一直在呼吁推进法官、检察官职业化改革。

在法院制度创新方面，2006 年下半年深圳市中级人民法院向市人大内务司法委员会提出完善执行工作立法的建议，市人大支持人民法院的意见，在较短时间出台了《深圳市人大常委会关于加强人民法院民事执行工作若干问题的决定》。这个法规性决定有不少制度创新，比如规定要求被执行人申报财产、被执行人信息纳入信用征信、对"老赖"限制出境、限制高消费，在全国走在前列。一些不履行法院判决的人，一限制出境，就说要履行判决还钱了。纳入信用征信后，银行不给贷款，有的签合同受影响，一些人找到法院，说我履行判决还钱，请求能不能摘下网上那"黑名单"。深圳民事执行立法中财产申报、限制出境、信用征信等 4 个条文规定被全国人大修改民诉法执行部分时吸收；限制高消费的措施，2010 年 10 月被最高法院在全国推开。全国人大内务司法委员会、最高人民法院认为，深圳民事执行立法为国家完善相关立法作出了贡献。2010 年 11 月，深圳市中级人民法院商事审判座谈会上提出，需要建立个人破产制度，希望人大能立法。市人大内务司法委员会表示支持。如果能立法，对解决执行难、"执行不能"问题，也有帮助。可以考虑借鉴新加坡及中国香港、澳门等地个人破产制度的立法经验，运用深圳特区立法权，率先建立个人破产制度。这可能又是人民法院一个重要的制度创新。

四、提高司法效率，力求使公平正义及时得到实现

高效是我们国家司法制度的基本要求之一，"公正与效率"是人民法院工作的重要主题，也是法院司法能力的重要体现。最高人民法院前任院长肖扬同志在全国人民代表大会报告工作时曾说过："迟到的正义不是正义。"我们人大受理的涉及人民法院的投诉、申诉，反映较多的一个问题，是有的案件审理时间比较长，执行案件时间也比较长。办案时间长，可能有案情复杂、案多、人手不够等因素，但是主观上可以再努力。建议法院采取措施，促进更多的案件在法定的期限内审结并得到执行，力求使公平正义及时得到实现。

五、加强司法监督，注重办案的法律效果和 社会效果的统一，维护司法公正

公正是社会主义司法制度的本质要求，司法监督是促进司法公正的重要举措。加强司法监督，首先是加强人民法院内部的审判监督，这是我们司法公正的重要保证。中级人民法院作为二审法院要加强审判监督的力度，要逐步提高二审开庭率，对一审法院处理的不适当案件该纠正的要纠正、该发回重审的要发回重审。市人大接到的司法投诉案件中，反映有的发回重审案件拖的时间比较长。发回重审的案件要催办、要督促。审判监督庭是人民法院的重要职能部门，要进一步发挥审判监督的作用。现在法院成立了审判管理办公室，要充分发挥监督协调和督办的作用。审判管理和审判监督要以公正和效率作为监督和管理的重点，久拖不决的要过问，要督办。

审判管理和审判监督还有很重要的一点，是要注重办案的法律效果和社会效果的统一，这是中共中央《关于加强人民法院、人民检察院工作的决定》中明确强调的。社会效果怎么把握？审判实践中，有的法官说不好把握，有的法官在把握法律效果和社会效果的统一上有欠缺，有的法官视野不够开阔，思路不够开阔，有局限性，对法律条文理解得比较机械，对法律精

神实质的把握不够全面、准确，法院需要研究这个问题。我认为对办案社会效果的把握，主要是在办案中体现胡锦涛同志提出的"执法为民、公平正义、服务大局"的法治理念，作为检验社会效果的重要考量。因2008年金融危机等因素导致劳动纠纷大量增加，其中因企业未买保险提出解除劳动合同要求补偿这类纠纷占较大比例。在处理这类纠纷问题上，深圳市人大关于和谐劳动关系的立法和市中级法院对这类案件的处理，体现了法律效果和社会效果的统一。市人大常委会在制定《深圳经济特区和谐劳动关系促进条例》立法时，对《中华人民共和国劳动合同法》的有关规定作了适当变通，规定用人单位未依法为劳动者缴纳社会保险费的，劳动者应当依法要求用人单位缴纳；用人单位未在一个月内按规定缴纳的，劳动者可以解除劳动合同，用人单位应当依法支付经济补偿。立法上的变通，有了一个月的缓冲期。市中级人民法院在处理这类案件时认真把握人大立法的精神，员工因单位未买保险要求解除合同及补偿向法院起诉，法院告诉他先要求单位缴纳保险费，单位一个月内未缴纳，再来起诉。有这样一个月的缓冲期，许多纠纷在企业内部就化解了，有利于金融危机情况下企业与员工共度时艰，人民法院也减少了大量的案件。这样就做到了法律效果和社会效果的统一，既保护了员工合法权益，又促进了企业的发展，服务了经济发展大局。法官增强把握社会矛盾的能力，增强把握大局的能力，办案时思路就开阔了，视野就开阔了，心胸也开阔了，司法能力增强了，就能比较好地把握法律效果和社会效果的有机统一。

　　加强司法监督还有一个重要方面，就是法院工作要接受社会的监督，包括接受人大的监督、人大代表的监督、人民群众的监督。人大同法院的目标是一致的，人大在监督中要支持法院的工作。

六、加大执行工作力度，维护司法权威

　　权威是社会主义司法制度的另一个基本特征。我们要通过努力，包括人大、政府和社会各界的努力，共同维护人民法院的权威，维护司法权威。人民法院也要维护自己的权威，除了公正裁判、提高司法公信力、加强法院

文化建设等之外，很重要的一个方面，就是进一步加大执行工作的力度，增强司法能力，进一步解决法院执行难，这对于维护司法权威具有重要意义。

执行难影响正常的经济秩序，影响社会和谐，更重要的是影响司法权威。人民法院的执行工作要真正到位，真正有实效，需要在三个方面加大力度，建立起三个机制：一是建立执行威慑机制。进一步加大限制出境、司法拘留、机场布控、上信用网挂"黑名单"、限制高消费等措施的力度。在外国只要有一起信用不良记录，许多事情都受影响。现在我们虽然将被执行人信息上网了，但是宣传不够，公众信用意识不够，查询信用记录的不多，还没有形成威慑和舆论压力。所以要加大宣传力度，真正发挥信用惩戒机制的作用，这是解决执行难一个治本的措施。二是建立执行协助机制。以前人民法院要到各个银行网点去办理查询、冻结，市人大关于加强民事执行工作决定出台之后，将深圳十几家银行全部召集开会，签订了执行协助公约，现在人民法院只需要到各银行深圳分行总部办理查询和冻结就行了。还有公安局、国土局的协助力度也比较大。要采取措施使这种协助机制进一步完善。三是建立执行监督机制。执行难有被执行人难找、财产难控制等因素，但是还有一个因素，是我们有的执行案件执行不规范，执行效率低，拖的时间比较长，所以要加强执行工作监督管理。要进一步明确人民法院执行工作的目标、解决执行难工作的目标，在执行工作有较大进展、执行难的问题有较大缓解的基础上，提出更高一些的目标要求：一是通过执行威慑机制的建立，推动人民法院判决裁定自动履行率逐年上升，推动进入强制执行的案件逐步回落，逐步走向良性循环的轨道，维护法院判决裁定的权威，维护司法权威；二是执行到位率有较大提高；三是通过执行工作的规范和高效，使人民群众比较满意。

（2010 年 12 月）

推进检察工作改革创新

推进检察工作改革创新，对于发挥检察机关职能作用，维护公平正义，具有重要意义。

一、推进检察法律监督工作的改革创新，维护社会公平正义

怎样推进严格执法、公正司法进程？检察院的法律监督是十分重要的力量。着力点就是最高检察院要求的"着力解决执法司法中人民群众反映强烈的突出问题"。人民群众关心的突出问题主要有食品药品安全、交通安全、消防安全、治安安全等公共安全问题，还有权益保障、公平正义问题。检察院是国家的法律监督机关，检察院的工作主题是"加强法律监督，维护公平正义"。检察院维护社会公平正义很重要的一个方面，体现在立案监督、侦查监督、审判监督。这方面的监督力度还不够，监督还不到位。需要进一步改革创新，加大监督力度，维护社会公平正义。

二、推进惩治职务犯罪工作的改革创新，发挥检察机关在反腐倡廉、建设廉洁城市中的职能作用

中共深圳市委、市政府于 2011 年 7 月 17 日发布了《关于建设廉洁城市的决定》，赋予了检察院重要任务。检察院在深圳建设廉洁城市中具有重要的职能作用。检察院的反贪、渎检、批捕、起诉职能作用十分重要，不可

替代。

怎样发挥好检察院在反腐倡廉、建设廉洁城市中的职能作用？我说几点看法：

一是把严肃查办职务犯罪案件摆在突出位置。市委、市政府《关于建设廉洁城市的决定》明确要求："严厉惩治腐败，保持查办案件的强劲势头。"深圳市检察院研究"新规制下反贪工作的调适与探索"课题，探索构建既适合当前形势要求，又符合侦查规律运转高效的反贪工作模式。这对于严肃查办职务犯罪有重要意义。

二是把改革创新、制度创新贯穿于惩治职务犯罪工作的全过程。反贪反渎工作的改革创新，包括查办案件的改革创新和制度创新，充分发挥办案的震慑作用；包括内部监督制约的改革创新和制度创新，使查办的案件能搞准，有影响，法律效果和社会效果都比较好。

三是加大对行贿犯罪的惩治力度。市委、市政府《关于建设廉洁城市的决定》对这个问题有明确要求，人民群众有要求。我们要采取综合措施，加大对行贿犯罪的惩处力度。

四是重视控告申诉工作。控告申诉反映的情况占查案线索比例较高，要充分发挥控告申诉机构的作用，这也是检察院联系人民群众的一个窗口。对群众的控告申诉要认真对待，尽可能有回应，包括有的被害人家属无路可走时到检察院来求助，在可能的情况下，给予保护和救助。

五是重视职务犯罪的预防。推进职务犯罪预防的改革创新，包括宣传教育怎样有针对性，重点高发领域及政府重大工程怎样介入，预防腐败信息怎样共享，都可以研究。此外还需要结合办案，加强对职务犯罪的分析和对策研究，向有关方面提出预防建议。最高人民检察院曹建明检察长于2011年3月在全国人大会议上的报告中提出："要建立职务犯罪预防年度报告制度，及时研究职务犯罪发案态势和预防对策，每年形成综合报告提交党委、人大、政府和有关部门参考。"深圳市人民检察院要加强这方面的工作。

三、推进社会治理创新，促进社会和谐

检察院参与社会治理创新、促进社会和谐大有可为。比如通过刑事案件办理提出检察建议，推动完善社会治安立体防控体系，这也是党委、人大、政府高度重视和人民群众关注的问题。社会治安立体防控体系仅靠公安部门一家是建立不起来的，需要全社会的参与，人民检察院可以发挥积极作用。对办案中发现的问题，可以组织研究，通过检察建议的形式，给公安部门和有关单位提出改进工作的意见建议。再比如规范和强化社区矫正法律监督，协助基层组织加强社区服刑人员的矫正帮教；完善适合未成年人身心特点的办案方式，加强教育感化挽救；等等。这样就可以发挥人民检察院在深圳社会治理创新、和谐社会建设过程中的积极作用。

（2011 年 8 月）

加强检察院诉讼监督工作

1. 检察院的诉讼监督，在维护社会的公平正义中具有不可替代的作用，需要把诉讼监督放到更加突出的位置。检察工作的主题是"强化法律监督，维护公平正义"，人民检察院的法律监督主要是通过诉讼监督包括侦查监督、审判监督来体现的，诉讼监督同时也是维护司法公正、维护公平正义的重要举措，而且这种监督是有法律程序规定的，是其他监督形式不可替代的。

2. 检察院要加强监督工作力度。近年来，人大代表反映比较多的意见和建议，就是希望检察院加大法律监督的力度。检察院要认真解决好一些干警诉讼监督意识不强、重办案轻监督、监督不到位等问题，自觉把诉讼监督放到更加突出的位置，敢于监督，善于监督，强化监督力度，维护司法公正，维护社会的公平正义。

3. 加强立案监督，高度重视并努力解决一些行政机关对涉嫌犯罪案件不移送、有案不立、"以罚代刑"的问题。深圳市人大内务司法委员会到6个区调研，各区都反映，对破坏市场经济秩序的违法犯罪，存在"以罚代刑"、打击不力的问题。这个问题也是长时间存在的问题。国务院于20世纪90年代就发布了《行政机关移送涉嫌犯罪案件的规定》，但因为各方面的原因，这个规定执行得不够好。10年打假，越打越多，比较能说明这个问题。《中华人民共和国刑法》规定，制售假冒伪劣商品，获罪量刑的起点是销售额5万元，销售额达到200万元可判无期徒刑。深圳每年查处大量制售假冒伪劣商品案件，很少有移送判罪的。一些人被行政处罚了，继续制售假冒伪劣商品，继续赚黑心钱，这哪有什么公平正义？这对诚信企业和守法老百姓是不公平的。还有非法出售专用发票等扰乱市场秩序犯罪，也很少受到刑事追究。因此，解决涉嫌犯罪案件的移送问题，使破坏市场经济秩序的犯罪分子得到应有的惩罚，对于维护法律的尊严和权威，维护良好的市场秩序，维护社会的公平正义，具有重要意义。检察机关要高度重视，加强法律监督，促进"以罚代刑"问题的解决。市人大内务司法委员会也将把这个问题列为监督工作的重点之一。

4. 加强对侦查工作的监督。在加强侦查立案监督的同时，对要求侦查机关补充侦查、完善证据的案件，要加强监督，引导侦查取证，减少存疑不诉案件的出现。

5. 突出民事审判监督的工作重点，注重监督实效。深圳两级人民法院2005年审结民商事案件6万余件，检察院民事审判监督力量有限，可选择一些有影响的案件，研究清楚，提高民事案件抗诉的准确性，抗诉要抗到点子上，提高抗诉成功率，增强监督实效。

6. 提高监督能力，提高监督水平，提高监督质量。应该看到，我们检察人员的整体素质和监督能力，还不能完全适应诉讼监督工作的需要。一般来说，监督者要比被监督者略高一筹。检察院在加强社会主义法治理念教育、提高干警政治素质的同时，要加强业务培训，加强培养一批复合型、专业型的业务人才，提高诉讼监督的能力和水平。

（2006 年 7 月）

惩治危害食品安全犯罪，加强民生司法保护

加大惩治危害食品安全犯罪力度，加强民生司法保护，对于保障和改善民生，具有重要意义。

一

党的十八大报告提出了加强以保障和改善民生为重点的社会建设、改革完善食品安全监管体制、强化食品安全体系建设的任务。习近平同志强调，坚决打击各类食品安全违法犯罪行为，提高群众消费安全感和满意度。李克强同志在 2013 年 5 月 6 日和 8 日召开的国务院常务会议上强调，要建立"最严格的食品安全监管法律制度"，严厉打击危害食品安全违法犯罪行为。2013 年 5 月 13 日，李克强总理在政府职能转变动员会上强调，民以食为天，对生产销售"病死猪肉"、"掺假羊肉"、"毒生姜"等危害食品安全违法犯罪行为，要严厉打击，重典治乱，要让犯罪分子付出付不起的代价。

为充分运用刑法武器严厉惩治危害食品安全犯罪，遏制危害食品安全犯罪的猖獗势头，最高人民法院和最高人民检察院于 2013 年 5 月公布了《关于办理危害食品安全刑事案件适用法律若干问题的解释》，明确了危害食品安全相关犯罪严格定罪量刑的标准，法网更加严密，界定更加清晰，惩处更加严厉，受到社会广泛关注。这一司法解释首次对利用"地沟油"等有毒有害非食品原料生产销售食品定罪量刑作出明确规定，即生产销售有毒有害食品金额 50 万元以上，或者后果特别严重的，最高可判处死刑；对惩治生猪屠宰"黑窝点"、加工销售"病死猪肉"、滥用食品添加剂等定罪量刑作出了

明确规定；对纠正监管失职、以罚代刑、有案不移、有案不立作出了明确规定，对食品监管渎职最高可判处 10 年有期徒刑。国务院于 2013 年 5 月 16 日发布通知，要求各级公安机关对重大危害食品安全犯罪案件，要提前介入，实行挂牌督办。国家食品药品监督管理总局负责人在 2013 年 5 月 16 日的新闻发布会上指出，中国食品安全领域违法犯罪问题十分突出，要按"两高"司法解释，"让那些为了谋财不惜害命的人倾家荡产、人头落地"。

党中央、国务院指示精神和"两高"这次司法解释，提出重典治乱，大幅提高违法成本，对危害食品安全犯罪分子和监管渎职人员是威慑，对人民群众是福音，受到公众舆论的广泛好评。要使"最严格法律制度"发挥作用，靠的是严格执行。多年来，查处问题食品时，以罚代刑、有案不移、有案不立现象时有发生，使危害食品安全违法犯罪成本远低于其收益。执法不严，惩处不力，食品安全违法成本过低，是食品安全恶性事件屡屡发生的重要原因。因此，认真贯彻落实习近平同志、李克强同志等中央领导同志指示精神，严格执行《中华人民共和国刑法》及"两高"有关危害食品安全犯罪的司法解释，加大对危害食品安全犯罪的打击力度，对维护食品安全具有十分重要的意义。

中央上述精神符合深圳实际。2013 年 1 月召开的市五届人大三次会议期间，48 位市人大代表联名就食品安全问题提出对政府的询问案。5 月 15 日，有关部门在东门市场查获 4 车 1000 多斤注水牛肉，每斤牛肉注入半斤污水。2013 年 5 月 15 日，光明新区查获一个病死猪下水炼油窝点，现场查扣炼出的"食用油"10 多吨及未来得及炼油的病死猪下水 5 吨多。镉超标等有害大米、"掺假羊肉"等也出现在深圳市场。5 月 16 日，在市人大视察市场监管体系建设情况汇报会上，部分市人大代表呼吁严厉打击食品安全违法犯罪，维护食品安全。

"民以食为天，食以安为先"，食品安全关系千家万户，"惩治危害食品安全犯罪、加强民生司法保护"问题，既是中央和市委、市人大常委会、市政府高度关注的问题，也是深圳 1000 多万市民群众普遍关注的问题。政法部门及市场监管部门要提高对严厉惩治危害食品安全犯罪、加强民生司法保护的认识，高度重视惩治危害食品安全犯罪的工作，加大惩治危害食品安全犯罪的力度，提高食品安全违法犯罪成本，加大民生司法保护力度。

二

在惩治危害食品犯罪过程中，法院、检察院、公安、市场监管等部门要认真发挥职能作用。

市场监管部门要下决心加强食品安全监管，加强源头监管，完善监管链条、监管体系和监管责任制。国务院 2013 年 5 月 31 日要求，要像管药品一样严管奶粉等食品质量。要严肃整治监管失职，并依法追究责任。要依法移送涉嫌危害食品安全犯罪的案件，坚决改变有案不移、以罚代刑的现象。

公安机关要在打击危害食品安全犯罪方面加大力度，增强威慑力，积极侦办危害食品安全犯罪案件，及时移送检察机关提起公诉；对重大危害食品安全犯罪案件，要提前介入，挂牌督办。媒体报道，宝安区石岩镇查获用病死猪肉及泔水提炼"地沟油"的"黑窝点"，每日炼油上千斤，几个月来炼了几十吨"地沟油"，都卖到公明、石岩等地无证烧烤摊档和小吃店，犯罪嫌疑人案发后逃离。对这样的重大案件，公安机关应当提前介入，挂牌督办。不能让这些谋财害命之徒逍遥法外，要让他们付出代价。

检察机关要严格执行《中华人民共和国刑法》及"两高"有关危害食品安全犯罪的司法解释，对涉嫌危害食品安全犯罪，符合逮捕、起诉条件的，要坚决、及时批捕、起诉。发现行政执法机关对相关涉嫌犯罪案件该移送不移送的，要依法督促移送；发现公安机关该立案不立案的，要依法监督立案；发现公安机关依法应当提请逮捕、移送起诉而不提请、移送的，要依法追捕、追诉；发现食品监管部门失职、渎职，涉嫌职务犯罪的，要坚决立案查处。检察院的侦查监督、反贪、反渎部门要联手，加强对以罚代刑、有案不立、有案不移等问题的法律监督，直至追究有关人员的刑事责任，包括追究徇私舞弊不移交刑事案件的刑事责任。最高人民检察院于 2013 年 6 月 2 日发出通知，对 248 起危害食品安全犯罪案件挂牌督办。深圳市检察机关也要对重大危害食品安全犯罪案件挂牌督办，提前介入，加大查处惩治力度。

人民法院要严格按照《中华人民共和国刑法》及"两高"有关惩治危害食品安全犯罪的司法解释，提高审判效率，依法严厉惩处危害食品安全犯罪行为，对犯罪分子的刑事责任要追究到位，提高违法犯罪成本，让那些为了谋财不惜害命的犯罪分子付出高昂的代价。

司法行政机关要加大对惩治危害食品安全犯罪有关法律和司法解释宣传的力度，公安、法院、检察院要结合办案，加大宣传力度，以案说法，以儆效尤。新闻媒体也要加强对食品安全监管及惩治危害食品安全犯罪方面的宣传。

三

惩治危害食品安全犯罪，事关人民群众的切身利益，事关法律法规的严格执行，人大常委会要加大监督的力度。

深圳市人大常委会于2013年6月和12月召开两次座谈会，听取市中级人民法院、市人民检察院、市公安局汇报惩治危害食品安全犯罪的情况；市司法局汇报加强惩治危害食品安全犯罪有关法律和司法解释宣传的情况；市市场监管局汇报加强食品安全监管、整治监管渎职、移送危害食品安全犯罪案件情况。

2013年8月，深圳市人大常委会安排听取和审议市中级人民法院《关于加强刑事审判工作维护司法公正情况的报告》和市人民检察院《关于加强刑事检察工作维护司法公正情况的报告》，要求"两院"报告中专门报告加大对危害食品安全犯罪打击力度、加强民生司法保护方面的内容。市人大常委会听取和审议"两院"工作报告后，依法进行满意度测评。

深圳市人大常委会于2013年和2014年分别组织部分市人大代表检查公检法机关惩治危害食品安全犯罪执法情况，检查司法行政机关加大惩治危害食品安全犯罪宣传力度的情况，检查市场监管部门加强食品安全监管及移送涉嫌犯罪案件的情况。检查采取市、区人大联动方式，各区人大常委会组织相应检查。对打击危害食品安全犯罪这个社会普遍关注的问题，人大按《中华人民共和国各级人民代表大会常务委员会监督法》要求，一抓两年，力求抓出成效。

经过 2013 年、2014 年两年的努力，深圳市惩治危害食品安全犯罪取得较大进展。2014 年，市市场监管部门向公安机关移送涉嫌危害食品安全犯罪案件 213 起，同比增长 195.8%；公安机关立案侦查涉嫌危害食品安全刑事案件，同比上升 32.5%；检察机关批捕起诉涉嫌危害食品安全犯罪嫌疑人同比上升 55.6%；人民法院审判危害食品安全犯罪案件同比增长 100%。惩治危害食品安全犯罪力度的加大，促进了深圳食品安全状况的好转，全市食品安全总体可控。

（2015 年 1 月）

五、法治教育与全民守法

加强司法行政工作，推进法治宣传教育

一、发挥司法行政机关在社会治理创新和
促进经济社会发展方面的职能作用

司法局是政府重要的职能部门，承担的法治宣传教育、监狱劳教、人民调解、法律服务、安置帮教、社区矫正等职能和工作，都与社会治理创新、社会建设、经济社会发展密切相关，在社会管理创新、促进经济社会发展方面具有重要的地位和作用。

一是加强法治宣传教育工作。全民普法和守法是依法治市的长期基础性工作。要通过深入开展法治宣传教育，引导市民自觉守法、遇事找法、解决问题靠法。健全普法宣传教育机制，作为法治宣传教育主管部门的司法行政机关要发挥职能作用，宣传、文化、教育部门和人民团体也要在普法教育中发挥职能作用。实行国家机关"谁执法谁普法"的普法责任制。

普法工作要强调针对性、实效性、服务大局。比如结合推进创新发展、有质量有效益的发展，司法行政部门可以组织有关部门宣传科技创新、质量标准建设等方面的法律法规。又比如结合食品药品安全、交通安全、消防安全等人民群众关注的问题，会同食品药品监督部门、公安部门开展专题法治宣传教育。要认真开展青少年特别是中小学生法治宣传教育，这具有重要意义。

二是加强人民调解工作，化解社会矛盾，促进社会和谐稳定。这是社会建设的重要内容。龙岗区六约的人民调解工作是深圳市的典型，要继续发挥典型的示范作用。劳动争议是影响社会和谐的重要因素，在建筑工地、劳

动密集型企业等农民工较集中的地区和行业，建立区域性、行业性人民调解组织，有助于化解劳资矛盾。要开展"人民调解能手"活动，表彰优秀的人民调解员。司法局在法院、派出所、交警大队、医院等设立的人民调解室，发挥了很好的作用，要进一步组织协调好。

三是加强法律服务和公证服务。律师、公证员在经济社会发展中具有重要作用，要为转变发展方式、转型升级、促进经济社会发展提供优质高效的法律服务。市、区司法局在做好政府法律顾问工作的同时，可考虑组建法律服务团，对重点企业开展专项法律服务，同时加强对中小企业的法律服务。还要把民生领域作为法律服务的重点之一。要做好法律援助服务工作，提高服务质量。法律援助要便民，手续要简化，把好事做好。农民工是法律援助的重点，按照《深圳经济特区和谐劳动关系促进条例》规定，农民工月平均工资在市政府确定的最低工资标准两倍以下的，因追讨劳动报酬等申请法律援助的，应当提供法律援助。要按照司法部召开的"服务农民工座谈会"要求，开展"法律援助牵手农民工"专项活动，提高农民工法律援助的质量和效果。

四是进一步发挥好基层司法所的作用。司法所是司法行政系统的基层单位，肩负着法制宣传、法律援助、社区矫正、安置帮教、基层法律服务、指导开展人民调解等职责。要把加强司法所建设作为一项重要任务，全面推进司法所规范化建设，加强司法所组织机构、干部队伍、业务能力、所务管理、基础设施建设，全面提升司法所服务经济社会发展、服务人民群众的能力和水平。

二、加大工作力度，推进法治城市建设

深圳市委提出：要让一流的法治成为深圳特区新时期更为显著的城市特质，成为最具竞争力的创新创业环境，成为建设现代化国际化先进城市的坚强保障。这对依法治市工作提出了更高的要求。深圳市的依法治市领导小组办公室设在市司法局，各区依法治区领导小组办公室设在区司法局。市、区司法局在推进依法治市、依法治区工作中具有重要地位和作用。依法治市

（区）领导小组办公室需要发挥统筹规划、组织协调、重点推进、监督指导的职能作用，发挥党委、政府的参谋助手作用。区级依法治区领导小组办公室要在抓好法治宣传教育的同时，重点推进以下两个方面的工作：

1. 推进依法行政，努力建设法治政府。

一是推进行政审批制度改革，处理好政府、市场和社会的关系，建设有限政府。审批事项必须有法律法规依据，不得变相设置审批事项；市场调节可以配置好资源的，社会组织能管好的，政府可以不审批。政府不宜什么都管，法治政府的要求之一是有限政府。要进一步压缩审批事项，在"减、放、转、并"上下工夫。行政审批还要提高效率，加强审批后监管，查处失职渎职行为。

二是树立"严管城市"理念，加大执法力度，提高违法成本，建立良好的市场秩序、社会秩序和诚信体系，维护社会的公平正义。这是政府依法行政的重要方面，也是当前依法行政的薄弱环节。应当建设执法严管政府，加大执法力度，彰显法律权威。老百姓讲，如果都像查酒驾那样的执法力度，没有什么管不好的。食品安全存在突出问题，一个重要原因就是打击不力，特别是涉嫌犯罪的案件，移送刑事追究不力。要加大民生司法保护力度，公检法司四家联手，建立执法协调机制，对民生领域涉嫌犯罪的案件，依法追究刑事责任，加强民生司法保护。

三是建立责任追究制度，建设责任政府。如果责任得不到追究，那么就容易发生不作为、乱作为的情况，影响政府形象。

四是实行政务公开，服务企业和市民，接受监督，建设服务型政府。

依法行政的重要目标，是要建设有限政府、执法严管政府、责任政府、服务型政府，维护社会的公平和正义。司法局、依法治区办公室可以通过召开现场会等形式，总结推广依法行政方面的典型经验。

2. 推进基层民主管理、依法治理。

深圳的宝安区、龙岗区原村级经济发展很快，家大业大，如果不实行民主管理、依法管理，迟早会出问题。宝安区沙井街道的万丰村，曾是广东乃至全国响当当的村级品牌，被冠以"南国第一村"。至 2002 年，万丰村总资产达 18 亿多元。但在此后 10 年间，万丰社区一直走下坡路，几乎跌入资不抵债的境地，万丰股份公司已有 9 年没有分红。村（居）民就社区财务、土地转让等问题连续上访，要求公开村级财务状况、收回低价出售的集体土地、清算集体资产，并罢免了社区居委会的领导班子成员。

依法治市、依法治区的重要任务之一，就是推进基层依法治理。基层村一级依法治理，重点是认真有效地推进"四民主两公开"，即村一级实行民主选举、民主决策、民主管理、民主监督，村务公开、财务公开。依法治区办公室可以组织研究怎样吸取万丰村、汕尾乌坎村的教训，调研分析龙岗区基层村级民主管理、依法治理的情况。对好的典型，总结推广；对存在的问题，提请党委、政府重视解决。

（2012 年 3 月）

增强全社会交通安全意识

近年来，随着深圳市机动车的快速增长，交通拥堵经常出现，交通事故大量发生。据深圳市公安交警部门调查统计分析，90%的交通事故属人为原因所致；车祸伤亡的主因是驾驶员酒后驾车、逆向行驶、随意变更车道且不打转向灯以及行人跨越隔离护栏等；路面拥堵也多源于违规驾驶、不文明驾驶。此外，大量存在的无牌无证、套牌、恶意遮挡车牌及违规改装强光灯等交通违法行为，也给城市交通秩序带来较大影响。

要借鉴一些经济发达国家和地区交通秩序管理的经验，从交通宣传、交通文化、交通执法、交通管理等方面多管齐下，加大力度，增强全社会的交通规则意识和交通安全意识，使深圳的交通秩序有明显改观，为经济社会发展和市民生活创造一个良好的交通环境。

一是适应深圳建设国际化城市的要求，通过广泛深入的宣传教育，逐步形成"行人自律、司机礼让、避免事故为第一"的交通文化，并以此作为深圳文化建设的重要内容。交通安全宣传教育要从娃娃抓起，中小学校、幼儿园都要开设交通安全课程。公交、出租车公司也要加强对驾驶人员的交通规则和交通安全教育，养成良好的行车习惯。

二是进一步严格交通管理，提高管理水平，加大执法力度，提高交通违法成本。教育和处罚并重，促使违章者重视交通规则，提高遵纪守法的自觉性，改变不良的出行习惯。在交通管理工作中，必须始终如一地严格执行交通法律法规，不给抱着侥幸心理违反交通法规的人以可乘之机。对于无牌无证、套牌、恶意遮挡车牌、泥头车肆意违章、醉酒驾驶、违规变线、违规改装强光灯和夜间违规使用远光灯行驶等群众反映强烈的突出问题，要加大执法力度，形成对交通违法行为人的强大威慑。

三是抓紧完善深圳的交通法规制度。可借鉴国外的交通违例累进加罚制度，惩治屡犯不改者。

（原载《深圳商报》2007 年 11 月 2 日）

法制观念与拒腐防变

在深圳全市领导干部警示教育大会上现身说法的邱某、吴某，从一个人民的公仆滑进堕落的深渊，原因是多方面的，其中一个重要原因，在于他们法制观念淡薄。

法制观念主要指人们重视法律、依法办事的思想意识。邱、吴二人在领导岗位多年，应该懂得一些法律知识，知道党纪国法。但是并不等于他们树立了法制观念。法制观念的基本点在于知法守法，依法办事。他们的悲剧恰恰在于以身试法，触犯刑律，最终跌入恢恢法网。

邱、吴二人的悲剧告诫我们，干部特别是领导干部掌握一定权力之后，要依法用权，这是干部法制观念的重要表现。国家机关工作人员的权力是人民授予的，是法律授予的。"依法行使权力"，是一项重要的法律原则。如果不是在法律的范围内运用权力，而是把自己变成不受法律约束的"特殊公民"，权力不是用来为人民服务，而是当作谋私的工具，权力也必将成为毁灭自己的利刃。《中华人民共和国宪法》明文规定："任何组织或者个人都不得有超越宪法和法律的特权。一切违反宪法和法律的行为必须予以追究。"

拒腐防变，廉政建设靠什么？主要靠法制。邓小平同志在谈到解决贪污腐化和滥用权力问题时说："我们主要通过两个手段来解决，一个是教育，一个是法律。"[1] 他还说："在整个改革开放过程中都要反对腐败。对干部和共产党员来说，廉政建设要作为大事来抓。还是要靠法制，搞法制靠得住些。"[2] 因

---

[1] 《邓小平文选》第三卷，人民出版社 1993 年版，第 148 页。

[2] 《邓小平文选》第三卷，人民出版社 1993 年版，第 379 页。

此，加强干部的法制教育，增强法制观念，是各级干部拒腐防变的有效措施。国家工作人员面对的大千世界，形形色色的诱惑无奇不有。法律则是抵御不良诱惑的有力武器。增强法制观念，自觉遵纪守法，就能抵御不良诱惑，把握人生的航向。一个知法守法、勇于拒绝不良诱惑的人，才能廉洁自律，永远保持做人的高尚节操。正是在这个意义上，领导干部一定要增强法纪观念，筑起牢固的法纪防线。

明太祖朱元璋曾在洪武十八年发布《大诰》，转年又发布《大诰续编》和《三编》，共印发案例 100 多个，其中涉及官吏犯法的占 70% 以上，要求"户户有此一本"，官吏必读，以达到"使恶者知惧"和"禁暴止邪"的目的。我们今天的法制教育，特别是干部的法制教育，更应警钟长鸣，抓出成效，使贪者知惧，廉风日盛，经济发展，国泰民安。

（原载《深圳特区报》1998 年 3 月 2 日）

"没有规矩，不成方圆"

——法律在社会生活和个人生活中的作用

中国有句俗话："没有规矩，不成方圆。"

什么是规矩？规，是一种画圆形的工具；矩，是画直角或正方形、长方形（也叫矩形）用的曲尺。没有规矩，木工师傅做不出好的家具，该方的地方不能方，该圆的地方不能圆。没有规矩，同学们上数学课时画不成圆形和正方形、长方形。在社会生活中，人们常讲"没有规矩，不成方圆"，主要是从它的社会意义上说的。规矩，在其社会意义上，是指一定的标准、规则或习惯。比如在学校，老师和校长要求同学们遵守"校规"，遵守课堂规则、课堂纪律；或者同学们在课余游戏中讲的"还是按老规矩办"，"你这个人怎么不守规矩"，等等，讲的就是这种"一定的标准、规则或习惯"。又比如在家里，大人常常告诫小朋友：借邻居的东西要还，损坏别人的东西要赔。这也是要求小朋友要懂得和遵守一定的社会生活的规矩。

人们常说"立规矩"，就是讲制定规则。规则是由人们制定出来供大家共同遵守的制度或章程。比如《小学生守则》、《课堂规则》、《借书规则》、《工厂管理规则》、《篮球比赛规则》、《足球比赛规则》、《公园游园规则》、《交通规则》，等等。

规则在社会生活中是很重要的，是需要遵守的。如果学生不遵守课堂规则，上课就不能正常进行。同学们打篮球、踢足球，如果没有规则，或不守规则，比赛就无法正常进行。行人和车辆不遵守交通规则，交通秩序就会混乱。即使是同学们玩集体游戏，如果不守规则，游戏也玩不下去。

在社会生活中，在有人群的地方，规矩（规则）无处不在。一个学校，有学校的"校规";一个工厂,有工厂的"厂规";一个家庭,有家庭的"家规";一个国家,为了维护正常的社会秩序和经济秩序,也需要有"国法"。国法就是国家的法律法规,是最重要的规矩。这就是人们通常所说的"家有家规","国有国法"。

什么是法律?法律在社会生活和个人生活中有什么意义和作用呢?

简单地说,法律是一种社会的行为规则(规范),是规定人们可以做什么、应该做什么、禁止做什么的行为规范的总和。法律是由国家制定或认可的、体现统治阶级意志的、有国家强制力保障的规范,违反了法律规范,也就是说法律规定应该做的而不做,禁止做的而去做,就要受到法律制裁。比如我们国家制定有《中华人民共和国刑法》,规定什么是犯罪行为,如盗窃公私财物、伤害他人、非法搜查他人身体、非法侵入他人住宅、敲诈勒索公私财物、聚众赌博等,这些行为是法律禁止的行为。如果某些人仍要去做这些事,人民法院就要依照法律的规定,对这些人进行刑罚处罚。法律和道德虽然同属于人们行为规范的范畴,但它们最主要的区别在于,法律是由国家强制力和一些专门机构来保证实施,道德则是通过社会舆论倡导以及依靠传统习惯和人们的信念来维持。

法律在社会生活和个人生活中的意义和作用,是十分重大的。一方面,法律通过国家机关对违犯法律规范的人进行惩处,维护正常的社会秩序。另一方面,法律保护每个人的合法权益。当你的合法权益受到侵犯时,法律要维护你的合法权益。1995年3月8日,北京一名女中学生在一家餐馆就餐时,桌上的卡式炉燃气罐突然爆炸,造成这名学生面部和双手深度烧伤,经过治疗,仍留下大量片状疤痕,造成终身残疾。人民法院判决生产这种卡式炉的厂家赔偿这名女学生医疗费、营养费、护理费、残废者生活补助费、残疾赔偿金等27万多元。法律维护了这位女中学生的合法权益,对她身体和精神上的创伤给予了必要的抚慰和补偿。法律代表的是社会的公平和正义,法律维护和保障的是国家和社会的正常秩序。

法律同我们小学生有没有关系呢?回答是肯定的。同学们从小要孝敬父母,尊重老师,要讲究环境卫生,爱护绿地,这既是社会公德的要求,也是法律规范的要求。同学们每天上学、放学回家,要了解与行人有关的交通规则，避免发生交通意外事故。在上学和放学回家的路上，还要提高警惕，慎防陌生人的欺诈。遇上"飞仔"勒索或其他险境，要学会应对的办法。在公共场所活动，要注意维护公共场所的秩序和安全，避免产生意外伤亡。这些方面，也涉及不少法律问题。城市禁止（限制）放鞭炮，城市限制养犬，这方面的法律规定，跟同学们也有关系。我们国家还有专门的《中华人民共和国未成年人保护法》，小学生是重点保护对象，家庭怎样保护，学校怎样保护，社会怎样保护，司法怎样保护，法律有详细的规定。

从上面讲的这些可以看出，法律离同学们并不遥远，法律就在我们身边，法律就在我们的生活中。上面讲的这些跟同学们关系密切的法律问题，都可以在本册《法制教育读本》（小学版）里面找到答案。本册读本有20课，同学们从中可以学到一些与自己生活密切相关的法律常识，学到一些保护自己的方法，懂得一些做人做事的道理。

请同学们认真阅读本册《法制教育读本》，这样，你们将开始步入法律殿堂的大门。安全是法律的馈赠品，对法律的无知便是对自己最大的危害。愿你们逐步培养对法律的兴趣，让法律成为你们的朋友，让法律伴随和保护你们健康成长！

（原载《中小学法制教育读本（小学版）》，
广东教育出版社 1997 年版）

学法与做人

——法律在社会生活和个人生活中的作用

在《中小学法制教育读本（小学版）》中，同学们了解了一些与自己生活密切相关的法律问题，学习了一些需要遵守的社会规则以及保护自身安全及其他合法权益的知识，这对同学们的健康成长是大有帮助的。进入初中阶段后，同学们有了一定的分辨是非能力，也开始逐步长大成人。继续学习一些与初中生密切相关的法律知识，这对同学们的健康成长，学会做人，是大有裨益的。

在我们一些同学的印象中，法律往往等同于警察、法院。当同学们逐渐长大，接触的事物增多了，就会感到这世界原来很大，知道社会的各个领域都是互相联系的，它们之间存在着种种关系。法律作为一种社会行为规则，它的主要功能是调整社会各个领域的关系。生活中五花八门、林林总总的大小事情都与法律结上了缘分，法律正走进社会生活中的每一个角落。

法律调整社会生活领域的各种关系，追求的是公平和正义。公平和正义是人类的理想，也是社会生活所应保持的一种最佳状态，法律是维系公平正义的最有效、最直接的手段。

要维护社会的公平和正义，就需要社会成员了解和掌握法律这个维系公平和正义的最有效的武器，也需要社会成员遵循法律的规范，约束自己的行为。

同学们作为社会的一员，做人处事、言行举止应当贴近公平正义这个人类社会的理想。为了维护社会的公平和正义，青少年朋友应当学习和遵守法律的规范，学会约束自己的行为，学会做一个维护公平和正义的堂堂正正的人。

　　学法、知法、守法，对于青少年健康成长、学会做人的重要意义，还在于社会生活中有许多不良诱惑，而法律是抵御不良诱惑的有力武器。

　　大千世界，形形色色的诱惑无奇不有：美食、娱乐、博彩游戏、麻将扑克、功名利禄、金钱财物、江湖义气、毒品、淫秽书刊及音像制品……都可能成为诱惑的陷阱。如果同学们不能保持清醒的头脑，不能正确地把握自己，被不良的诱惑牵着鼻子走，或者被别有用心的人所利诱，就会一步一步跌入深渊而不能自拔。

　　有些中小学生抵不住电子游戏机的诱惑，沉溺其中，荒废了学业，甚至发展到偷钱偷物来打游戏机，有的还学会了赌博；有的经不住江湖义气的诱惑，在同学中称兄道弟、结成团伙，走上违法犯罪的道路；有的经不住所谓"野味佳肴"的诱惑，捕猎、食用国家保护动物而受到处罚；有的抵不住金钱的诱惑，陷入街头骗子的"陷阱"；有的偷窃、抢劫他人钱物，勒索低年级同学的钱物；有的抵不住淫秽物品的诱惑，涉猎色情书刊、录像，给身心带来危害；有的抵不住毒品的诱惑或被坏人胁逼，走上了违法犯罪的道路，以至一朝染毒，终身遗恨，等等。

　　面对社会上形形色色的诱惑，青少年朋友如果懂得一些有关的法律知识和科学知识，知道不良诱惑的危害，自觉遵守法律规定，就能抵御不良诱惑，把握人生的航向。一个知法守法、勇于拒绝不良诱惑的人，才能永远保持做人的高尚节操。

　　上面提到的与抵御诱惑相关的法律知识，在本册《中小学法制教育读本（初中版）》中，我们设计了多篇课文，供同学们阅读知晓。此外，与初中生密切相关的其他一些法律知识，如为什么要尊重同学和他人的隐私权和名誉权；购物消费有哪些权益；怎样培养环境意识，保护我们生存的环境；为什么要爱护公共设施和遵守公共秩序；怎样处理相邻关系；楼上的搁置物、悬挂物落下伤人，行人掉进马路沙井怎么办，等等，在本册中都可以找到法律上的阐释。这也是从法律的角度告诉同学们怎样做人，怎样维护自己的合法权益。

　　学法与做人，关系是很密切的。希望同学们多学习掌握一些法律知识，知法守法，同时学好文化科学知识，加强道德修养，这样，你们就会逐步成长为一个高尚的人，一个有道德的人，一个脱离了低级趣味的人，一个有益于人民的人，一个祖国现代化建设事业的合格的接班人。

（原载《中小学法制教育读本（初中版）》，广东教育出版社 1997 年版）

自由与法制

——法律在社会生活和个人生活中的作用

我们一些青少年朋友比较推崇"保持自我"，喜欢强调"个人自由"。这本来是不错的，但一些人往往在"保持自我"的同时，却忽视了"尊重别人"和"遵守规则"，追求个人自由而行为常常失之偏颇。

比如，借口"保持自我"、"个人自由"，有的人晚上12点以后仍在家里唱卡拉OK，或者大声喧哗，而不顾及邻里；有的人在影剧院、音乐厅吸烟或大声讲话，而不考虑他人；有的人骑车赶路闯红灯，而忘了交通秩序和规则，忘了车辆和行人的安全通行；等等。

自由是什么？作为一个法律概念，它是在法律规定的范围内，随自己意志活动的权利。《中华人民共和国宪法》作为我们国家的根本大法，对我国公民所享有的自由和权利作了全面系统的规定，达18条之多。如公民在法律面前的平等权，选举权，批评建议权，劳动权，休息权，言论、出版、集会、结社、游行、示威的自由，宗教信仰自由，人身自由，通信自由，等等。

《中华人民共和国宪法》在规定保障公民的自由和权利的同时，也规定："任何公民享有宪法和法律规定的权利，同时必须履行宪法和法律规定的义务"；"公民在行使自由和权利的时候，不得损害国家的、社会的、集体的利益和其他公民的合法的自由和权利"；"公民必须遵守宪法和法律，保守国家秘密，爱护公共财产，遵守劳动纪律，遵守公共秩序，尊重社会公德"。

我们应当珍视自由。然而，世界上从来就没有绝对的自由。如果将自由推至极端，便会产生相反效果。自由与纪律，自由与规则，自由与法制，有不解之缘。因为人生活在社会群体之中，如果人人只知随心所欲，我行我素，社会生活就会乱套，社会也就不成其为社会了。这个道理，在任何国家和地区都是一样。

比如在香港，这是一个实行自由港政策的地方，人们享有广泛的自由，市民可以随时批评政府、状告政府，但这种广泛自由也是受"规则"约束的，不能损害社会和公众、他人的利益。比如，你有吸烟的自由，但在电梯、地铁和公共汽车等一切禁止吸烟的场所吸烟，就要被罚款，一次最高可罚 5000 港元。你有养狗养猫的自由，但你的小狗小猫在街上或公园草坪上拉屎撒尿要被罚款。你将小狗小猫带上地铁和公共汽车，也要被罚款。你有在家里唱卡拉 OK 的自由，但你晚上 12 点以后仍在家里唱卡拉 OK，或者打麻将，大声喧哗，邻居就可以报警，警察会很快赶来，依据《简易治罪条例》制裁你。你有吃零食、喝水的自由，但你在地铁和公共汽车上喝水、吃零食要被罚款。你有停车的自由，但在不该停车的地方停车，警察便会在汽车挡风玻璃的雨刷上夹上白、蓝两张纸条，这就是香港司机最害怕的"吃牛肉干"。白条是罚款单，蓝条是告诉你法律依据，上面印有 30 多条有关法律条文，触犯哪一条就画个钩。司机必须尽快把罚款单和支票寄到港府库务署。如果不服气，或者拒不缴款，就传唤你上法庭。

香港特区政府采取的这些管理措施，维护的是社会和公众的利益，为绝大多数的港人所理解和遵守。当有人不按规则行事时，香港人会用一种看"异类"的眼光盯着他，有时还会给他一些善意的忠告。而执法者见到违规违例者，则会毫不客气地予以制止、处罚。正是这种自由社会里的法治精神，成为香港成功的重要因素。

又如在美国，这也是一个以个人自由为最大特点的国家。然而到美国访问过的人都感到，大多数的美国人都有良好的法制观念和文明举止。除少数为非作歹、无法无天的败类外，美国善良百姓既懂得维护自己的自由和权利，也注重遵法守纪：驾车一定系好安全带，见到红灯必定停车，哪怕是半夜三更，路上没有警察，也不会闯红灯。酒吧间按政府规定，18 岁以下少男少女一步也不让走进去。人行道旁、救火龙头两侧几米规定范围的路边和商店、住家的车道出口，绝对不去停车。"餐馆禁烟"的法律一经公布，纽约市任何一家饭店里再也闻不到一丝烟味。州政府一纸命令，几乎所有 12 岁以下的孩童骑自行车、踩溜冰鞋时，统统戴上头盔、套上护膝。休假日家家户户自觉修剪自家的花园草坪，自己没空，就雇人打理，如果杂草乱长，邻居也会举报，政府部门要来干预或处罚。环境局出了回收铝罐、玻璃瓶罐、塑料器皿的通知和细则，家家户户的再生废品便与日常垃圾截然分清……

我们的国家现在正在进行社会主义市场经济建设，我们的社会逐步进入市场经济社会。市场经济是一种竞争经济，西方社会强调自由竞争，但这种竞争也是有市场规则约束的。就像在马路上行车必须有交通规则，球类比赛必须有竞赛规则一样，市场竞争需要有市场规则。没有市场规则，或者有市场规则，做生意的人不去遵循，市场就会陷入混乱，谁都得不到好处。

世界上市场经济发达的国家，也是市场法制比较完善的国家。发达国家的大多数人除了遵守日常生活的规则外，也注意遵守市场规则。为了保证我国社会主义市场经济的有序进行，我们国家也制定了一系列市场经济的法律法规，还专门制定了《中华人民共和国反不正当竞争法》。同学们高中毕业或者以后上大学、读完研究生后，就要走进市场经济的大潮，我们要学习和遵守市场经济的规则，使自己的事业立于不败之地。

在高中阶段，有一些同学年满 18 岁。共青团中央决定从 1997 年"五四"起正式启用全国统一的"18 岁成人仪式标志章"，深圳等一些城市举办了"18 岁成人宣誓仪式"。18 岁，是未成年人走向成年人的标志，是一个凝重而激动人心的人生里程碑！当你年满 18 岁的时候，法律就赋予你完全的民事行为能力和民事责任能力，社会从此承认你与全体成年公民具有同等的公民权利和义务。作为一个成年公民，在行使自己的自由和权利的同时，也要担负起宪法赋予自己的全部责任。

责任是什么？责任就是一个人分内应当做的事。一个成年公民最起码的责任就是法律规定应当承担的义务。责任是生命的属性，责任是做人的基本。任何人，只要充当了某种社会角色，无论工、农、商、学、兵，或为人师、为人父母、为人子女……都要承担各种各样的责任，其中最基本的就是法律规定的责任。同学们会逐渐认识到，法律对于一个国家、一个社会乃至每个社会成员是多么重要。

本册《中小学法制教育读本（高中版）》，考虑到高中生思想逐步走向成熟的实际情况，在《中小学法制教育读本》小学版、初中版的基础上增加了一定的深度，设置了同学们走向社会后需要了解的一些经济生活、社会生活方面的基本的法律知识。如公民的基本权利和义务，行政处罚的公正、公开原则，民事活动中的公平、诚信原则，出入境的法律问题，怎样签订经济合同，反不正当竞争，劳动者的合法权益保护，婚姻家庭的法律问题，怎样打官司，等等。

我国法律体系大体分为几个主要部类：宪法、行政法、民法、商法、刑法、诉讼法、社会法等。这些法律同我们每个人的生活都密切相关。祝愿同学们在长大成年后的日子里，在小学、初中已学习和掌握的法律知识的基础上，继续学习掌握多一些基本的法律知识，在社会主义的康庄大道上勇往直前，实现人生的价值和理想，为祖国的繁荣富强贡献力量！

（原载《中小学法制教育读本（高中版）》，
广东教育出版社 1997 年版）

"文明礼貌月"活动与法制宣传教育

"全民文明礼貌月"活动对于进行群众性的思想道德教育，促进社会风气和社会治安秩序的根本好转，建设社会主义精神文明，都有着重大的意义。近两年，各地在开展"文明礼貌月"活动中，采取了一些好的措施和做法，积累了不少经验。这里主要谈谈，"文明礼貌月"活动中要加强法制宣传教育的问题。实践证明，加强法制宣传教育，对于促进"文明礼貌月"活动的深入开展，巩固"文明礼貌月"活动的成果，有着重要作用。

1984年的"全民文明礼貌月"活动，是以治"乱"为重点，综合治"脏"治"差"。治"乱"主要是治理交通秩序、市场秩序和社会治安秩序。怎样治"乱"呢？很重要的一条就是要加强法制宣传教育。通过法制宣传教育，可以使群众懂得什么行为是合法的，什么行为是违法的，什么行为是受法律保护的，什么行为是法律所禁止的，什么样的行为会带来什么样的后果，相应地要受到什么样的处罚等。通过法制宣传教育，使人们知所适从，知所趋避，从而自觉地遵守法纪，遵守秩序，维护秩序，创造各方面良好的秩序。比如：我们治理交通秩序，就需要进一步大力宣传和贯彻有关交通管理方面的法规，严格依法管理。1982年8月，武汉市人大常委会通过的《武汉市交通管理暂行规则》，对于交通信号、标志和标线，机动车使用灯光、使用喇叭、车辆装载、车辆行使速度、车辆的停放、车辆驾驶员的职责，骑自行车、三轮车和拉板车，行人和乘车人，等等，都有比较具体明确的规定；对于维护交通秩序和安全行车成绩显著的单位和个人，规定可以给予奖励，对于交通违章的，规定可以给予批评或处罚。国家城乡建设环境保护部和公安部于1984年2月公布的《城市公共交通车船乘坐规则》，对于乘坐车、船应遵守的秩序，购买车、船票，乘坐车、船携带物品，以及违章处罚等也有明确规定。我们要大力宣传这些规定，教育人们自觉遵守交通法规，维护良好的交通秩序；做到人车分流，违章必纠，秩序不乱，乘车不难。

治理市场秩序，也可以从法制宣传教育入手，进而开展整顿。整顿市场秩序的重点是城乡集贸市场秩序。国务院、省、市政府都曾颁布过《城乡集市贸易市场管理办法》。对于允许在集贸市场进行交易的产品，禁止进入集贸市场的产品和物品，市场的领导与管理，管理部门的职责等，都有明确的规定。该办法还规定，严禁欺行霸市、囤积居奇、哄抬物价、套购抢购、黑市经纪及其他非法经营活动。并对违章经营的，规定要视其情节，给予行政处罚，直至追究刑事责任。其他有关管理法规中，对于摊点设置、凭证经商等也有明确规定。我们通过对这些法规的宣传，可以教育从事集市贸易的人员按照法规的要求，文明经商。同时，辅之以适当的管理措施，取缔无证商贩，禁止在主要街道摆摊设点、当街营业，打击欺行霸市的违法分子，维护市场秩序，创建文明集市，促进城乡农贸市场的繁荣。

治理社会治安秩序，当然首先要充分发挥政法机关的专政职能作用，严厉打击刑事犯罪活动。在严厉打击的前提下，对社会治安秩序进行综合治理。在综合治理中，进行法制宣传教育是重要的一环。在前一段打击刑事犯罪活动斗争中，各级宣传、司法部门广泛开展了大规模的法制宣传教育活动，增强了群众的法制观念，鼓舞了群众同犯罪行为作斗争的勇气，同时震慑了罪犯。在武汉市严厉打击刑事犯罪斗争第一仗中，群众揭发检举各种违法犯罪线索一万余起，扭送违法犯罪分子306人，有2200多名违法犯罪人员坦白交代问题，316名犯罪分子投案自首。实践证明，广泛的法制宣传教育活动，对于促进社会治安的综合治理有着重要作用。在"文明礼貌月"活动中，我们仍需运用广播、报刊、法制报告会、图片展览、黑板报、墙报、宣传橱窗等多种形式，进行广泛深入的法制宣传教育活动，继续宣传宪法、刑法，宣传中共中央《关于严厉打击刑事犯罪的决定》，宣传治安管理的规定，同时加强治安防范工作，建立、健全各种形式的安全责任制，发动社会各方面都来关心和做好对有轻微违法行为的失足青少年的帮教、转化工作。这样，就能促进社会治安秩序的好转，促进良好社会风气的形成。

"文明礼貌月"活动中，在重点抓好治"乱"的同时，还要结合治理"脏"和"差"。我们要向群众宣传有关城市环境卫生管理的法规，教育群众遵守卫生法规的规定，养成讲卫生的习惯，并通过其他措施，抓好闹市区、旅游区、车站、码头、机场、影剧院、饭店等公共场所的环境卫生，使之成为文明卫生的"窗口"。要通过宣传城市规划建设管理法规，教育群众自觉避免违章建筑。并依据有关法规，下决心清除和整顿违章占道物资，拆除违章建筑。特别是对学校周围的违章建筑和主要街道两旁影响市容的占道物，要在宣传有关管理法规的基础上，做好工作，限期解决。要宣传有关商业服务业方面的规章、规定，促进优质服务活动的开展。

总之，在"全民文明礼貌月"活动中，要切实加强法制宣传教育，"文明礼貌月"活动和法制宣传教育是相辅相成的，"文明礼貌月"活动为法制宣传教育提供了宣传的对象、重点，提供了广阔的宣传阵地，法制宣传教育又成为开展"文明礼貌月"活动的有效措施之一，并能促进"文明礼貌月"活动向纵深发展。同时，法制宣传教育所产生的潜移默化的作用，又能帮助巩固"文明礼貌月"活动的成果。"文明礼貌月"活动过后，随着经常性的法制宣传教育活动的开展，人们的法制观念、纪律观念、道德观念的逐步提高，"乱、脏、差"的问题，将会得到较好的解决，社会风气、社会治安秩序、交通秩序、市场秩序、生产工作秩序，将会出现新的局面。

（1984 年 3 月）

六、基层依法治理与法治社会建设

推进基层社会治理法治化的思考

创新社会治理体制，是党的十八届三中全会通过的《中共中央关于全面深化改革若干重大问题的决定》（以下简称党的十八届三中全会《决定》）提出的重要改革任务之一。社会治理体制改革需要法治保障。党的十八届四中全会通过的《中共中央关于全面推进依法治国若干重大问题的决定》（以下简称党的十八届四中全会《决定》）提出，全面推进依法治国，基础在基层，工作重点在基层，要提高基层社会治理法治化水平，推进基层治理法治化。推进基层社会治理法治化，对于基层社会治理和社会和谐稳定具有重要意义。

一、重视发挥法治在基层社会治理中的引领和规范作用，法治思维和法治方式应当成为今后基层社会治理的基本方式

在改革进入攻坚期和深水区的新形势下，基层党委和政府要更好统筹社会力量、平衡社会利益、调节社会关系、规范社会行为，必须更好发挥法治的引领和规范作用。强调法治在统筹社会力量、平衡社会利益、调节社会关系、规范社会行为方面的引领和规范作用，体现了提高基层社会治理法治化水平、建设法治社会的必然要求。

以往一些地方的基层社会管理，比较习惯于行政强力推进、"运动式突击性"推进等方式。今后的基层社会治理，重要的是转变观念，转变方式。基层治理，要向法治思维和法治方式转变，法治思维和法治方式要成为今后

基层社会治理的基本方式。基层领导干部推进基层社会治理，首先要想到，怎样依法引领和规范，怎样依法治理，要充分发挥法治在基层社会治理中的引领、规范和推动作用，提高基层社会治理法治化水平。要把法治建设成效作为衡量基层党政领导班子和领导干部工作实绩重要内容，纳入政绩考核指标体系，把能不能遵守法律、依法办事及运用法治思维和法治方式深化改革、推动发展、化解矛盾、维护稳定，作为考察干部的重要内容。

二、依法统筹和引导基层社会力量，实现政府治理和社会自我调节、居民自治良性互动

在发挥社会力量作用方面，国家有《中华人民共和国居民委员会组织法》、《中华人民共和国村民委员会组织法》、《社团登记管理条例》，深圳等地方有《深圳经济特区行业协会条例》、社工服务规定等法规。我们在基层社会治理中，要善于运用这些法律法规，依法统筹和引导社会力量，激发社会组织活力，实现政府治理和社会自我调节、居民自治良性互动。这种"良性互动"，是党的十八届三中全会《决定》提出的创新社会治理体制的改革任务之一。深圳市坪山新区探索"四社联动"（即社区、社会组织、社工、社会力量联动）的社会治理模式，通过政府向社会组织购买服务的形式，将辖区 23 个社区服务中心依法公开招标，委托给 8 家社会工作服务机构运营，为社区居民提供多元化的专业服务，受到社区居民好评。这是统筹和引导社会力量，实现政府治理和社会良性互动的有益尝试，很有创新意义。

实现政府治理和社会自我调节、居民自治良性互动，在体制机制上还需要进一步完善。要按照党的十八届四中全会《决定》要求，深化基层组织、行业协会等社会组织依法治理，支持和推动各类社会主体自我约束、自我管理。

一是充分发挥社区居民委员会、村民委员会自治的作用。比如居民委员会组织制定居民公约，村民委员会组织制定村规民约，群众自我教育、自我管理。深圳万科城市花园社区组织数千名业主制定《邻里公约》，要求"邻居见面主动问好，拒绝高空抛物，自觉减少噪音，爱护社区公共环

境，支持社区公益活动……"，促进了和谐社区建设。又如组织社区居民通过"民主议事会"、"社区家园网"等形式，反映意见，促进社区一些问题的解决。再如实行基层社区民主选举、民主决策、民主管理、民主监督、财务公开、重要事务公开。广州市冼村村集体土地出让、物业出租等重大事项，不开村民会议，不征求村民意见，村委会领导班子几个人串通开发商，低价卖地，贪污受贿，村领导班子7名成员"一锅端"被追究刑事责任（新华社2014年8月17日报道）。南方另一个市有个20世纪90年代被称为"南国第一村"的村，村资产曾达到17亿多元，但后来因为村委会在民主决策、民主管理上存在问题，村务、财务不公开，缺乏民主监督，以致决策失误、投资失误，资不抵债，村委会全部成员被村民罢免。这些教训深刻，应当汲取。

要健全基层社区选举、议事、公开、述职、问责等机制，建立健全居民、村民监督机制，促进群众在城乡社区治理、基层公共事务和公益事业中依法自我管理、自我服务、自我教育、自我监督，促进基层依法治理。

二是重点培育、优先发展基层行业协会类、公益慈善类、社区服务类社会组织，发挥社会组织在社会治理中的作用。组织行业协会制定行业规章，强化行业自律，规范行业行为。发挥行业协会等社会组织对其成员的行为导引、规则约束、权益维护作用。比如可以组织街道社区的食品药品生产销售等行业协会制定行业规章，强化行业自律，规范行业行为，强化行业自我管理、自我调节，承诺不生产或者销售假冒伪劣食品药品，等等。

三是实现基层政府向社会组织购买服务规范化运作。政府购买服务全国刚刚起步，怎样明确政府购买服务的种类、性质和内容，怎样严格程序、公平公正、竞争择优，怎样对政府购买服务资金进行监管，怎样实行严格的监督评价机制、评价结果向社会公开等，都需要探索实践，总结经验。

发挥社区居民自治作用，发挥基层社会组织的作用，政府向社会组织购买服务，这三项工作都是社会治理体制改革举措，需要依法推进，创新实践，更好地实现政府治理和社会自我调节、居民自治良性互动，促进社会和谐。

三、依法平衡基层社会利益，调节基层社会关系，健全依法维权和化解基层社会矛盾的机制

党的十八届四中全会《决定》提出，健全依法维权和化解纠纷机制。建立这种机制，重要的是要依法平衡社会利益、调节社会关系，化解社会矛盾。

一是健全基层依法决策机制，依法平衡社会利益。把公众参与、专家论证、风险评估、合法性审查、集体讨论决定确定为重大行政决策法定程序。要高度重视网络时代的公众参与问题，按照政府信息公开和重大决策听证、征求公众意见等法规制度的要求，健全重大决策群众咨询征求意见机制和社会稳定风险评估机制，依法平衡社会利益，降低和化解重大决策社会稳定风险。

二是依法调节社会关系，化解基层社会矛盾。依照《中华人民共和国人民调解法》、《中华人民共和国劳动合同法》、《中华人民共和国物权法》、《中华人民共和国土地管理法》及征地拆迁补偿等一系列民事和行政法律法规，运用法治思维和法治方式调节基层社会关系，化解社会矛盾。建立畅通有序的基层群众诉求表达、矛盾调处、权益保障机制，建立人民调解、行政调解、司法调解联动工作体系，建立调处化解民间矛盾纠纷的综合协调机制，使基层群众有问题能反映、矛盾能化解、权益有保障。深圳市福田区政府通过招投标向有资质的辖区律师事务所购买法律服务，引进法律专业人员担任人民调解员，在面对矛盾纠纷较多的 14 个派出所、5 家医院和区人民法院、公安交警大队设立人民调解室，2009—2014 年，每年调解民事纠纷 1 万余件，调解成功率 90.8%，当事人满意率 93.6%，积极推进了基层社会矛盾化解工作。福田区还在全区 95 个社区设立法律服务站，派驻 1 名法律专业人员，为社区群众提供法律服务，及时调解民间纠纷，促进和谐社区建设。

要把信访纳入法治轨道，引导和支持群众有问题依靠法律来解决，保障合理合法诉求依照法律规定和程序就能得到合理合法的结果；引导和支

持群众理性表达诉求，遏制那种"大闹大解决，小闹小解决，不闹不解决"
现象。

四、坚持推进基层社会问题依法治理、源头治理，标本兼治、重在治本，规范社会行为，维护公共安全，推动经济社会协调发展

食品药品安全、消防安全、交通安全、安全生产、环境安全、社会治安等公共安全问题，是人民群众最关心最直接最现实的利益问题，也是基层社会治理的重要内容。健全公共安全体系，是党的十八届三中全会《决定》提出的改革任务之一。在公共安全方面，国家和省市有一系列的法律法规，如《中华人民共和国食品安全法》、《中华人民共和国药品管理法》、《中华人民共和国交通安全法》、《中华人民共和国消防法》、《中华人民共和国环境保护法》、《中华人民共和国安全生产法》、《中华人民共和国治安管理处罚法》，等等。现在的问题是，这些法律法规在基层执行不到位。在一些情况下是出了大的事故，领导讲话了，区、街道、社区才去层层检查。怎样解决这个问题？

一是坚持依法治理、源头治理、标本兼治。按照党的十八届三中全会《决定》、党的十八届四中全会《决定》要求，坚持依法治理、源头治理、标本兼治、重在治本。要研究基层食品安全、消防安全、安全生产等方面一些源头性的问题，依法加强日常监管，加大执法力度，严格责任追究，标本兼治，重在治本，而不是出了大的事故才去检查管理。

二是加强法治宣传教育，规范社会行为。加强对基层干部群众、企业员工的法治宣传教育，推进全民守法，规范社会行为。要通过广泛深入的法治宣传教育，让法治精神、法治理念深入人心。西方法学界有一句名言：法律必须被信仰，否则形同虚设。基层政府和司法工作人员、居民群众、企业员工都需要增强法律意识，信仰法律，敬畏法律，规范行为。要促进政府工作人员依法行政，司法人员公正司法，居民群众知法守法，在社会上加快形成"办事依法、遇事找法、解决问题用法、化解矛盾靠法"的良好风气，使

广大基层干部群众都成为社会主义法治的忠实崇尚者、自觉遵守者、坚定捍卫者。这是我们推进基层社会治理法治化的重要基础，也是社会主义法治的坚实基础。

在坚持基层依法治理、重在治本、推进经济社会协调发展方面，还有一个重要问题，是创新人口管理服务，这是党的十八届三中全会《决定》提出的改革任务之一。创新人口管理服务，也是基层社会治理的治本措施之一，对于推进基层社会和谐稳定和经济社会协调发展具有重要意义。党中央、国务院《关于进一步推进户籍制度改革的意见》，要求全面实施农业转移人口居住证制度，要求以居住证为载体，建立健全与居住年限、参加社保年限等条件相挂钩的基本公共服务提供机制。这是一项重大的改革。城市基层政府要通过实施居住证制度，强化人口管理服务，对有合法稳定居所、合法稳定职业的非户籍人口提供教育、医疗、社保等基本公共服务，增强城市的凝聚力，促进经济社会协调发展。

（原载《特区实践与理论》2015 年第 2 期）

法治是和谐社会的基础和重要保障

社会主义和谐社会的基本特征中，民主法治是重要一条。法治是一个以多元利益并存为基础的社会调整机制，是市场机制下国家权力调节经济社会的重要形式。法治是构建和谐社会的基础和重要保障。只有依照法律来治国理政，使国家权力的行使和社会成员的活动处于严格依法办事的状态，经济、政治、文化发展与社会全面进步才有基本的秩序保障，整个社会才能成为一个和谐的社会。

我们说法治是和谐社会的基础和重要保障，还在于法治影响、规范、保障着和谐社会的其他特征。比如，法治通过协调各种社会利益促进和实现公平正义，通过法律确定利益主体，指导利益分配，协调利益关系，维护社会公正，避免社会利益之争的激化。法治为人们之间的诚信友爱提供行为规范，创造良好的社会环境。法治为激发社会活力创造条件。法治为维护社会的安定有序提供保障。法治为人与自然的和谐发展提供制度支持。

发挥法治在促进、实现、保障社会和谐方面的重要作用，需要重点抓好以下工作：

第一，完善社会管理和公众参与方面的立法和制度建设。和谐社会的一个重要标志在于有一整套社会成员认同并遵从的解决不和谐问题的规则、程序和制度。社会上出现的种种不和谐现象，根子在制度。要真正实现构建和谐社会的目标，就必须把法律和制度建设作为一项根本性的任务来抓。制度和谐是和谐社会之本。党的十六届五中全会要求政府按照和谐社会的要求，加强社会管理的职能。加强社会管理的职能，需要加强和完善社会管理方面的立法，实行依法管理。

公众参与是加强社会建设，健全党委领导、政府负责、社会协同、公众参与的社会管理新格局的重要组成部分。完善公众参与的法规制度，是为了保障"公民有序的政治参与"。公民有序参与，通过适当的渠道反映民意，反映诉求，是和谐社会建设的重要环节。对同人民群众利益密切相关的重大事项，要建立和实行公示、听证等法规制度，扩大人民群众的参与度。

第二，提高行政机关依法行政、依法管理社会的能力和水平。行政机关和行政权力涉及经济、政治、文化、社会各个领域，与社会的方方面面和公民的日常生活息息相关、密不可分。行政机关能否在坚持依法行政的基础上，依法管理社会，依法调节社会关系、平衡社会利益、整合社会资源、维护社会秩序，直接关系到社会运作是否顺畅、社会关系是否合理、社会交往是否融洽，进而直接关系到和谐社会的建设。因此，行政机关应当进一步坚持依法行政，严格按照法定权限、法定程序履行职责，切实纠正有法不依、执法不严、违法不究的现象，纠正行政监管缺失、行政监察不力的现象，努力建设透明、诚信、负责、理性的法治政府，肩负起推进社会和谐、构建和谐社会的职责。

坚持依法行政，推进社会和谐，重要的是要提高依法管理社会的能力和水平。坚持依法行政，提高依法管理社会的能力，需要抓住群众关心的影响社会和谐的热点难点问题，严格执法，依法解决。比如，劳务工的权益保障问题特别是欠薪问题，食品安全问题，社会信用缺失问题，生态环境保护问题等，都与社会和谐密切相关。这些问题不是无法可依，而是有法不依、执法不严、违法不究的现象大量存在。需要强调严格执法，加大监管力度，促进这些问题的解决。这是提高政府依法管理社会能力的重要体现。

第三，发挥司法机关在构建和谐社会中的作用。司法公正是构建和谐社会的必然要求，也是维护社会公平和正义的制度保障。只有司法公正，才能维护正常的社会秩序、工作秩序和生活秩序；只有司法公正，才能规范有效地解决各种经济民事和社会矛盾纠纷，有效保护公民、法人和其他组织的合法权益。要推进司法改革，改革诉讼程序，完善科学的审前程序，依法简化审理程序，建立和规范民事速裁制度，完善多元化的纠纷解决机制；改革执行制度，加大执行力度，维护生效判决的法律权威；改革审判管理，建立案件审判质量与效率的评估体系、绩效考核标准和程序。要通过司法改革逐步解决影响司法公正与效率的主要矛盾和深层次问题，建立符合司法规律和实际的司法制度和工作机制，维护司法公正，促进在全社会实现公平和正义，促进社会和谐。

第四，增强全社会的法律意识和诚信意识。前面讲的立法、行政、司法等方面的因素，都是构建和谐社会的制度性保障，是缺一不可的"硬件"。除此以外，我认为还有一项非常重要的基础性条件，就是要努力增强全社会的法律意识和诚信意识。法律意识和诚信意识是和谐社会的两大基石。我们有关部门需要采取得力措施，大力加强法制宣传教育和诚信教育，增强全社会的法律意识和诚信意识，努力形成全社会人人诚信守法的社会氛围，为和谐社会奠定良好的基础。

（原载《深圳特区报》2005 年 11 月 30 日）

创新社区管理体制，促进基层和谐稳定

——深圳社区管理体制改革的调研与思考

一、社区调研基本情况

社区是城市的基础，和谐社区是和谐社会的重要基础，关系到党的执政基础的巩固。为推进深圳社区管理体制改革创新，促进社区建设，2006年初，笔者和市依法治市领导小组办公室工作人员，深入各区、街办和30多个社区居委会及社区工作站，就社区管理体制改革问题进行了比较深入的调研，同时研究了北京、上海、宁波、武汉、南京及香港社区体制改革和社区建设的经验。总的感到，近年来，我市各级党委、政府重视社区体制改革和社区建设，取得了很大成绩。在省委、省政府召开的全省社区工作会议上，深圳市介绍了社区建设的经验，深圳有6个社区获得广东省平安和谐红旗社区或先进社区称号。但社区管理体制和社区建设仍存在一些问题，需要研究解决。

二、社区管理体制和社区建设存在的问题

1. "居站分设"改革以后，居委会主任兼任社区工作站站长，影响居委会工作，也影响工作站的工作。2005年上半年，根据2004年底全市社区工作会议的精神，特区内的4个区结合居委会换届选举，在社区设立了与社区居委会平行的社区工作站。除盐田区17个社区居委会主任与社区工作站站长分设分任外，其他3个区基本上都是社区居委会主任兼工作站站长，同时

还是居委会党支部书记，一套班子两块牌子，一身三任。

调研中不少社区的同志反映，成立社区工作站，只是多一块牌子，还是换汤不换药。社区工作站在街道领导下开展工作，承办政府职能部门在社区开展的工作，社区书记、主任、站长，一身三任，但主要精力还是在忙工作站的工作。不少居委会基本上没有开展工作。

2. 居民委员会自治功能薄弱。"居站分设"后，有一种议论认为，工作站承担了原来居委会做的工作，居委会还有无存在的必要。一些街办和政府部门对居委会工作不重视了。调研中有些同志讲，居委会不跟他们干活了，就不理人家了。居委会本身也不太习惯，自治能力不够，自治功能比较薄弱。居委会的人民调解委员会调解纠纷、化解矛盾的功能也比较薄弱。

3. 基层社区任务太多负担重。调研时，街办、社区居委会、社区工作站的同志普遍反映，社区挂牌多（多的达30多块），政府进社区的工作太多，检查太多，只能应付。一位社区居委会主任兼社区工作站站长说，半年时间内他们接受的上级部门和街办的检查考核就有14次，几乎所有的工作都是为了应付检查。一社区工作站站长说，真的是希望检查不要太多，计划生育基本上是两月检查一次，形式主义的东西太多，上面要求我们上门收尿查验，经常碰壁挨骂，神经高度紧张。

4. 社区建设中发挥市场和社会力量的作用不够。调研中，社区反映人手不够、经费不够比较普遍，对增加人员、编制、经费的呼声较多。社区建设中发挥市场和社会力量的作用不够。

5. 社区工作队伍素质有待提高。调研中，不少同志反映，特区内4个区的社区工作站工作人员基本上是原居委会工作人员转过去的。社区工作队伍力量薄弱，素质有待提高。

6. 一些社区居民缺乏法律意识，缺乏社会责任感，表达诉求的方式缺乏理性。基层社区组织居民自我管理、自我教育、自我约束、协调利益的功能薄弱。

近年来，市里一些重点工程规划建设过程中，受到附近一些住宅小区居民的阻挠。如南坪快速干道、深港西部通道进出口工程、滨海医院规划建设，等等。一些人以所谓"维权"名义，煽动或组织业主上访，上街游行，或围堵政府机关、堵塞交通。这些人只讲个人和小团体利益，不讲公共利益；只讲权利，不讲义务，不讲社会责任；只顾个人眼前利益，不顾大多数人的长远利益，使一些涉及全市人民利益的重点工程的建设受到影响。而基层社区组织怎样组织社区居民自我管理、自我教育、自我约束、协调利益，显得很薄弱。

三、对社区体制改革和社区建设的建议

上述问题是社区改革建设发展中的问题，只能在改革和发展中得到解决。提出如下意见和建议：

1. 坚持"居站分设"的改革方向，创造条件，在适当时间实行实质意义上的"居站分设"。

"居站分设"改革的方向是正确的，符合法律要求和深圳实际，需要坚持。居站分设，人员分开任职，才接近居委会的自治性质，也方便工作站承办政府工作。

调研中不少同志包括一些社区的同志反映，居站分设好，分设没有回头路。现阶段可以根据不同情况（人口、居民参与度、经济发展情况）逐步分设、过渡。但应当创造条件，在适当的时候（下届居委会 2008 年上半年换届选举时），实现特区内社区居委会和社区工作站领导成员分设分任，完全分开，实行实质意义上的"居站分设"。盐田区居站分设分任取得了较好的经验，可以总结推广。

宝安区、龙岗区在推进城市化进程中，必须把社区建设摆上重要议事日程，抓紧社区工作站的设立。2006 年上半年，完成在原城镇社区设立社区工作站的工作，并在"村改居"社区进行设立社区工作站试点，而且居委会和工作站领导成员逐步分设分任。

2. 坚持把社区自治作为社区管理体制改革的重要目标，增强社区自治功能。

居民委员会作为基层群众性自治组织是宪政制度安排，社区自治的主体组织是社区居委会，其在发展基层民主政治中具有不可替代的地位和作

用。因此，在社区管理体制改革中，社区自治只能加强，不能削弱。要坚持把社区自治作为社区管理体制改革的重要目标，增强社区自治功能。

政府要采取措施推动和培育社区自治。社区居民自治跟任何民主实践一样，是无法自我维系的。它的正常运转需要政府为其提供政治与法律上的保障。市、区民政部门要认真研究"居站分设"后的现实情况，加强对社区居委会工作的指导。香港政府民政事务署及所属分区民政事务处的重要任务之一，就是推动居民参与社区事务，培养市民对社区的认同感，培养市民参与公共事务的意识，推进社区自治，促进社区和谐。他们把"公众参与社区事务，是地方行政计划成功的关键"，作为一项工作原则坚守。这方面值得我们学习借鉴。

要按照党的十六大报告关于"完善城市社区自治，建设管理有序、文明祥和的新型社区"的要求，按照胡锦涛同志关于"扩大基层民主，完善基层自治组织的民主管理制度，努力实现广大群众自我管理、自我服务、自我教育、自我监督，发挥城乡基层自治组织协调利益、化解矛盾、排忧解难的作用"的要求，进一步明确居委会的职责，把向政府反映群众的意见和建议，"协调利益、化解矛盾、排忧解难"，作为社区居委会的主要职责和任务。当前要重点加强居委会的人民调解工作，协助有关部门做好矛盾纠纷的排查调处工作。同时还要完善社区事务公众参与、民主管理和其他社区自治制度。

近年来，我市一些社区居委会在推进社区居民自治、协调利益、化解矛盾、排忧解难、协助政府推进工作等方面，作了一些有益的探索，发挥了积极作用，值得总结推广。例如，罗湖区一些社区居委会建立"百姓讲坛"，组织和引导居民自我教育、自我管理。"百姓讲坛"的主题有"如何共同维护社区安宁"、"如何解决高空抛物问题"、"如何文明养狗"、"如何建设生态家园"等辖区居民关心的问题，讲坛由社区居委会主任主持，台上台下都是居民邻里，问题可以随便提，话可以照实讲，让居民自己提出问题并商议解决问题的办法。一方面促成一些问题在社区层面上解决，另一方面也给邻里之间创造一个沟通交流的场所，邻里之间、业主和物业管理公司之间通过沟通，平衡和协调利益，减少矛盾，促进社区和谐。龙岗区六约社区户籍人口

1700人，外来务工人员10余万人，各类企业350多家。针对各类矛盾纠纷较多的问题，社区居委会创新人民调解机制，加强人民调解工作，建立"社区人民调解委员会——调解小组（设到社区的组和100人以上企业）——调解员——信息员"四级网络，2005年民间纠纷调处成功率98.6%，做到小事不出组（企业），大事不出社区，矛盾不上交，促进了社区和谐和经济发展，受到国家司法部的肯定和表彰。罗湖区田贝社区居委会、党支部、股份合作公司组织居民自我教育、自我管理、自我监督，社区多年来违法建筑为"零"，非法无证经营为"零"，连续5次被评为罗湖区"百日无案件社区"，社区平安和谐。这些社区推进社区自治，在协调利益、化解矛盾、排忧解难方面发挥了重要作用。

还要完善社区居委会的组织建设。几位街道办领导反映，居站分设后，对居委会领导成员不宜统一作年龄限制，可以动员一些社会贤达人士、退休干部等参加居委会工作。纯商品房住宅小区，可以吸收个别业主委员会成员参加居委会。这个意见值得研究。

从发展基层民主政治、反映基层民意、促进社区自治的需要，社区居委会主任需要有一定比例人员安排作为区人大代表。从本届区级人大代表构成来看，特区内4个区社区居委会主任（含社区工作站站长）当选区人大代表的比例较低，平均占区代表数的6%，最低的区仅占2.7%，换届时需要重视这个问题，较大幅度地提高社区居委会成员在区人大代表中的比例。此外，南山区月亮湾、罗湖区东门设立了人大代表社区工作站，需要研究探索人大代表社区工作站收集反映民意与社区自治衔接的形式和机制。

3. 坚持按照建设服务型政府的要求，转变政府职能，依法行政，服务基层，减轻社区负担。

基层社区负担过重，这是多年来一直反映比较强烈的问题，需要通过深化行政管理体制改革和社区管理体制改革予以解决。市、区党委政府需要重点强调为基层社区减负。北京市委书记刘淇不久前在一次全市会议上强调，加强社区建设，当前重要的是为社区减负。

一是政府部门及街道办事处对社区工作要从管理转到服务。政府主导推动社区建设，怎样主导推动，观念上要从管理转到服务，不是什么都往基层压。服务型政府是有限政府，政府服务的内容是提供维护型的公共服务及完成为数不多的管制任务。如果政府部门把众多的任务压给基层社区，社区疲于应付，这就与服务型政府的目标有差距了。

二是政府部门进入社区的工作任务要经社区建设委员会严格审核把关。政府部门也要自我约束。政府部门给基层社区下达的各种任务，要切实落实费随事转的原则，把相应的办事经费给基层拨足。

三是减少在社区挂牌。宁波市政府规定，社区原则上挂三块牌：居委会、党支部、警务室。武汉市清理社区挂牌，规定不能在社区随意挂牌。深圳也需要对社区挂牌进行清理，作出明确的规范。

四是减少控制形式主义的各种检查，必要的检查要经程序审批。

此外，由于政府及部门的工作都是通过街道办事处接转布置给社区的，调研中，一些社区的同志对街道办的管理体制和方式也提出了意见，需不需要街道这个层次作中间接转，需要研究。几位社区工作站站长说，我们到街道办事处开会，就是领一堆任务，领一堆表格。有专家（包括深圳社科院专家）提出，撤销街道办事处这个层次，把街道办事处承担的行政事项职能交给政府职能部门，把社会方面的职能交给社区。南京、芜湖等市已经进行了撤销街道办事处的试点。北京市朝阳区左家庄街道适应社区改革的要求，将街道办事处"瘦身"，将15个科室合并为6个部，挑选35人专职指导社区工作。深圳也可以按照党的十六届五中全会关于"减少行政层级"的要求，着手街道体制的调研和试验。目前可以推进街道和社区工作人员的交流任职，强调街道领导和工作人员的重要职责就是指导和服务社区，维护社区和谐稳定。

4.坚持社区管理和服务的机制创新，有效发挥市场和社会力量的作用，增强社会服务功能。

解决人手和经费问题的关键在于坚持社区管理机制创新，要按照胡锦涛同志关于"要以服务群众为主体，增强社会服务功能，拓展社会服务领域，提高社会服务水平，形成社会服务网络化的新格局"的要求，有效发挥市场和社会力量的作用，增强社会服务功能。

罗湖区近年来探索社区管理和社区服务机制创新，发挥市场和社会力量在社区建设中的作用，取得了好的成效。罗湖区住宅区实行物业管理的覆盖率达到 67%，在这些住宅区，社区居民所享受的治安、消防安全、环境卫生、社区服务乃至公益性的文化宣传的服务水平，大大超过了只有政府资源管理的社区。在物业管理水平较高的中高档社区，政府在社区基层所希望达到的管理和服务目标，除了涉及行政执法权的工作，基本上通过市场化的物业管理公司和社会力量实现了。罗湖区政府领导认为，利用市场机制整合政府与市场和社会的资源，形成新的社区管理服务机制和活力，政府就能集中社区工作站等各种自己现有的管理力量，在不增人、增编、增经费的条件下，把社区工作做得更加到位。香港的社区服务主要是由非政府组织承担的。香港社区服务实行"外派"，即把社区服务向市场开放，由社团竞标，借助市场和社会的力量完成政府公共服务职能的做法，值得借鉴。

需要研究制定社区建设的相关政策，为公共服务的市场化提供制度安排，引导市场资源和社会资源参与社区建设。香港对于列入计划的社区服务项目，如果社会资本投资一元，政府即补助一元，社会资本投资越多，政府补助越多。

培育壮大社区志愿者（义工）服务队伍，提供更好的志愿型社区服务。

5. 逐步建设专业化、高素质的社区工作者队伍，提高社区服务水平。

社区工作者的素质，对社区工作和服务质量具有重要影响。可以借鉴香港社会工作者注册制度的经验，逐步建设专业化、高素质的社会工作者队伍。在香港社区工作的社会工作者（简称为"社工"），须经社会工作者注册局（法定机构，15 名成员，其中 8 名由注册社工选出，6 名由特区行政长官委任，1 名为社会福利署署长或其代表，所有注册局成员不因该职务而获酬金，均以义务形式服务注册局），依照《社会工作者注册条例》注册列入名录。《社会工作者注册条例》对"社工资格"有明确规定：持有注册局认可的社会工作者学位或文凭，已经担任社会工作职位的，则须在合理的期间内获取认可的社会工作者学位或文凭。香港一些大学开设有社会工作专业，为社区服务培养专业人才。《社会工作者注册条例》还对社会工作者在专业工作方面失当或疏忽行为的投诉及纪律制裁作出了明确的规定，旨在透过监管机制，监察社会工作者的素质，保障服务对象及公众的利益。由于管理规范，香港社区工作者成为令人尊敬和年轻人向往的职业之一，社区工作者队伍健康发展，从业社区工作者保持着高度的敬业精神。深圳各区今后需补充社区工作者，须规定一定的条件，如大专以上文化程度等，公开招聘。对现有社区工作人员，需要加强培训提高。一些社区工作站站长认为，关键要培训提高社区工作人员的责任心和敬业精神，提高社区服务水平。

社区工作站人员的编制、待遇全市要统一。现在各区定编、待遇都不一样，有的是政府雇员，有的是员额管理，这一点调研时反映比较多，需要抓紧解决。

6. 坚持社区管理体制改革的法治化取向，加强社区立法，加强社区法制宣传教育，依法维护社区和谐稳定。

在社区改革进程中，坚持法治化取向，逐步建立和完善相关的规则，是改革的重要环节。

根据深圳社区工作实际，需要抓紧制定社区工作条例、居委会组织法实施细则、社区工作站工作规定（包括对社区反映较多的社区工作站的性质、职责等作出规定）、社区工作者注册管理办法、社区志愿者服务促进办法、外来人口管理规定、住宅区业主委员会管理规定等，促进社区改革和建设的发展。

同时要大力推进社区法制宣传教育工作，推进法律服务进社区。当前要重点加强《中华人民共和国宪法》中有关公民的权利义务的宣传教育，《信访条例》和《中华人民共和国治安管理处罚法》的宣传教育，使社区居民认识到除依法享有各种公民权利，享受政府提供的各种公共服务、公共产品外，还应当依法履行相应的公民义务（如公民在行使自由和权利的时候，不得损害国家的、社会的、集体的利益和其他公民合法的自由和权利，遵守公共秩序）和社会责任。要教育和引导居民群众依法表达自己的利益诉求，通过合法理性的方式维护自身的合法权益，形成一个人人懂法用法守法的良好法治环境，维护社会和谐稳定。

7. 按照深圳建设国际化城市的目标要求，把建设国际化社区作为社区改革和建设的一个目标取向。

深圳社区人文环境国际化程度不高，社区居住的外国人不多。

　　深圳市委主要负责同志在市四次党代会报告中提出："要在人文环境上逐步实现国际化，把深圳建设成为中国最适合外国人居住、最能吸引国际资本扎根的城市之一。"苏州市工业园区住宅小区的"邻里中心"、"邻里互助广场"、"跳蚤市场"营造的国际化的人文环境和生活环境，吸引众多外国的技术人员及家属居住生活，值得深圳借鉴。

（2006 年 3 月）

未来深圳如何实现社会和谐

——写在"深圳 2030 城市发展策略论坛"之际

在未来深圳的发展中，需要以"深圳 2030 城市发展策略"为指引，高度重视社会发展，努力实现社会和谐。这既是深圳"2030"城市发展的重要目标，也是城市发展的必要条件。

深圳市政府从城市发展战略的角度，制定"2030 城市发展策略"（简称"2030 策略"），并通过市人大常委会赋予其法定化的形式，这对于按照法定框架，把未来深圳建设得更加美好，具有重要意义。

"2030 策略"，不仅仅是我们以往理解的传统意义上的城市空间规划的概念，它还涵盖经济发展、社会发展、生态发展等诸多方面。"2030 策略"有一个以往城市规划没有涉及的内容，这就是"社会发展策略"。将"社会发展策略"作为"2030 策略"的一个组成部分，这是一个重大创新，一大亮点，体现了经济社会协调发展的科学发展观的要求。

"2030 策略"在讲到深圳今后"面临的挑战"中，提出了"未来深圳如何实现社会和谐"这样一个十分重要的命题。我们认为，需要在"2030 策略"基础上，把《深圳社会发展策略研究》作为一个重要的专题、重要的子项目，组织力量深入研究，规划和促进未来深圳实现社会和谐。《深圳社会发展策略研究》主要包括哪些内容？未来深圳的社会发展中，如何实现社会和谐呢？我们认为，有以下几个方面需要高度重视，并下力气去做好：

第一，以人为本，关注民生，把改革和发展的成果惠及全体人民，促进人的全面发展。深圳未来发展的最终目的是人的全面发展，人的全面发展是一切发展的根本，是深圳社会发展的主题和终极指向。我们应当认真贯彻落实以人为本的科学发展观，高度关注民生民计，建立健全最低生活保障、社会养老保险、医疗保险、失业保险、最低工资保障、欠薪保障、社会救济、社会救助等社会保障体系，把改革和发展的成果惠及全体人民，使人均财富、居住条件、平均受教育程度、文化生活等方面不断达到新的水平；使每个市民都拥有充分的平等的发展机会。未来深圳，要把促进人的全面发展作为特区重要的使命，在落实党中央提出的促进人的全面发展的要求方面，发挥先行探索作用。

第二，未来深圳的政府职能，需要更多地转向社会管理和公共服务，完善社会立法，依法管理社会，努力预防和化解社会矛盾，维护社会和谐稳定。深圳这个城市，与国内国际其他特大的城市相比，有它的特殊性。在深圳 1000 多万城市人口中，户籍人口与外来人口严重倒挂，这是我们政府社会管理面临的一个比较突出的问题和比较严峻的现实。据国务院研究室公布的《中国农民工调研报告》显示，现在的农民工发生了三大转变：由亦工亦农向全职非农转变，由城乡流动向融入城市转变，由谋求生存向追求平等权利转变。这三大转变应当引起我们高度重视。另有调研显示，农民工外出打工的经历，让他们深刻地体会到城乡之间的巨大差异，许多人发出"死也要死在城市"的心声。特别是农民工要求与城市户籍居民一样，有更多的平等权利，这个需求如果得不到回应的话，他们可能产生更多的对抗行为。近年来，外来人员群体性上访、静坐、堵塞交通，以及犯罪日益增多，也正说明了这个问题，这更需要我们引起重视。因此，深圳的社会发展中，需要高度关注人口问题，重视数百万外来工的权益问题，以及与此相联系的企业欠薪、安全生产、子女上学、就医、住房、交通等诸多社会矛盾和问题。如果这些社会矛盾不能得到妥善处理，将会给未来深圳的发展带来不利的影响。因此，我们要认真研究和正确对待群众的利益诉求，注重社会公平，这是预防和化解社会矛盾的关键所在；要加强基层的基础建设，发挥基层自治组织协调利益、化解矛盾、排忧解难的作用，这是预防和化解社会矛盾的有效途径。

为了维护社会和谐，市人大和市政府还需要完善包括人口管理、社会保障、法律援助在内的社会发展方面的一系列立法，依法管理社会事务；要扩大市民有序的政治参与，与市民密切相关的重大事项，要广泛征询公众意见，实现政府决策的民主化和科学化，努力建设服务型政府和法治政府。民主和法治，是和谐社会的基本特征。

第三，加强社会治安防控体系建设，增强市民安全感。我们要通过治安防控体系建设，有效遏制和减少犯罪，维护良好的治安秩序，使社会安定有序，人民安居乐业。这是城市发展的重要条件。

第四，维护司法公正，保障社会的公平和正义。这是和谐社会的另一重要特征。我们要通过推进司法改革和创新，依法处理好民商事纠纷，认真解决人民群众关注的执行难、申诉难、超期羁押等问题，努力维护司法公正，保障在全社会实现公平和正义。

第五，依法加强环境保护和生态建设，实现人与自然的和谐相处。这也是和谐社会的基本特征之一。强化法治是治理污染、保护生态最有效的手段。重要的是严格执法。未来深圳，要特别强调依靠法律手段，维护基本生态控制线，生态控制线内的违法建筑要一律拆除。我们要通过依法构建生态安全体系，实现人与自然的和谐发展。

只要我们坚持以人为本，关注民生，努力化解社会矛盾，加强治安防控，使人民安居乐业，保障社会的公平和正义，以及重视生态发展，实现人与自然的和谐相处，未来深圳就能够实现社会和谐，"2030策略"中提出的把深圳建设成为"与香港共同发展的国际都会"和"全球先锋城市"的目标，就能够实现。

（2006年9月19日）

村规民约与居民公约

《中华人民共和国宪法》规定，"中华人民共和国的一切权力属于人民"，"人民依照法律规定，通过各种途径和形式，管理国家事务，管理经济和文化事业，管理社会事务"。制定和实施村规民约和居民公约，则是农村村民和城市居民实行自我教育、自我管理、自我约束，自己管理自己的社会事务、公共事务和公益事业，直接行使民主权利的一种有效形式，在促进社会治安的群防群治，维护社会治安以及城乡基层的社会主义物质文明和精神文明建设中，发挥着重要作用，值得高度重视和大力推行。

一、村规民约、居民公约的由来和发展

（一）村规民约、居民公约的概念和特征

村规民约是反映村民的集体利益和要求，经村民会议讨论制定，由村民委员会监督执行，具有一定约束力的行为规范。

居民公约是反映居民的集体利益和要求，经居民会议讨论制定，由居民委员会监督执行，具有一定约束力的行为规范。

村规民约、居民公约作为一种行为规范，作为村民和居民行使自治权利的一种重要形式，具有以下几个特征：

1.群众性。村规民约、居民公约是村民、居民实行自我教育、自我管理、自我约束的重要形式，因此，它们应该由村民、居民集体讨论制定，而不能由少数几个人包办代替。村规民约、居民公约反映了村民、居民的集体利益和要求，这就要求村民、居民自觉遵守，互相监督。村规民约、居民公

约的群众性这一特征，决定了村规民约、居民公约的制定和实施，必须依靠群众，走群众路线。

2. 合法性。村规民约、居民公约是群众制定的，虽然与国家的法律、法规和政策有区别，但其内容不得与国家的宪法、法律、法规和政策相抵触，否则无效。村规民约、居民公约的合法性这一特征，决定了村规民约、居民公约必须坚持社会主义方向。

3. 针对性。要求村规民约、居民公约内容合法，并不是指村规民约、居民公约是某些法律、法规条文的汇集、摘编，而是要求根据国家的有关法律、法规和政策的精神，针对本村、本居民区的实际情况，就某一问题或某些方面作出规定。村规民约、居民公约的生命力，就在于它能结合当地的实际，有针对性地规定一些条款，解决当地村民、居民需要解决的一些问题。

4. 规范性。村规民约、居民公约同法律一样，是一种行为规范，它同样告诉人们应该做什么，不应该做什么，应该怎么做，不应该怎么做，对人们的行为有一定的约束力。与法律所不同的是，村规民约、居民公约的这种约束力是靠村民、居民的自觉遵守和村民委员会、居民委员会的监督执行来实现，而不是靠国家的强制力保证实施的，也不像道德那样仅由舆论和良心来维持。

（二）村规民约、居民公约的由来和发展

村规民约、居民公约，作为体现某种民意的一种规约，可以说古已有之。《宋史吕大防传》中说的"（吕氏）尝为乡约曰：凡同约者，德业相劝，过失相规，礼俗相交，患难相恤"，就是指的这种规约。但真正意义上的村规民约、居民公约则是新中国成立后，农村和城市基层的人民群众在实践中创造的。同其他社会现象和社会事物一样，村规民约、居民公约也经历了它的发展过程。

1952 年 6 月政务院批准制定的《治安保卫委员会暂行组织条例》规定，治安保卫委员会的具体任务之一，即"发动群众共同制订防奸的爱国公约，并组织群众认真执行，以维护社会治安"。随后，广大的城市街道、农村行政村建立了治安保卫委员会，发动群众制订了以防奸、防谍为主要内容的

"爱国公约"。"爱国公约"的制订和执行，对当时维护城乡社会治安，发挥了重要作用。1954 年 12 月 31 日，全国人民代表大会常务委员第四次会议通过的《城市居民委员会组织条例》规定："居民应当遵守居民委员会关于公共利益的决议和公约。"《城市居民委员会组织条例》关于居民"公约"的规定，连同《治安保卫委员会暂行组织条例》关于"爱国公约"的规定，使居民"公约"、农村"公约"在中国历史上第一次具有法律依据，有力地促进了其发展。

1957 年夏天，当时的全国人大常委会委员长刘少奇同志对农村实行"公约"的情况给予了充分肯定。刘少奇同志指出："处理违法，第一是农村公约；第二是治安条例；第三是检察机关"，"调处委员会定公约，公安机关有行政处罚条例，再就是检察机关批准逮捕，这是革命法制的体系"。刘少奇同志推崇的这种农村公约，包括城镇居民公约，直到"文化大革命"前，一直在城乡许多地方实行。"文化大革命"期间，农村公约、居民公约的实行，同其他各项事业一样，也受到干扰和破坏。

党的十一届三中全会以后，农村实行了家庭联产承包责任制，农民逐步走上富裕起来的道路。但是一些基层干部认为"联产到了户，家家有干部"，放松了思想政治工作，一些农村基层组织出现瘫痪、半瘫痪状态，农村中出现了开会难、学习难、落实任务到户难的状况，封建迷信、赌博歪风等丑恶现象滋长了，乱占耕地建房、打架斗殴、偷摸公私财物、无计划生育等现象相继增多。为了加强农村社会主义物质文明和精神文明建设，广大农村基层干部和群众结合建乡、建村民委员会的工作，积极推进制定"规约"并逐步改进充实，使之成为广大农村干部群众遵守的行为准则。这个时期的农村"规约"，反映了逐步富裕起来的广大农民群众需要一个稳定的社会环境的愿望和要求，顺乎了民心。这个时期，城市居民委员会也根据新时期居民工作的特点，积极开展制定居民公约的工作。

党的十一届三中全会以后新的历史时期，党和国家比以往更加重视推行村规民约、居民公约的工作。1982 年通过的《中华人民共和国宪法》明确了居民委员会和村民委员会的基层群众性自治组织的法律地位，并明文规定，国家"通过在城乡不同范围的群众中制定和执行各种守则、公约，加强社会主义精神文明的建设"。这里的"守则、公约",自然包括广大城乡已经实行的"村规民约"、"居民公约",这就使村规民约、居民公约由宪法所肯定,具有了宪法依据。20 世纪 80 年代初,在中央主管政法工作的彭真同志对推行村规民约、居民公约的工作高度重视。1982 年 7 月,彭真同志在全国政法工作会议上的讲话中指出:"有些地方村民或乡民委员会搞乡规民约,规定不许偷、不准赌、不许会道门活动、不许游手好闲不务正业等,很解决问题,群众很高兴","大家订立公约,大家共同遵守,经验是成功的,应普遍建立"。①1983 年 6 月,国务院提请第六届全国人民代表大会第一次会议审议通过的《政府工作报告》提出:"要进一步推动群众制订街道居民公约、乡规民约和工作守则等活动,充分发挥人民群众当家做主的自觉性,自觉维护社会治安,遵守公共道德。"② 这些都大大促进了这方面工作的蓬勃开展。1987 年 11 月,第六届全国人民代表大会常务委员会第二十三次会议通过的《中华人民共和国村民委员会组织法(试行)》及 1989 年 12 月第七届全国人民代表大会常务委员会第十一次会议通过的《中华人民共和国城市居民委员会组织法》,对村规民约、居民公约的内容、制定程序以及监督执行予以进一步规范,并且在名称上,由原来的"爱国公约"、"农村公约"、"村公约"、"乡规民约"、"街规民约"等,分别从法律上第一次统一规范为"村规民约"、"居民公约"。可以说,这两个组织法的制定及有关"村规民约"、"居民公约"的规定,使制定和执行村规民约、居民公约的工作进入了一个逐步规范化发展的时期。

二、村规民约、居民公约的内容和形式

(一) 村规民约、居民公约的内容

村规民约、居民公约的内容广泛,几乎涉及城乡基层社会生活的各个方面。

---

① 彭真:《论新时期的社会主义民主与法制建设》,中央文献出版社 1989 年版、第 127 页。
② 《人民日报》1983 年 6 月 24 日。

村规民约、居民公约是从 20 世纪 50 年代初制定以维护社会治安为宗旨的防奸防谍爱国公约开始的，新时期的村规民约、居民公约仍然坚持了这一特点，以协助维护社会治安作为其重要内容。《中华人民共和国村民委员会组织法》（以下简称《村民委员会组织法》）和《中华人民共和国居民委员会组织法》（以下简称《居民委员会组织法》）规定，协助维护社会治安，是村民委员会、居民委员会的一项重要任务，而制定村规民约、居民公约，教育村民、居民自觉遵纪守法，则是村民委员会、居民委员会协助维护社会治安的重要形式。如有的居民公约规定："禁止偷盗，居民轮流巡逻看院"；有的规定："禁止偷盗，实行村民 10 户联防"（有的规定 30 户联防）；几乎所有的村规民约、居民公约都规定"禁止赌博，禁止打架、斗殴"，等等，这对维护社会治安起了很好的作用。

村规民约、居民公约除了维护社会治安的内容外，还有不少关于促进基层社会主义物质文明和精神文明建设的内容，如不得乱占耕地建房、制止农田抛荒、完成国家征购任务、爱护公共财产、保护林果庄稼和鱼禽家畜、不搞封建迷信、尊重社会公德、禁止虐待妇女和遗弃老人、反对买卖婚姻、反对铺张浪费以及讲究卫生、美化环境、维护市容整洁等内容。

村规民约、居民公约一般还规定了处罚的内容，这样可以增强村规民约、居民公约的权威性，有利于执行。规约规定的处罚形式一般有检讨、道歉、写悔过书、保证书，有的还规定了适当的经济处罚。

（二）村规民约、居民公约的形式

实践中，村规民约、居民公约的形式大致有以下几个方面：

1. 从村规民约、居民公约规范的范围上可分为综合性和单项两种形式。综合性的规约，内容比较全面，包括维护社会治安，促进基层社会主义物质文明和精神文明建设等内容。例如被民政部推荐介绍的沈阳市于洪区大青乡《大青村村规民约》，即属综合性的。特录如下，以资借鉴。①

---

① 参见民政部：《城乡基层政权建设工作者报》1983 年第 20 期。

大青村村规民约

为把我村建设成为物质文明和精神文明健康发展的社会主义新农村，经全体村民讨论，特制定村规民约如下：

一、热爱党、热爱祖国，热爱社会主义。按照党和政府的方针、政策办事，遵守国家的法律、法规，敢于同坏人坏事作斗争。

二、积极生产，勤劳致富，搞好副业和多种经营，不搞非法经营活动。

三、遵守承包合同，及时完成国家征购任务和集体提留，为国家、集体多做贡献。

四、爱护国家、集体财产，不占国家、集体的便宜，不拿别人的东西，不破坏良田，不损害公物。

五、积极参加学习，经常读书、看报、听广播，学习党的方针、政策和科学技术知识，了解国家大事，搞好科学种田。

六、尊老爱幼，团结邻里，家庭和睦，要赡养好老人，教育好子女，照顾好烈军属、五保户、困难户。

七、响应号召，移风易俗。坚持婚姻自主，反对买卖婚姻，坚持晚婚晚育，坚决不超生；坚持喜事新办，丧事从简；坚持火化，不搞土葬。

八、不赌博，不酗酒，不耍流氓，不打架斗殴。

九、不搞封建迷信活动，不求神拜佛，不占卦算命，不做、不买、不用封建迷信品。

十、积极参加植树造林，自觉爱护树木。不乱砍滥伐、损坏幼树。

十一、经常清扫，保持室内外、院内外和街道的环境卫生；勤换衣裳，常洗澡、理发，保持个人卫生；不乱倒垃圾、污水、粪便，消灭老鼠、蚊蝇，预防疾病传染。

十二、时时防火，安全用电。遇有险情，及时报告，发现火灾，争先抢救。村规民约，人人记牢，认真遵守。如有违反，接受批评，公开检查，接受处分。

村规民约由村民委员会、村民小组监督、检查，季度小结，半年初评，年终总评，好的表扬鼓励，差的批评教育。

湖南省湘潭市韶山区如意村 1990 年发动群众讨论制订的《如意村十六倡十六禁规约》也属这种综合性的"规约"。其主要内容包括：倡勤俭节约，禁婚丧奢靡；倡爱护公物，禁损坏偷拿；倡奋读良书，禁观传淫品；倡文明娱乐，禁赌博行为；倡见义勇为，禁庇纵坏人；倡敬老养翁，禁虐待老人；倡计划生育，禁抢生超生；倡珍惜国土，禁滥占辍耕；倡绿化祖国，禁滥伐森林；倡爱国爱村，禁抗税抗征等。如意村的"十六倡十六禁规约"，内容比较全面，又简明扼要，易懂易记，在推行中发挥了很好的作用。1991 年初，韶山区社会治安综合治理领导小组在全区乡村予以推广。

单项的规约，则是针对村委会、居委会辖区内某个时期或某一方面的突出问题而制定的。如有的地方一个时期治安防范工作较差，盗窃等治安问题突出，就发动群众制定了《治安防范公约》，突出强调居（村）民要"加强防范"，"维护治安，人人有责"。又如，河南省濮阳县，是中原油田集中开采区，油区附近的一些农民"靠油吃油"，偷窃油田的油、气、电和其他物资，工农纠纷突出，涉及油田的案件几乎占全县案件总数的一半。在治理油区治安的过程中，油区周围的一些行政村发动群众讨论，并邀请油田基层井站的代表出席讨论规约的会议，专门制定了《工农治安联防公约》，共同维护油区治安秩序。福州市火车站附近的茶园村针对私房出租户多，承租的暂住人员中混杂着不少游手好闲的不法之徒，抢、偷、骗时有发生，茶园村被人称为"匪园"的情况，专门制定了《私房出租公约》，规定村民出租房子不能只认钱不认人，谁出高价就租给谁，没有正当职业、没有足够证件证明身份的人，不准让其租房，违者批评处罚。再如，有林区的村，根据林区特点，制定《护林公约》或《护林防火公约》。有些铁路、公路沿线的村，针对铁路、公路线上哄抢货物、扒车盗窃货物的突出问题，在进行法制教育和爱路护路教育的基础上，制定《爱路护路公约》。有的居委会的一些家庭、邻里矛盾多，就专门制定了《团结公约》，等等。实践中，单项的规约形式，比较灵活，便于解决问题。正如彭真同志所说："搞乡规民约，大家决定办几项就先办几项。村子里偷东西大家不满意，多数意见决定不准偷东西，就先搞这一项，不准赌博，就搞两项。愿意搞几项就搞几项。"①

2. 从村规民约、居民公约内容的写法上，大致有条文式和碑文式两种形式。条文式，即按一、二、三排列；碑文式，即不列一、二、三，而像写碑文那样，从头到尾一气写下来。一般来说，条文式比较简明扼要，层次清楚，便于记忆；碑文式文体比较自由，便于说理。此外，还有顺口溜式的。

3. 从村规民约、居民公约记载的方式上，可分为成文和不成文两种形式。成文是采用文字形式，如印成小册子、印成传单式样、刻成碑文等，把村民、居民会议讨论约定的内容记载下来。成文适用于内容较多、要求长期遵循的事项。如关于禁偷、禁赌、破除迷信等，一般尽量采取成文的方式。不成文就是村民、居民会议讨论决定后，当场宣布，不写成文字，靠人们记忆。不成文这种形式比较简便，适用于内容简单、短期有效的事项，如在春节前居民或村民商议几条关于春节期间不乱放鞭炮、不酗酒赌博的规约，当场宣布，要求大家记住并自觉遵守。

三、村规民约和居民公约的制定、实施

（一）村规民约、居民公约的制定程序

《村民委员会组织法》、《居民委员会组织法》对村规民约、居民公约只有原则上的规定，从各地的实践来看，村规民约、居民公约的制定程序一般可以分为以下几个环节：

1. 规约草案的提出。村规民约、居民公约草案的提出，是村规民约、居民公约制定的开始。一般实践中有两种做法：一是由村（居）民委员会成员在村（居）民会议之前先讨论提出一个草案，然后提交村（居）民会议讨论。二是由村（居）民会议边讨论边提出，然后由村（居）民委员会加以整理，再提交村（居）民会议讨论。也有的由村（居）民几个人或村（居）民小组先提出一个草案，经村（居）民委员会研究后，提交村（居）民会议讨论。这几种方式，都是农村村民和城市居民在实践中创造出来的，今后仍可

---

① 彭真：《论新时期的社会主义民主与法制建设》，中央文献出版社 1989 年版，第 177 页。

继续采用。

2. 规约草案的讨论。村规民约、居民公约草案提出后，由村（居）民委员会按照《村民委员会组织法》和《居民委员会组织法》的要求，统一提交村（居）民会议讨论。这是关系到充分发扬民主，引导村（居）民直接管理基层社会事务和公共事务，使村（居）民的利益和要求得到充分体现，同时使村规民约和居民公约臻于完善的重要环节，是村规民约、居民公约制定过程中的重要阶段。

关于讨论规约草案的村（居）民会议，《村民委员会组织法》规定："村民会议由本村十八周岁以上的村民组成，村民会议可以由十八周岁以上的村民参加，也可以由每户代表参加。必要的时候，可以邀请本村的企业、事业单位和群众团体派代表参加会议。"《居民委员会组织法》规定："居民会议由十八周岁以上的居民组成。居民会议可以由全体十八周岁以上的居民或者每户派代表参加，也可以由每个居民小组选举代表二至三人参加。居民会议必须有全体十八周岁以上的居民、户的代表或者居民小组选举的代表过半数出席，才能举行。"因此，召开讨论村规民约、居民公约的村（居）民会议，必须按照上述法律的要求通知村（居）民到会，不能随便通知一声，或广播通知一下，来了多少人就是多少人。

村（居）民会议讨论制定村规民约、居民公约，可以采取大会讨论的方式，如果人太多，也可以分组讨论，再集中意见。讨论不能走形式，要鼓励村（居）民充分发表意见，并充分尊重村（居）民提出的意见，根据村（居）民提出的意见，对草案进行修改。有的意见如不宜接受，要向村（居）民解释说明。

3. 规约草案的通过。《村民委员会组织法》规定："村规民约由村民会议讨论制定。"《居民委员会组织法》规定："居民公约由居民会议讨论制定。"《村民委员会组织法》和《居民委员会组织法》同时规定："村民会议的决定，由十八周岁以上的村民的过半数通过，或者由户的代表的过半数通过"，"居民会议的决定，由出席人的过半数通过。"

通过可以采取举手的方式，也可以采取投票的方式，参加会议的村民、居民每人有一票表决权。表决时，村（居）民可以表示赞成，可以表示反对，也可以弃权。

4. 规约的公布。村规民约、居民公约的公布，也是村规民约、居民公约制定过程中的一个重要环节，标志村规民约、居民公约实施的开始。实践中，一般由村民委员会、居民委员会公布。村（居）民委员会公布村规民约、居民公约时，必须根据村（居）民会议通过的内容如实加以公布，除个别文字可以作适当订正外，不能对内容进行增删、修改。

关于公布的形式，实践中有几种做法：一是印成传单式样，每户分发一份，由每户自己贴在家里；二是印成小册子，每户发一册；三是抄写在宣传栏上或镌刻在石碑上加以公布；四是抄在大纸上各处张贴。有时这几种办法同时使用或交叉使用。有的内容比较简单，短期适用的，也采用当场宣布的形式公布。无论采用哪种办法公布，都须做到家喻户晓，人人皆知，以便村（居）民遵循。

5. 规约的备案。村规民约、居民公约虽然是村民、居民共同约定的，但也必须接受政府的监督。村规民约、居民公约制定后，按照《村民委员会组织法》和《居民委员会组织法》的规定，分别报乡、民族乡、镇的人民政府备案，报不设区的市、市辖区的人民政府或者它的派出机关备案，这是接受政府监督的一种形式。上述机关对村民委员会、居民委员会报上来备案的村规民约、居民公约，应当进行登记、造册、存档，并对其内容是否合法进行审查，发现有违法情况的，要及时向村（居）民委员会提出，要求他们纠正，如村（居）民委员会不纠正，乡、民族乡、镇的人民政府，或者不设区的市、市辖区的人民政府或者它的派出机关可以宣布其无效。宣布无效的规约，不能再执行。

附带说明一下，村规民约、居民公约制定后，有时需要根据国家新颁布的法律、法规的政策及形势的变化，进行适当的修订，使之不断完善，符合本地实际。如江西省上高县龙家村早在1975年就在群众充分讨论的基础上制定了村规民约，近几年又根据国家颁布的一系列法律内容和本村实际，进行了多次修改，使之不断完善，更符合村里实际情况。村规民约、居民公约的修订程序可参照前述制定程序。

（二）村规民约、居民公约的实施

村规民约、居民公约制定后，如果得不到有效的执行，那就失去了制定村规民约、居民公约的意义。实践中，一些地方采取了一些比较有效的措施，探索了一些有益的经验，保证了村规民约、居民公约的执行，值得借鉴。

1.加强法制宣传教育。一些地方在宣传规约的同时，还结合进行理想道德教育和法制宣传教育。山东省昌邑县辛庄村利用广播、宣传栏、黑板报、村民大会等多种形式，联系群众的思想实际，反复宣传村规民约的条文，使之家喻户晓，深入人心；进行共产主义道德、理想和"五讲四美三热爱"教育，提高村民的思想觉悟；进行法制教育，请县公安局、乡公安派出所的同志向群众讲解《中华人民共和国刑法》、《中华人民共和国刑事诉讼法》、《中华人民共和国婚姻法》、《中华人民共和国治安管理处罚条例》等，联系社会上违法犯罪的事实来教育大家。这样，增强了公民的法制观念和遵纪守法、遵守规约的自觉性。山东省日照市塞山前村，根据形势和时代的要求，多年来坚持对村民进行政治思想教育，利用会议、大喇叭、黑板报等多种形式宣传规约，宣讲政策和法律，按村干部的说法，是"让村民们多懂一些社会主义、共产主义的道理"。长期的宣传教育使塞山前村形成人人遵守规约的良好风气。

2.建立规约监督执行组织。一些地方的村民委员会、居民委员会为保证规约的执行，有的建立了护约小组、执约小组，有的委托治保、民调组织执约，有的还专门建立了村规民约监督执行委员会，如江西省丰城市小港镇的31个村民委员会，为了防止村规民约流于形式，在镇政府指导下，把村组的一些土改时期的老党员、老农民、退休回乡居住的工人和干部组织起来，分别建立了31个村规民约监督执行委员会，并制定了监督执行规约的章程，确立了任务和纪律。被推选进入村规民约监督执行委员会的一些老同志，社会阅历长，处理问题经验丰富，在群众中有一定的威信，对违反村规民约的行为敢于大胆管理。在他们的积极监督下，村规民约得到较好地执行，村组治安秩序逐步好转，村容村貌明显改观。

3.把规约的执行同评选"遵纪守法户"、"文明家庭"等活动结合起来。

规约的执行同评选"遵纪守法户"、"文明家庭"等活动结合起来，使得村规民约、居民公约内容比较实在，形式生动活泼，实践中收到好的效果。江苏省常熟市张桥乡的一些村，近年来发动群众制定村规民约后，开展了"十个没有、十个自觉做到"的"文明户"活动。"十个没有、十个自觉做到"的内容是：没有赌博偷盗迷信，自觉遵纪守法；没有打架骂人，自觉抵制不良倾向；没有抛荒田，自觉交纳农业税；没有超计划生育，自觉执行生育政策；没有扩大宅基地，自觉遵守土地法；没有逃避兵役，自觉遵守兵役法；没有虐待老人、造成非正常死亡，自觉维护幸福生活；没有不道德婚姻恋爱，自觉遵守婚姻法和社会公德；没有辍学学生，自觉遵守义务教育法；没有脏乱差行为，自觉搞好环境和家庭卫生。一年内达到"十个没有、十个自觉做到"标准的农户，即被评为"文明户"。有个青年农民因有偷窃行为没评上"文明户"，未婚妻遂拒绝婚约，直到第二年该青年农民家被评上了"文明户"，才"花好月圆"。江苏省新沂市邵店乡方圩村曾一度盛行丧嫁大操大办陋习和赌博歪风。1988 年，村民委员会发动群众制定以移风易俗和禁赌为主要内容的《村规民约》后，为保证规约的执行，发出了《致村民的一封信》，号召村民各户争做"遵纪守法户"、"文明新风户"，激发大家争先创优的热情，并组织成立了红白理事会、妇女禁赌协会等群众自己管理自己的组织。1988 年以来，该村村民有了红白喜事，都主动找到红白理事会，理事会立即派人上门服务，群众少花钱，干部也不再为陈规陋习盛行而犯愁了。村民韩某，平时好赌博，妻子常念叨，他就是改不了。妇女禁赌协会的人员对他进行了重点帮助，使他与赌场绝了缘，逐步走上了劳动致富路。方圩村连续几年成为"无赌村"，健康文明的村风民风初步形成。

4. 干部带头执行，群众互相监督。村（居）民委员会干部带头执行规约，是规约能得到有效实施的重要保证。如江西省上高县龙家村党支部委员邱某的父亲在1984 年曾剥过村里一棵樟树的树皮，1990 年这棵樟树死了，按村规民约邱父有责任赔偿损失。尽管邱父已去世，邱某仍主动在村民会议上检讨这件事，按村规民约赔偿村里 180 元钱。村民说，我们村里的干部，个个都是好样的，村规民约执行得好，重要的是村干部、党员起了模范带头作用。又如湖南省望城县国徽村1988 年选举出新的村民委员会后，群众要求在村规民约中明文规定"村干部要财务公开，按期接受检查监督"的内容。村干部认真执行规约，并专门设立了村民代表组成的财务监督小组，定期公布村里财务和物品清单，接受村民监督，得到了村民们的称赞。干部的带头作用，促进了村规民约中其他规定的执行。

制定和执行村规民约、居民公约，可以说"立法人"、"执行人"都是本乡本土的群众。群众经常生活在一起，谁违反了规约，都逃不出大家的眼睛，这就形成了社会舆论监督和群众互相监督，对村规民约、居民公约的实施也有重要作用。

5.对违反规约行为及时处理。凡规约都有约束力，村规民约、居民公约也是这样。违反了规约，是要受到批评和处罚的，这也是保证规约实施的重要措施。例如，山东省日照市小后村乡塞山前村在执行规约中总结的一条经验就是，抓早、抓小，凡事要抓住苗头，处理在萌芽状态。一次，村民郑某偷电被电工发现，报告了村支书，村支书认为这是一个影响村风的坏苗头，必须认真查处，以正民风。偷电者经过教育认识了错误，按村规民约规定在全村会上作了检讨并自觉交了罚款。此后，村里再没有出现偷电的事。河南省商城县王楼村村民陈某在集上仲某饭馆吃饭，没给钱打了个条。后仲某到陈家要钱，陈非但不给，还把仲推下水塘。村干部对陈进行法制教育，指出陈的行为违反了村里规约，使陈认错，交出饭钱，并按《村规民约》在群众会上作了检讨，其他村民也受到教育。只有对这类违反规约的"小事"及时处理，才能维护规约的权威，促进其有效实施。

（三）村规民约、居民公约的作用

制定和实施村规民约、居民公约的作用，是同规约所规定的内容相联系的。从各地的实践看，村规民约、居民公约的实施，对于促进群防群治，维护社会治安，促进城乡基层的社会主义物质文明和精神文明建设，发挥了重要的作用。对此，彭真同志曾给予很高的评价。彭真同志在1983年2月中央政法委员会扩大会议上的讲话中指出："什么都搞到公安机关去，也有问题。一个乡派出所，管那么大地方，也不过两三个顶多五六个民警，哪里能管得了？怎么办？要看到下面已经有了解决的办法。几年前，就有些村子搞乡规民约，大家决定不准偷，大家来管，就不偷了。还有的村子，大家决定不准赌，就不赌了。还有的村子，大家决定不准偷砍、乱砍树木，就管住了。"①

　　山东省日照市塞山前村，新中国成立以来，根据不同的形势需要，制定了一套能让村民接受并遵守的规约。新中国成立初期至"文化大革命"前，叫作村安全制度；"文化大革命"后叫村公约；党的十一届三中全会至今，叫作村规民约。其名称不同，内容也不尽一致，但作用是一样的，即规范和约束村民的行为。有了一系列的规约，全村上上下下，相互监督，共同遵守。这个村自新中国成立以来没有发生刑事案件、治安案件，没有发生治安灾害事故；全村没有一人受到过刑事处罚，也没有发生过非正常死亡事件，治安秩序明显好于其他村庄，被誉为"世外桃源"。江西省上高县龙家村从1975年开始制定和执行村规民约，解放40年以来无一人犯罪，无一人受过治安处罚，也没有赌博、械斗和偷盗等违法现象，村民们安居乐业。曾受到民政部表彰的实行群众自治先进村——山东省昌邑县辛庄村，也是多年来的"五无村"，即无偷盗、无赌博、无打架斗殴、无上访告状、无刑事案件，路不拾遗，夜不闭户。这个村的治安秩序为什么这样好？村民委员会的成员深有体会地说，治理一个国家要靠法制，搞好一个村子要靠村规民约，搞自治就是要用村规民约进行自我教育、自我管理、自我约束，规范每个人的行为。山东省章丘县的600多个村，近年来积极推行村规民约，依法建制，民主治村，不仅促进了治安秩序的明显好转，而且促进了集体经济的发展。前些年，有些村民承包土地后不愿交款交粮，不愿出义务工，兴修水利讲价钱。村民们自己讨论制定规约后，明确了这是应尽的义务。1990年，这些村的17万份粮棉油订购合同，4天之内全部签完；春秋两季的5600万斤定购粮、1300万斤议价粮，10天全部交齐；冬季的全县农田水利基本建设，也是10多年来落实最好的一年。

---

① 彭真：《论新时期的社会主义民主与法制建设》，中央文献出版社1989年版，第177页。

四、推行村规民约、居民公约的几个问题

党的十一届三中全会以来，我国城市基层群众性自治组织建设得到蓬勃发展。村规民约、居民公约的重要作用逐步显现和被人们认识，推行村规民约、居民公约的工作开始在全国广大城乡基层群众性自治组织中普遍展开。在广泛推行制定和执行村规民约、居民公约的过程中，需要注意以下几个问题：

1. 充分发扬民主，不能把规约变成"官约"。

制定村规民约、居民公约时，要充分发扬民主，进行民主协商，真正做到由村（居）民自己讨论制定，自己监督执行，使村规民约、居民公约成为名副其实的"民约"。实践中有的村规民约、居民公约的制定，没有走群众路线，不是针对群众需要解决的问题或反映较多的问题发动群众民主讨论制定，而是由几个居民委员会成员，或者几个村干部或县乡驻村干部图省事，包办代替，闭门编造出几条，有的还掺杂了一些违背民意的主观主义的东西，这样就挫伤了群众的积极性，使规约变成不为群众所拥护的"官约"。还有的村规民约，20 条条文，每一条都是以命令的口吻规定"必须"怎么样，群众难于接受。前面介绍的《大青村村规民约》，写法上从正面要求，语言比较平和，群众易于接受。规约符合民意，又易于接受，大家就会自觉遵守；规约不能很好体现民意，口气再严厉，也难以很好发挥作用。规约的执行上，也不是几个村（居）委会干部全管得了的，也要依靠群众监督执行。对违反规约行为的处理，也要发扬民主。当事人如果不服村（居）委会的处罚，应当允许其申诉或者交村（居）民会议讨论评议。总之，制定和执行村规民约、居民公约都要注意发扬民主，不能怕麻烦、图省事。毛泽东同志就曾批评过那种"遇事贪图便利，不喜欢麻烦的民主制度"的做法。只有充分发扬民主，才能真正使制定和执行村规民约、居民公约成为对群众进行民主教育的好形式，提高村（居）民群众当家做主的责任感，促进基层社会主义民主与法制建设的发展。

2.严格依据有关法律和政策制定和执行规约。

制定和执行村规民约、居民公约，要确保其合理性，不得同宪法、法律、法规和国家的政策相抵触。实践中有的规约规定"严禁宗教活动"，把宪法允许的"宗教信仰自由"与"封建迷信"混为一谈。有的规约对赌博、偷窃等行为规定的罚款数额，大大超过了《中华人民共和国治安管理处罚条例》规定的街道、乡镇公安派出所的权限（50元以下罚款、警告），有的地方在执行规约中，把应按《中华人民共和国治安管理处罚条例》处理的案件按规约降格处理。如对赌博行为的处理，有的输赢数额很大甚至达几千元上万元，应依法追究法律责任，却依"规约"处了罚款。有个村的《护林村规》规定："偷砍树木一根罚款100元，挖冬笋一只罚款10元；视情节轻重加倍或戴枷游村，遇到紧急情况，打死打伤概不负责。"戴枷游村、打死打伤概不负责是侵犯公民人身权利的违法行为，居然写进了村规民约，执行中竟真的照此办理。邻村刘某等3个村民挖了这个村山上的冬笋24只，村委会主任和一名副主任竟带领一些人将3人捆绑到该村学校审问，逼交罚款。第二天，又将刘等3人挂上牌子，捆绑着打锣游村数小时，刘某颈上所戴木枷重达40多公斤，前后对刘某等人非法拘禁达6天之久，后经区、镇领导和派出所民警解救，才将刘等人放回。县检察院对此案进行侦查，认为该村的《护林村规》违反国家有关法律，村委会主任、副主任二人的行为触犯了《中华人民共和国刑法》第一百四十三条的规定，构成非法拘禁罪，依法批准予以逮捕。

为了保证规约制定和执行的合法性，村（居）民特别是村（居）民委员会的干部需要加强法律、法规和政策的学习，提高法制观念和政策水平。同时，要对已经制定的规约进行清理，发现有同宪法、法律、法规和国家的政策相抵触的内容，及时加以纠正。

3.重在教育，不能把规约变成"罚约"。

贯彻执行村规民约、居民公约，要以教育为主，避免把规约变成"罚约"。规约是村（居）民共同约定的，主要应该通过教育，靠村（居）民自觉遵守，处罚只是辅助手段。规约制定后就要采取多种形式广泛宣传教育，执行过程中也要以教育为主，即使处罚，目的也是为了教育。实践中，有的村规民约制定后，既不张贴，也不宣传，锁在村干部的抽屉里，谁违反了规约，拿出规约就罚款。还有不少村规民约的条文多半甚至通篇都是罚则，执行中，对那些轻微的赌博、迷信，邻里吵骂等行为，本可以通过批评教育解决，也动辄乱施处罚。如某村的村规民约规定，骂人一次，罚款 30 元。村民刘某 1990 年上半年骂人 40 多次，被处以罚款 1200 多元。刘某不服处罚，不愿交纳现金，村干部就强行搬粮食、搬家具、牵牲畜，群众对此意见很大。有的乡村把这类罚款作为收入的重要来源，罚款的收支管理也比较混乱。这些必然会影响规约的有效遵守和执行。

鉴于此，在推行规约中，需要强调坚持不懈地进行社会主义教育，包括法制教育、道德教育，培养群众自觉遵守规约的意识，要推广评选"遵纪守法户"、"五好家庭"等活动。执行规约中，确需罚款的，数额要严格控制，收取罚款时，也要对当事人做好过细的思想教育工作，杜绝抄家等情况的发生。总之，重在教育，培养和提高群众遵纪守法、遵守规约的自觉性，往往会收到处罚手段所无法达到的效果，有利于规约的遵守和执行。

4. 村（居）民委员会干部要带头遵守规约。

村（居）民委员会干部，包括党员，能否以身作则，带头遵守规约，是规约能否执行的关键。有的党员、干部不能带头遵守规约，如农村一些村干部带头赌博；有的对违约的亲属徇私情，姑息迁就，等等，这在群众中造成不好的影响。农村群众的习惯是，村看村，户看户，群众看的是干部。党员干部能用自己的模范行动去感染群众，群众就会产生自发的追随效应。只要党员干部带头，率先垂范，即使不发号施令，群众也会跟着行动起来。党员干部除了自己带头实践规约外，还要敢抓敢管群众中的违约行为，要加强对违约行为的预防，发现苗头，及时制止，消除于萌芽状态。

5. 加强对推行规约工作的指导。

《村民委员会组织法》规定："乡、民族乡镇的人民政府对村民委员会的工作给予指导、支持和帮助。"《居民委员会组织法》规定："不设区的市，市辖区的人民政府或者它的派出机关对居民委员会的工作给予指导、支持和帮助。"这里的"指导"，当然包括对村（居）民委员会制定和执行规约工作的指导，也包括依法监督，主要表现在两个方面：一是对报请备案的村规民约、居民公约，乡、镇政府、城市街道办事处要认真进行审查。主要审查其内容是否同宪法、法律、法规和国家政策相抵触，发现有抵触的要及时纠正。二是加强对村规民约、居民公约执行情况的检查。乡、镇政府、城市街道办事处，每年要定期或不定期地检查了解几次村规民约、居民公约的执行情况，重点检查是否有滥施处罚，侵犯群众合法权益，随意降格处理够刑事处罚或治安处罚的刑事、治安案件，及有规不循、有约不依的问题。在检查中发现的问题，要及时采取措施加以纠正。

（原载《群防群治》，武汉出版社 1992 年版）

实施村委会组织法，促进依法治村

依法治市的基本要求之一，就是要把依法治市落实到基层，各基层组织实行依法管理。从一个城市的郊县农村来说，认真贯彻实施《中华人民共和国村民委员会组织法（试行）》（以下简称《村委会组织法》），实行依法治村，对于把依法治市工作落实到郊县农村基层，具有重要的意义。

一

贯彻实施《村委会组织法》对于实行依法治村的意义和作用，主要表现在以下几个方面：

1. 有利于增强村级组织的凝聚力，增强村干部的工作责任感。村级组织的凝聚力和村干部的工作责任感，对于实行依法治村是十分重要的。试行《村委会组织法》以前，一些村都程度不同地存在着领导班子不健全，制度不完善，不能或者不完全能完成村经济社会发展任务，以及有的干部以权谋私，干群关系比较紧张等问题。试行《村委会组织法》以后，各村通过民主选举，把责任心强、办事公道、受群众拥护的人选进领导班子，使村委会的自身建设得到了加强，也增强了村干部的工作责任感。

2. 有利于促进农村基层民主建设。依法治村的重要任务，就是发展村级社会主义民主建设，保障农民的民主权利。而《村委会组织法》正是这样一部促进农村社会主义民主建设，保障八亿农民民主权利的重要法律。试行《村委会组织法》的村，大都建立了村民会议或村民代表会议制度。村民们通过这一组织形式，参与讨论决定村里的重大事情，行使民主权利。

3.有利于促进社会风气和社会治安的好转。促进农村基层社会风气和社会治安的根本好转，也是依法治村的重要任务之一。试行《村委会组织法》的村，一是建立了民调、治保、文教卫生、社会福利等工作委员会，工作有人负责，具体事情有人抓；二是依照法律法规并结合本村实际制订了《村规民约》，要求村民共同遵守，互相监督，形成一定的约束力。这为促进农村基层社会风气和社会治安的根本好转提供了保证。

二

在贯彻《村委会组织法》，促进依法治村的工作中，也存在一些问题，需要重视解决。

第一，进一步提高对贯彻实施《村委会组织法》，实行依法治村的认识。《村委会组织法》的制定和实施，是对新中国成立以来我国农村基层组织管理体制的重大改革，是建设有中国特色的社会主义民主政治的一项重大决策，是党和国家在政治体制改革方面所采取的一个实际步骤。实践证明，实施《村委会组织法》，实行依法治村不会把农村基层组织搞乱，而是健全了农村基层组织，增强了农村基层组织的凝聚力，有利于基层组织协助政府做好各项工作。因此，各级党委和政府，特别是县乡（镇）两级党委和政府，一定要充分认识贯彻《村委会组织法》、做好村民委员会工作的重大意义，把这项工作纳入议事日程。

第二，村民委员会同乡镇政府的关系有待进一步理顺。按照《村委会组织法》的规定："乡、民族乡、镇的人民政府对村民委员会的工作给予指导、支持和帮助。村民委员会协助乡、镇的人民政府开展工作。"试行《村委会组织法》后，乡镇政府同村委会的关系虽然有所改变，但由于体制的惯性作用，在一些地方，乡镇政府对村民委员会的指导关系尚未很好形成。需要依照《村委会组织法》的规定，理顺村民委员会同乡镇政府的关系，以利村民委员会有效开展工作。

第三，村民自治问题。实施《村委会组织法》，不是选出新的村民委员会就完了，而是要依照法律规定把村民委员会建设成为村民自我管理、自我教育、自我服务的基层群众性自治组织，实行村民自治。但在一些地方，由于部分村党支部或村委会行使了法律规定应属于村民会议行使的那部分权利（如涉及全村村民权益的问题，必须提请村民会议讨论决定），这些村的村民会议便徒有虚名。村民委员会向村民会议报告工作的制度在一些村也未能坚持。这就难以保证村民依照法律规定行使民主决策、民主监督的权利。制定和执行《村规民约》，是实行村民自我管理、自我教育的有效形式，但在一些地方，这项工作未能很好落实，有的制定的《村规民约》不完善，或者同法律法规相抵触；有的制定后未能深入宣传，监督执行，成为"官样文章"，放在村干部的办公桌里。这些都是需要很好改进的。

（原载武汉市法制办、市司法局、市法学会主办
《依法治市》1990 年第 3 期）

七、境外城市法治建设的思考与借鉴

重视环保，健全法制

——学习借鉴欧美城市建设管理经验

坚持可持续发展道路，加强生态环境建设，建设生态城市，是深圳市委提出的重要发展战略。西方发达国家特别是欧美城市高度重视环境保护、生态环境及其法制建设的先进经验，值得深圳学习借鉴。

一、欧美城市生态环境及其法制建设

瑞典非常重视环保，其首都斯德哥尔摩是欧洲最清洁、最适宜居住的城市。斯德哥尔摩有"北欧威尼斯"之称，它发挥"水城"特色，大手笔强化生态绿色空间，草木青翠，蓝天碧水，被称为可持续发展的典范城市。在该市，政府法律规定的环保要求，是企业在其发展过程中首先必须考虑的因素，企业的运作受到环保法规非常严格的制约。目前欧共体的立法对环保的要求标准越来越高，不重视环保的企业将进入不了市场，会被淘汰。

瑞士的苏黎世湖、日内瓦湖生态及水质保持良好，湖岸有成片的高大乔木，绿树成荫。日内瓦正是利用其生态型的湖光山色及悉心创造的宜人环境，成为国际会议中心、商务中心和世界著名的风景旅游城市。瑞士城市的公共交通工具主要使用噪声较小的有轨电车，也是从环保角度考虑的。瑞士对环境保护有比较完善的法律规定，比如法律规定任何湖泊不能开发；任何人砍一棵树（包括砍自家院里树），必须向政府申请，有正当理由者还要先种活5棵树后，才能获准砍1棵；种植蔬菜水果不得使用农药、化肥，等等。

法国南部沿海城市尼斯，严格依法保护沙滩并精心开发沿海土地及山坡地，形成了山、海、城市相互协调，海岸、阳光、沙滩、建筑有机组合的优美景致，成为世界级的滨海旅游度假胜地。

欧洲一些城市还从环保的要求出发，立法推行"无车日"制度。比如意大利全国包括罗马、米兰在内的150个城市在2000年2月6日第一个"无汽车日"时，禁止除电动汽车以外的一切私人车辆和公交车辆驶上街头，几千万意大利人纷纷以自行车等代步工具或步行进城。

在美国，华盛顿宽阔的街道（道路没有立交）翠绿如茵；洛杉矶毕华利山庄漫山遍布天然花海；休斯敦市中心到机场高速公路两旁是一望无边的生态森林；芝加哥市周围有大面积的森林保留地，闹市区与城东的密歇根湖湖滨绿野融为一体，流经市中心几十英里的芝加哥河有良好水质及河滨公园，等等，都给游客留下了深刻的印象。这是美国环保法制健全的结果。美国的环境保护法律比较完善，涉及的范围包括大气和水污染防治、公众活动场所管理、公众健康保护措施、对自然景色保护和美化等方面，并规定了严格的标准强制予以实施。其中主要的法律有《国家环境政策法》、《洁净空气法》、《水污染控制法》等。《洁净空气法》及《水污染控制法》还专门规定了公民诉讼条款。它规定，任何公民如果控告污染者，所有的诉讼费用和其他法律费用，都由污染者承担，以保证公民在贯彻环保法过程中具有更大的权利和发挥更大的作用。美国的各个州还有自己的环保法律法规，比如加州的《环保法典》就有上万条规定。芝加哥的法规规定，居民房前屋后的花草林木不修剪、不浇水，邻居和路人可以报警，警察即发出告票。

美国政府对环境依法治理的力度很大。政府对汽车尾气排放标准的要求不断提高，并制定清洁燃料标准和更严格的烟雾排放标准。克林顿在1999年8月颁布总统法令，要求动员全社会资源，排出时间表，综合治理受污染的河流，使受污染处达到可垂钓和游泳标准。克林顿在2001年1月卸任前两周还签署了禁止在全国1/3的国家森林土地中伐木和开辟新路的法令。美国政府对污染环境的制裁也是严厉的。1999年8月，美国一家公司的老板指使员工将有害废物非法倒入城市排水系统而被判入狱13年。美国司法部指出，这一重判表明，所有违反环保法的人都将受到严惩。1998年11月，美国46个州状告美国4大烟草公司危害公民健康案，在法院主持下达成协议，烟草商向 46 个州共赔款 2060 亿美元，在美国乃至世界上产生很大的影响。

欧美国家高速公路两旁，树木成林，绿草葱郁，红花点缀，看不到一处采石取土造成的裸露山体。经过居民区的高速公路都修建了隔音墙，体现了以人为本、重视环保的精神。欧美许多城市的商业街没有招徕生意的高音喇叭扰民，城市生活垃圾都做到分类收集和处理。

城市的交通环境和秩序可以说是整个城市环境的重要组成部分。瑞典有 800 多万人口，拥有各类汽车 400 多万辆，但近些年交通事故造成死亡的人数很少，交通安全状况之好处在世界前列。其中一个重要原因是：人人都有安全意识，遵守交通法规。

瑞典一条重要的交通规则是强者让弱者，即汽车让自行车，自行车让行人。驾校的教师对这一点总是反复强调。在市区一些不设转弯灯的地方拐弯，如果此时不待行人走完就通过，被警察抓住了，容不得你辩解，立即吊销驾驶执照。由于反复的强调和严厉的规则，驾车人对行人格外注意。驾车须系安全带是另一条重要规则。瑞典人开车时，上车的第一个动作一般总是先系安全带，然后发动汽车；坐在驾驶副座上的，也是一上车就系安全带（欧美许多城市包括中国香港都是这样。在中国香港，从 2001 年 1 月 1 日起，前后排乘客都要系安全带，否则最高将处罚款 5000 元，甚至入狱 3 个月），这已经成了一种习惯。瑞典人遵守交通法规的良好习惯，使得城市交通安全有序地运行。日内瓦街上看不到警察，正如瑞士没有职业军人（仅 2000 多军事教员），但人人都是士兵一样，街上行走的市民人人都是"警察"。在瑞典，有一次国王的车超速，被市民举报，报纸就该不该罚款讨论了 3 周，这对国民无疑是一次良好的法制教育。社会公众的守法护法意识，正是形成良好交通秩序的重要因素。

素有"汽车王国"之称的美国有良好交通秩序，川流不息的车辆井然有序。行人从小受到的教育就是走自己该走的路，不能随便走到马路中间去（也不能践踏草地），否则就是侵犯了别人的权利。驾车者循规蹈矩，习以为常；若有违规者，会被认为是大逆不道，受到众人横眉冷对或指责。

美国交通警察的执法过程一般都很平静，不会发生争吵。普通市民对尽职尽责的警察，更多的是理解、尊重和配合，这样有助于形成良好的交通秩序乃至整个社会的法治秩序。

欧美一些城市的大巴司机开车时会将时速控制在 100 公里以内，且每 2 小时必须停车休息 15 分钟喝一杯咖啡。法律对此有明确规定，主要是为了维护乘客的安全，违者将受处罚。

此外，欧美一些城市道路的规划设计，交通信号灯、指路标牌的设置，科学和规范，在维护良好的交通环境秩序中也发挥了重要作用。

二、借鉴欧美城市的经验，加强深圳 生态环境及环境法制建设

深圳不久前被评为国际"花园城市"，但我们应保持清醒的头脑，看到城市环境建设中存在的问题和薄弱环节。深圳环境建设中存在的主要问题，一是全社会的环保意识仍较薄弱；二是河流污染及乱开发、乱采石取土造成的水土流失、植被破坏（深圳市仅采石取土形成的山体裸露缺口就有 669 处，造成水土流失面积 12.4 平方公里）仍较严重；三是乱搭建、乱扔乱吐、乱踏草坪、乱摆卖、乱过马路、闯红灯等造成了城市部分地段"脏乱差"。深圳城市环境建设的目标是瞄准国际一流城市，建设环境优美的生态城市。要实现这一目标，还需借鉴国外城市环境建设的经验，研究治本的措施。

第一，要加大宣传教育的力度，增强全社会的环境意识、生态意识。全社会的环境意识、生态意识，是我们建设花园城市、生态城市的精神内涵和重要基础。我们要通过广泛深入的宣传教育，使环境意识、生态意识深入人心，真正融入到我们整个城市的经济生活、社会生活和市民生活中去。在经济生活中，我们要坚决走出"先污染后治理"的误区。要学习借鉴国外企业特别是在深投资的大型跨国公司的环保理念。在深投资的杜邦、施乐、富士康、奥林巴斯、理光等一些大型的外资企业的厂区，其现代化的车间里听不到任何噪音，厂区整洁的路面纤尘不染，茵茵的草坪上鲜花盛开，各种污水处理及噪音治理设施高效运转。作为全球最具可持续发展实力工业企业之一的美国杜邦公司，其深圳公司自 1989 年落户以来，便建立了环保"零"

的目标，即零的水、空气、土壤污染及零的废弃物。杜邦负责人说："环保理念已经成为杜邦企业核心价值的重要组成部分，杜邦产品之所以要昂贵些，环保理念就很值钱。"我们要在深圳经济生活中大力宣传推广这种企业环保理念，推广清洁生产、清洁能源，从源头上控制和减少污染。在城市社会生活、市民生活中，要通过广泛深入的宣传教育特别是生态教育、环境及交通法律法规的宣传教育，创建绿色文明社区、推行绿色消费行为等活动，提高全民的环境生态意识和文明守法意识，要使全体市民做到：不随便排放、泼洒生活污水，不乱搭建，不随意砍伐树木，不随意践踏、攀折花草树木，不乱吐乱丢垃圾，不乱过马路、乱跨护栏，不闯红灯，而且能积极举报、制止危害城市环境和社会秩序、交通秩序的行为。

第二，高度重视城市环境的规划设计。城市环境规划设计中，一是要依照环境建设管理的一系列法律法规和全体市民的意志，以全体市民的根本利益和长远利益为出发点，避免为少数利益集团和个人所左右。二是规划设计中要引入"绿色"思路和生态理念。在规划设计时，充分保护地形地貌与生态环境。在恢复山体裸露缺口、地形及植被设计、坡地利用设计、城区森林公园设计、培植独特的海滨城市特色、树立中心区生态形象等方面力求突破和创新。要将生态规划理念渗透到交通、旅游、农业和社会文化等各个领域，使城市结构更合理，功能更完善，资源利用更合理，文明品位更高。还要特别重视将生态规划理念体现到法规中去，比如以往环境较差的笋岗仓库区，已规划为深圳八大物流园区之一，建设过程中要特别重视环境改造的规划和设计。三是在对深圳环境影响突出的河流污染治理中，要把河流污染治理规划同水土流失治理、管网配套完善（专家认为管网污水处理率占60%）及河道环境、景观规划设计同步进行，综合治理。四是城市道路及指示路牌的设计，也需要借鉴欧美城市的经验，更加科学和规范。此外，深圳的高速公路和快速干道、高架路经过居民区时应设置隔音墙，以体现以人为本、重视环保的精神。

第三，加大城市环境立法和执法力度。比如通过立法，推行垃圾分类收集和利用；通过立法严格控制挖山采石取土、"白色污染"、汽车尾气排放；等等。但是应该看到，深圳的城市环境建设，相关法律法规比较健全，不是无法可依，重要的是仍然不同程度地存在的有法不依、执法不严、违法不究的问题，执法的力度很不够。比如，深圳的河流污染特别是福田河、新洲河、布吉河等河流的污染，主要是大量的生活污水直接排入雨水管网而污染了河道，加上随意向河道抛掷垃圾废物等。一些乱建的屋村不按市政规定建设管网，生活污水直接排入雨水管。一些食街及一些路边门店违反规定将大量的生活废水排入或倒入雨水管道，这些行为很少得到查处。又如，深圳街头大量存在的违反交通规则的行为，除了一些人特别是外来人员守法意识和文明意识差以外，也与查处不力有关。要采取措施，切实加大执法力度，严肃依法查处破坏城市环境秩序的违法行为，这是维护城市环境的重要的治本措施。对于严重破坏环境的犯罪行为，要运用刑法武器依法追究刑事责任。支持和鼓励市民对环境污染者的控告，保障市民在城市环境建设中具有更大的权利和发挥更大的作用。对违反城市环境法律法规的人进行严惩，这对其他人可起警示作用，以儆效尤。为维护城市良好的交通环境秩序，交警需要更多地加强路面机动巡逻疏导，促进交通顺畅。

当然，加大城市环境执法力度的同时，执法人员要注重执法的社会效果，注重文明执法。用执法者文明执法的良好形象，获取更多社会公众的理解、支持和配合，感召更多的人自觉遵纪守法，维护城市良好的环境和秩序。

第四，在城市环境建设中引入市场机制，积极推动环保产业化。很多发达国家将环保事业产业化，收取污水处理费、垃圾处理费等，保证对环保的投入。世界上最适宜居住城市之一的温哥华市只有一个垃圾焚烧炉，完全按市场机制操作，经济收入不错。国内一些专家提出，发展环保不能只靠政府，要改变现在"谁投资，谁亏本"的局面，用政策调动市场，靠市场机制多渠道筹集环保资金，包括有效利用外资及技术，政府主要是负责环保规划、监督与执法。深圳计划未来 5 年投入 200 亿元重金进行城市环境建设，似可研究借鉴国外经验，在通过市场机制搞好环境保护上闯出一条新路来。

（原载《特区理论与实践》2001 年第 3 期）

北欧交通管理的经验及其借鉴

深圳的机动车保有量在 2007 年上半年已超过 100 万辆（仅次于北京，居全国第二），城市道路交通秩序管理面临前所未有的压力，市民关注，社会关注，市决策层也高度关注。交通秩序同城市的每一个人息息相关，也对一个城市的文明法治环境、社会和谐有较大影响。为借鉴国外交通管理经验，改善深圳的交通秩序，深圳市人大常委会 2007 年组团赴北欧考察，通过考察北欧交通管理，笔者认为其对深圳具有重要的启示和借鉴作用。

一、北欧交通管理的理念和做法

考察团在北欧几个国家 10 天行程，无论是郊外公路还是繁华市区，在马路上见不到交通岗，看不到交通警察，行人、机动车各行其道，人们都自觉遵守交通规则，一路上没见到行人闯红灯，没见到一次交通拥堵，仅见一次小碰擦事故（深圳道路平均每天 400 多宗碰撞事故），城市道路交通有序、安全、通畅。

（一）先进的交通理念和交通文化

瑞典被称为世界上交通最安全的国家，得益于在各个领域都形成了一种需要安全的社会意识。20 世纪 70 年代前后，瑞典也出现过车祸死亡人数逐年上升的情况。瑞典政府经过反思，逐渐认识到事故多发的根本原因是政府还没有负起应尽的责任，没有采取有效措施让民众自觉地去遵守为了他们自己的利益而制定的交通法规。政府为此采取了一系列措施，包括加大地区领导人交通安全治理的责任，并于 1996 年推动了一个新的交通理念的产生：零观念。其目标是在公路上不发生任何一起死亡和重伤事故，致力于将交通事故所造成的伤亡降到零。这个理念激起全社会对整个交通安全的深刻认识。瑞典政府为此成立国家交通安全委员会，推出"梦幻零"工程，推出"零伤亡愿景"的政策指引。交通安全成为全社会的责任，国家、地方政府、汽车生产企业、驾协、保险公司都负有相应的责任。交通安全治理成效成为地区领导人业绩标志之一。瑞典企业如沃尔沃公司的事故调查队有时赶到事故现场比交警还迅速，分析事故原因；绅宝车研制装配酒精测试仪，司机酒后不能发动。这些现象的背后，有一条鲜为人知的瑞典汽车政策在发挥作用：汽车工业、技术措施、管理措施都要服从于降低国家交通事故这个大前提。

　　瑞典的交通安全治理是建立在对交通安全基本规律认识的基础上的。瑞典交通安全专家经常提到"交通文化"这个词。他们认为，如果影响交通安全的"人、车、路"这三者相互关系融洽、协调，车祸就少，反之车祸就多。现在瑞典一切有关交通安全的法规、技术措施、理论研究、文化宣传都建立在对这个基本规律认识的基础上。由于在"人、车、路"这三大因素中起主导作用的是"人"，因此瑞典全力打造一个以"人"为核心的交通文化：以人为中心、避免事故为第一、行人自律、司机礼让。先进"交通文化"的全方位深层次影响，成为交通安全通畅的重要因素。比如瑞典的交通法规中有"在人行横道线处，车辆应让行人"的规定，而在驾驶员培训教材中还另有一条"车辆在人行横道线处让行人时，最好与人行横道线保持一个车位的距离，让行人更安心地通过"的明确要求。后一条不是法规而属于"交通文化"，它对前一条法规起到了保证和完善的作用。在斯德哥尔摩，行人可以自行调节红绿灯，在要横穿马路遇上红灯时，他们可以按一下路边的按钮，如果马路上暂时没有汽车过来，那么红灯很快就转换成绿灯。这也是"以人为中心"的交通文化的体现。

　　瑞典的交通文化还体现在交通安全专家对交通肇事者的技术、生理、心理分析。这样做目的不是出于法律和经济的需要，而是为了找出交通事故与肇事者心理素质、心理活动之间的内在联系和规律，再据此选择更合理更有针对性的宣传教育方法，亡羊补牢。

（二）完善而严格的交通法制

立法充分体现以人为本的指导思想。瑞典的交通规则的宗旨是：以人为本。除了规定车辆要让行人外，还规定"坐在轿车后座的乘客也必须系上安全带，10—12 岁以下的儿童必须使用特制座椅或缓冲椅垫"等。瑞典对交通栏杆也有严格规定，为了减轻车辆撞击栏杆时对乘客和司机的伤害程度，所有交通栏杆必须经过车辆撞击试验，报请国家有关部门批准后才可使用。1993 年，考虑到一些年轻人无照驾驶发生事故，考驾照的年龄由 18 岁下调到 16 岁。法律还规定，骑自行车者必须佩戴头盔，因为经试验戴头盔可以减少骑自行车死亡事故的 1/3，许多单位给骑自行车上班的人免费发放头盔。

严厉而先进的交通处罚制度。在芬兰，交通罚款数额是根据违章程度和驾驶人实际收入这两个因素决定的，实行累进加罚制。交通执法非常严格，一旦有超载、超速、闯红灯等违反交通法规的行为，警车就会突如其来地赶到现场，对违章者进行处罚。处罚数额根据违反交通法规性质的轻重和违章者的态度，再结合本人收入的高低，按一定的百分比交纳且上不封顶，情节严重者还要被扣押或没收驾驶执照。在电子驾照上每个人的上年度收入十分清楚，交警罚起来很方便，违章人交起来也快。另外，违章处理不但严格而且相当及时，凡超速者，与隐蔽在路边的测速仪相联的报警仪器（设在附近的警车内）即发出信号，联动照相机立即拍照，记录仪记下由照相机拍下的车号和速度并打印，警车内的工作人员立即通知在路段前方的执勤交警拦下该车，检查驾照并办理罚款手续。如果当日上午当事人违反了交通法规，下午便会收到一张传票，要求到指定银行缴罚款。芬兰"香肠世家"继承人萨洛诺亚曾驾车以 80 公里的时速在首都赫尔辛基市中心一段限速 40 公里路段上行驶，结果被警察逮个正着。了解到萨洛诺亚上一年的年收入为700 万欧元，于是给他递上了一张 17 万欧元的罚单。在芬兰，两年内有 3次驾车违例，扣驾照 1 个月。芬兰人认为，教育和处罚都重要，重罚也许会比说服教育更能奏效，更能起到警示作用，促使违章者重视交通规则，提高遵纪守法的自觉性，改变不良的出行习惯。

为了防范交通事故，北欧各国对酒后驾车的处罚都十分严厉，从 1990 年起，驾驶员驾车时的血液酒精含量限制由上限 0.05% 降到 0.02%，交通警察在路上设点，随机用测试器检查司机。若被查超出酒精含量，重者坐牢两年，轻者被扣留驾驶证一年。在瑞典人看来，酒后驾驶几乎等同于刑事犯罪。

（三）科学而严格的交通管理

对驾驶员进行严格的培训，提升获取驾照的难度，选择合格的道路使用者。在芬兰，驾驶汽车接受培训，学满理论和实践课，分别通过考试后才可得到一张临时驾照，驾照实习期二年，若其间发生交通事故，驾照要被收回，还要重新学驾驶。一位朋友在国内已有 10 年驾龄，来瑞典后在路考时，考官告诉他，并线时他看后视镜的动作不明显，这样容易漏掉死角，可能发生预料不到的交通事故，考试不能通过。考官这种一丝不苟的严格要求让他不得不佩服。如果驾校学员通过率达不到 75%，政府就要关闭其驾校。

（四）加强管理和引导，发挥公共交通优势

公共交通优势明显。芬兰等国都确立了以城市公共交通为主导的交通政策，采取各种优惠和便民措施吸引市民乘坐，改善城市交通结构，强化城市交通功能。每天前往芬兰首都赫尔辛基市中心上班的人，70% 乘公共交通。在北欧国家，公共汽车能像火车一样正点运行，乘坐公共汽车可以和"打的"一样便捷，有时比自己开车还要方便。

收取进城拥堵费和市中心高额停车费，鼓励乘坐公共交通，缓解交通压力。2007 年 6 月 20 日，瑞典斯德哥尔摩市议会批准了收取交通拥堵费这一措施。白天驶入斯德哥尔摩市中心的车辆必须交纳交通拥堵费，费用从 10—20 瑞典克朗不等。挪威奥斯陆政府也实行了征收交通拥堵费的措施。北欧城市还有一个比较有效的办法就是征收高额停车费，限制私人小汽车进入市中心区，限制其停车时间，越是靠近市中心的地方，限定停车时间越短，停车费越高，促使人们更多使用公共交通工具。欧洲其他地区如英国伦敦早在 2003 年 2 月已开始对进入市中心的车辆征收拥堵费。

政府鼓励骑自行车。丹麦有 500 多万人，自行车拥有量就有 120 多万辆，许多人是骑自行车到地铁站，再换乘地铁上班。北欧许多城市干道都设有专用自行车道，也有的设置在人行道上，并在路口设置自行车交通的标线。为了方便市民，有的还设有投币自行车供市民使用。

（五）广泛而深入的交通宣传教育

交通安全教育从娃娃抓起。芬兰于 1992 年成立了交通安全教育协会，主要工作是对儿童进行预防性的交通安全教育，增强孩子的交通安全意识。该协会为 4—12 岁儿童编写出版了《儿童交通安全指南》，主要向儿童传播最基本的交通安全知识，这套教材在芬兰全国基础学校的低年级以及幼儿园中广泛使用。小学生每学年有 20 学时的交通安全课。芬兰的幼儿园和中小学校每年还举行"交通安全教育日"活动，由专业人员和交通警察给孩子们讲述交通安全基本知识，并结合实际对孩子进行交通安全教育。

全民交通安全教育，强化行人自身安全保护意识。瑞典的交通安全理论认为：行人是目标最小、受保护最差、不伤害他人只会受他人伤害的道路使用者，其他的道路使用者应该特别关心、特别保护他们，而他们自己也应特别注意自我保护。为此，瑞典开展了大量生动形象的宣传教育。例如宣传人行横道线和人行道对行人的保护作用。又如宣传和发放反光牌，由于夜间视距短，行人尤其是行动慢、视力差的老年人易受伤害，为此，瑞典大量免费发放反光牌，鼓励行人佩戴，在服装、背包、鞋子的设计中也普遍增加反光设计，大大减少了交通意外伤亡。瑞典于 1975 年推行司机及前排乘坐人员系安全带的法规，政府花了 5 年时间进行全民教育并获得成功。

增强对驾驶者宣传交通法规的力度。道路施工工地是车祸的多发区域，为有效防范施工现场的交通事故，瑞典哥得堡的汽车收音机常听到一个小男孩稚气的声音："我叫 ×××，我的爸爸是一个筑路工人，飞速行驶的汽车经常从身边经过。每当爸爸去上班时，妈妈和我都要为他的安全担心。开车的叔叔阿姨们，希望你们经过工地时开得慢一些，我在这里衷心地谢谢你们了！"听到的人无不为之动容，宣传效果很好。瑞典的交通安全宣传很重视驾驶者对交通法规知其所以然的认识。比如为了进一步让司机明白"我应该系安全带"，而不是"我不得不系安全带"的道理，驾照申请人必须经历两项模拟实习，亲身体验汽车翻滚和急刹车时安全带对自己的保护作用。

上述先进交通理念、交通文化的指引及立法、执法、管理、宣传等有效措施的实施，使得汽车拥有量大、冬季漫长且驾驶条件差的北欧国家，交通安全有序，特别是交通事故死亡率非常低。500多万人的芬兰拥有400多万辆机动车，2005年因交通事故死亡146人，万车死亡率仅为0.3；而处于山地拥有880多万人口、600多万辆机动车的瑞典，2005年和2006年的万车死亡率也仅为0.7，远低于发达国家万分之二左右的死亡率。我国一些大中城市近年的万车死亡率大都在8—10，有的在10以上，差距很大。

二、北欧交通管理经验借鉴

近年来，随着深圳机动车数量的快速增长，交通拥堵经常出现，交通事故大量发生，交通安全令人担忧。2006年，全市因交通事故死亡近1000人，受伤6000多人；2007年1—10月，全市发生各类交通事故11万多起，交通事故造成716人死亡，3686人受伤，直接经济损失1.9亿多元。据深圳公安交警部门调查统计，90%的交通事故属人为原因所致，车祸伤亡的主因：驾驶员酒后驾车、逆向行驶、随意变更车道且不打转向灯以及行人跨越隔离护栏等。路面拥堵也多源于违规驾驶、不文明驾驶（高峰期繁忙路段一起随意变线小擦小碰事故就可能引发一公里塞车，而一个拥堵点往往会辐射周边6公里的道路）。此外，大量存在的无牌无证、套牌、恶意遮挡车牌、泥头车肆意违章，违规改装强光灯，以及司机在堵车时争先恐后往前冲（越抢越堵，甚至成为死结），车过行人斑马线时不减速避让行人，行人闯红灯、人车争道抢行等交通违法行为，也给城市交通秩序带来很大影响。我们要按照党的十七大提出的科学发展观和建设社会主义和谐社会的要求，借鉴北欧交通管理经验，从交通理念、交通文化、交通文明、交通立法执法、交通管理、交通宣传等方面多管齐下，使深圳的交通秩序有明显改观，为经济社会发展和市民生活创造一个有序的交通环境。

（一）适应深圳建设国际化城市的要求，树立先进的交通理念，加强交通文化和交通文明建设，高度重视交通安全和交通秩序

秩序是国际化城市的重要标志。一个交通无序的城市，很难说是一个国际化城市。我们要适应深圳建设国际化城市的要求，学习借鉴瑞典以人为中心、避免事故为第一的先进的交通理念和交通文化，进一步加强对交通事故、交通拥堵情况的调研分析，加强对交通安全和交通秩序治理基本规律的认识，制定科学的对策，避免头痛医头、脚痛医脚。要高度重视交通安全，加大地区和有关部门交通安全治理的责任，努力营造"人、车、路"和谐发展的环境，下大力气减少交通事故，减少事故伤亡，落实好深圳市委提出的《民生净福利指标体系》对交通事故死亡率的控制要求。适应深圳已逐步进入"汽车时代"的实际情况，高度重视"交通文化"、"交通文明"建设，以此作为深圳文化建设的重要内容。

（二）完善深圳交通法规制度

借鉴北欧"交通违例累进加罚"制度。加大对交通违规行为的处罚力度，体现的正是对生命的保护敬重。一个驾车者初次闯红灯与多次恶意闯红灯其性质是不一样的，对这样的屡教不改者就应该增加违法成本，提高处罚数额。目前深圳市正在全面修改《深圳经济特区道路交通安全违法行为处罚条例》，拟将闯红灯违章行为的处罚力度加大，一次闯红灯罚款500元，如果累计3次闯红灯，拟规定从第3次起，每一次罚款1000元，实行累进加罚。酒后驾车也是较为普遍的违章行为，不少车祸都由超标的酒精"酿造"，对这种人除进行罚款外，还应予以拘留并可规定一年两次酒后驾车者吊销驾驶证。

借鉴交通违例"社区服务令"制度。对于交通肇事、够不上刑事责任的，可规定处以社区服务令，如判令到医院从事照顾因交通事故致残致伤患者60个小时或100个小时的护工服务工作，这样可以让违章者感受因交通事故致残致伤者的痛苦，从而增强遵守交通规则的意识。

（三）进一步严格交通管理，提高管理水平，加大执法力度，严惩违规者

在交通管理工作中，我们必须始终如一地严格执行交通法律法规，不

给抱着侥幸心理违反交通法规的人以可乘之机。对于无牌无证套牌、恶意遮挡车牌、泥头车肆意违章、醉酒驾驶、违规变线、违规改装强光灯和夜间违规使用远光灯行驶等群众反映比较强烈的突出问题，要加大执法力度，包括刑事打击力度，形成对交通违法犯罪行为人的强大威慑。对于交通肇事逃逸的机动车司机，要加大侦查力度，查获后，除依法追究责任直至刑事责任外，还可借鉴北京市公安局的做法，对这些人公开登报依法宣布终身禁驾（《中华人民共和国道路交通安全法》对此有明确规定）。2007 年 5 月，北京市公安局对 92 名肇事逃逸司机的情况公开登报，宣布对这 92 人终身禁驾，社会反响强烈。

加强对驾驶员培训的管理，完善充实培训教材（包括文明驾驶内容），提高考取驾照的难度，并采取措施，严厉惩治和遏制驾校通过"异地报名考试"方式非正常帮学员获取驾照的行为。深圳目前驾照的考取难度有所提高，有些驾校利用学员怕考心理做起了"异地快班"的生意，夜间包车将学员集中拉到江西等外地考点所在地（2007 年春运期间，一个"江西快班"学员多达 2000 人），经过一天时间的"考试"，再把考生接回来，就是所谓的"一天过"。然后这些在外地"通过考试"的学员再交 4500 元左右就可以顺利将外地驾照转为本地驾照。据深圳车管所资料显示，2006 年该所新增驾驶员中，异地转入的占全年驾驶员发证的 46%。这些"异地快班"的学员没有经过严格的学习培训考试，取得驾照后转眼间可能变成"马路杀手"。根据《机动车驾驶员培训管理规定》，异地培训属于非法从事机动车驾驶员培训业务，依法可以"由道路运输管理机构责令停止经营；有违法所得处 2 倍以上 10 倍以下的罚款；没有违法所得或者违法所得不足 1 万元的，处 2 万元以上 5 万元以下的罚款；构成犯罪的，依法追究刑事责任"。

严格机动车辆年审，如违规改装强光灯的机动车年审就一定不能通过。对于制造假冒车牌的窝点要从严打击，加强监管。对于修理厂擅改强光灯的也要加强监管，从源头上遏制这种行为。

（四）研究征收市中心车辆拥堵费，强化公交优势，遏制私家车高速增长势头

鉴于近几年深圳机动车每年以20%以上的速度递增，由2002年的46.1万辆，到2007年5月的注册保有量已达105万辆的情况，建议借鉴斯德哥尔摩、奥斯陆及伦敦、新加坡的经验，抓紧研究推出征收深圳中心城区车辆拥堵费的管理措施，完善中心城区提高停车费的措施，同时大力发展方便快捷的公共交通，强化公交优势，鼓励骑自行车上班，遏制私家车高速增长的势头。新加坡征收中心城区车辆拥堵费，机动车年增长已由以往的7%减至近年的3%。

（五）加强宣传教育，提高全社会的交通规则意识和交通安全意识

在宣传上要贯彻"预防为主"的工作方针，利用大众媒体的黄金时段和突出版面，加强交通宣传，尤其是违反交通法规引起的交通事故及其造成后果的宣传，还要广泛开展"交通安全宣传月"、"交通安全宣传周"活动，增强市民的交通规则意识和交通安全意识。司机要从不随意变线、不在堵车时争先恐后往前冲、车过行人斑马线时减速避让行人做起，行人要从不闯红灯、不翻栏杆、不抢过马路做起，共同维护有序的交通环境。交通安全宣传教育从娃娃抓起，重点针对中小学生和幼儿园小朋友，将交通安全课列为必修课，保证一定的课时，采用通俗易懂的方式，使交通规则与交通安全进入他们的潜意识，并影响成年人，打好交通安全的基础。加强对驾驶员尤其是初获驾照者的培训教育，举办交通法规强化课程，可以借鉴北欧的亲身实践教育课程的模式。对车祸多发的深惠公路、广深公路、广深高速、宝安大道、机荷高速、深南大道等路段，要经常向社会发布警示，并可制作警示牌，提醒驾车者和行人注意交通安全。

（原载《特区实践与理论》2008年第2期）

借鉴新加坡与中国香港等世界先进城市法治建设经验推进深圳法治城市建设

深圳的发展目标是建设现代化国际化先进城市，按照国际化先进城市的标杆要求，深圳在城市规划、城市管理、生态文明、公共服务、市民素质、法治化程度等方面，都有较大差距。我们认为重要的是法治上的差距，包括全社会的法律意识、法治精神、立法完善、执法水平、司法公信力等，都有较大差距。新加坡、中国香港等世界先进城市都是国际化城市，同时也是法治城市，国际化城市的重要标志是法治化程度高，法治完善。建设国际化城市，重要的是厉行法治。新加坡就以厉行法治著称。中国香港是一个法治社会，香港发展的四大支柱之首是"法治精神"（其他三大支柱是自由经济政策、廉洁的政府和公开的资讯）。深圳要建设成为能与世界先进城市媲美的国际化城市，今后一个时期的重要任务，就是要以世界眼光，借鉴人类政治文明的有益成果，借鉴世界先进城市法治建设的经验，加强深圳的法治建设，为深圳新一轮的发展提供良好的法治环境和法治保障。

一、解放思想，借鉴新加坡、中国香港等世界先进城市的立法经验，进一步完善立法，使深圳的立法更有创新，更加严明、严密，服务深圳发展大局

1992 年，全国人大常委会作出了授权深圳市制定法规在经济特区实施的决定。深圳被授予立法权以来，不少立法借鉴了中国香港、新加坡的立法经验。比如《深圳经济特区欠薪保障条例》，基本上是移植了香港破产欠薪

保障条例，实施以来，对因破产或老板逃匿的欠薪先行垫付，再行追偿，对维护社会和谐稳定发挥了积极作用。又如《深圳经济特区房地产行业管理条例》、《深圳经济特区土地使用权出让条例》、《深圳经济特区建设工程施工招标投标条例》、《深圳经济特区政府采购条例》等，都借鉴了香港的立法经验，在全国相关法律未出台前率先出台，促进了城市建设的发展，也为国家的立法作出了应有贡献。

深圳新一轮的改革创新，重要的是制度创新。制度的创新，关键是用好用足我市拥有两个立法权特别是特区立法权这个最大的政策优势。用好立法权，进一步完善立法，需要进一步解放思想。解放思想要体现在对待世界先进立法成果的态度上，要学习借鉴新加坡、中国香港等世界先进城市的立法经验。比如，深圳的廉租房和经济适用房制度建设，可以借鉴新加坡组屋和中国香港公屋方面的立法经验。新加坡法律规定，虚假申购组屋的，罚款5000新元或处6个月监禁，或者两者兼施。再如，对群众普遍关注的交通秩序和交通安全问题，市人大近期正在制定的《深圳经济特区道路交通安全管理条例》，拟借鉴瑞典斯德哥尔摩交通安全管理的经验，把"安全第一，减少伤亡"作为交通管理的重要理念，同时借鉴他们的"交通违例累进加罚制度"（拟规定一次驾车闯红灯罚款500元，一年内累计3次闯红灯，拟规定从第3次起，每次罚款1000元）；还拟借鉴香港交通违例"社区服务令"制度，对于交通肇事、够不上刑事责任的人，可规定发出"社区服务令"，责令肇事者去医院从事照顾因交通事故致残致伤患者60个小时或100个小时的护工服务工作，这样可以让违章者感受因交通事故致残致伤者的痛苦，从而增加遵守交通规则的意识。深圳正在推行社工服务制度，可以借鉴香港社工立法经验。深圳的城市规划管理及遏制违法建筑，需要进一步借鉴香港城市规划立法管制的经验。香港按照法定的城市规划体系，集约高效用地，为城市未来发展留足大量空间；2004年修订的《香港城市规划条例》，对新界大片未开发土地实行严格管制，违例开发最高罚款100万港元，如果仍不按停止开发或恢复原状通知办理，则每日另处5万至10万港元的罚款，所以香港很少有违章建筑。环境保护、节能减排、循环经济，也可借鉴世界先进城市的立法经验。社会信用建设，在世界先进城市都很完善，失信的人不

能立足。我们可以借鉴相关立法经验，完善对失信违规者的惩戒机制，这是建立良好社会秩序的一种长效机制（2007 年初，市人大在执行工作立法中规定，对不履行法院判决的，上信用网，挂"黑名单"，一些"老赖"看到网上名单后，主动到法院要求还款，请求拿下"黑名单"）。市人大 2008 年初着手调研起草的《深圳经济特区和谐劳动关系促进条例》，也可以考虑探索借鉴新加坡雇佣法、劳资关系法及中国香港劳资关系条例中若干有益的适合深圳实际的内容。比如《香港劳资关系条例》有个"冷静期"的规定，对正在筹划的劳资纠纷的工业行动，如罢工、游行、老板闭厂等过激行动，政府可以发布命令，要求在一定期限内中止或推迟，由有关方面组织谈判、调解、仲裁，就劳资纠纷达成和解。违反禁令罢工、上街、闭厂的，以藐视法律论处。这一条，我们似可研究借鉴，可能有助于缓解深圳时有发生的劳资纠纷群体性事件。媒体公益广告宣传，在香港等世界先进城市做得很好，对提高人的素质有积极作用，深圳可以借鉴他们的相关制度建设经验。

随着深圳新一轮改革向纵深发展，深层次矛盾和瓶颈问题有待突破，我们要善于运用特区立法权，在投融资体制改革、行政审判制度改革、政府绩效评价和管理、社会管理体制改革、公共事业和公共服务体制改革，以及推动新一轮创新资源聚集、推动重点领域的技术创新等方面，借鉴世界先进城市立法推进的经验，用立法将改革的成果固定化、制度化，在改革中实行制度创新，用制度创新和立法创新引导、推进和保障改革的深入发展。这样，我们特区立法就与深圳经济特区面临的局面和使命同步，也符合党中央关于把改革决策、发展决策与立法决策紧密结合起来的要求。

在深圳今后的改革和发展中，我们要善于运用特区立法权进行先行性、试验性、创新性、借鉴性立法；同时采用较大市立法权进行实施性、补充性立法，为改革和发展大局服务，提供良好的法治保障。深圳特区立法还要为国家立法起到试验田作用，提供参考借鉴。市人大制定的执行工作立法，被国家修改《民事诉讼法》时吸收了 4 个条文，受到全国人大内务司法委员会和最高人民法院充分肯定。

深圳今后的立法完善，还有一个需要解决的重要问题，就是我们的立法在严明、严密程度上，与新加坡、中国香港及欧美等世界先进城市有较

大差距。新加坡立法的一个突出特点，就是严明、严密。新加坡立法虽然众多，但规定十分明确，界限清楚，执法极少有回旋余地。由于规定明确，违反哪条就按哪条规定处理，所以，法官判案迅速、简化。例如，一般违反交通法规的案件（逾期不交罚款的，检控上法庭），一个法官一天可以审结 500 多起（香港也是这样）。新加坡立法严密，被形容为立法细密、滴水不漏。比如为了维护公共场所卫生，法律规定禁止在新加坡生产和销售口香糖，乱涂乱画处以鞭刑，上厕所不冲水罚款 1000 新元，公共交通工具上吃东西或饮水罚款 500 新元，电梯内吸烟罚款 500 新元（中国香港也有类似规定）；为了保持市容美观，法律规定了商店招牌的挂法、房屋每 5 年必须粉刷以及水泥墙上爬藤的修剪等具体内容。在其他世界先进城市，如芝加哥的法规规定，居民房前屋后的花草林木不修剪、不浇水，邻居和路人可以报警，警察即发出告票；在日内瓦，法规规定，任何人砍 1 棵树（包括自家院内），必须向政府申请，有正当理由而且还要先种 5 棵树成活后，才能获准砍 1 棵树。我们需要借鉴新加坡等世界先进城市的经验，使我们的立法进一步严明、严密，进一步完善，提升深圳城市建设管理的品质和精细程度。

二、借鉴新加坡、中国香港等世界先进城市依法严管的经验，厉行法治，严格执法，提升执法力度，提高违法成本，维护良好的秩序，形成良好的法治氛围

国际化城市的一个重要标志，就是有序。新加坡给人的感觉就是整洁美丽、井然有序。有序的背后是依法严管，厉行法治。新加坡人民行动党政府的社会治理原则，就是依法严管，从李光耀政府就开始厉行法治，依法严管。用邓小平同志的话来说，就是"管得严"。邓小平同志在 1992 年的"南方谈话"中指出："新加坡的社会秩序是好的，他们管得严，我们应当借鉴他们的经验，而且比他们管得更好。"新加坡依法严管，表现在执法严实、严正。有关罚款的各种细密琐碎的规定刚出台时，人们曾怀疑它能否真正执行。事实证明，怀疑是多余的。在新加坡，所有的规定都必须严格执行：一位为副总理做饭的厨师炒菜时抽烟，违反了厨房不准抽烟的法律规定，被处

以罚款；一年轻人搭公共汽车时想到公汽禁烟，急忙将手中烟头扔出窗外，又构成乱扔垃圾违规，管理人员乘车赶到他的单位，处以罚款。一些新加坡人向外来客人介绍说，新加坡是一个"美好"的城市，也是一个"重罚"的城市，"重罚"造就了"美好"的城市。新加坡依法严管，形成了浓厚的法治氛围。到新加坡旅行的人，还没踏上新加坡国土，就感受到这种法治氛围，不断有人提醒你，新加坡管得很严，罚得重，不能乱来。中国香港也是依法严管，香港司机在香港守规矩，一进入深圳就敢乱来，因为香港管得严，深圳执法力度有差距。

与新加坡、中国香港等世界先进城市依法严管、秩序良好的情况相比，深圳在执法上差距较大，有法不依、执法不严、违法不究的现象仍然大量存在，社会秩序仍存在较多的问题，乱丢乱吐、乱张贴、乱涂乱画，司机、行人闯红灯，驾车人争道抢行，无照经营、假冒伪劣商品、违法建筑屡禁不止，无序的状况时有发生。这是深圳在建设国际化城市过程中需要重视解决的问题。我们需要借鉴新加坡和中国香港依法严管、厉行法治的经验，严格执法，提升执法力度，提高违法成本，让违法者（包括不守秩序、不守信用者）付出代价，在全社会逐步形成良好的法治氛围。

三、加强人大的法律监督和工作监督，促进政府提高依法行政水平，促进司法机关提高司法公信力，促进深圳法治化程度提高

新加坡、中国香港政府部门依法行政的理念和自觉性，在世界上是公认的。与他们比，我们有差距。在司法公信力上，新加坡是我们的榜样。《世界竞争力年报》多年在"社会人士对司法公正的信心"一栏中，都把新加坡列为亚洲之首，全球十佳，领先美国、日本和一些经合组织成员国。新加坡人民对司法公正有信心的比例达97%。应当看到，我们现在的司法公信力不高。人大需要按党的十七大报告的要求，加强法律监督和工作监督，促进依法行政，推动司法体制改革，促进司法公正，提高司法公信力和司法权威。要推进以法官和检察官职业化改革为重点的司法体制改革，优化司法

资源配置，规范司法行为。人大要支持和推进司法改革。依法行政和司法公正，是一个城市法治化核心的内容，需要高度重视推进。

此外，适应深圳建设国际化城市的需要，我们需要在全社会弘扬法治精神，树立法治理念。胡锦涛同志在党的十七大报告中提出了"弘扬法治精神"、"树立社会主义法治理念，实现国家各项工作法治化"的要求，我们深圳在法治精神、法治理念方面，与新加坡、中国香港等世界先进城市有较大差距。我们需要借鉴世界先进城市的经验，加强法制教育，加强公民意识教育，提高全社会的法律意识，在全社会弘扬法治精神，树立法治理念。

（2008 年 2 月）

澳大利亚、新西兰环境法治情况
考察与思考

2001 年 6 月，深圳市人大常委会代表团访问了澳大利亚、新西兰。访问过程中，印象最深的是澳大利亚、新西兰的人与自然的和谐相处，青山绿水、蓝天白云。除了建筑物和道路，到处都是绿色覆盖。新西兰为保护环境不引进有污染的工业。整个国家基本上是由众多牧场组成，空气清新，景色迷人。

新西兰首都奥克兰市城市绿化率在 60% 以上，城市掩映在绿树花草中。新西兰的沙滩很干净，没有任何废弃物。河流湖泊众多，人们十分重视水质保护，街上的自来水都可以直接饮用。澳大利亚对野生动物的保护给我们留下深刻印象。澳国法律对野生动物保护有完善的法律规定，国民热爱、保护野生动物的意识也很强，人与动物和谐相处，代表团在多处看到了市民喂养袋鼠、树熊和金鳟鱼及彩虹鹦鹉的场面。澳大利亚有关人士讲，一些驾车人在上山的路上，不小心压了动物，如果动物没死，脱下衣服一包，赶紧送动物医院，还一边打电话报告政府有关部门。有时上机场的路上有鳄鱼挡道，驾车人会停下车来，打电话叫有关部门的专业人士来搬开。

澳大利亚、新西兰的法治程度高，用法律治理自然环境和人文环境，法律规定严密、具体。如，新西兰法律规定，政府每 3 个月要向国民公布一次境内水质情况；在湖泊河流钓鱼要有许可证，且 35 公分以下的幼鳟鱼必须放生；在海洋钓鱼不需许可，但尺寸有规定。又如，为维护良好的交通环境，减少交通事故，澳大利亚、新西兰法律规定，汽车公路和铁路的交叉口，司机必须一看二慢三通过。驾车前一滴酒都不能喝。再者，澳、新两国的执法严明、公平，据当地人士介绍，国家要员犯法与老百姓一样被追究，总理驾车违反交通法规同样要被处罚。我们所经过的澳、新一些城市，住房都没有铁窗，刑事发案较少，治安环境良好，人民安居乐业，对政府的满意率较高。

深圳要建设国际化城市，需要借鉴澳、新两国环境建设经验，加强依法治理。一是依法加强深圳河流污染治理。除加大投入外，对随意向河流排放污水、乱扔乱倒垃圾的，要加大处罚力度。还可借鉴新西兰经验，提高生活污水排放费，促进节约用水，减少污水排放。同时，要采取措施，进一步加强深圳海洋环境和沙滩的保护。二是抓紧制定《深圳市生态公益林条例》，禁止非法砍伐树木（深圳此类事件发生过多次），保护生态植被，保护生态环境。三是立法禁止挖山采石取土，减少水土流失，并加大裸露山头缺口的绿化覆盖。四是立法保护、禁捕禁食国家保护名录野生动物。并加大宣传教育力度，提高市民环境意识和文明程度，在深圳形成保护野生动物光荣的社会氛围。五是人大常委会积极发挥主导作用，推进依法治市。六是努力提高全民的思想道德素质和人文素质、环境意识。

（2001 年 8 月）

国外高新技术产业发展的
法治环境及其借鉴

　　高新技术产业是深圳的三大支柱产业之一。怎样借鉴国外经验，为高新技术产业发展创造一个良好的环境特别是法治环境，是深圳市人大代表团（笔者为代表团成员之一）2000 年 12 月出访欧美特别是在美国考察的一个重点。

一、国外高新技术产业发展的法治环境

　　在美国访问期间的城市间飞行中，经常看到不少乘客都提着笔记本电脑，有时邻座的美国人在整个飞行途中一刻不停地使用电脑，加上访问期间同一些美国人士的交谈，我们比较深刻地感受到了"信息时代"和信息社会的氛围。在推动世界经济增长的诸因素中，方兴未艾的信息技术革命发挥的重要作用日益突出。据有关机构计算，目前信息产业对世界经济增长的贡献率为 18.2%，在美国经济的实际增长中所占的比率则更高。2000 年，美国信息业的产值已占美国 GDP 的 8% 以上，成为美国最大的产业。

　　美国之所以成为头号经济强国（其 GDP 占世界 GDP 的比重已从 1990 年的 24.2% 上升到 2000 年的 30%），以信息产业为代表的高新技术产业之所以高速发展，体制创新和制度创新应该说是其经济发展之本。通过体制创新和制度创新，美国已经形成了比较完善的现代市场经济体制，其主要内容是：现代市场经济是法治化的市场经济；现代市场经济是宏观调控的市场经济；企业是微观经济的基础，企业根据国家的法律和政策，自主经营，在竞

争中优胜劣汰，政府的职能则是为企业创造良好的发展环境，包括建立健全法律法规，使企业经营有法律保障，不断调整财政、金融、贸易等政策，鼓励创新，为企业创造宽松的融资、劳动用工、贸易环境，提供优质的人力资源，满足企业对各类人才的需求。

立法是美国政府管理和调控经济的基本方式。美国国会和政府制定了一系列经济法，如保证有序竞争、反对垄断的《谢尔曼反托拉斯法案》、《联邦贸易委员会法案》以及《统一商法典》；调整和处理雇主和雇员关系的《劳资关系法》、《最低工资法》、《充分就业和经济稳定增长法》、《稳定工资物价法》；保护投资的《投资公司法》、《证券投资保护法》及规范公司运作的各州的《公司法》；保护知识产权和严格质量标准的《专利法》、《知识产权法》、《商标法》、《质量标准法》、《消费者安全法》等。美国各州也有比较完善的经济法律法规。"硅谷"所在的加州的法典就有 29 部之多，包括《企业和职业法典》、《公司法典》、《劳工法典》等，每一部法典篇幅都在 1 万到 3 万条。

美国政府依法调控和管理经济，主要表现在：一是为避免过分垄断、阻碍竞争而依法肢解大公司，如肢解电话电报公司。二是为本国企业在全球市场占有竞争优势而支持依法兼并，如美国联邦贸易委员会于 2000 年 12 月 14 日批准美国在线公司和时代—华纳公司合并，并购金额达 1850 亿美元。2000 年全球十大并购案，美国公司占其六，并购金额达 4757 亿美元。三是严格实行产品质量标准管理，严格依法保护知识产权，打击网络及软件侵权行为，保护企业和消费者利益和安全。

但是，美国政府并不直接干预企业的生产经营活动，企业依法享有充分的自主权，竞争力强。其主要优势：企业看准市场可以放手去干，企业自主的研究与开发投资占全美研发投资总额近 3/4（2000 年全美研发投资达 2500 多亿美元），为经合组织 24 国此项投资总和的 48%，其中政府财政拨款达 800 多亿美元。美联储主席格林斯潘曾对向他请教"美国经济持续繁荣的秘诀"的澳大利亚总理霍华德说："秘诀是向科学技术投资"，企业成为研发投资的主体。以科技股为主的美国纳斯达克（被专家称为美国经济转型和新经济的发动机）指数在 2000 年出现较大震荡，但投资者并没有失去信心，一个重要原因是，企业技术投入的步伐并没有放慢。新经济增长的节奏虽因纳斯达克指数震荡而有所放慢，但技术投入并没有减少，这就为经济软着陆奠定了基础。2001年1月3日，美联储宣布降息，进一步增强了投资者信心，纳指当日劲升14.20%，创该指数日升幅历史最高纪录。另外，美国政府鼓励企业跨国经营，其跨国公司占全球同类大公司的半数，它们是自主开发高新技术（在较多领域掌握核心技术）名优产品的主体，是参与全球市场竞争的主力军。美国企业运作的法治环境，就是法制控制下的企业享有充分自主权，大量的企业行为包括高新技术产业依照游戏规则运作，基本上处于有序状态。

深圳高新技术园区发展很快。世纪之交，中国其他一些地区也纷纷提出建立"硅谷"、"光谷"，许多地方投入巨资，相互攀比，软件园、高科技园不断涌现，有的乡镇也圈地建园。"硅谷"的本质特征是什么，硅谷的发展有哪些特殊因素和优势，也即有的学者讲的硅谷的秘密是什么，这也是我们代表团行程中关注和议论的内容。

美国作为完全市场化的国家，本身法制比较完善，并没有针对硅谷等科技园区的特殊立法，但有多种涉及科技活动和企业创新的相关法律，如《国家科技政策、机构和优先目标法》、《联邦技术转让法》、《数据库保护法》、《计算机软件法》、《集成电路保护法》、《小企业创新研究法》等，倒是亚洲一些国家或地区政府，有针对高科技园区的专门立法，如日本的《筑波研究园建设法》、《高技术工业智密区开发促进法》和《技术城法》，韩国的《高技术工业都市开发促进法》，中国台湾的《科学工业园条例》，北京的《中关村科技园区条例》等。完全市场化的美国，政府对高科技园区一般没有特别优惠的法律政策，一般不鼓励向高新技术园区直接投资，政府除了通过国家采购影响高新技术产业的发展（华盛顿高新区因特网公司的迅速成长得益于1999年美国国防部ARPA计划的影响）外，主要是注重完善科技园区发展的大环境，主要是营造良好的法治环境和金融（融资）及人才创业环境。据美国人士介绍，斯坦福大学研究硅谷的专家分析认为，美国硅谷的本质特征是创业企业的栖息地（我国著名经济学家吴敬琏研究硅谷有同类的认识）：硅谷之所以有今天，仰仗一系列特殊优势，首要的是法治精神指引下的有利的游戏规则及消除官僚主义障碍，加上充足灵活的风险投资和鼓励冒险、容忍失败的氛围，很高的知识密集度和员工高流动性，并有一批与工业界密切结合的斯坦福等研究型名牌大学。

美国法治精神的一个重要原则是，凡是法律没有禁止做的，企业和个人都可以做，这种法治理念的核心是鼓励创新，为企业和个人的创新活动提供充分的空间，企业和个人不会因为有"事后"被宣判为非法的可能与危险而束缚思维和手脚。硅谷的发展得益于这种鼓励创新的法治理念和游戏规则。法律规范和保护下的大量活跃的风险投资（为鼓励和保护风险投资，美国国会在1978年、1981年两次立法降低风险投资收益税的税率），为硅谷的发展作出了贡献。美国4000多家风险投资公司在1999年的风险投资额达300多亿美元（比1998年增长100%），其中较大的风险投资公司有2/3以上在硅谷设立了办事处，其他风险投资公司尽管以其他地方为基地，也深深地卷入了硅谷的经济活动中，风险投资公司1999年向硅谷新成立的或年轻的公司投资了60多亿美元，支持77家公司（大多从事因特网业务）上市。技术革新在硅谷传播得很快，其原因很大程度在于，被良好发展前景吸引到硅谷的各类人才（目前有100多万人，其中在美国以外出生的占1/3以次上。美国多次修改移民法来"招揽"人才。前总统克林顿于2000年10月17日签署的一项移民法案，将2001年财政年度的以高级专门人才为主的职业移民签证配额增加到13万人，而且规定职业移民签证不再受每个国家签证配额的限制），经常变换公司，员工流动性很高。在需求降低时，硅谷公司可以轻而易举地裁减员工，这反而会促使它们在建立新公司或公司快速发展时雇用更多的员工。硅谷的失业率非常低。一些学者认为，硅谷灵活的劳动力市场表明，打算促进其高技术园区发展的国家或地区，应该像美国政府那样使雇用和解雇职员的条件变得宽松，而不是规定对解雇员工的大量补偿或者规定多少工作时间限度。正是政府营造的这种园区发展的大环境，使得硅谷成为创业企业的栖息地。深圳市政府提出的"科技创业的沃土，知识致富的乐园"，应该是类似于这种"栖息地"的说法。

这次出访感受较深的欧美一些大公司在政府产业规划及政策法律的引导支持下，搭乘IT快车改造和发展传统产业的做法，也值得深圳借鉴。传统经济与网络经济结合，新老经济相互融合，似已成为当前世界经济发展的潮流。世界著名的瑞典沃尔沃汽车公司副总裁向我们介绍情况时说，沃尔沃公司专门成立了信息技术公司，负责推动信息技术在集团各子公司中的应用，研发人员占全员10%，研发经费占公司年销售收入的8%—9%，现已有4万个终端将各地厂家和总公司连在一起，通过信息网络，把原料采购、生产、销售、售后服务等连在一起，这大大增强了集团公司的决策能力和企业的竞争力。瑞典政府包括工业部等部门对沃尔沃之类的公司在用地、贷款等方面都没有优惠，只是通过制定法律法规，制定行业信息技术普及应用的发展规划，给企业一个好的经营环境。美国三大汽车公司和波音公司也纷纷投身网络经济，美利坚航空公司、法国航空公司和英国航空公司等6家当今世界规模最大的航空公司于2000年4月宣布，联合创建一个可买卖各种航空物资的网站，年交易额可达320亿美元。美国通用电器公司从1999年开始推行公司业务电子商务化，2000年因此增加销售收入50亿美元。据统计，2000年，因特网为美国经济至少贡献了8300亿美元，比两年前的3230亿美元增加了156%。网络经济的影响正在深刻地改变传统的公司和工作。

这次出访感受最深刻的一点是，许多国家或地区都把加强信息技术（IT）业的法律保障，作为新世纪大力发展信息产业的十分重要的举措之一。在欧洲一些城市访问期间，有关人士告诉我们，欧盟委员会深感欧洲的电子商务发展与美国相比有很大差距，正在采取措施，争取在较短时间赶上美国，目标是建立一个"电子欧洲"。其中的重要措施，就是加快电子商务立法。2000年，欧盟制定了"电子签名指令"、"电子商务指令"，全面规范了关于开放电子商务市场、电子交易和电子商务服务方面的法律责任。这两部"指令"构成了欧盟电子商务立法的基础和核心，具有地区性国际条约的性质。欧盟首脑会议要求各成员国在2001年底前将"电子商务指令"制定成为本国法律，为发展电子商务打下坚实的法律基础。欧盟在2001年还将制定了另外两项指令，以便为在年底前建立一个公共部门的电子商务市场消除障碍。还要针对电子商务的某些服务项目，通过一项增值税指令，保证欧盟内部增值税的会计制度符合电子商务的特点。

另据有关人士介绍，作为目前仅次于美国的世界第二大计算机软件出口大国的印度，近年来也把加强 IT 业的法律保障作为印度跨进新世纪大力发展信息产业的重要举措之一。2000 年 10 月，印度议会两院一致通过的《IT 法案》开始生效。法案规定了对"黑客"、传播电脑病毒、色情网站等网上犯罪行为的惩罚；法案为电子商务提供了法律框架，使网上传输的电子文件与数字签名具有法律效力，促进电子商务的健康发展；法案规定由政府部门设立专门机构，对开设网页、网络广告和电子商务进行监控，保证网络经济的安全。业界人士认为，法案的生效，使得印度成为目前世界上有信息技术全面立法的为数不多的国家之一，使印度为 IT 业保驾护航的法治环境进一步完善。西方七国之一的日本基于对 IT 业发展的危机感，也于 2000 年底确定了日本的"IT 基本战略"和"IT 基本法"（全称为：高度信息通信网络社会形成基本法），以实现"5 年内成为世界最先进信息技术国家"的目标。

二、加快深圳高新技术产业发展的立法，营造高新技术产业发展的良好的法治环境

对于营造高新技术产业发展的良好的法治环境，深圳也要有紧迫感，要把它作为促进深圳高新技术产业进一步发展的重要举措。深圳今后的立法要以促进生产力的发展为重点。高新技术产业是深圳的支柱产业，是第一生产力，但深圳在这方面的立法与高新技术产业迅速发展的要求很不适应，明显滞后。今后 5 年，应当把促进高新技术产业发展的立法，作为重中之重，制定规划，采取有力措施，抓出成效。需要抓紧制定的法规项目，大体包括：深圳高新技术产业促进条例、高新技术园区条例及技术投入、知识产权特别是软件和网络安全保护、高新技术成果交易与转让、企业融资特别是风险投资（包括进入和退出机制）、信用体系的建立（目前社会上失信行为很普遍，增加了交易成本和投资风险，对高新技术产业的发展形成严重障碍）、电子商务、中小企业技术创新、智力投资及灵活的劳动力市场、传统产业改造与振兴等方面的条例或规定。

加快深圳高新技术产业立法，需要体现制度创新的精神。要借鉴国外

特别是美国营造良好的支持高新技术发展的法治环境的经验，建立鼓励创新的法治理念和游戏规则。要改变过去一些立法多限制、重管理的思维方式，体现信息时代市场经济立法的要求，突出对高新技术企业及技术创新的鼓励、扶持、服务、保障及对政府行为的规范。深圳高新技术立法中，对政府行为的规范尤需重视。如对政务信息公开透明，重大决策听证，行政审批和行政收费的简化和规范，各种检查的减少和规范等，都需作出明确的规定。

立法过程中，要采取论证会、听证会、公布法规草案等各种形式，广泛听取企业特别是外商投资企业、高新技术企业及专家学者的意见。通过制定和完善相关政策和法规，并严格执行，营造高新技术产业发展的大环境特别是良好的法治环境，使深圳真正成为"科技创业的沃土，知识致富的乐园"，成为海内外高新技术企业争相投奔的中国境内环境最好的"栖息地"。

（2001 年 1 月）

国外议会听证制度及其借鉴

实行立法和决策的民主化和科学化，是深圳民主政治建设的重要任务。深圳市人大代表团（笔者为代表团成员之一）2000 年 12 月出访欧美考察的重点之一，就是国外议会听证制度特别是立法听证制度。

一、国外议会听证制度

国外议会听证分为立法听证、决策听证、监督听证。"立法听证"制度来源于近代资本主义国家的"司法听证"（西方一些国家认为，司法程序中缺少了听证制度，则公平正义难以保证。美国联邦最高法院于 2000 年下半年审理总统选票争议案，首要的程序就是举行听证）。所谓立法听证制度，是指立法机关为了收集或获得最新的资讯（资料），邀请政府官员、专家学者、当事人、与议案有关的利害关系人或有关议员到议会委员会陈述意见，为委员会审查议案提供依据和参考的制度。

在美国休斯敦议会访问时，吴高登议员（移民律师）在介绍情况时说，美国是一个非常重视和相信听证会的国家，举行听证会是美国国会委员会审查法案的第一个步骤。在我们代表团 2000 年 12 月 7 日到访的前两天，休斯敦议会就马路旁开一条小路给自行车用，举行听证会。政府的意图在于鼓励骑自行车上班，鼓励环保，但有些人反对。市里就开听证会，发了 2000 多个信函通知，并登宪报，相关人士都可以参加听证会并发表意见，政府看民间哪个呼声最多，也让民间了解政府为什么要这样做。听证会后，政府要研究哪方面的意见最好，对市民有利。如有必要，再开听证会，说政府研究了你们的意见，政府有什么想法，你们认为怎样。最后再决策立法。听证的过程，就是一个民主决策、民主立法的过程。

瑞士日内瓦州议会的议员介绍，日内瓦州议会的立法议案由议员或政府提出，交给专门委员会，委员会要举行听证会听取意见，每一个公民都有权向委员会提出意见和咨询。委员会就立法议案或重大事项议案举行听证会，拿出报告，包括多数人和少数人两方面的意见，提交议会表决。有的议案还要由全州公民公决，如有5000名市民提出并经程序列为议案的，就要公决。议会在审议立法议案过程中，民众嫌太慢，可要求加快，或要求公决，这种情况要有1万人签名。比如1999年时，有议员提出降低个人所得税的议案，就按规定交由全民公决，得以通过。我们代表团12月1日到访的上周，一些市民提出要把剧院票价降低30%，议会听证后表决否决了。州议会对有的议案要开几次听证会才能提交表决。日内瓦州议会立法听证的过程，也是民主决策、民主立法的过程。

美国及瑞士立法听证的程序大体包括：（1）事前通知。包括听证法案的性质、内容，听证会的时间、地点、程序，主持听证的机关，立法过程中对该法案的主要争论焦点。通知往往是在联邦公报或报刊上刊登，有时也采取公告或信函送达有关人员。（2）给利害关系当事人参与听证的机会，使他们得以在听证会上发表自己的意见，提出立法建议。如制定一个核电站的法案，就要听取有关环保组织和相关企业的意见。参与听证的各方可以就有关问题展开辩论，提出证据支持自己的主张。（3）证人发言并对证人提问（美国叫诘问证人）。听证会涉及的有关人员有义务到国会及其委员会作证或提供证词，不出席或不提供证词的，国会有权依法采取强制措施。美国立法规定，对不出席听证会或不提供证词的，"应判定为有轻罪行为，处以1000元以下100元以上罚款，并处1个月以上12个月以下普通监禁"。听证会上的证言资料均要一一记录，并刊印出来，以供众览。委员会的听证会一般公开举行，但涉及国防、外交等不宜公开的法案，可秘密举行。美国国会听证会时间长短不一，通常为几天至数周。

立法听证就其意义和作用来说，较之我们以往实行的座谈会有明显的优越性，它的透明度更高，对问题的调查更深入、充分。第一，立法听证会经过利害关系各方及专家的直接陈述、辩论和举证，便于立法机关获得新的资料，有利于进一步了解情况，发现新的事实。第二，有利于充分反映民意。听证能够听取利害关系人、利益群体和有关专家的意见，充分反映民意，既可兼顾民主与效率，又可防止立法的偏颇缺失，保证立法科学合理可行。第三，听证能使法案在充分的审查和讨论下，矛盾得到比较充分的暴露，并在陈述辩论中逐步协调不同的立场，使法案内容能够为大多数人所接受。一些美国政治学专家和有关人士认为，听证制度是比较适合民主政治需要的一种立法制度。民主政治要求立法机关能够充分表达民意，为民众提供一个公开的论坛，不论赞成或反对议案的意见，都能在立法机关发表，听证制度正是实现这一目标的有力保障。

国外议会除了立法听证外，在决定重大事项（如财政拨款、任命重要政府官员等）、实行监督时，也经常依法举行听证。美国国会审查年度政府预算报告时，国会各委员会及小组委员会纷纷举行听证会，传唤作证的主要是相对应的政府各部、各机构的首长及其财政助理，总统手下的预算局局长、财政部部长、经济顾问委员会主席通常是最引人注意的证人。政府官员作证主要是说明现行预算的执行情况，目前各项计划执行情况和效益，以及下年度的计划项目等，并须回答议员们提出的各种问题。这种听证会无异于对政府各机构工作的一次审查。2001 年 1 月，被美国当选总统布什提名为国务卿的鲍威尔和联邦政府各部部长均在美国参议院有关委员会为批准他们任职而举行的听证会上就新一届政府的相关政策进行阐述，接受提问。在参议院听证会上最具争议的是被布什提名为司法部长的阿什克罗夫特，经多次听证辩论，才以微弱多数票获批准任命。美国国会实行监督时，听证也是其重要工作方式。美国国会在 1987 年的"伊朗门事件"特别委员会调查这一事件期间，共举行了 40 天公开听证会，4 天秘密听证会，传唤32 位证人，获取 221 份证词，收存 1059 个证据。其中的公开听证会，向全国电视直播。

二、抓紧制定《深圳市人大常委会听证条例（规定）》，建立人大听证制度

在市人大常委会运作过程中引入听证制度，是贯彻江泽民同志在纪念深圳经济特区成立 20 周年大会讲话中关于"经济特区要下大力气创造良好的民主法制环境"的精神，加快深圳民主政治建设的重要举措。制定听证规则，需要解放思想，大胆创新，借鉴欧美国家和一些城市议会的经验，对市人大常委会的立法听证、决定重大事项听证、监督事项听证予以规范，促进立法和重大决策的民主化和科学化，增强监督实效和监督权威。比如对重大的建设项目，要逐步实行听证制度。深圳一些投资巨大的立交桥桥墩移位、打箍，立交桥建设到底是怎么回事，市人大可以举行听证会，让有关部门的负责人来说明情况。市民中心等投资巨大的中心区工程，市人大也可以采取听证的形式，加强检查监督。深圳的法院在审判重大案件时，也可以考虑尝试借鉴引入听证制度。

人大的听证规则需要对听证的组织和参加人、听证的程序、听证的法律保障、听证资料及结果的运用等予以规范，使听证在较高的起点上顺利运作，并有实效。

（2001 年 2 月）

香港城市规划及规划立法
执法情况调研与思考

1994 年 7 月，为借鉴香港城市规划管理及立法执法经验，深圳市政府一考察组赴香港考察。笔者作为考察组成员之一，作了一些研究与思考。

一、香港城市规划及小区规划

香港政府十分重视城市规划。城市规划的宗旨，是在适当的时间与地方，进行适当的开发，对有限的土地资源需求作出均衡的安排，为市民带来组织更完善、效率更高和更称心的工作和生活环境。

（一）香港城市规划机构

负责香港城市规划的主要机构，一是土地发展政策委员会，二是城市规划委员会，另还有政府部门之一的规划署。

1.土地发展政策委员会。由布政司担任主席，另有委员 9 人，均为政府人员。该委员会决定长期发展策略及大型土地发展计划，评估大型的规划研究、发展图则与计划，并制订土地用途的规划标准及土地发展的政策。该委员会订下整体的政策大纲，使更多区域性的规划工作可按此执行。

2.城市规划委员会。由规划环境地政司担任主席，成员目前有政府人员 6 人和非政府人员 24 人（多为规划师、律师等高级专业人士）。该委员会是一个法定组织，由总督根据《香港城市规划条例》的规定委任，负责制定法定图则，及审核根据这些图则而提出的规划许可申请。

1991 年 7 月以来，总督委出了两个规划小组委员会：即都会规划小组委员会和乡郊及新市镇规划小组委员会，执行城市规划委员会授予的职责。每个小组委员会有政府人员 5 人（包括出任主席的规划署署长在内）和非政府人员 12 人，全部由总督从城市规划委员会成员中委出。

城市规划委员会每个星期五开一次会，委员开会审图和审核规划许可申请，虽没有报酬，但一般都能到会。

3. 规划署。是接受土地发展政策委员会和规划环境地政司的政策指示的政府部门之一。该署并为城市规划委员会提供服务，负责制订、监管和检讨全港市区及郊区的规划政策和与实际建设有关的计划，并处理全港、次区域及地区三个不同层面的各类规划工作。

（二）香港城市规划的五个图则

香港的城市规划过程，形成了一个三层架构的规划系统，即先制订全港性的发展策略，后制订地区性层面的发展纲领及各类法定规划图则。这些图则都是根据《香港规划标准与准则》拟订的。

1. 全港发展策略。这是制订全港整体土地发展的策略（相当于我们深圳的城市总体规划），以配合香港在社会及经济方面的长期需要，目的在于使房屋、工业、康乐设施及运输系统等各方面，取得最大的成果。此策略最近的一次全面检讨在 1990 年开始，目的在评估珠江三角洲及其邻近内陆腹地的经济与基建发展引致香港所扮演的角色正在转变的情况下，拟议港口及机场发展计划与现行土地利用、环境及运输政策所造成的影响。当局现时已订出及测试多个可供选择的发展方案，并在 1993 年 10—12 月就这些方案咨询公众的意见，然后在 1994 年制订一个推荐采用的策略。

2. 次区域发展纲领。全港分为 5 个次区域（即新界东北、西北、东南、西南 4 个次区域，及港九都会次区域），当局在全港发展策略下，拟定次区域发展策略，把整体目标在各次区域演绎为较具体的规划目标。每个次区域的发展纲领通常包括一份说明书和有关的图表及图则，是详细地区规划和工作计划的大纲。新界 4 个次区域的发展策略在 20 世纪 80 年代已完成。当局目前正检讨这些策略。1991 年 9 月，总督会同行政局核准都会计划选定策略，为公私营发展提供一个规划大纲。这策略是一个发展和改善都会次区域（即港岛、九龙及新九龙、荃湾和葵青）的概念性策略。

3. 法定图则。这些图则由城市规划委员会根据《香港城市规划条例》绘制和发表。法定图则分两种：即分区计划大纲图（相当于深圳所说的小区规划）和发展审批地区图（具体内容有详述）。

4. 政府内部图则。政府内部用图则由政府绘制，主要供政府行政上使用，通常包括发展大纲图及详细蓝图，并且依照全港发展策略、次区域发展纲领及法定图则的基本范畴编制。发展大纲图及详细蓝图通常采用较法定图则为大的比例绘制，详细显示拟建的道路及须留作各种不同用途的地盘。所有政府内部图则，均可供市民查阅。

香港城市规划图则等级如下图所示：

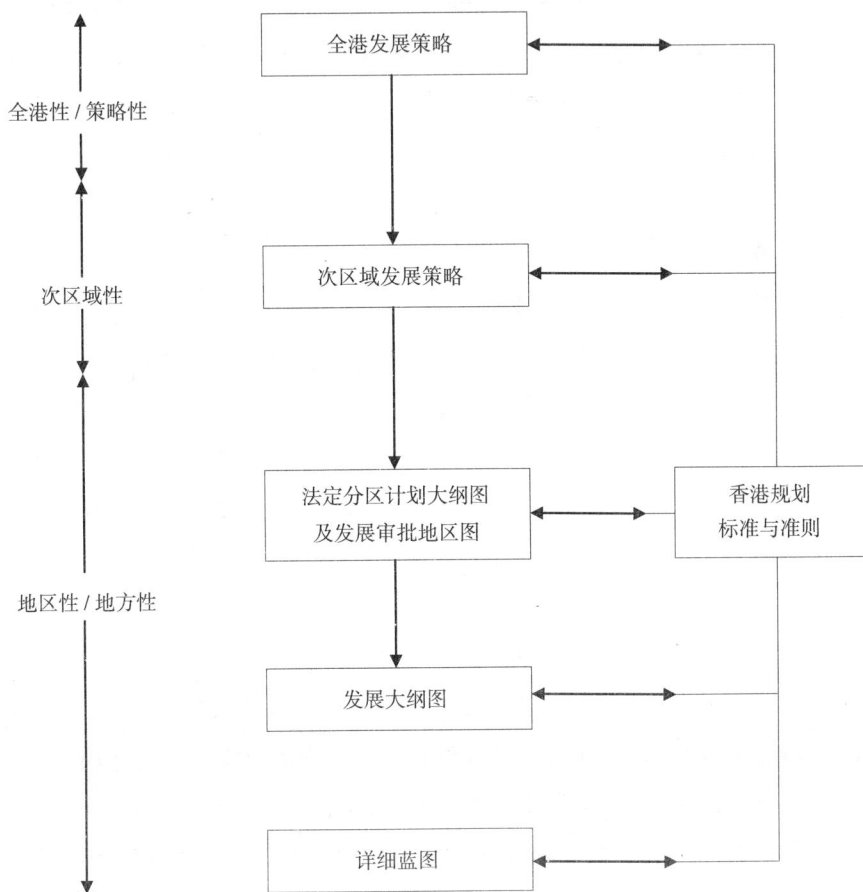

香港的城市规划，除上述五个图则外，当局还制订了港口及机场发展策略及市区重建计划。

1. 港口及机场发展策略。行政局在1989年10月核准港口及机场发展策略，糅合新港口设施、新国际机场、有关基础设施及市区建设等发展，分期落实，并决定以赤蜡角为机场新址，香港新机场及港口设施的规划与发展，皆以此为基础。港口发展策略的详细检讨已于1991年完成。此外，当局又已制备一系列的发展纲领，开列发展目标大纲和发展范围内各地区的发展先后次序，作为港口发展的详细规划和按步推行计划的基础。屯门港口详细研究和将军澳第137区发展详细研究均已在1993年完成；大屿山港口半岛发展研究亦已完成；十号和十一号货柜码头的详细设计和计划施行研究目前正在进行中。

2. 市区重建计划。为鼓励及加速市区旧区的重建，香港当局在1987年颁布《土地发展公司条例》，并在1988年成立土地发展公司。在土地发展公司的重建计划中，规划署是土地发展公司与其他政府部门之间的主要统筹者。

（三）香港小区规划的基本内容

香港政府根据城市发展功能的需要，将全港划分为81个小区，即港九42个小区、新界39个小区。每个小区（如中环、湾仔、大埔）都有一个法定规划图（即前述"法定分区计划大纲图"）。

法定分区计划大纲图的基本内容，是通过法定图则显示某个小区所拟议的一般土地用途及主要道路系统。受这些图则管制的地区，土地用途方面一般包括住宅、商业、工业、游憩、政府、团体及社区、绿化地带或其他指定用途。

每份分区计划大纲图均附有一份"注释"。这份"注释"用以说明在某一区内经常准许的用途（第一栏用途）及须获得城市规划委员会批准才可实施的其他用途（第二栏用途）。申请规划许可的规定，使土地用途规划得以适当灵活处理；而发展方面有较佳的管制，以配合不断变化的社会需求。

发展审批地区图是在《1991年城市规划（修订）条例》通过成为法例

后，城市规划委员会为未纳入分区计划大纲图的地方制订的，目的在为某些未及纳入分区计划大纲图的地区提供中期规划管制与发展指引。发展审批地区图亦可显示土地用途分区，并附有"注释"，注明经常准许的发展类别。不过，发展审批地区图上的用途分区并不详尽，有很多地方划为"非指定用途"分区。在这些分区，除"注释"中列明经常准许的用途外，其他用途的发展必须申请规划许可；未取得许可而进行的发展属非法发展，当局可采取执法行动。发展审批地区图从发表之日起计，只有效 3 年，因为当局在 3 年内以分区计划大纲图取代之。

《法定分区计划大纲图》的法律效力有两方面。根据《香港城市规划条例》第十三条，所有政府官员及公共团体在行使权力执行职责时，必须按照《法定分区计划大纲图》行事。另外，根据《建筑物条例》第十六条第（一）款，若建筑图则与《法定分区计划大纲图》有抵触，工务司署可拒绝批准该建筑图则。因此，官民双方因不同条例都要遵从《法定分区计划大纲图》的布置。

（四）香港法定分区计划大纲图的产生过程

法定分区计划大纲图由香港政府规划署在征求各方意见的基础上草拟，初稿称为《法定草图》，草图经城市规划委员会讨论，认为可以发表时，即公开展示两个月，并通过政府宪报和一般报章通告市民参阅。市民可以索取草图副本。凡受草图影响的人士，可于草图展列期间，向城市规划委员会提出书面反对意见，说明反对的理由。规划署将他们的意见征求有关部门意见。如市民说草图管制地区公园不够，就征求主管公园部门意见；如道路问题，征求路政署意见。部门接受，规划署就改这个图，改后告诉提出意见的居民，问居民满不满意。如城市规划委员会不接受某市民的书面反对意见，必须请居民来，聆听反对人或其代表亲自陈述。然后草图连同所有反对意见，须呈交港督会同行政局裁决。草图经港督会同行政局批准之后，成为有法律约束力的《法定分区计划大纲图》，并会在政府宪报公布生效，香港各方均须依据此图行事。

城市规划委员会开会审议法定分区图则或审核规划申请个案，比较民主，不可以有长官意志，作为城市规划委员会副主席的规划署长尽量不说话，多听委员意见；达不成共识，就投票表决，少数服从多数。较多的时候，如果规划委员会不同意规划署提出的方案，如中环道路宽度，讨论几次，都不同意规划署的意见，就不能匆忙定下来。有时，规划委员会决定过程慢一点，但各方都赞成这个搞法，因为它有利于决策的科学化。

现行法定分区计划大纲图制图过程如下图所示：

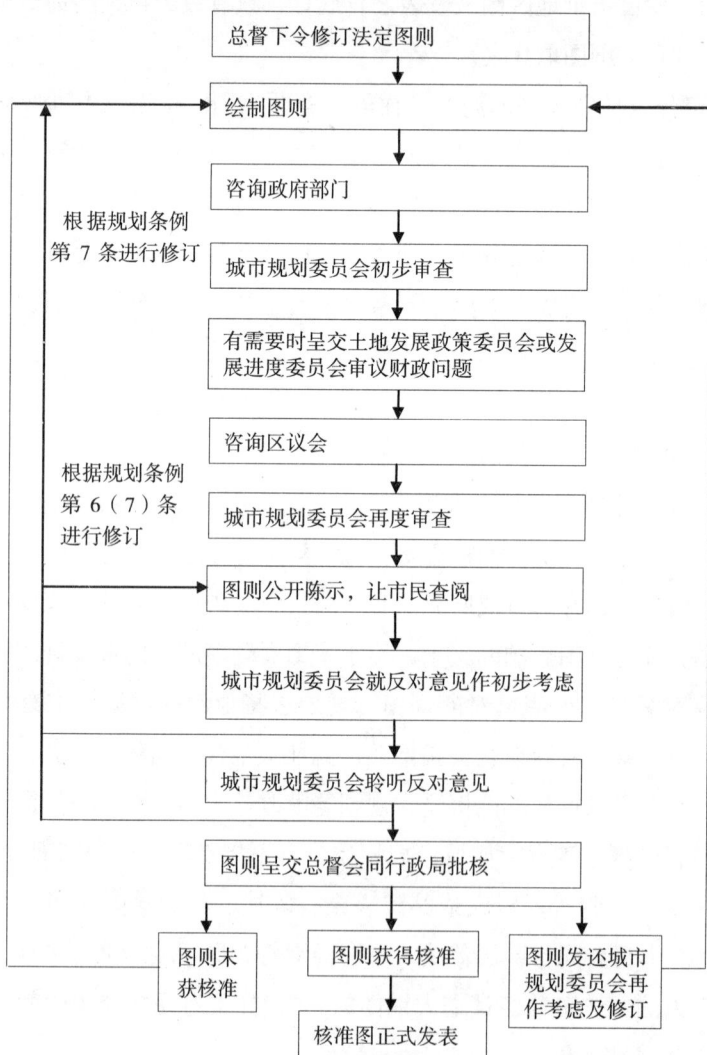

```
                    ┌─────────────────────────────┐
                    │      总督下令修订法定图则      │
                    └─────────────────────────────┘
                                  ↓
      ┌───────────→┌─────────────────────────────┐←──────────────┐
      │            │          绘制图则            │                │
      │            └─────────────────────────────┘                │
      │                          ↓                                 │
      │            ┌─────────────────────────────┐                │
 根据规划条例        │         咨询政府部门          │                │
 第 7 条进行修订     └─────────────────────────────┘                │
      │                          ↓                                 │
      │            ┌─────────────────────────────┐                │
      │            │      城市规划委员会初步审查     │                │
      │            └─────────────────────────────┘                │
      │                          ↓                                 │
      │            ┌─────────────────────────────┐                │
      │            │ 有需要时呈交土地发展政策委员会或 │                │
      │            │  发展进度委员会审议财政问题      │                │
      │            └─────────────────────────────┘                │
      │                          ↓                                 │
      │            ┌─────────────────────────────┐                │
      │            │          咨询区议会           │                │
      │            └─────────────────────────────┘                │
      │                          ↓                                 │
 根据规划条例        ┌─────────────────────────────┐                │
 第 6（7）条         │      城市规划委员会再度审查     │                │
 进行修订           └─────────────────────────────┘                │
      │                          ↓                                 │
      ├───────────→┌─────────────────────────────┐                │
      │            │    图则公开陈示，让市民查阅      │                │
      │            └─────────────────────────────┘                │
      │                          ↓                                 │
      │            ┌─────────────────────────────┐                │
      │            │  城市规划委员会就反对意见作初步考虑 │                │
      │            └─────────────────────────────┘                │
      │                          ↓                                 │
      ├───────────→┌─────────────────────────────┐                │
      │            │     城市规划委员会聆听反对意见    │                │
      │            └─────────────────────────────┘                │
      │                          ↓                                 │
      │            ┌─────────────────────────────┐                │
      │            │   图则呈交总督会同行政局批核     │                │
      │            └─────────────────────────────┘                │
      │              ↓           ↓           ↓                     │
      │         ┌────────┐ ┌──────────┐ ┌──────────────┐          │
      └─────────│ 图则未  │ │图则获得核准│ │  图则发还城市   │──────────┘
                │ 获核准  │ └──────────┘ │  规划委员会再    │
                └────────┘      ↓       │  作考虑及修订    │
                          ┌──────────┐  └──────────────┘
                          │核准图正式发表│
                          └──────────┘
```

二、香港城市规划立法及执法

现行的《香港城市规划条例》（香港法例第 131 章）在 1939 年通过成为法例。其后曾进行多次修订，近期的修订分别于 1991 年 1 月和 7 月进行。规划条例颁行以来得到较好的遵行，对香港的建设和发展发挥了重要的影响。规划署依据行政局指令，现正在全面检讨《香港城市规划条例》，拟订条例修订草案，以便咨询公众的意见。

（一）对小区规划的相关内容

关于小区规划，香港没有专门的法例，但在《香港城市规划条例》中对小区规划有专门的具体规定。《香港城市规划条例》第四条第（一）款规定，城市规划委员会可在小区规划图则内划定：

1. 街道、铁路和其他主要交通用地；

2. 住宅、商业、工业和其他指定用途的地区或是区域；

3. 预留给政府或是社区建设的土地；

4. 公园、康乐场所和其他类似的空地；

5. 其他未决定用途的地区或是区域。

依据《香港城市规划条例》制定的《法定分区计划大纲图》具有法律效力，违背法定图的规定，将受到检控和追究。

香港的规划立法，还需要提到港府制定的《香港规划标准与准则》，这虽是一份政策文件，亦似带有规例性质。该准则详细规定各类用地和设施在比例、位置和地盘等各方面采用的准则，比如，每 1800 名 6—11 岁的儿童设 1 所面积约为 3900 平方米的标准小学，每 1500 名 12—19 岁的青少年设一所面积约 5800 平方米的标准中学；等等。

（二）其他重要的城市规划法例

在香港法例之中，还有很多法章规例直接或是间接影响着城市规划和土地的用途。这可视为《香港城市规划条例》这个城市建设"龙头法"的配套立法。其中较为重要的有下列诸条例：

1.《建筑物条例》。该条例主要是规定楼宇的覆盖率、高度、地积比率和街道投影，以保证建筑物符合法定小区规划的要求。

2.《集体运输（收回土地及有关规定）条例》。该条例授权有关当局为兴建地下铁路征用土地。

3.《填海工程条例》。该条例是为填海取地和有关工程而设。

4.《香港机场（管制障碍物）条例》。该条例管制启德机场附近和香港领空飞行航道所影响的地面范围内的建筑物的高度和可能影响飞行指标的陆上照明灯光。

5.《古迹及受保护建筑物条例》。根据该条例，举凡在公元 1800 年以前经人工竖立的建筑物，一概视为古迹。一切涉及古迹或是受保护建筑物的建筑或是发展工程，必须事先得到政府的许可。

6.《公众卫生及市政事务条例》。通过该条例，政府可以划定厌恶性行业必须在哪些地区经营。对于影响市容的广告招牌，该条例也有附章详细规定管制。

7.《郊野公园条例》。该条例授权政府对郊外部分地区的发展加以管制。经划定为郊野公园的地区，不能随便用作其他发展用途。（香港政府规划署署长讲，法定图则加上《郊野公园条例》，法律把香港的全部土地都管起来了。）

8.《土地发展公司条例》。该条例规定地政工务司可用书面划定某些地区为市区重建区，并由土地发展公司为这些地区制订重建计划。重建计划如得到城市规划委员会批准，即归入整体城市规划的《法定分区计划大纲图》。

（三）香港的主要执法措施

《香港城市规划条例》主要由香港政府规划署负责执行，对违反规划条例及法定图则的行为执行管制和处罚。其执法手段来自法律授权，主要有：

1.执行管制通知书。规划署署长可依据条例的规定，向有关人士发出执行管制通知书。执行管制通知书会说明构成违例发展的事项，及有关人士须停止违例发展或取得规划许可的最后期限（通常是通知书发出的日期起计

3 个月）。

2. 停止发展通知书。规划署长若认为如让某宗违例发展继续存在，可能会：(1) 危害健康或安全；或 (2) 对环境有不良影响；或 (3) 引致在一段时间内无法或不能符合经济原则把土地恢复原状，则可发出停止发展通知书。停止发展通知书会说明有关人士应停止进行违例发展的最后期限，及应采取指定措施的最后期限，以防止任何与违例发展有关的事宜导致上述不良影响。

3. 回复原状通知书。假如有关人士未能在执行管制通知书指定的期限内取得规划许可，或其申请已遭拒绝，则规划署长可发出回复原状通知书。回复原状通知书会规定有关人士把土地回复至在宪报刊出发展审批地区图或中期发展审批地区图前的状况。

4. 惩罚。有关人士如未能遵照执行管制通知书、停止发展通知书或回复原状通知书的规定办理，即属违法，可被判罚款 10 万元；如果经证实继续违法，则每天可被罚款 1 万元。

5. 行使视察权。规划署长可在没有手令或通知的情况下，于合理时间进入土地及任何楼宇内（进入住宅楼宇则须先向裁判官取得手令），张贴依据条例第 23 条的规定而发出的通知书，及查证有关人士是否已按照条例的规定，停止违例发展或采取行动或把土地回复原状。

规划署长或经他授权的人员，可要求在有关地点的任何人士提供身份证明，以及姓名和地址的详细资料，并出示身份证以供查阅；或要求有关地点的负责人提供资料或给予协助，以便执行其职责。

三、香港规划立法执法可资借鉴的地方及有关建议

香港城市小区规划和规划立法执法值得借鉴或者说对我们的启示，主要有以下几点：

1. 注重小区规划，并使小区规划进入法定程序，成为法定图则。没有小区规划，就没有详细规划，也就很难保证城市总体规划的实现。香港近几十年城市规划建设比较协调，城市基础设施建设、楼宇建设比较科学，使市

民感到比较便利，与法定小区规划图则的制订实施有很大关系。深圳要注重小区规划，并经过法定程序，形成法定图则。

2. 注重规划特别是小区规划决策的民主化、科学化。香港政府规划署在制订小区规划时，重视专家意见，并注意充分听取部门和市民意见（近年来，市民每年向规划署提出意见或提出问题要求解答的，有 7000 多人次），这种民主决策的过程，使得小区规划比较科学，同时，由于单位和市民较多地参与规划决策过程，也使得他们能比较自觉地遵守法定规划图则。

3. 注重规划法例的配套立法。我们建议：

（1）尽快着手研究深圳 5 区划分成多少个小区，比如福田新区（中心区）分几个小区，每个小区的功能是什么？

（2）在将城市总体规划（修订）尽快报市人大常委会审议的基础上，着手草拟深圳 5 个区的小区规划图，福田中心区的小区规划图，要尽快制订出来。

（3）抓紧城市规划立法。①《深圳市城市规划条例》是城市建设的"龙头法规"，要结合深圳实际，借鉴香港规划立法经验，抓紧起草，经市人大常委会审议通过颁行。②《深圳市小区规划条例》也要抓紧研究起草，其基本内容可考虑包括小区划分、小区规划图则的制订程序、违反小区规划的法律责任等内容。③借鉴《香港建筑物条例》，制定《深圳市建筑物条例》。

4. 强化执法手段，加强规划及规划立法的执行。深圳要借鉴香港规划署行使视察权、执行管制通知书、停止发展通知书、回复原状通知书、罚款处罚等执法经验，保证城市规划及规划立法的严格执行。

我们要通过加快规划立法，使我市的规划国土管理工作尽快走上法治轨道（这是依法治市的一个重要方面），以提高城市规划和管理的整体水平。

（1994 年 8 月 19 日）

责任编辑:方国根

图书在版编目(CIP)数据

法治城市建设的理论与实践/傅伦博 著. —北京:人民出版社,2017.10
　(2018.4 重印)
ISBN 978－7－01－017382－5

Ⅰ.①法…　Ⅱ.①傅…　Ⅲ.①社会主义法制-建设-中国-文集
　Ⅳ.①D920.0－53

中国版本图书馆 CIP 数据核字(2017)第 029002 号

法治城市建设的理论与实践

FAZHI CHENGSHI JIANSHE DE LILUN YU SHIJIAN

傅伦博　著

人民出版社 出版发行
(100706　北京市东城区隆福寺街 99 号)

北京市文林印务有限公司印刷　新华书店经销

2017 年 10 月第 1 版　2018 年 4 月北京第 2 次印刷
开本:710 毫米×1000 毫米 1/16　印张:35.25
字数:540 千字

ISBN 978－7－01－017382－5　定价:90.00 元

邮购地址 100706　北京市东城区隆福寺街 99 号
人民东方图书销售中心　电话 (010)65250042　65289539